THE WORLD OF EPIGRAPHY
IN THE SONG DYNASTY

两宋的金石世界

宋代金石学與印学

文献、实物、图像特展图录

陈振濂书

陈振濂　主编

西泠印社出版社

图书在版编目（CIP）数据

两宋的金石世界 ：宋代金石学与印学 ：文献、实物、图像特展图录 / 陈振濂主编. -- 杭州 ：西泠印社出版社，2022.3
ISBN 978-7-5508-3731-7

Ⅰ. ①两… Ⅱ. ①陈… Ⅲ. ①金石学－古印(考古)－中国－宋代－图录 Ⅳ. ①K877.62

中国版本图书馆CIP数据核字(2022)第046919号

两宋的金石世界

宋代金石学与印学：文献、实物、图像特展图录

陈振濂 主编

出品人 江 吟
责任编辑 朱晓莉 刘 韵
责任出版 冯斌强
责任校对 曹 卓
装帧设计 王 欣
摄　　影 蔡旭荣
出版发行 西泠印社出版社
（杭州市西湖文化广场32号5楼 邮政编码 310014）
经　　销 全国新华书店
制　　版 杭州汉罡文化创意有限公司
印　　刷 浙江海虹彩色印务有限公司
开　　本 889mm×1194mm 1/8
字　　数 370千
印　　张 37
印　　数 0001—1000
书　　号 ISBN 978-7-5508-3731-7
版　　次 2022年3月第1版 第1次印刷
定　　价 780.00元

西泠印社出版社发行部联系方式：（0571）87243079

两宋的金石世界
—— 宋代金石学与印学：文献、实物、图像特展图录

编辑指导委员会

刘 江　朱关田　韩天衡　陈振濂　李刚田　童衍方　龚志南

主编

陈振濂

副主编

王宏伟　沈 浩　应金飞　江 吟　孔令伟

执行主编

古 菲　丁竹英

编委（按姓氏笔画排列）

方爱龙　古 菲　田振宇　冯 立　刘晓峰　李 林　李 霏

来晓平　张 群　张学惠　陈 洁　陈 谊　郑宏伟　奚珣强

诸葛慧　黄寿耀

编写（按姓氏笔画排列）

王 薇　王子玄妙　巨若星　卞中旭　方易安　朱 旎　朱梦溪

苏世英　李雨酥　李依依　李采恩　杨璐遥　沈芳漪　陈卫青

陈曼仪　邵子恬　胥 瑾　徐新雅　高 兴　董元源　潘烨祺

前　言

如果把今年西泠印社的印学学术展览研讨活动放在一个宏观的全局视野来定位，那么可以有三个审视点：（一）是取千年“金石学史”即门类史的角度；（二）是取当代文史即学术史的角度；（三）是取西泠印社社团百年史的角度。无论选择三者之任何一个特定角度，或三项并举的全方位角度，西泠印社辛丑 2021 年度系列活动在学术上的制高点，必定属于这场史无前例的“两宋的金石世界——宋代金石学与印学：文献、实物、图像特展”，和作为配套的“大印学（1）——两宋金石学与印学：文献、实物、图像”国际学术研讨会的主题展现。它以卓越高精的经典视觉形式审美实践、抽象的逻辑思辨理论梳理，双楫并举，构成了近年来西泠印社厚积薄发、喷涌而出的又一创新高峰。

百年社庆以来，以“国际印学研究中心”为目标，守正创新，从传统印学数十年如一日的雄厚积累出发，以学术新思维作通透深切的贯穿，提出了“大印学”时代新理念中均属首创的五个拓展专题：

2017“篆物铭形——图形印与非汉字系统印章研究国际学术研讨会”

2018“世界图纹与印记国际学术研讨会”

2019“朱蜕华典——中国历代印谱特展”“中国印谱史与印学国际学术研讨会”

2020“金相椎痕——百年金石学发展与青铜器传拓（全形拓）精品展”，“‘孤山证印’第六届西泠印社国际印学峰会”中专设百年金石学发展与青铜器传拓（全形拓）论文发表专场

2021“两宋的金石世界——宋代金石学与印学：文献、实物、图像特展”，“大印学（1）——两宋金石学与印学：文献、实物、图像”国际学术研讨会

过去我们习惯于以庞大的十分熟悉的传统印学为边界深挖细掘，已积累了十五年之久，成果斐然，有目共睹。从 2017 年开始，目光转向“大印学”的视野和创社宗旨“保存金石”的更具有时代性也更具体入微的内容探讨，提出了 1 域外印章、2 世界图纹印记、3 古代印谱史、4 金石传拓史、5 断代（宋代）金石学史这五个学术聚焦点。目前看来，即使只根据其论题设置的高端、新颖、独特而且前无古人、更拥有国际性规模和可持续发展的强大推动能量，它们也无一不是原创、首发和史无前例的。

“两宋的金石世界——宋代金石学与印学：文献、实物、图像特展”，是今年的又一学术创举。100 多年前西泠印社宗旨的“保存金石”，20 年前西泠百年社庆时的“重振金石学”，其目标都包含

了今天我们正在致力的“宋代金石学”专题的相关学术展览与国际研讨会诸多内容。当下浙江正在打造文化强省，特别关注重视“宋韵文化”，这与西泠印社正在展开的“宋代金石学与印学”研究互为表里，在方向取径上极其吻合。因此，这是一个看起来十分巧合，却是在文化思维上积累日久蓄势待发的必然结果。

本次展览分为几个学术板块：

一、两宋金石学著作文献

二、宋代金石器物与宣和仿古

三、宋代篆书遗存与印章艺术

四、以宋四家为核心的书碑与刻帖

五、以西湖为中心的宋代摩崖石刻

一百五十余件特级优级文物，构成了一个分布广泛、品类多样、呈现方式丰富、学术含量高的文物、文献、珍稀藏品和断代历史遗存群，甚至有许多名品是首次展示公开。据此，我们可以自信地认定：在中国古代文明史文化史文艺史研究中，除了作为“显学”的甲骨学、简帛学、敦煌学之外，在所有的断代研究序列里，本次“两宋金石学”展览的珍稀性、丰富性以及其庞大的体量，是唯一可抗衡上举三“学”的既有规模而毫不逊色的。

更有一部厚重的“大印学（1）——宋代金石学与印学”的学术论文集出版，有近50位学有所成的海内外学者在金秋时节赴西泠隆重发表论文、分享报告自己的研究心得，以为展览效应的支撑和延伸。这样的展览实践与理论思考齐头并进，也是近年来努力建立起来的新“传统”。它标志着西泠百年老树新花，发展后势强劲，必然会有更辉煌的未来。

诚挚感谢西泠印社与中国美术学院两家主办方的密切配合，感谢各协办机构和私人藏家的无私相助。这样一场首开风气大展的成功举办，没有参与各方的高度共识和鼎力襄赞，是无法想象的。

陈振濂，2021年10月26日于湖上西溪千秋万岁宧

目　录

楮墨集古

延古风华

阳冰苗裔

贞珉萃英

湖山志

楮墨集古

——宋代金石学著作

王国维尝谓："金石之学，创自宋代，不及百年，已达完成之域。"宋代金石学兴盛的表现之一，是出现了一批重要的金石学奠基之作。其专言吉金者，可概为三类："既图其形，复摹其款"；"但以录文为主，不图原器之形"；"虽无关图谱，而颇存名目"（王国维《宋代金文著录表》）。专言石刻者，可分为六类：存目、跋尾、录文、分地、分人、纂字（朱建新《金石学》）。两宋金石著作流传于今者约有 30 种，本次展出其中 22 种，涵盖了所有著述类型。

宋人研究金石之风气，实自私家开之，继为帝室宗尚。士大夫及秘阁、太常、内府所藏，均为著之于录。宋代古铜器之研究，始于真宗时期，至徽宗朝方集大成。真宗天禧元年（1017），僧湛诠刻《周秦古器铭碑》。仁宗朝古器渐出，皇祐三年（1051）杨南仲释《皇祐三馆古器图》，嘉祐八年（1063）刘敞刻成《先秦古器图》，彝器之学始兴。吕大临成书于哲宗元祐七年（1092）的《考古图》，是现存年代最早的古器物图录。徽宗朝置议礼局考定古器、新造礼器，敕撰《宣和博古图录》，影响了金石之学的形成与发展。在石刻之学方面，欧阳修《集古录跋尾》是现存最早研究金石文字的专著，此后赵明诚《金石录》将金石研究推向了一个新的高度。刘敞、欧阳修、赵明诚确立了金石学正经补史的学术传统。

南宋虽偏安一隅，然君臣对金石古器物的搜求研究并无稍衰。尤其是石刻之学至南宋获得长足发展，出现了专录汉碑碑文的著作，如洪适《隶释》《隶续》；分地编次石刻目录之作，如王象之《舆地碑记目》、陈思《宝刻丛编》；以人名为纲记录书家石刻的著作，如佚名《宝刻类编》；纂辑隶字类著作，如刘球《隶韵》、娄机《汉隶字源》。此外，北宋刻帖的盛行，也反映在《东观余论》《广川书跋》《历代钟鼎彝器款识法帖》《石刻铺叙》等金石著作中。

流传至今有关三代铜器款识著录的宋刻宋拓实物，甚为罕见。南宋钱塘（今浙江杭州）人薛尚功编次并释音的《历代钟鼎彝器款识法帖》收集 511 件铜器款识，刻石置于江州（今江西九江）公库，是北宋至南宋金学、石刻与法帖之学发展与交会的稀世物证。薛氏款识宋拓石刻本流传甚稀，展品中黄丕烈士礼居旧藏十二卷《历代钟鼎彝器款识法帖》，乃宋刻宋拓、宋代原装本，首次面向公众完整展出。王厚之所辑《钟鼎款识》拓本，自南宋辗转流传，屡经名家收藏题跋，原拓于清道光二十三年（1843）惜毁于火，幸有清嘉庆七年（1802）阮元积古斋影刻本留其旧观。展品中《宋王复斋钟鼎款识》为现存是书的最早刻本，卷末有清吴熙载、杨铎跋语。此两种款识著录专书，为寻绎南宋至清中后期钟鼎款识之学的发展提供了珍贵的文献实例。

宋代金石学之兴盛，与礼制重建及史学发展关系密切。两宋金石学著作，反映了宋代金石学在搜集、著录、研究、考订诸方面的成就，呈现金石学的演进与发展脉络，也为理解宋代文化史及其时代风尚提供了一个极佳的视角。

鍾鼎彝器帖
鍾鼎彝器帖

宋搨汪州公庫本
鐘鼎彝器帖
計六册

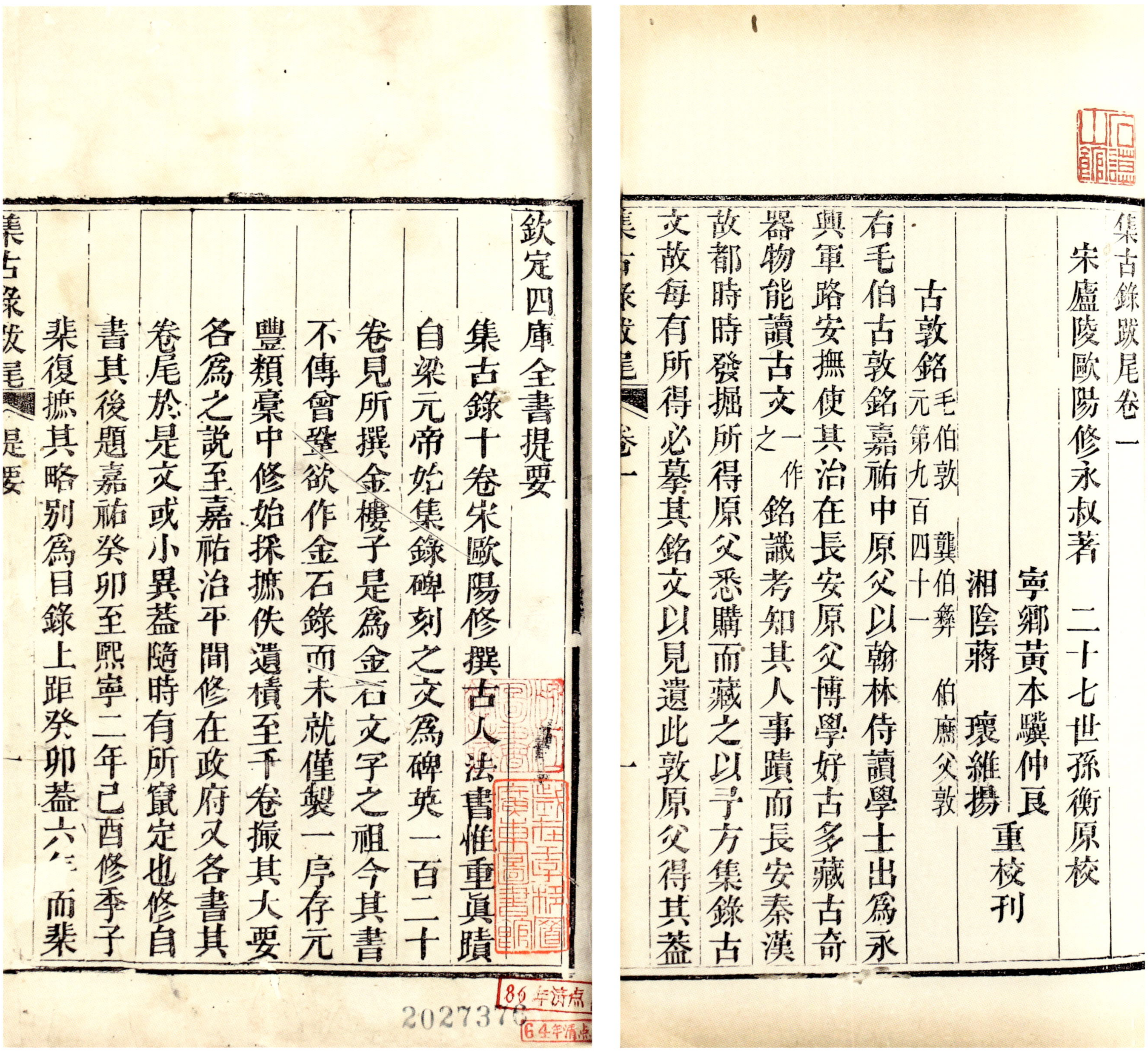
欽定四庫全書提要

集古錄十卷宋歐陽修撰古人法書惟重眞蹟自梁元帝始集錄碑刻之文爲碑英一百二十卷見所撰金樓子是爲金石文字之祖今其書不傳曾鞏欲作金石錄而未就僅製一序存元豐類稿中修始採摭佚遺積至千卷撮其大要各爲之説至嘉祐治平間修在政府又各書其卷尾於是文或小異蓋隨時有所竄定也修自書其後題嘉祐癸卯至熙寧二年己酉修季子棐復摭其略别爲目錄上距癸卯蓋六年而棐

集古錄跋尾 提要 一

集古錄跋尾卷一

宋廬陵歐陽修永叔著　二十七世孫衡原校

寧鄉黃本驥仲良　湘陰蔣環維揚　重校刊

古敦銘 毛伯敦 龔伯彝 伯庶父敦 元第九百四十一

右毛伯古敦銘嘉祐中原父以翰林侍讀學士出爲永興軍路安撫使其治在長安原父博學好古多藏古奇器物能讀古文之一作銘識考知其人事蹟而長安秦漢故都時時發掘所得原父悉購而藏之以予方集錄古文故每有所得必摹其銘文以見遺此敦原父得其蓋

集古錄跋尾 卷一

集古录跋尾十卷

著者：［宋］欧阳修　撰
版本：清道光二十四年（1844）宁乡黄本骥三长物斋刻本
收藏地：浙江图书馆
框高 18.7 厘米，宽 13.2 厘米。每半叶十行，行二十一字。白口，四周双边，单黑鱼尾。

《集古录跋尾》，现存最早的金石学著作，共十卷。成书于北宋嘉祐八年（1063），收录周秦至五代金石文字跋尾四百余篇。欧阳修（1007—1072），字永叔，号醉翁、六一居士，谥“文忠”。吉州（今江西吉安）人。以进士及第，历仕仁宗、英宗、神宗三朝，官至翰林学士、枢密副使、参知政事。喜收集金石文字，编为《集古录》。有《欧阳文忠公集》行世。

《集古录跋尾》是由后人将《集古录》拓本中所有以“跋尾”形式出现的文字汇编而行于世的著作。欧阳修所题诸跋尾，最初为手书于金石拓本之后的“真迹”。后方崧卿将跋聚为一书，《集古录跋尾》方单行于世。初行时未依时代先后为序，南宋以后传世本按时代先后重新编次。跋尾内容多偏重于史事评论，旨在补正史传之阙谬，以传后学。包括考论碑刻年代、书刻、真伪；考释文字、校勘讹误、存录史料、补正史料、考订史实、辨正典章、考索谱碟、纠正虚妄、艺术鉴赏等。

《集古录跋尾》墨迹久佚，目前传世仅存四纸，藏台北“故宫博物院”。其传世版本主要有《四库全书》本、四留堂刊本、《三长物斋丛书》本、《行素草堂金石丛书》本、欧阳衡编校《欧阳文忠公集》本、《四部备要》本、《四部丛刊》本等。是本为道光二十四年（1844）《三长物斋丛书》本，前录有《四库全书提要》、各卷目次。钤“胡义赞印”“宴坐室藏书印”“石谟山馆”等印。

（朱梦溪）

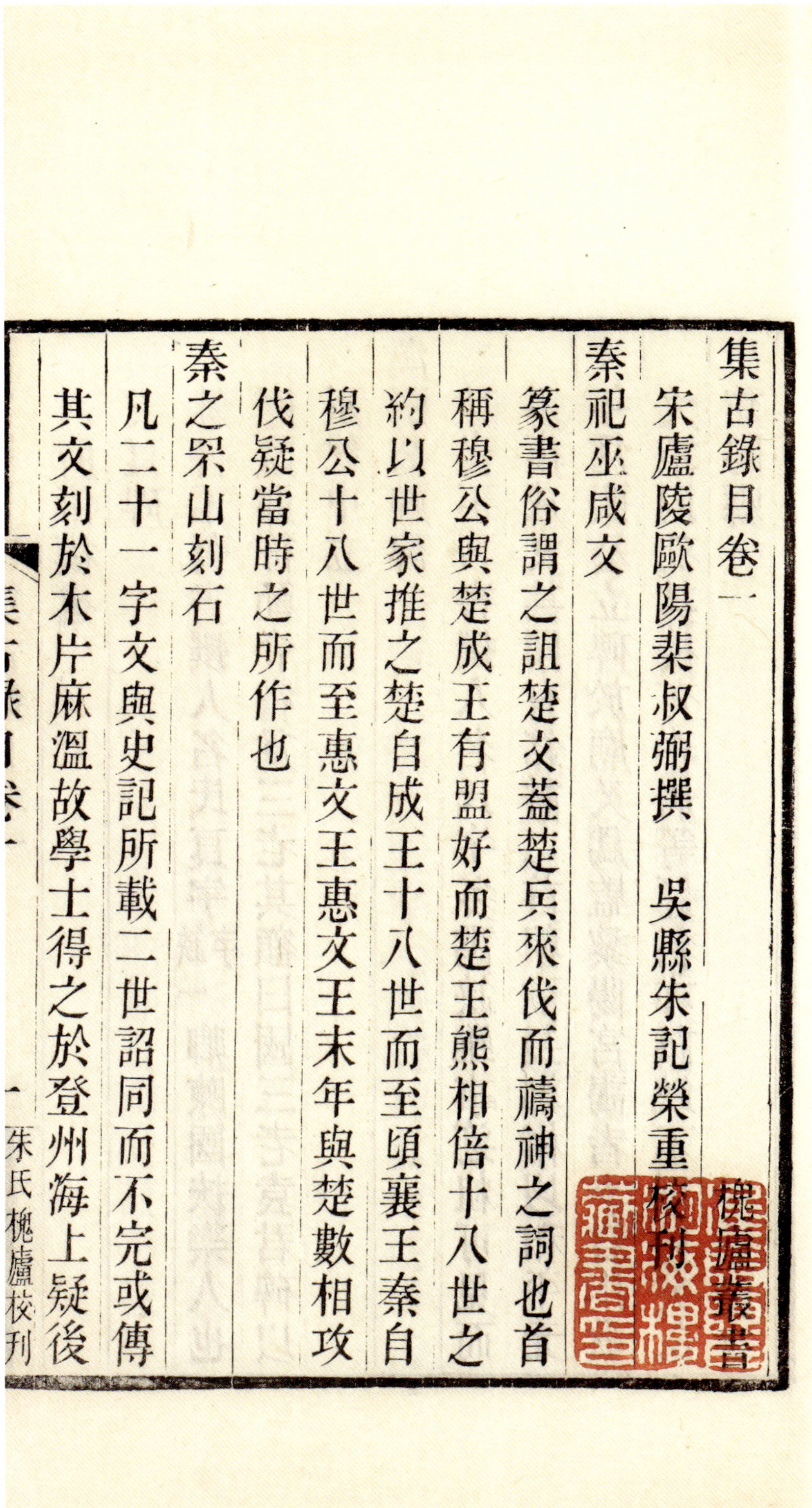

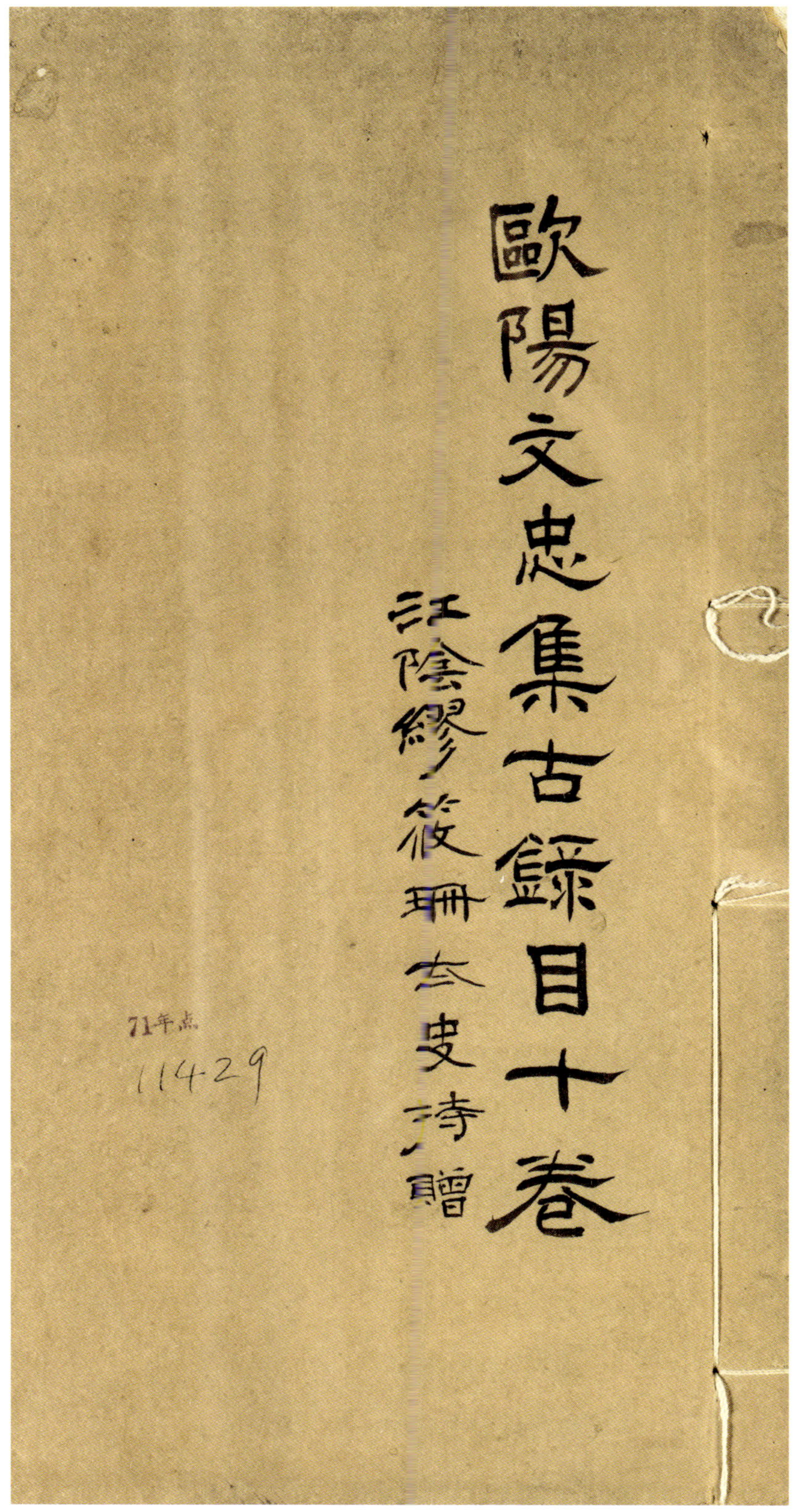

集古录目十卷原目一卷

著者：［宋］欧阳棐　撰，［清］缪荃孙　辑
版本：清光绪年间（1875—1908）江阴缪氏刻云自在龛丛书本
收藏地：中国美术学院图书馆
框高 18.2 厘米，宽 13.2 厘米。每半叶十一行，行二十一字，小字双行同。黑口，左右双边，单黑鱼尾。

《集古录目》成书于北宋熙宁二年（1069），是根据《集古录》各通拓本中撰书人名姓氏、官位事实、立碑年月等编成的一部目录性著作。欧阳修命其子欧阳棐编录。欧阳棐（1047—1113），字叔弼，吉州（今江西吉安）人。曾任襄州知州、潞州知州、蔡州知州。后以坐党籍罢官。有《文集》二十卷，已佚。《集古录目》收录欧阳修家藏的金石拓本达一千种，补足了《集古录跋尾》未收录的无跋尾的拓本。

全书原编十卷，附于《集古录跋尾》之后，惜未能流传至今。欧阳棐《集古录目记》自称十卷，陈振孙《直斋书录解题》作二十卷，周必大《欧阳文忠公集古录序》《欧阳文忠公集古录后序》皆作二十卷。1985 年河南辛店出土《宋朝请大夫管句南京鸿庆宫欧阳公墓志》，记载墓主欧阳棐有"《集古录目》二十卷"。盖初编为十卷，南宋时改编为二十卷。是书未载于《宋史・艺文志》，或在元朝已佚。宋陈思《宝刻丛编》引述《集古录目》内容最多。清人黄本骥根据吴荣光所藏旧抄本《宝刻丛编》辑得佚文 516 篇，按立碑时代年月重辑为《集古录目》五卷，收入《三长物斋丛书》，遂使《集古录目》重行于世。缪荃孙又从宋洪适《隶释》、王象之《舆地纪胜》中增辑，合黄氏辑，成《集古录目》十卷，共 739 篇。是书尚有清道光湘阴蒋环刻本、清光绪吴县朱记荣槐庐刻本等。

此本为清光绪年间江阴缪氏刻本，二册，首册封面有隶书题识二行："欧阳文忠集古录目十卷，江阴缪筱珊太史持赠"，无款署，无钤印。

（朱梦溪）

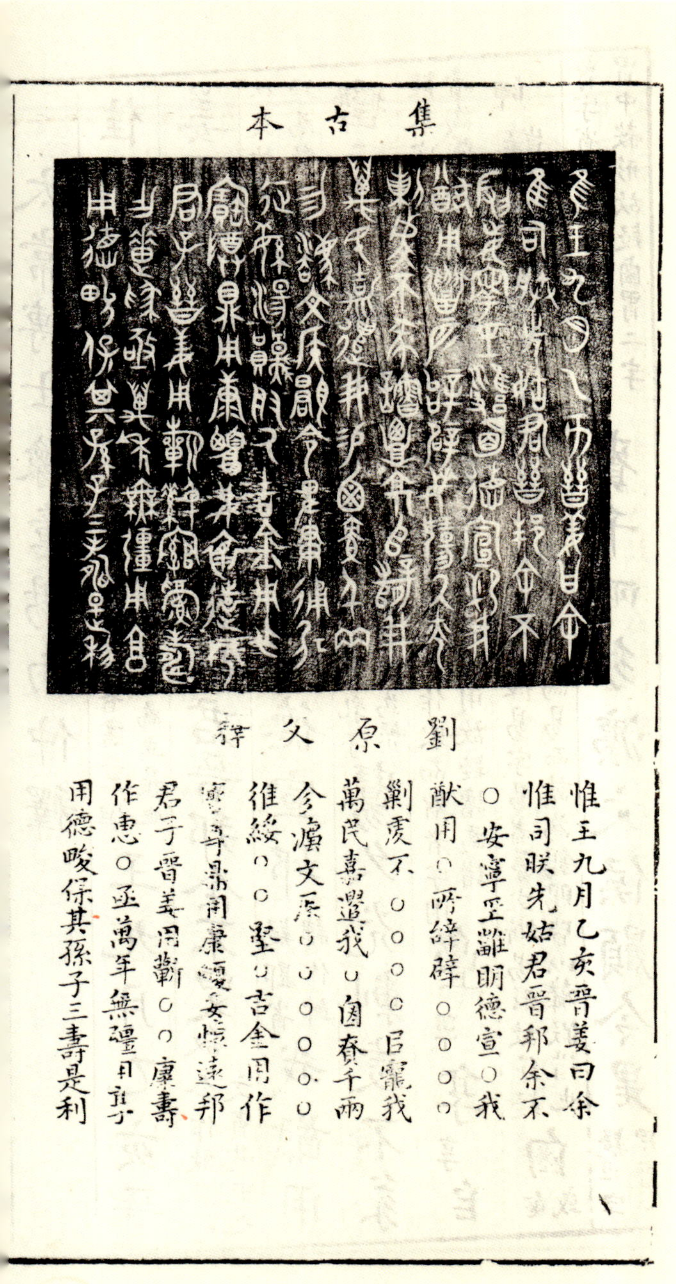

集古本

劉原父釋

惟王九月乙亥晉姜曰余
惟司朕先姑君晉邦余不
○安寧巠雝明德宣○我
猷用○所辟辟○○○○
剿虔不○○○○巳寵我
萬民嘉遣我○鹵賚千兩
勿灋文侯○○○○○○
征綏○○整○吉金用作
寶尊鼎用康○妥懷遠邦
君子晉姜用蘄○○康壽
作惠○丕萬年無疆用享
用德畯保其孫子三壽是利

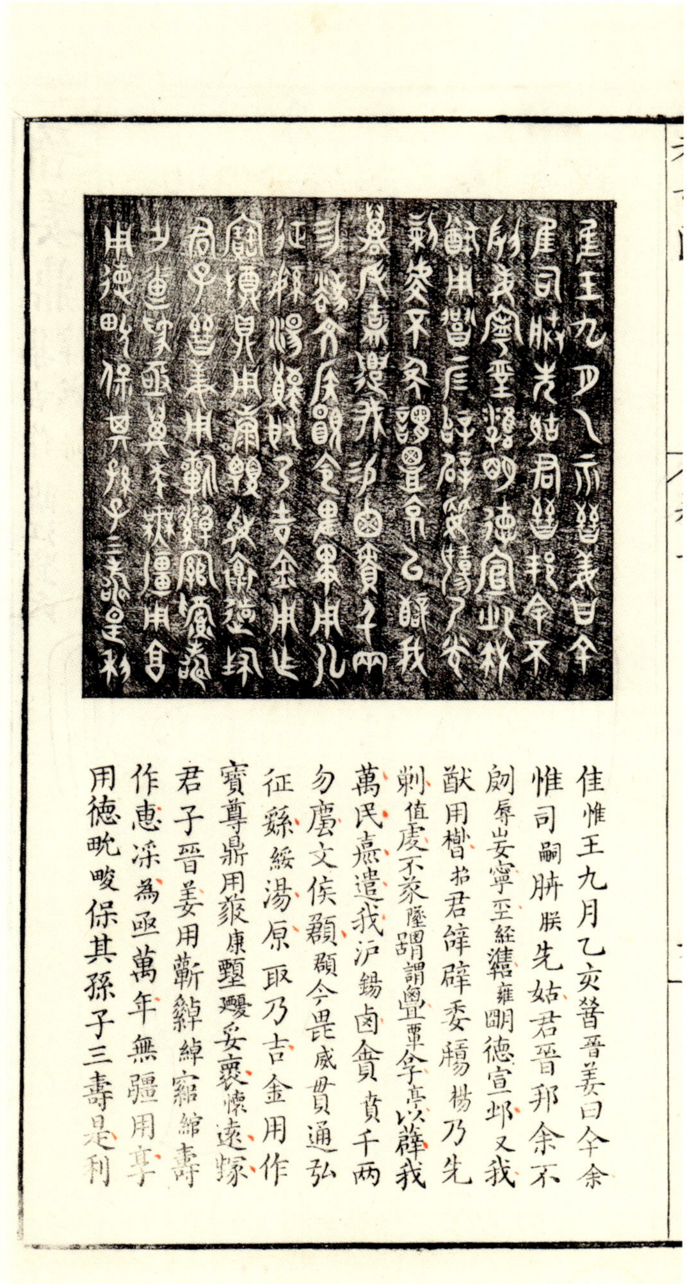

佳惟王九月乙亥簪晉姜曰仐余
惟司嗣肵朕先姑君晉邦余不
叚安寧巠經濉雝䎽德宣䣊又我
猷用𣌭君辪辟委𩙬楊乃先
剌值虔不蒙闓謂𤔲覃仐亭以辪我
萬民嘉遣我泸錫鹵賚貢千兩
勿廢文侯顥顥今𥃯威貫通弘
征緐綏湯原取乃吉金用作
寶尊鼎用𧟰康𩲗𩕢妥褱懷遠𨗽
君子晉姜用蘄綽綽綰綰壽
作惠浨為亟萬年無疆用享
用德畯畯保其孫子三壽是利

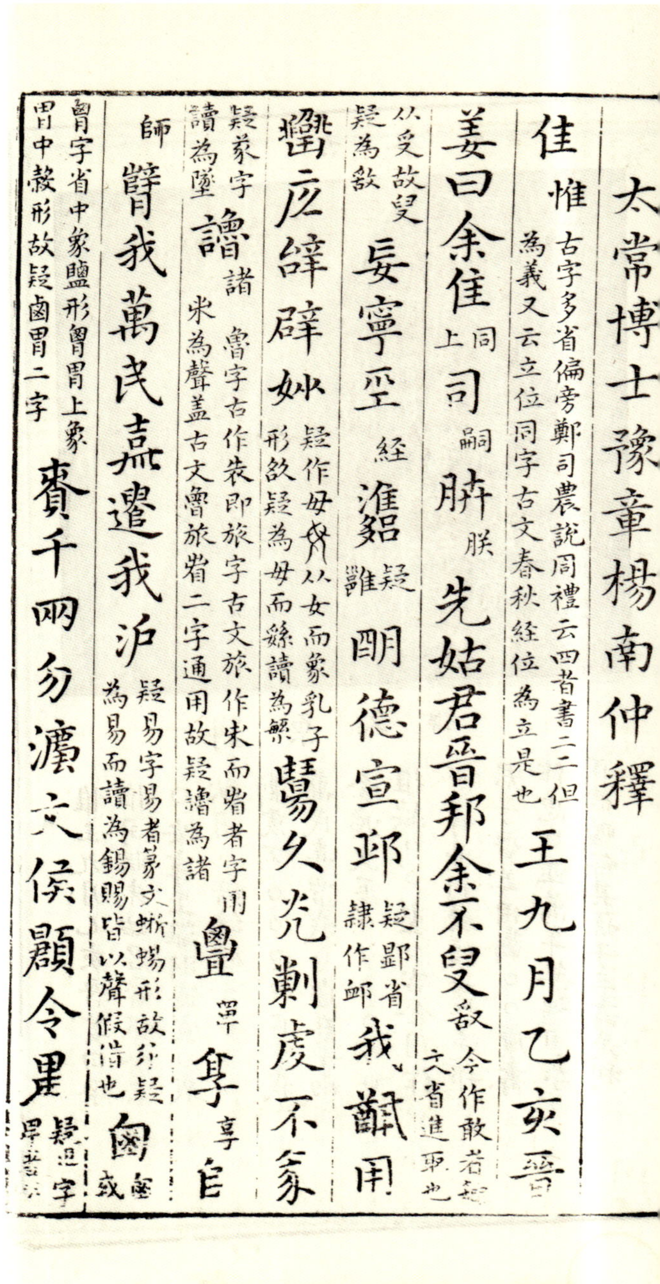

太常博士豫章楊南仲釋

佳惟古字多省偏旁鄭司農說周禮云四莤書二三但為義又云立位同字古文春秋經位為立是也王九月乙亥晉
姜曰余佳同上司嗣肵朕先姑君晉邦余不叚敢今作敢若𠭖文省進耶也
从叏故叚疑為敍妟寧巠經濉疑雝䎽德宣䣊疑鄙省隸作邺我猷用
𤔲庍辪辟妣疑作毋从女而象乳子形敓疑為毋而緐讀為緐鬄久允剌虔不蒙
疑𧰼字讀為墜譖諸嗇字古作袠即旅字古文旅作朱而省者字用米為聲蓋古文嗇旅省二字通用故疑譖為諸𤔲罕𦎧享𠂤
師辪我萬民嘉遣我泸疑易字易者篆文蜥蜴形故𧰼疑為易而讀為錫賜皆以聲假借也鹵盛
𠤕字省中象鹽形𠤕胃上象胃中殺形故疑鹵胃二字賚千兩勿灋文侯顥令𥃯疑𣅀字

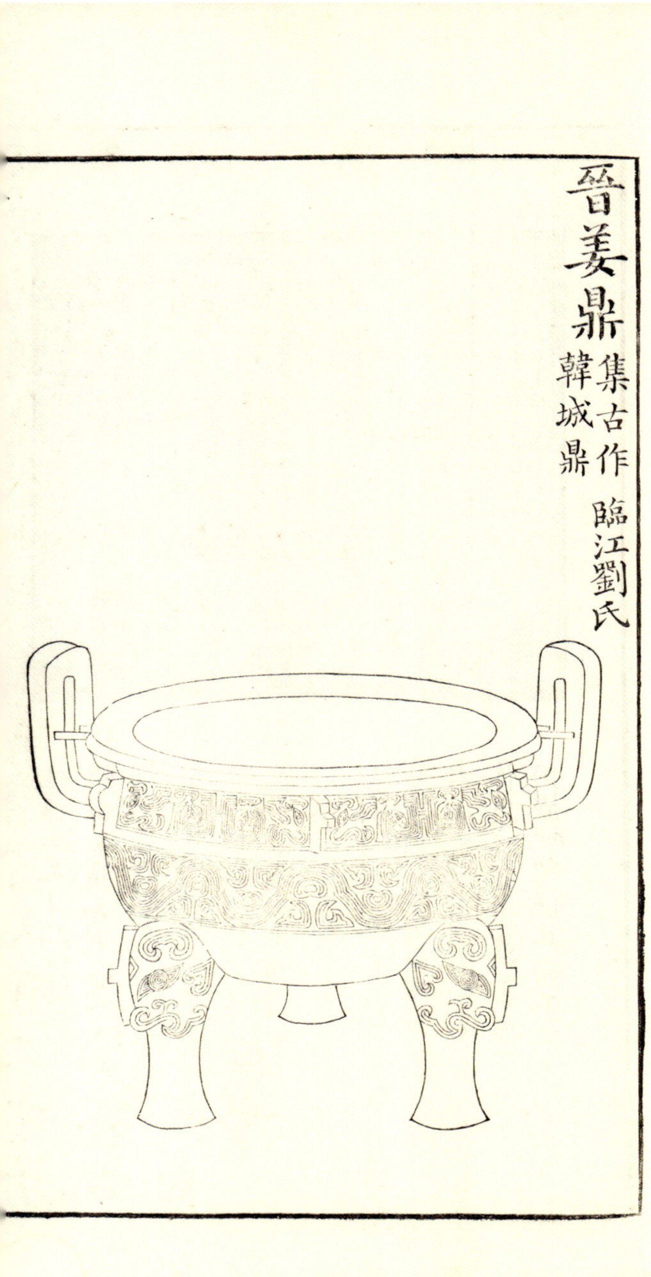
晉姜鼎 集古作韓城鼎 臨江劉氏

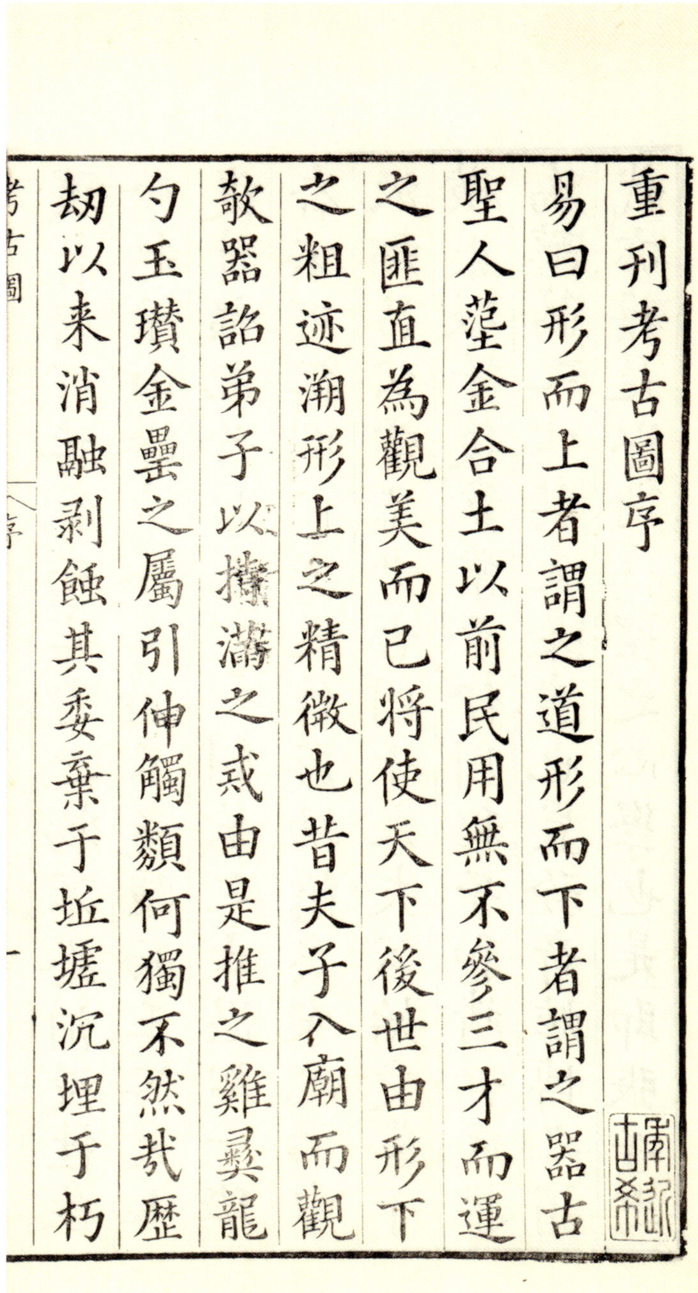
重刊考古圖序
易曰形而上者謂之道形而下者謂之器古聖人蒞金合土以前民用無不參三才而運之匪直為觀美而已將使天下後世由形下之粗迹溯形上之精微也昔夫子入廟而觀欹器詒弟子以撙滿之戒由是推之雞彝龍勺玉瓚金罍之屬引伸觸類何獨不然哉歷刼以來消融剝蝕其委棄于坵墟沉埋于朽

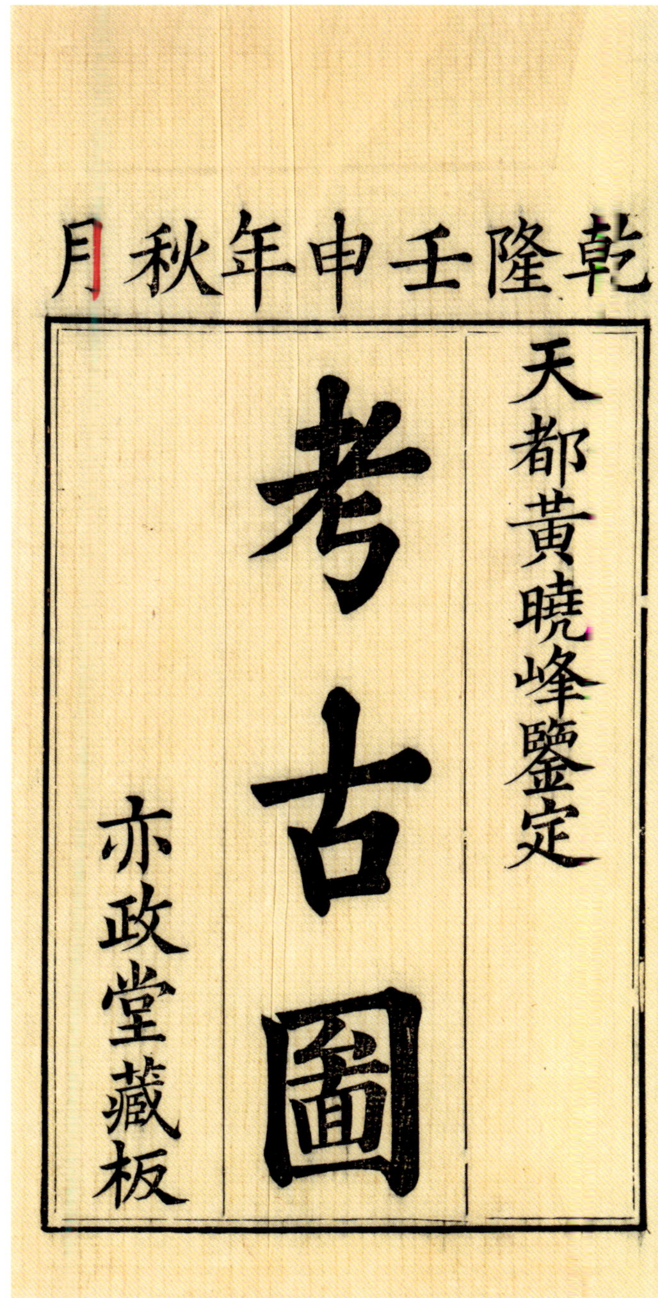
乾隆壬申年秋月
天都黃曉峰鑒定
考古圖
亦政堂藏板

亦政堂重修考古图十卷

著者：［宋］吕大临　撰，［元］罗更翁　考订
版本：明万历三十一年（1603）吴万化宝古堂刻清乾隆十八年（1753）天都黄晟重修本
收藏地：浙江图书馆
框高 23.9 厘米，宽 15.5 厘米。每半叶八行，行十七字，小字双行不等。白口，四周单边，单白鱼尾。

《考古图》是北宋吕大临编撰的现存年代最早且成系统的金石学古器物图录。成书于北宋元祐七年（1092），著录当时宫廷及私家收藏的古代铜器及玉器，共 234 件。吕大临（1040—1092），字与叔，号芸阁。其先汲郡（今河南卫辉）人，后移居京兆蓝田（今陕西蓝田）。先后师从张载、“二程”，与游酢、杨时、谢良佐并称“程门四先生”。其“不应科举”，后以门荫入官，为太学博士、秘书省正字。潜心研究《六经》，尤精于“三礼”。晚年专注于青铜器的收集与研究。著有《易章句》《中庸解》《考古图》《考古图释文》等。

是书分作十卷，卷前列“所藏姓氏”，器物为秘阁、太常、内府诸公家收藏及李伯时、刘原父等三十八家私藏。每器均摹绘器形、款识，记录尺寸、容量、重量等，并附有铭文考释；对出土地点、收藏源流之可考者加以说明。书中考证器物的年代、用途，相关史实，礼制等，直追三代遗风，建立了古器物与古礼的关系。

宋本《考古图》今已不传。元大德年间，罗更翁临图并增补诸家考订，名曰《重修考古图》。今存最早为北图黑字本，现藏台北“故宫博物院”，是明初刻本。卷前有吕大临记、“二陈”（陈才子与陈翼子）序。容庚《〈考古图〉评述》谓其“图识皆极劣”。明万历年间，徽商吴养春泊如斋重刊罗更翁考订本，尤以版画精美著称；吴万化宝古堂又以泊如斋本为底本修正重刻，写刻精美，绘图精工，不失毫发。清乾隆年间，宝古堂书板为天都黄晟所得，其修补为《亦政堂重修考古图》。是本有清乾隆十八年（1753）黄晟序、吕大临记、“二陈”序，书末有明万历二十九年（1601）吴万化跋。1987 年，中华书局据文渊阁《四库全书》影钞宝古堂本影印出版。

（朱梦溪）

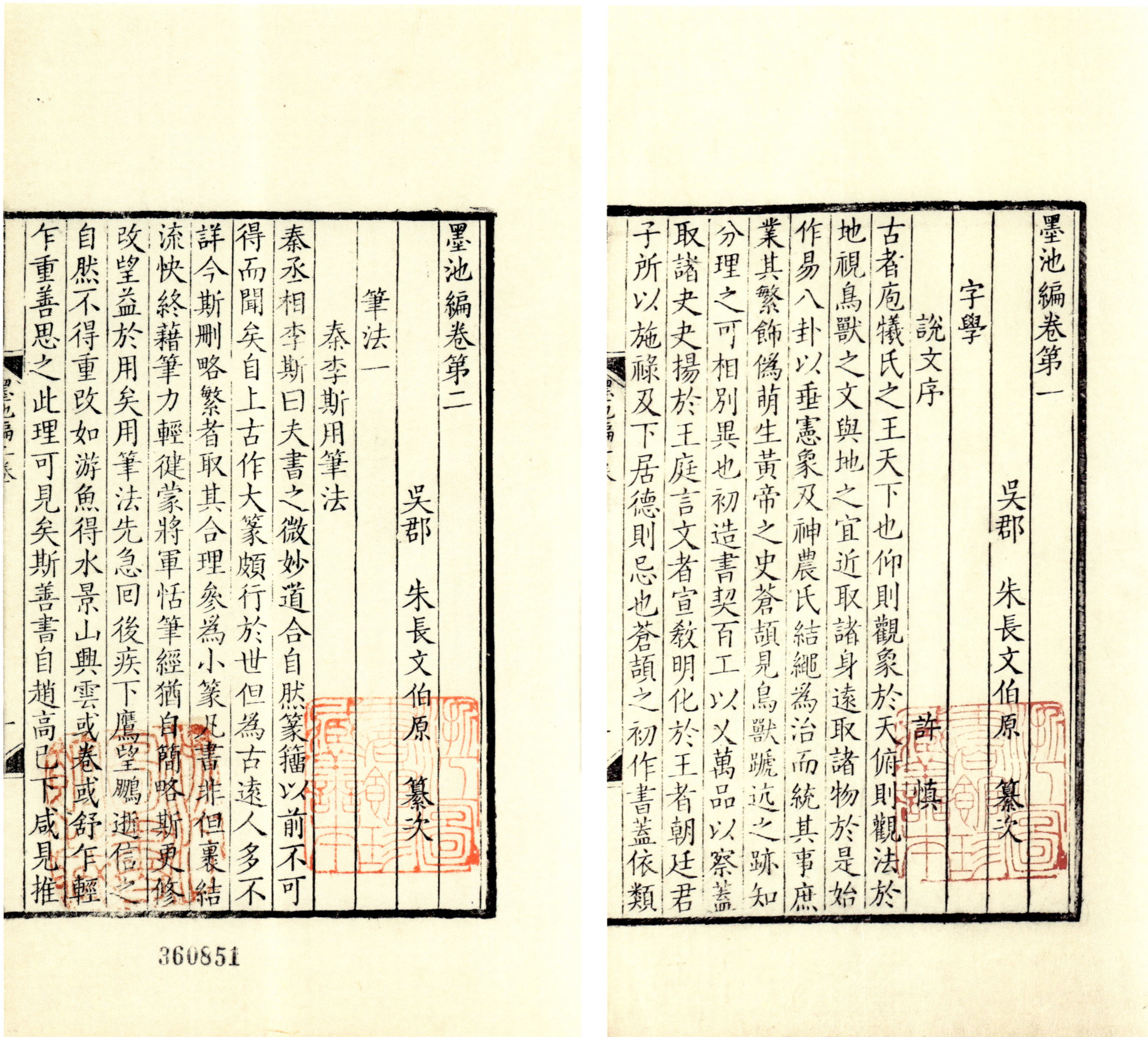
墨池編卷第一　　吳郡　朱長文伯原　纂次
字學
說文序　　許慎
古者庖犧氏之王天下也仰則觀象於天俯則觀法於
地視鳥獸之文與地之宜近取諸身遠取諸物於是始
作易八卦以垂憲象及神農氏結繩為治而統其事庶
業其繁飾偽萌生黃帝之史蒼頡見鳥獸蹏迒之跡知
分理之可相別異也初造書契百工以乂萬品以察蓋
取諸夬夬揚於王庭言文者宣教明化於王者朝廷君
子所以施祿及下居德則忌也蒼頡之初作書蓋依類

墨池編卷第二　　吳郡　朱長文伯原　纂次
筆法一
秦李斯用筆法
秦丞相李斯曰夫書之微妙道合自然篆籀以前不可
得而聞矣自上古作大篆頗行於世但為古遠人多不
詳今斯刪略繁者取其合理參為小篆凡書非但裹結
流快終藉筆力輕健蒙將軍恬筆經猶自簡略斯更修
改望益於用矣用筆法先急回後疾下鷹望鵬逝信之
自然不得重改如游魚得水景山興雲或卷或舒乍輕
乍重善思之此理可見矣斯善書自趙高已下咸見推

360851

墨池编二十卷

著者：［宋］朱长文　辑
版本：清康熙五十三年（1714）长洲朱之劢就闲堂刻本
收藏地：浙江图书馆
框高 16.9 厘米，宽 11.7 厘米。每半叶十一行，行二十一字。黑口，左右双边，双黑鱼尾。

《墨池编》，北宋朱长文撰，是继唐代张彦远《法书要录》之后的又一部书学论著汇编，收录历代书论 108 篇，是现存首部按学理分类的书论著作。成书于宋英宗治平三年（1066）。朱长文（1039—1098），字伯原，号乐圃、潜溪隐夫。苏州吴县（今江苏苏州）人。著有《吴郡图经续记》《续书断》等。

是书专论书学之源流，采辑前人论著并加评论，原二十卷，后人并作六卷，分字学、笔法、杂议、品藻、赞述、宝藏、碑刻、器用共八门，开分类论书之先河。每卷末或篇末附论考核得失，加以指评，极具见识。品藻门中《续书断》为作者自著，碑刻、器用二门为作者自辑，其他则引古人书论加以编次。

传世主要版本有明隆庆年间薛晨刊本、明万历年间李时成刊本、清康熙五十三年（1714）朱氏就闲堂刊本、清雍正年间刊本、《四库全书》本等。

（卞中旭）

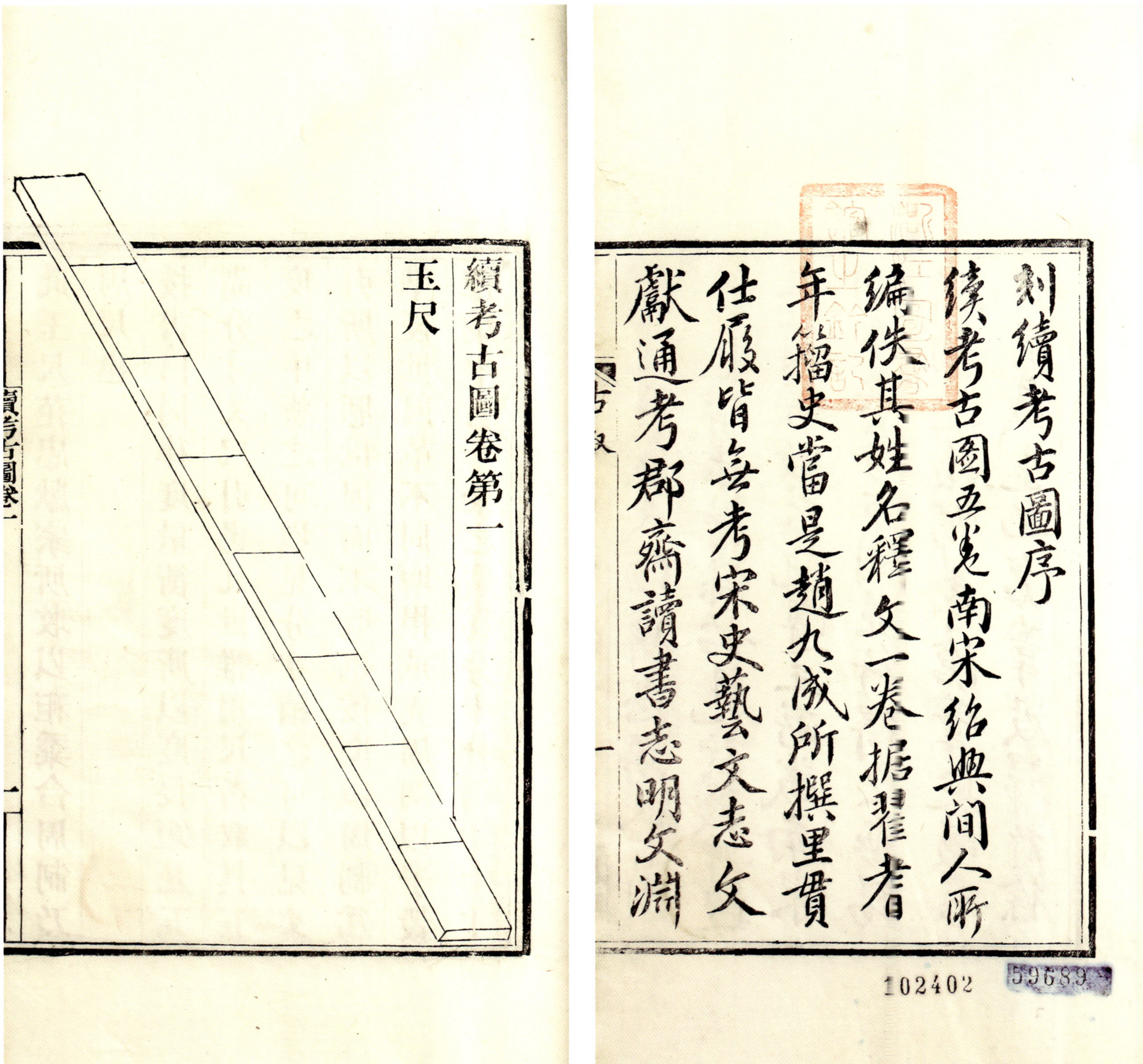

續考古圖卷第一

玉尺

刻續考古圖序

續考古圖五卷南宋绍興間人所編佚其姓名釋文一卷据瞿者年籀史當是趙九成所撰里貫仕履皆無考宋史藝文志文獻通考郡齋讀書志明文淵

续考古图五卷

著者：［宋］赵九成　撰

版本：清光绪十三年（1887）归安陆心源刻本

收藏地：浙江图书馆

框高 17.9 厘米，宽 13.4 厘米。每半叶八行，行十六字。黑口，四周双边，无鱼尾。

《续考古图》，五卷，不著撰人名氏。旧题吕大临撰，清陆心源考订为赵九成撰。成书当在南宋绍兴三十二年（1162）以后。赵九成（生卒年不详），籍贯不详。是书著录范忠献、河南李善初等二十九家所藏共一百器，其中铜器九十二，玉器三，陶器五。摹形记款，考证定名。《四库提要》称："先后不以类从。盖随见随录，故第五卷所载独少，或有铭而不摹其文，有文而不释其读者。"是书所收有铭之器六十余，约三分之一与《考古图》相重合。所录图、铭多失真，定名、考证亦多舛误。

是书传本极罕，宋至明诸家藏书目录皆未著录，首见清钱曾《读书敏求记》。宋刊本经顾宸、钱曾、季振宜、徐乾学等递藏。钱曾复从徐氏借钞，倩工影摹。此影钞本后贡入内府，为天禄琳琅之珍藏。文渊阁《四库全书》本《续考古图》五卷，即据清宫天禄琳琅所藏钱曾影宋抄本抄录。清光绪十三年（1887），归安陆心源借录潘祖荫所藏传抄本（从翁方纲手抄本重录）付梓，是书始为世人所习知。1937 年，商务印书馆据陆氏刻本影印收入《丛书集成初编》。1987 年，中华书局据陆氏刻本录文，参校以《四库全书》本影印出版

（朱梦溪）

金石录三十卷（附：中国国家图书馆藏本）

著者：［宋］赵明诚 撰
版本：清抄本
收藏地：浙江图书馆
开本纵 25.6 厘米，横 16.2 厘米。无版框，无界行。每半叶十行，行二十字，小字双行同。

《金石录》，北宋赵明诚撰，采用录目与跋尾体例，著录所藏三代古器及汉唐至五代石刻拓本，是现存最早的彝器、碑刻目录和研究专著之一。全书三十卷，前十卷为铜器铭文与石刻目录，共 2000 种，每题下注年月、撰书人名；后二十卷为辨证，收录古器物、碑刻跋尾，共 502 则。赵明诚（1081—1129），字德父。密州诸城（今山东诸城）人。由太学生出仕，历官知湖州军州事。喜蓄金石书画，与其妻李清照搜求金石资料，并共同校订、整理。此书实为赵、李二人合著，书成于徽宗宣和末年。

是书著录宏富，考证精当，尤能以器物碑铭验证前史，考证传世典籍大量讹谬，又录存了许多当时名不见经传的重要史料与后来渐亡的古籍资料，成为研究我国古代石刻及补史、校勘、辑佚之用的重要著作。是书在南宋时有淳熙年间龙舒郡斋本和开禧元年（1205）浚仪赵不谫本两种刊本行世，元明两代未见重刊。明以后转相抄录，有明焦竑抄本、文嘉自宋刻影抄本、昆山叶氏本、闽中徐氏本等。清初藏书家冯文昌得一宋刻残本，存十卷（卷十一至二十，今藏上海图书馆），学界定为淳熙年间龙舒郡斋刻后印本。1951 年赵世暹发现的金陵甘氏旧藏宋刻《金石录》三十卷本（今藏中国国家图书馆），学界定为龙舒郡斋初刊本。是书尚有清顺治四年（1647）谢世箕刻本、清乾隆二十七年（1762）卢见曾雅雨堂刊本、《四库全书》本、《三长物斋丛书》本、《行素草堂金石丛书》本、1983 年中华书局影印《古逸丛书三编》本等。

是本为清抄本，二册，存十五卷（卷一至十五）。旧为海盐俞方毂藏，有俞方毂跋。钤“曾在海盐俞氏”“俞氏易碤珍藏”“稽古堂”“竹趣山房”“易谿鉴赏”“酒狂书癖”“夏晓峰鉴赏章”及“浙江省立图书馆藏书印”等印。

（朱梦溪）

附：
金石录三十卷
著者：［宋］赵明诚 撰
版本：南宋淳熙龙舒郡斋刻本
收藏地：中国国家图书馆

金石録序

余自少小喜從當世學士大夫訪問前代金石刻詞以廣異聞後得歐陽文忠公集古録讀而賢之以為是正譌謬有功於後學甚大惜其尚有漏落又無歲月先後之次思欲廣而成書以傳學者於是益訪求藏蓄凡二十年而後粗備上自三代下訖隋唐五季内自京師達于四方遐邦絶域夷狄所傳倉史以来古文奇字大小二篆分隷行草之書鍾鼎簠簋尊敦甗鬲盤杅之銘詞人墨客詩歌賦頌碑志叙記之文章名卿賢士之功烈行治至於浮屠老子之説凡古物奇器豐碑巨刻所載與夫殘章斷畫磨滅而僅存者略無遺矣因次其先後為二千卷余之致力於斯可謂勤且久矣非特區區為玩好之具而已也蓋竊嘗以謂詩書以後君臣行事之蹟悉載於史雖是非襃貶出于秉筆者私意或失其實然至其善悪大節有不可誣而又傳之既久理當依據若夫歲月地理官爵世次以金石刻考之其牴牾十常三四蓋史牒出于後人之手不能無失而刻詞當時所立可信不疑則又考其異同參以他書為金石録三十卷至于文詞之媺悪字畫之工拙覽者當自得之皆不復論

嗚呼自三代以来聖賢遺跡著于金石者多矣蓋其風雨侵蝕与夫樵夫牧童毁傷淪棄之餘幸而存者止此耳是金石之固猶不足恃然則所謂二千卷者終歸於磨滅而余之是書有時而或傳也孔子曰飽食終日無所用心難矣哉不有博奕者乎為之猶賢乎已是書之成其賢于無所用心豈特博奕之比乎輙録而傳諸後世好古博雅之士其必有補焉東武

趙明誠序

金石録卷第一

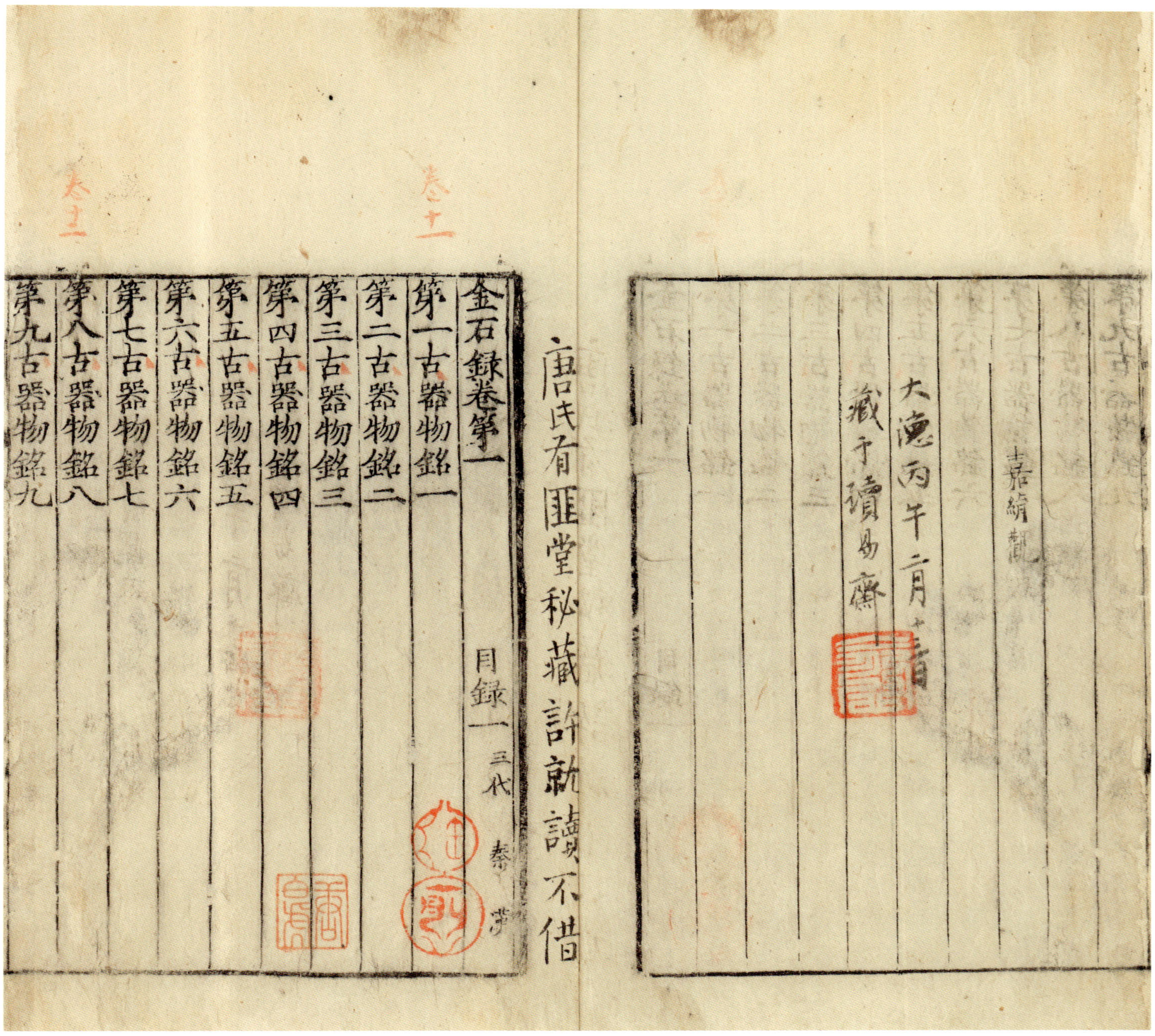
大德丙午二月十日
藏于讀易齋

唐氏有匪堂秘藏許就讀不借

金石録卷第一　目録一　三代　秦　漢

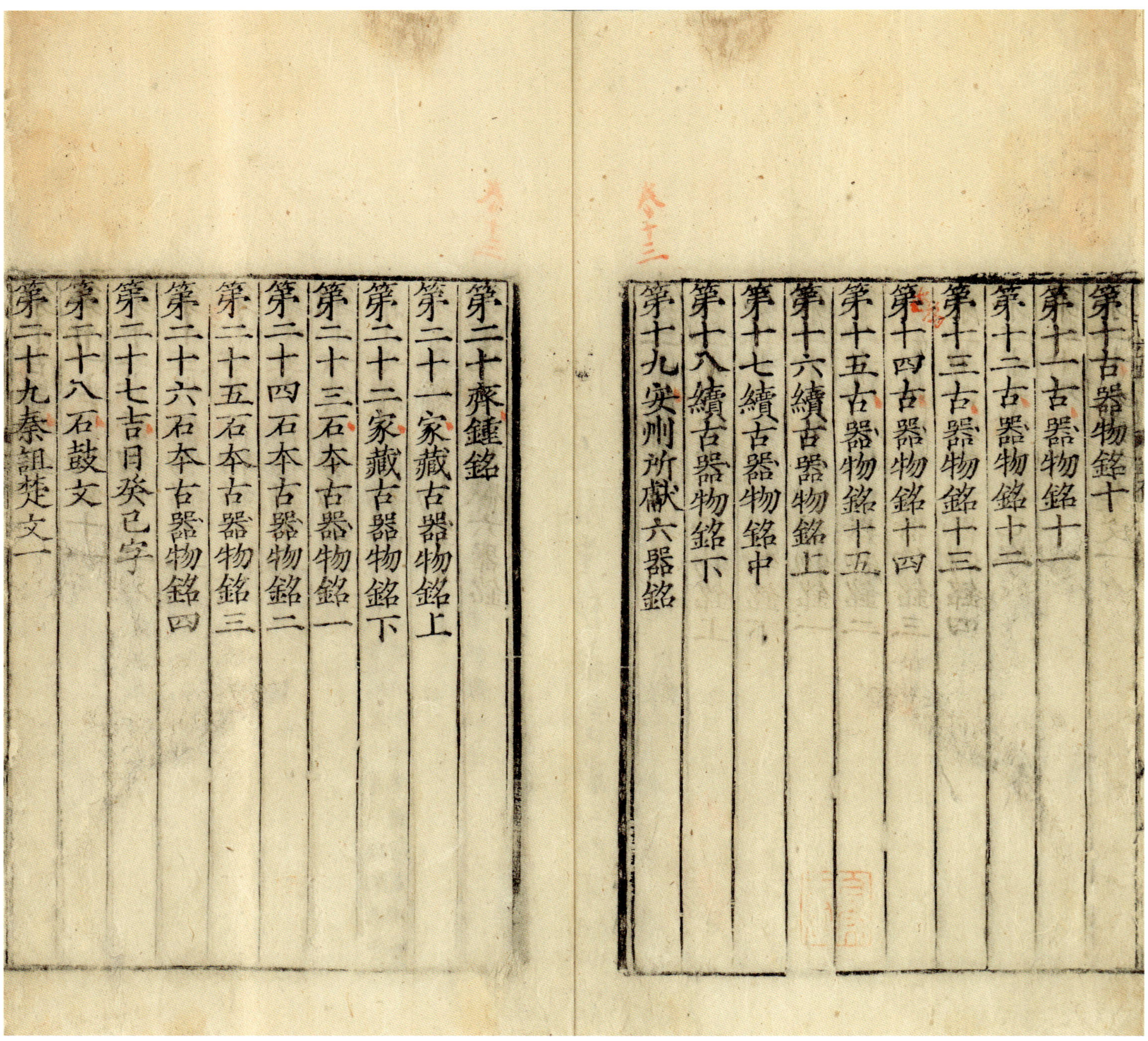

……書志……
……不異……珠
……神誅
……之何其愚

金石錄序

余自少小喜從當世學士大夫訪問前代金石刻詞以廣異聞後得歐陽文忠公集古錄讀而賢之以為是正譌謬有功於後學甚大惜其尚有漏落又無歲月先後之次思欲廣而成書以傳學者於是益訪求藏畜凡二十年而後粗備上自三代下訖隋唐五季內自京師達于四方遐邦絕域夷狄所傳倉史以來古文奇字大小二篆分隸行草之書鍾鼎簠簋尊敦甗鬲盤杅之銘詞人墨客詩歌賦頌碑志敘記之文章名卿賢士之功烈行治至於浮屠老子之說凡古物奇器豐碑巨刻所載與夫殘章斷畫磨滅而僅存者略無遺矣因次其先後為二千卷余之致力於斯可謂勤且久矣非特區區為玩好之具而已也蓋竊嘗以謂詩書以後君臣行事之迹悉載於史雖是非褒貶出於秉筆者私意或失其實然至其善惡大節有不可誣而又傳之既久理當依據若夫歲月地理官爵世次以金石刻考之其抵牾十常三四蓋史牒出於後人之手不能無失而刻詞當時所立可信不疑則又考其異同參以他書為金石錄三十卷至於文辭之媺惡字畫之工拙覽者當自得之皆不復論嗚呼自三代以來聖賢遺迹著于金石者多矣蓋其風雨侵蝕與夫樵夫牧童毀傷淪棄之餘幸而存者止此尔是金石之固猶不足恃然則所謂二千卷者終歸於磨滅而余之是書有時而或傳也孔子曰飽食終日無所用心難矣哉不有博奕者乎為之猶賢乎已是書之成其賢於無所用心豈特博奕之比乎輒錄而傳諸後世好古博雅之士其必有補焉東武趙明誠序

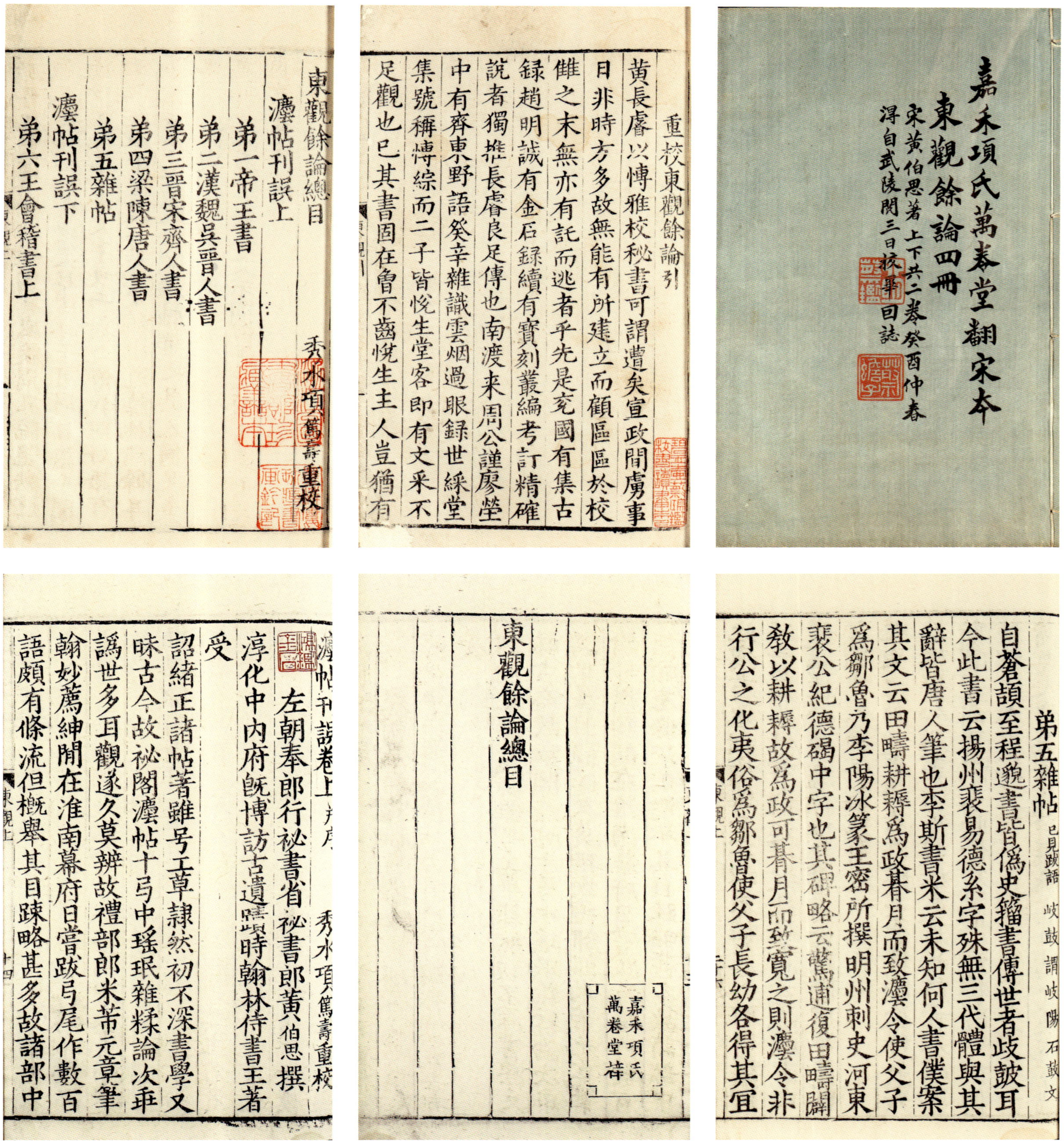

嘉禾項氏萬卷堂翻宋本
東觀餘論四冊
宋黃伯思著上下共二卷癸酉仲春
得自武陵閱三日校畢因誌

重校東觀餘論引
黃長睿以博雅校秘書可謂遭矣宣政間虜事
日非時方多故無能有所建立而顧區區於校
讎之末無亦有託而逃者乎先是兗國有集古
録趙明誠有金石録續有寶刻叢編考訂精確
說者獨推長睿良足傳也南渡来周公謹廖瑩
中有齊東野語癸辛雜識雲烟過眼録世綵堂
集號稱博綜而二子皆悅生堂客即有文采不
足觀也已其書固在會不齒悅生主人豈猶有

東觀餘論總目
秀水項篤壽重校
灋帖刊誤上
第一帝王書
第二漢魏吳晉人書
第三晉宋齊人書
第四梁陳唐人書
第五雜帖
灋帖刊誤下
第六王會稽書上

第五雜帖 已見跋語 岐鼓謂岐陽石鼓文
自蒼頡至程邈書皆僞史籀書傳世者岐鼓耳
今此書云揚州褒易德系字殊無三代體與其
辭皆唐人筆也李斯書米云未知何人書僕案
其文云田疇耕耨爲政朞月而致灋令使父子
爲鄒魯乃李陽冰篆王密所撰明州刺史河東
裴公紀德碣中字也其碑略云驚逋復田疇闢
教以耕耨故爲政可朞月而致寛之則灋令非
行公之化夷俗爲鄒魯使父子長幼各得其宜

東觀餘論總目
嘉禾項氏萬卷堂梓

灋帖刊誤卷上
秀水項篤壽重校
左朝奉郎行祕書省祕書郎黃伯思撰
淳化中內府既博訪古遺蹟時翰林侍書王著
受
詔緒正諸帖著雖号工草隸然初不深書學又
昧古今故祕閣灋帖十卷中瑶珉雜糅論次乖
謬世多耳觀遂久莫辨故禮部郎米芾元章筆
翰妙薦紳間在淮南幕府日嘗跋卷尾作數百
語頗有條流但概舉其目疎略甚多故諸部中

东观余论二卷

著者：［宋］黄伯思　撰
版本：明万历十二年（1584）秀水项笃寿万卷堂刻本
收藏地：浙江图书馆
框高 23.0 厘米，宽 16.2 厘米。每半叶九行，行十八字。黑口，左右双边，单黑鱼尾。

《东观余论》是一部书学论著，北宋黄伯思撰，其子黄訒编订刊行。黄伯思（1079—1118），字长睿，别字霄宾，号云林子。邵武（今属福建）人。历神宗、哲宗、徽宗三朝，官至秘书郎。学问精诣，尤好古文奇字，能辨识钟鼎彝器款识，精于书画碑帖考证，曾撰《法帖刊误》二卷，辨析其时官刻《淳化阁帖》诸误。

是书收录黄伯思《法帖刊误》及其审正金石、考核艺文之作二百余篇，以涉及书法碑帖者为多，论书宗尚晋人。《四库全书总目》谓其“精博胜《集古录》多矣”。南宋绍兴十七年（1147），此书初刻于建安（今福建建瓯）漕司。据黄訒跋文，此书乃黄伯思卒后，黄訒取其父所著《法帖刊误》《秘阁古器说》和论、辨、题、跋等汇成一编，共计十卷，总目之曰《东观余论》。是书原十卷，今传本多为二卷，或有脱漏。南宋时此书就有不同版本流传，如建本、蜀本、三刘本、庄夏本等，其中又分十卷、三卷、全卷不分、二卷。今存宋刊本有二，一为南宋嘉定三年（1210）温陵庄夏刊二卷本（现藏上海图书馆），一为南宋刻不分卷本（现藏中国国家图书馆）。传世本尚有明万历十二年（1584）项氏万卷堂刻本、《王氏书苑》本、《津逮秘书》本、《四库全书》本、《学津讨原》本、1987 年中华书局影印《古逸丛书三编》本等。

此本为明万历项笃寿万卷堂翻刻宋嘉定本，首有项笃寿《重校东观余论引》。旧藏宁波蔡鸿鉴墨澥楼。书衣有同治癸酉（1873）仲春蔡鸿鉴题识：“嘉禾项氏万卷堂翻宋本《东观余论》四册。宋黄伯思著，上下共二卷。癸酉仲春得自武陵，阅三日校毕因志。”钤“四明蔡鉴”“蔡蟾子”印。书内钤有“碧玉壶蔡鸿鉴校书读书之印”“墨澥楼珍藏书画钤记”“鸿鉴金石”及“浙江图书馆珍藏善本”等印。

（杨璐遥）

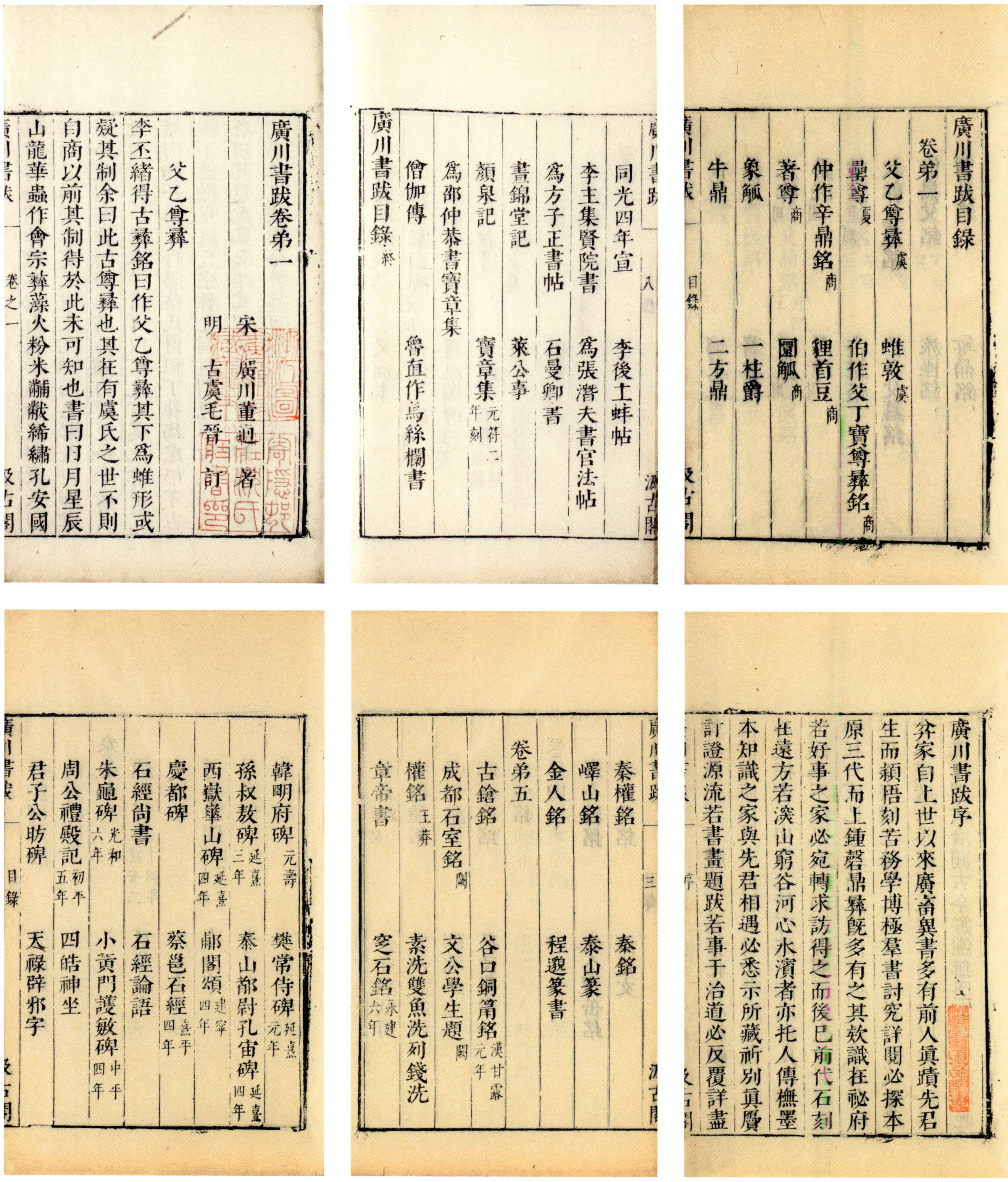
廣川書跋卷弟一
宋 廣川董逌 著
明 古虞毛晉 訂
父乙尊彝
李丕緒得古彝銘曰作父乙尊彝其下爲蜼形或
疑其制余曰此古尊彝也其在有虞氏之世不則
自商以前其制得於此未可知也書曰日月星辰
山龍華蟲作會宗彝藻火粉米黼黻絺繡孔安國

同光四年宣 李後主蚌帖
李主集賢院書 爲張潛夫書官法帖
爲方子正書帖 石曼卿書
書錦堂記 萊公事
顏泉記 寳章集 元符二年刻
爲鄧仲恭書寳章集
僧伽傳 魯直作烏絲欄書
廣川書跋目録 終

廣川書跋目録
卷弟一
父乙尊彝 虞 蜼敦 虞
[illegible]尊 夏 伯作父丁寳尊彝銘 商
仲作辛鼎銘 商 貍首豆 商
著尊 商 圜觚 商
象觚 一柱爵
牛鼎 二方鼎

韓明府碑 元壽 樊常侍碑 延熹元年
孫叔敖碑 延熹三年 泰山都尉孔宙碑 延熹四年
西嶽華山碑 延熹四年 郙閣頌 建寧四年
慶都碑 蔡邕石經 熹平四年
石經尚書 石經論語
朱龜碑 光和六年 小黄門譙敏碑 中平四年
周公禮殿記 初平五年 四皓神坐
君子公昉碑 天祿辟邪字

秦權銘 秦銘
嶧山銘 泰山篆
金人銘 程邈篆書
卷弟五
古鐙銘 谷口銅甬銘 漢甘露元年
成都石室銘 闕 文公學生題 闕
權銘 王莽 素洗雙魚洗列錢洗
章帝書 窆石銘 永建六年

廣川書跋序
弁家自上世以來廣畜異書多有前人眞蹟先君
生而穎悟刻苦務學博極羣書討究詳閱必探本
原三代而上鍾磬鼎彝旣多有之其款識在祕府
若好事之家必宛轉求訪得之而後已前代石刻
在遠方若深山窮谷河心水濱者亦托人傳模墨
本知識之家與先君相遇必悉示所藏祈別眞贋
訂證源流若書畫題跋若事干治道必反覆詳盡

广川书跋十卷

著者：［宋］董逌　撰
版本：明崇祯年间（1628—1644）毛氏汲古阁刻津逮秘书本
收藏地：浙江图书馆
框高18.9厘米，宽13.8厘米。每半叶八行，行十九字。白口，左右双边，无鱼尾。

《广川书跋》，北宋董逌撰，是一部关于鼎彝铭文、碑帖等的考释论著。董逌（生卒年不详），字彦远。东平（今属山东）人，一说益都（今山东青州）人。与黄伯思均以考据鉴赏擅名。因其郡望广川（今河北景县一带），故所著皆以“广川”冠之。因曾于两宋之际受张邦昌伪命而屡遭宋人诟病，在南宋书名不显。

是书系董逌卒后，其子董弅裒辑而成。全书十卷，前五卷为金石跋尾，后五卷为法书碑刻跋语。首四卷记述周秦钟、鼎、彝器、权量铭文以及《诅楚文》《峄山铭》等石刻文字，共75种；第五卷记汉代金石铭文及石刻，共27种；第六卷记魏晋南北朝至隋代碑帖38种；第七、八、九卷收唐代碑帖74种；第十卷专收五代至北宋书家作品，共13种。董氏之跋皆偏重考据、议论，主在证经补史，开题跋与学术结合之先。董氏题跋包括鉴帖释帖，鉴帖主张“贵目贱耳，自断于胸”，释帖重视“以史为要，考定史实，慎疑所决”，是书在明代因其“非学有本源不辨”的博辨之风而为书家推崇。

是书现存明吴氏丛书堂抄本、明秦氏雁里草堂抄本、《王氏书画苑》本、《津逮秘书》本、《四库全书》本、清乾隆四十二年（1777）卢文弨抄本、《行素草堂金石丛书》本、《槐庐丛书》本、《适园丛书》本、《丛书集成初编》本等。是本为《津逮秘书》本，前有绍兴丁丑（1157）十月丙辰董弅序文，卷尾有明代海虞毛晋行书题识。卷首钤“寄隐郇庄沈氏藏书印”。

（杨璐遥）

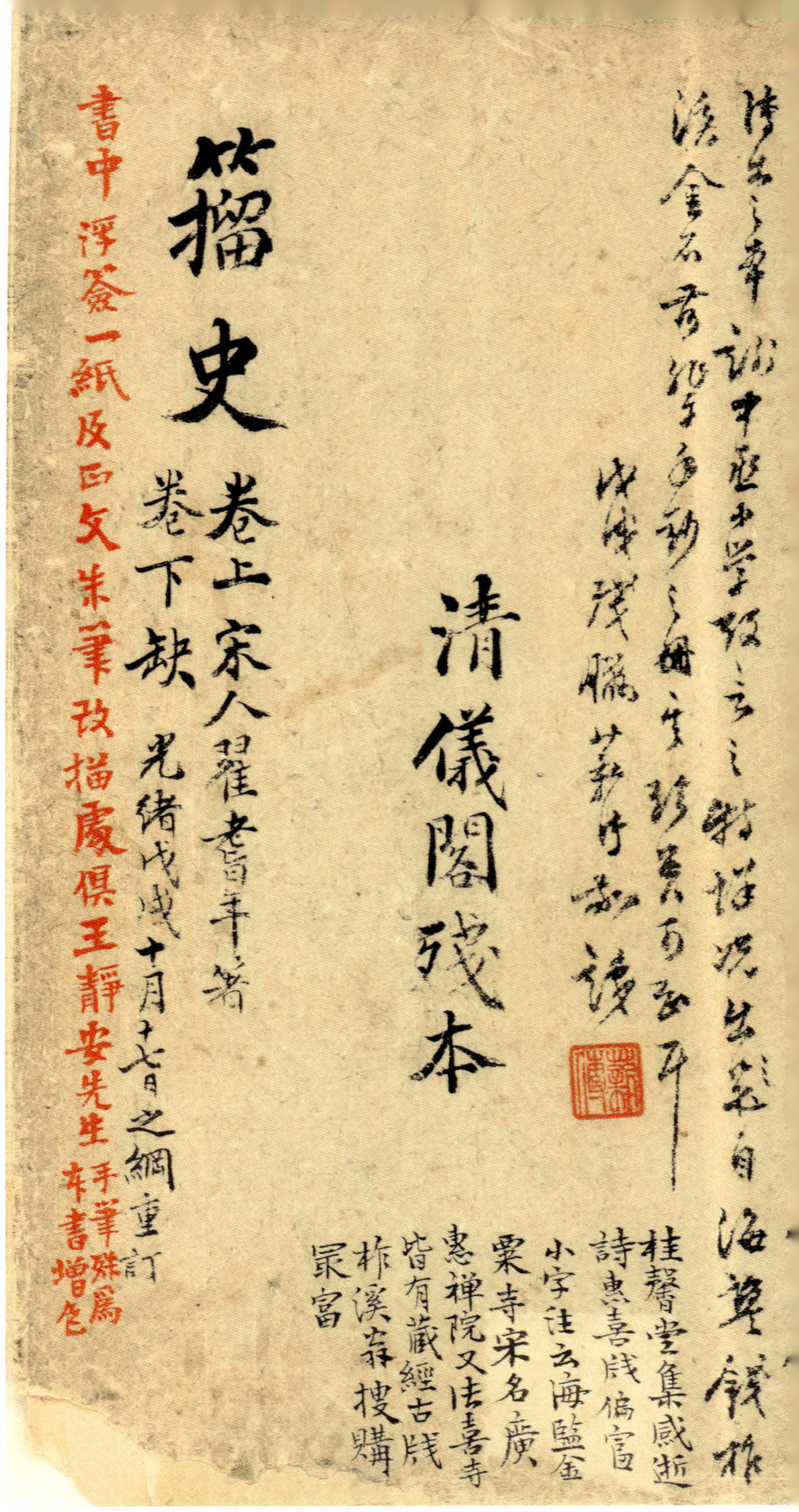
籀史
卷上宋人翟耆年著
卷下缺
清儀閣殘本

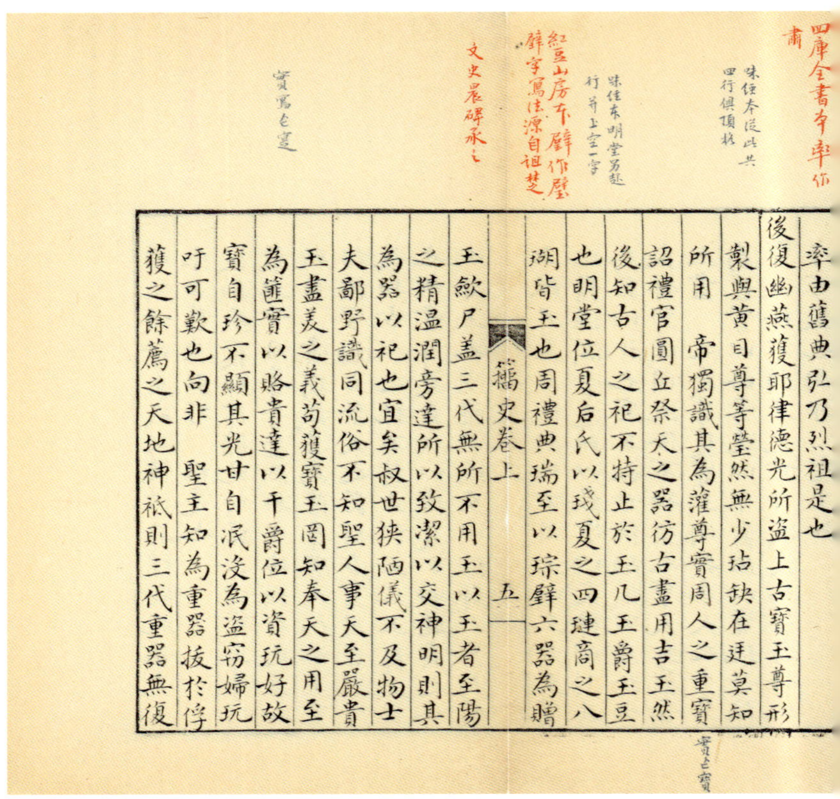

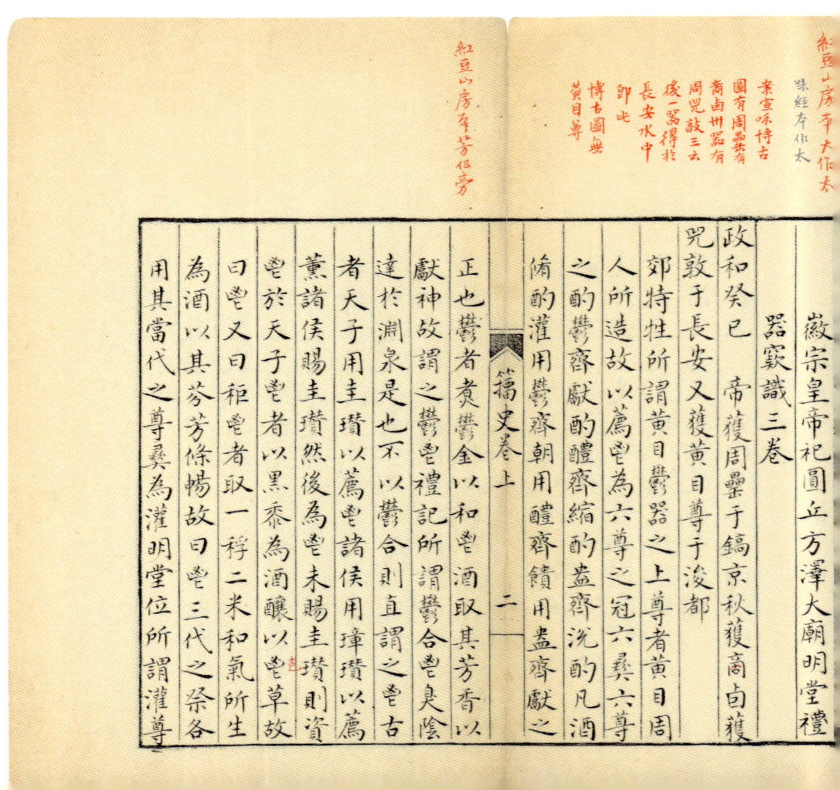

籀史二卷

著者：［宋］翟耆年　撰
版本：清乾隆四十年（1775）钱本诚抄本
收藏地：净琉璃室
框高 17.2 厘米，宽 12.2 厘米。每半叶九行，行数不等。白口，四周单边，单黑鱼尾。

《籀史》，南宋翟耆年撰，所录为公私所撰古器物图录书籍及当时传世之古器实物。翟耆年（生卒年不详），字伯寿，一字子清，别号黄鹤山人。润州丹阳（今江苏丹阳）人。其父汝文（1076—1141），官至参知政事，《宋史》有传。此书以籀史为名，“特因所载多金石款识，篆隶之体为多，实非专述籀文”（《四库提要》）。是书首载《宣和博古图》，中有“绍兴十有二年二月帝命臣耆年”句，知书成于南宋初年。

是书原为上下二卷，今佚下卷。传言明季尚为全帙，至清初仅存其上。唯嘉兴曹溶家尚有抄本，其后藏弆家所著录皆自曹本传写。是书体例，先辑录诸家金石著作，后附论说，介绍诸作之原委、梗概，评述其成就。上卷首为宋徽宗《宣和博古图》等三则，次自《比干墓铜槃记》，迄于《晏氏鼎彝谱》，凡十六则。下卷凡十五则，有录无书。《籀史》所录篆文，不及薛尚功《历代钟鼎彝器款识》备载，但所述原委则较《历代钟鼎彝器款识》为详。清人评价“二书相辅而行，固未可以偏废”。有《四库全书》本、《守山阁丛书》本、惠氏红豆山房旧藏本、东武刘氏味经书屋抄本、清道光十八年（1838）孙鋆手抄本、清同治元年（1862）怀宁方朔蝶仙嘉莲山馆抄本等行世。

此为清乾隆四十年（1775）钱本诚抄本，尚避宋讳。钱本诚（1736—1821），字惟寅，号柞翁，浙江海盐人。工楷、行书，精鉴书画碑版。书衣有薪传题记。书内钤“柞溪”“本诚之印”“隹寅”“王静安”“甑山”“太平苏氏”“读书积岁月益寿补蹉跎”“范景中读过”“范景中印”“周小英印”“净琉璃室”等印。是本曾归张廷济清仪阁收藏，又转入王国维、苏渊雷二家之手，有王氏浮签一纸、朱笔改描数处。现藏净琉璃室，经范景中、周小英批校并跋。书前朱笔过录吴翌凤、孙诒让题语。正文双色，朱笔校惠氏红豆山房本、《四库全书》本，蓝笔校刘喜海味经书屋本。书尾过录王士祯题语，并自撰长跋，详述钱本诚生平事迹，又录张廷济《桂馨堂集·感逝诗》中钱氏小传三行，以存其人。

（杨璐遥）

乾隆四十年余抄得是書，後晤武林鮑君以文，云家藏毛斧季書目載此書乃是全本，惜其書不知散落何處矣。友生王範賢藏與毛氏有連，曾有是書，今亦散佚，然未是全本否耳。珠還劍合，何日得遂，書此以誌。

耷望吳翊鳳記，时辛丑冬盡

右抄枚庵先生跋　丁卯編記碩惟岳書畫珍品亦有籀史，不知是否全本，是否尚在人間。拾掇舊籍，偶動籤牘，不禁起人宛委玉版丘原零落之歎。柳河東之盛迹鬱堙，是貽林澗之愧，亦幸也。

詒讓案：政和禮器款識二帙，鼂公武郡齋讀書志、趙希弁讀書附志、陳振孫書錄解題及宋史藝文志均不箸錄，蓋南宋時已無傳本。耆季父汝文親在禮局監領編纂，故得見其書，紀其梗槩。所載牛鼎、簋簋諸識，與忠惠集文足互相蔺，今輯錄之，以存政和制作之辜較旨。

丁酉五月初九觀兮甲盤歸來敬抄　小異識

惠氏紅豆山房本行字與此鈔本同，卷後有漁洋山人跋，後歸竹山蓮，有藏印數枚。咸豐八年又歸韓應陛，茲據以為校，并錄跋文於書後。

紅豆山房本大作太

籀史目錄

卷上

徽宗聖文仁德顯孝皇帝宣和博古
圖三十卷
徽宗皇帝祀圜丘方澤大廟明堂禮
器款識三卷
徽宗皇帝政和四年夏祭方澤禮器
款識一卷
比干墓銅槃記
周穆王東巡題名一卷
周宣王吉日癸巳碑一卷
石鼓碑一卷
先聖篆延陵季子墓碑一卷
徐鉉古鉦銘碑一卷
皇祐三館古器圖
胡俛古器圖
李伯時考古圖五卷
李伯時周鑒圖一卷

案博古圖有周錞十九器有周簋三

紅豆山房本室作廟　味經本亦廟

紅豆本恭作共　味經本亦共

紅豆山房本盡下無美字　無美字

帝前空一字

紅豆山房本丙作而　戌作成

案此牛鼎與豐潤牛鼎同。季昕化惟彼八月言太室，與此五月祭方澤異耳。詒讓

紅豆山房本無此行

自伸矣
明年獲周錞越三月甲子獲寶簋　帝承天
休憲三代稽古象物昭德于彝器凡祀圜丘
祭方澤享太室及禰宮諸器命我先人典司
制作肇新　宗器匹休商周銘功以薦神祇
祖考罔有弗格於是一洗漢唐諸儒臆說
之陋萬世而下始識三代尊彝之制使六經
所載不為空言恭惟
徽宗皇帝聖明述作之盛一時文物比隆三
代可謂盡美矣又盡善也
徽宗皇帝政和四年夏祭方澤禮器
款識一卷
剌曰政和甲午五月庚午十有二日丙戌帝
以夏日之至祇事于方澤作牛鼎用享萬世
有休簋簋之識曰政和甲午　帝以五月庚
午十有二日丙戌肇祭于方澤制器尚象作
簋以格明祇萬世永賴犧象鼎彝尊罍壺豆
凡二十有八款器則惟旅

紅豆山房本韺作韶

四庫全書本王作代　物下有以字

味經本亦代　物下有以

行下有其字　讀作行其九獻之禮　同紅豆山房本

紅豆山房本九上有其字

夏后氏以雞彝殷以斝彝周以黃彝是也
成王以周公有勲勞於天下命魯公世世
祀周公以天子之禮樂其樂也兼用四代
之服器故魯鬱尊亦用黃目然魯於賓祭
惟得用周禘祭之樂備八佾之舞不得用
祫祭之樂周之祫也兼用六代之樂聲帝
嚳英韺之器舞雲門咸池大韶大夏大濩
大武其禘也止用四代之樂至韶箾而止
故春秋傳曰魯有禘樂賓祭用之宗周之
時不以黃目為鬱尊者獨杞宋之君蓋王
者之興必存二王之後以備三恪所以示
尊賢而不臣也使不失舊物自用其先世
之禮樂行其先世之正朔以郊天以祭其
始祖受命之王各用其牲樂服其裘冕行
九獻之禮以祭宗廟九獻之禮王后祼各
一朝踐各一饋獻各一酳尸各一獻共八諸
臣酳尸一是為九獻九獻之外又有衆賓加獻
雜夫人助祭於王亦服本國之盛服其祭

四庫全書本無使字　象彝作尊彝

四庫全書本訓古作古訓　訓古亦古訓

四庫全書本爲作惟　味經本亦爲

畀亦畀

籀史卷上

黃鶴山翟耆年伯壽述

徽宗聖文仁德顯孝皇帝宣和博古
圖三十卷
帝文武生知聖神天縱酷好三代鐘鼎書集
羣臣家所蓄舊器萃之天府選通籀學之士
策名禮局追跡古文親御翰墨討論訓釋以
成此書使後世之士識象彝犧象之制瑚璉
尊罍之美發明禮器之所以為用與六經相
表裏以敎遺後學可謂丕顯文王之謨也
惟紹興十有二年二月　帝命臣耆年紀
寶十有二　帝曰若昔保氏以六書詔國
子其後官弗修方罔知習于訓古今汝追
跡古文博極篆籀俾拘罔悝銘弗數是賴
肆余命汝仿商戈之書著茲重器錫汝
先帝博古訓象圭璧筆墨若茶藥物為旅
臣惟不類不足以膺受帝祉敢拜稽首對
揚　天子丕顯休命用祈眉壽獲畀子孫

历代钟鼎彝器款识法帖二十卷（存十二卷）

著者：［宋］薛尚功 撰
版本：宋石刻江州公库本
收藏地：十面灵璧居
宋拓宋装。开本纵 29.7 厘米，横 14.5 厘米。

《历代钟鼎彝器款识法帖》，南宋薛尚功撰，是现存最早的一部著录考释金文的著作。后世考释金文之书，多承其体例。据南宋曾宏父《石刻铺叙》载，绍兴十四年（1144）六月，江州郡守林师说为镌刻置于江州（今江西九江）公库，计石 24 片。宋亡后法帖原石不存。薛尚功，字用敏。钱塘（今浙江杭州）人。绍兴年间（1131—1162）以通直郎佥定江军节度判官厅事。

是书分二十卷，著录上古至汉古器五百一十一件，编次首分夏、商、周、秦、汉五代，各代之下依器类分排。每器摹写铭文，附释文，并作考证。所录非皆铜器，磬一、岐阳石鼓十，乃石器；另有琥一、玺三，乃玉器。所录篆文以《考古图》《宣和博古图》为本，而搜辑较广，实多出二书之外。《四库全书总目》称薛尚功"嗜古好奇，又深通篆籀之学，能集诸家所长而比其同异，颇有订讹刊误之功，非抄撮蹈袭者比也"。是书摹写间有失真处，释文考释多有穿凿处。款识断代有误，所定夏器、商钟当属周，所定周器亦有应当入于商者（容庚《〈历代钟鼎彝器款识法帖〉述评》）。

薛氏《历代钟鼎彝器款识法帖》自宋代以来有刻本与写本两种形式流传。传世宋本仅有石刻拓本，在明代流传已稀。宋石本残帙现收藏于台北傅斯年图书馆、上海图书馆、中国社科院考古研究所、十面灵璧居等公私机构。传世木刻、传写之本主要有：明万历十六年（1588）万岳山人木刻朱印本、明崇祯六年（1633）朱谋垔刻本、清康熙九年（1670）黄公禾抄本、清嘉庆二年（1797）阮元刻本、清嘉庆十二年（1807）平津馆临宋写本、清光绪三十三年（1907）刘世珩玉海堂刻本等。此外，还有民国时期古书流通处石印缪荃孙藏清康熙五十八年（1719）陆友桐临写明汲古阁抄本。宋石本每卷卷首较木刻本、抄本多出"钱塘薛尚功编次并释音"一行。

此十二卷石本（缺卷一至卷六，卷十七、十八，共八卷），共六册，置于楠木书匣，上刻"宋拓江州公库本钟鼎彝器帖 计六册 艺芸书舍藏"八分书。自明以来经罗氏、常熟归氏、陶珠琳五柳居、黄丕烈士礼居、汪氏艺芸书舍、程文荣茹古楼等递藏。每卷卷首之卷号用墨隐去。第十五卷卷首缺失，用黑纸补，其余十一卷完好无缺。第二十卷卷尾有清嘉庆十七年（1812）黄丕烈朱笔跋语、道光二十八年（1848）叶志诜朱笔观款。钤"罗氏家藏""子孙保之""文琛""厚斋""汪士钟印""阆原所藏金石文字""民部尚书郎""千顷陂""黄丕烈印""朱善旂借观记"等印。

（李 霏）

歷代鐘鼎彝器款識

周器款識

錢唐薛尚功編次并釋音

周鼎　鼎

象鼎　鼎

右銘一字作象形周官司尊彝有象尊是器鼎也而銘之以象何哉博古錄云易之六十四卦皆象也而於鼎獨言象蓋鼎之為卦☲☴上离下巽以木巽火有鼎之體此畫象形其亦本易而著之耶

鮮鼎

鮮

長宜子孫洗

長宜子孫

宜子孫洗

宜子孫

呂榮

攷古云按舊禮圖云洗承槃棄水之器其外畫水文菱花及魚以飾之唐會要云上元一年高宗命韋弘機營東都上陽宮於門曲蹊建陰殿掘得古銅器似盆而淺中有蹙起

遲父鐘二　博古錄

釋音同前

遲父鐘三　博古同

釋音同前

遲父鐘四　古器物銘

釋音同前

秦公曰不顯朕皇祖受天命奄有下國十有二公不墜上帝嚴恭寅天命保業故秦虢事蠻

釋音同前

是鐘遲父為齊姜作也曰用昭乃穆不顯龍光則穆穆以言其敬和不顯以言其甚顯而龍光者又言其承天子之寵光也詩言為龍為光是矣蓋鐘樂之大者樂所以示其和而銘之所載又以形容其和之德福以類應故祈匄多福亦永福不回之謂也是其所以為子孫無疆之寶焉

盄和鐘

有省是也又若王若令若丞若史皆銘之於機則知除戎器戒不虞昔人尤在所慎者其制作或錯以銀而文鏤細若絲綿結則知所謂咸精其能非特於前漢孝宣之際為然也

江州公使庫

今鐫造到歷代鐘鼎彝器款識法帖二十卷

計右二十四片

右具如前

紹興十四年六月　日右修職郎司法參軍兼監孫　玠

右迪功郎司戶參軍兼監朱　衎

右通直郎簽書節度判官廳公事提舉薛　尚功

右承事郎特添差通判軍州主管學事兼管內勸農營田事潘　良能

右朝請郎通判軍州主管學事兼管內勸農營田事孫　畯

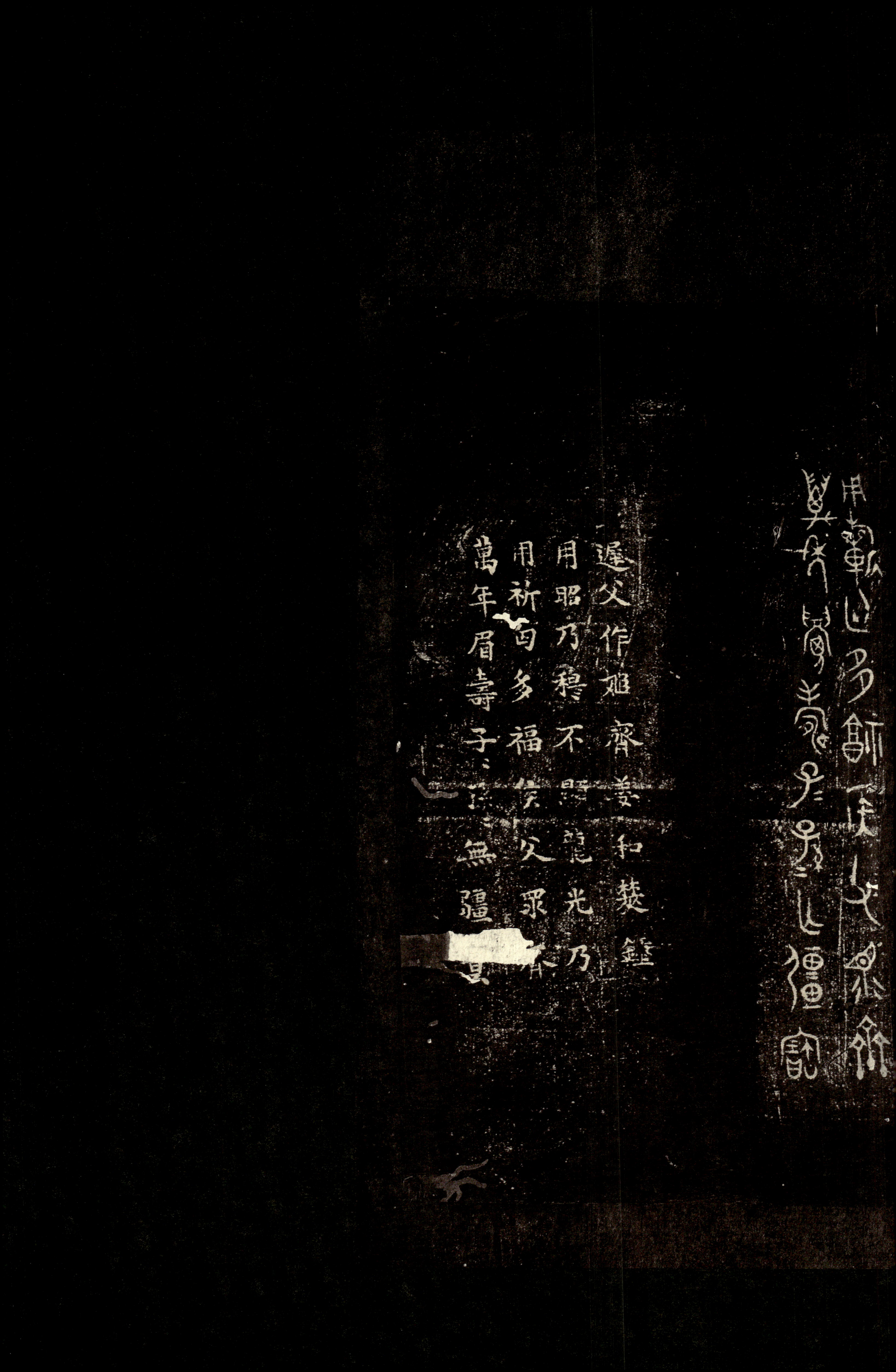

遲父作姬齊姜和楚鍾
用昭乃穆不顯龍光乃
用祈匄多福侯父眔齊
萬年眉壽子子孫孫無疆寶

歷代鐘鼎彝器款識法帖

錢唐薛尚功編次并釋音

周器款識

鐘

周鐘

遲父鐘一　維揚石本

偶得之而售於余明時兩刻近時重刊皆未溯源石刻余故珍重獲之此誠希世之寶豈可以殘帙忽視乎

壬申除夕前六日　復翁

道光戊申春三月朔日葉志詵借觀

右朝散大夫權知軍州主管學事兼管內勸農營田事林

師說

宋石刻江州公庫本鐘鼎彝器款識帖

存七八至十五六卷又十九二十卷共殘帙

六册相傳爲常熟歸氏物也五柳居

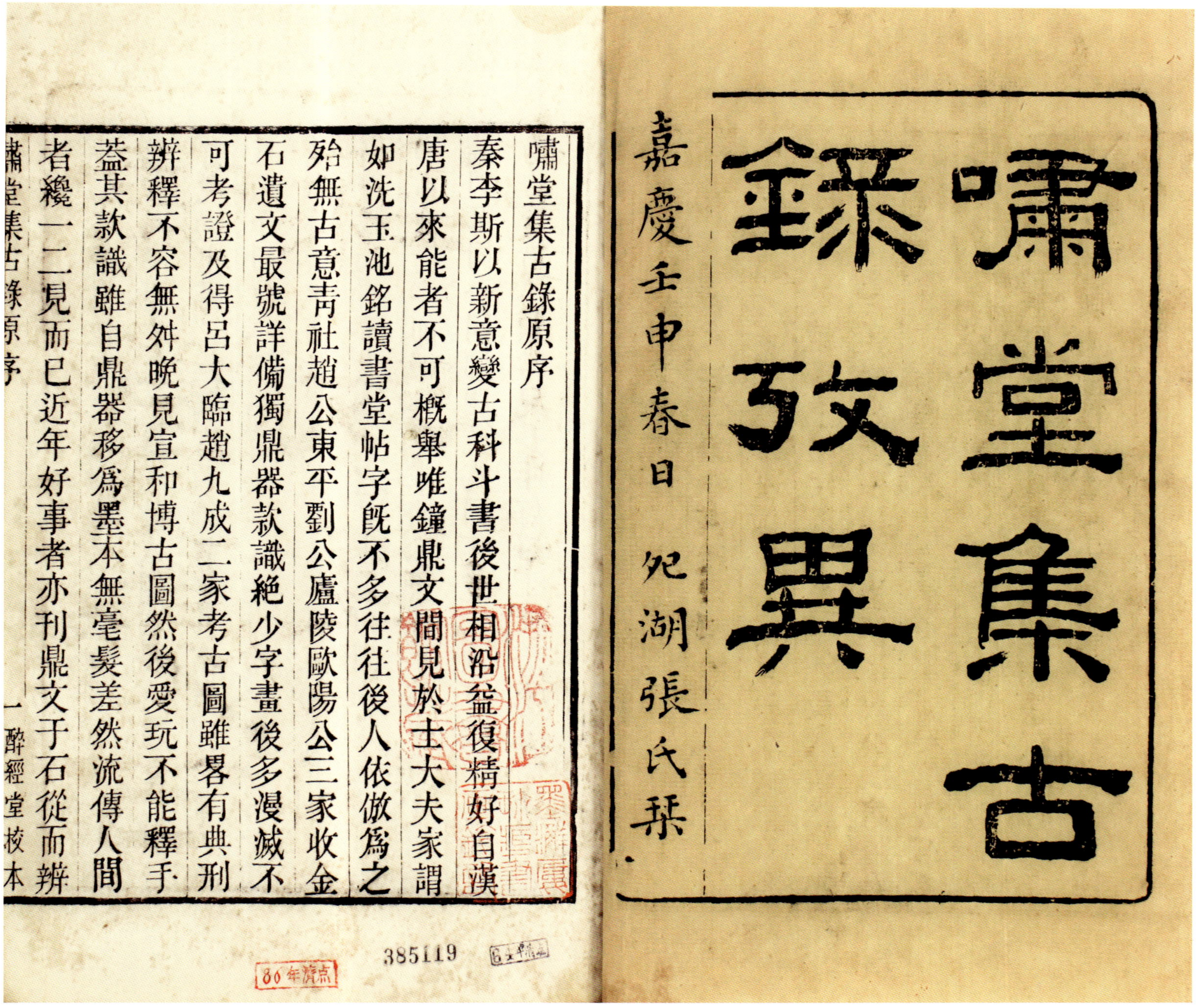

嘉慶壬申春日 鴛湖張氏梓

嘯堂集古錄考異

嘯堂集古錄原序

秦李斯以新意變古科斗書後世相沿益復精好自漢唐以來能者不可概舉唯鐘鼎文間見於士大夫家謂如洗玉池銘讀書堂帖字既不多往往後人依倣爲之殆無古意靑社趙公東平劉公廬陵歐陽公三家收金石遺文最號詳備獨鼎器款識絶少字畫後多漫滅不可考證及得呂大臨趙九成二家考古圖雖畧有典刑辨釋不容無舛晚見宣和博古圖然後愛玩不能釋手葢其款識雖自鼎器移爲墨本無毫髪差然流傳人間者纔一二見而已近年好事者亦刊鼎文于石從而辨

嘯堂集古錄原序 一 醉經堂校本

浙江图书馆藏本

啸堂集古录二卷附考异二卷（附：中国国家图书馆藏本）

著者：［宋］王俅 撰，［清］张蓉镜 考异
版本：清嘉庆十七年（1812）鸳湖张氏醉经堂刻本
收藏地：浙江图书馆
框高19.8厘米，宽15.3厘米。行字不一。白口，左右双边，无鱼尾。

《啸堂集古录》，南宋王俅撰，是一部专门著录古器物铭文的金石学书籍。是书成于《宣和博古图》之后、绍兴十六年（1146）之前，约在淳熙三年（1176）以前刻成。王俅（生卒年不详），字子弁。济州任城（今山东济宁）人，活动于北宋后期至南宋初期。是书分上下二卷，首有李邴序，卷末有元人书宋曾机跋语。

是书著录自商迄汉青铜器及印、鉴等凡三百四十五器的铭文。专摹款识，附楷书释文，无考证。依器分类，以时代相次。据容庚先生考述：“自洗以下二十八器，排列失次，即李氏所云再获续于卷末者也。”（《宋代吉金书籍述评》）每列彝器，上摹其款识，下附释文，续录之铭文及释文，间有删减、缺释。是书亦不免真赝杂糅，收录伪器如“滕公墓铭”“比干铜盘铭”，但作为一部摹刻较精的金石著作，仍足资考鉴。是书为现存最早著录古玺印的图谱，共录古印三十七方，被学者视为后世集印成谱之滥觞（清吴映奎《小石山房印谱序》、蒋超伯《南漘楛语》）。

《啸堂集古录》传本以宋刻本为善，清初为大学士明珠之子揆叙谦牧堂所藏，后经宋葆淳、阮元、蒋氏密韵楼、端方、朱文钧、潘宗周宝礼堂递藏，今藏中国国家图书馆。明清时期此书流传较广，有明翻刻本、各种影写本，其铭文摹写多失真，笔画多呈首尾锐末。此本为清嘉庆十七年（1812）张蓉镜醉经堂校刻本，所据底本不详。张氏撰《考异》二卷，取《考古图》《宣和博古图录》《历代钟鼎彝器款识法帖》《钟鼎款识》四书校器名与释文之同异，附于书后。此本为清末宁波藏书家蔡鸿鉴旧藏，钤“墨瀣楼珍藏书画钤记”等印。

（李 霏）

附：
啸堂集古录二卷
著者：［宋］王俅 撰
版本：宋刻本
收藏地：中国国家图书馆

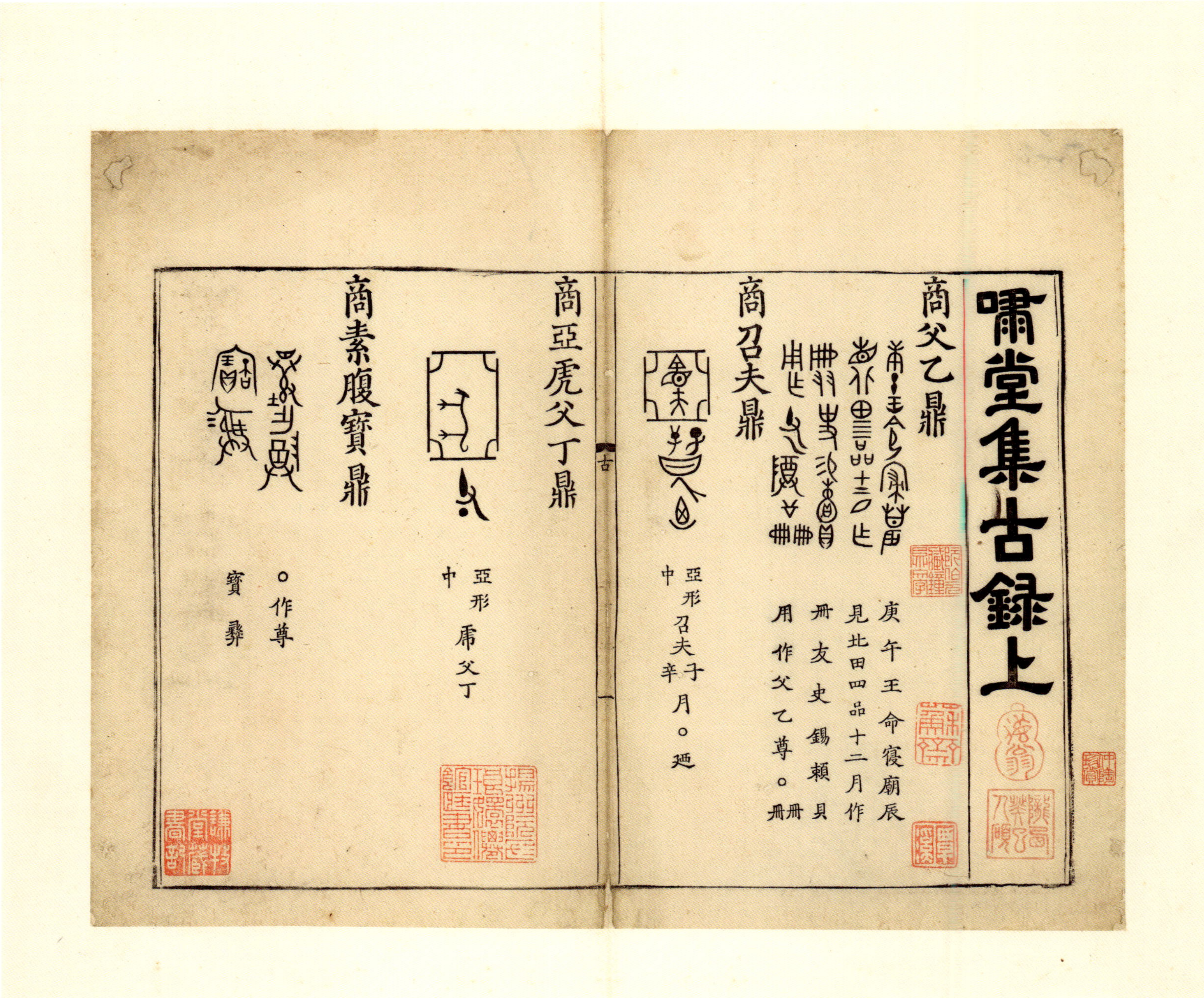

嘯堂集古錄上

商父乙鼎

庚午王命寑廟辰見北田四品十二月作冊友史錫賴貝用作父乙尊。冊冊

商召夫鼎

亞形中召夫子辛月。廼

商亞虎父丁鼎

亞形中虒父丁

商素腹寶鼎

○作尊寶彝

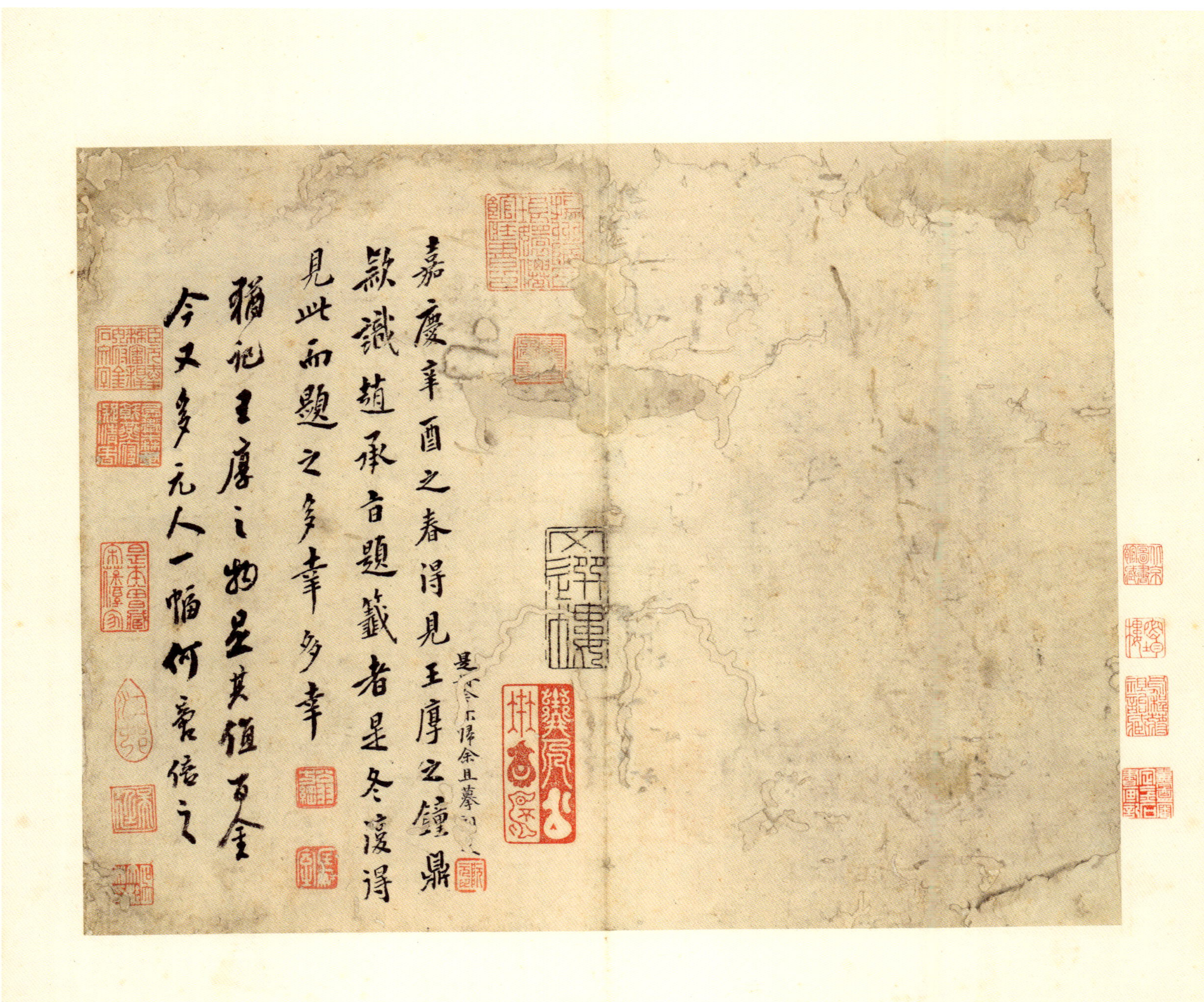

嘉慶辛酉之春得見王厚之鐘鼎款識趙承旨題籤者是冬復得見此而題之多幸多幸

是冊今已歸余且摹刻入

猶記王厚之物是其值百金今又多元人一幅何啻倍之

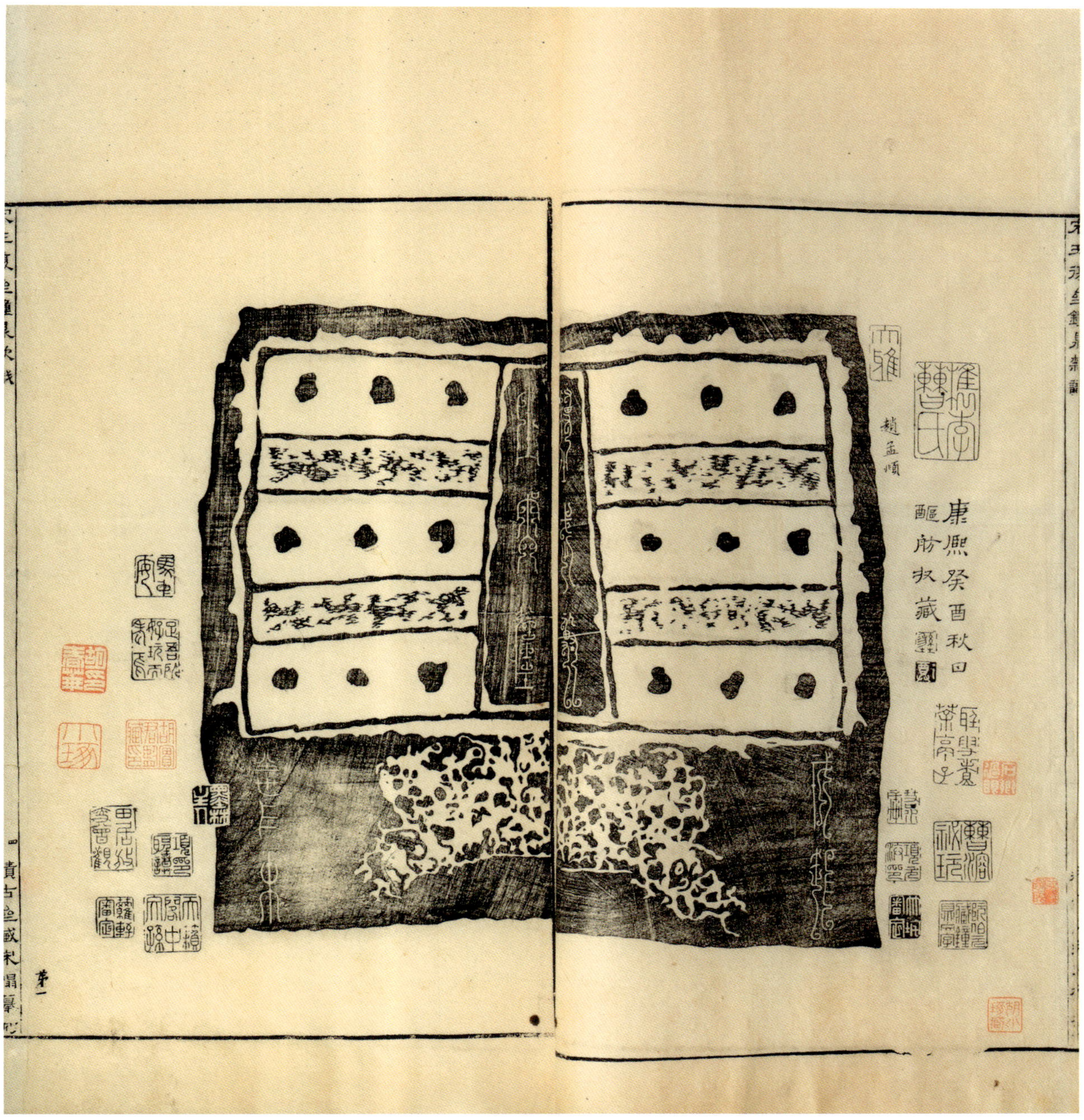
趙孟頫
康熙癸酉秋日
甌舫收藏

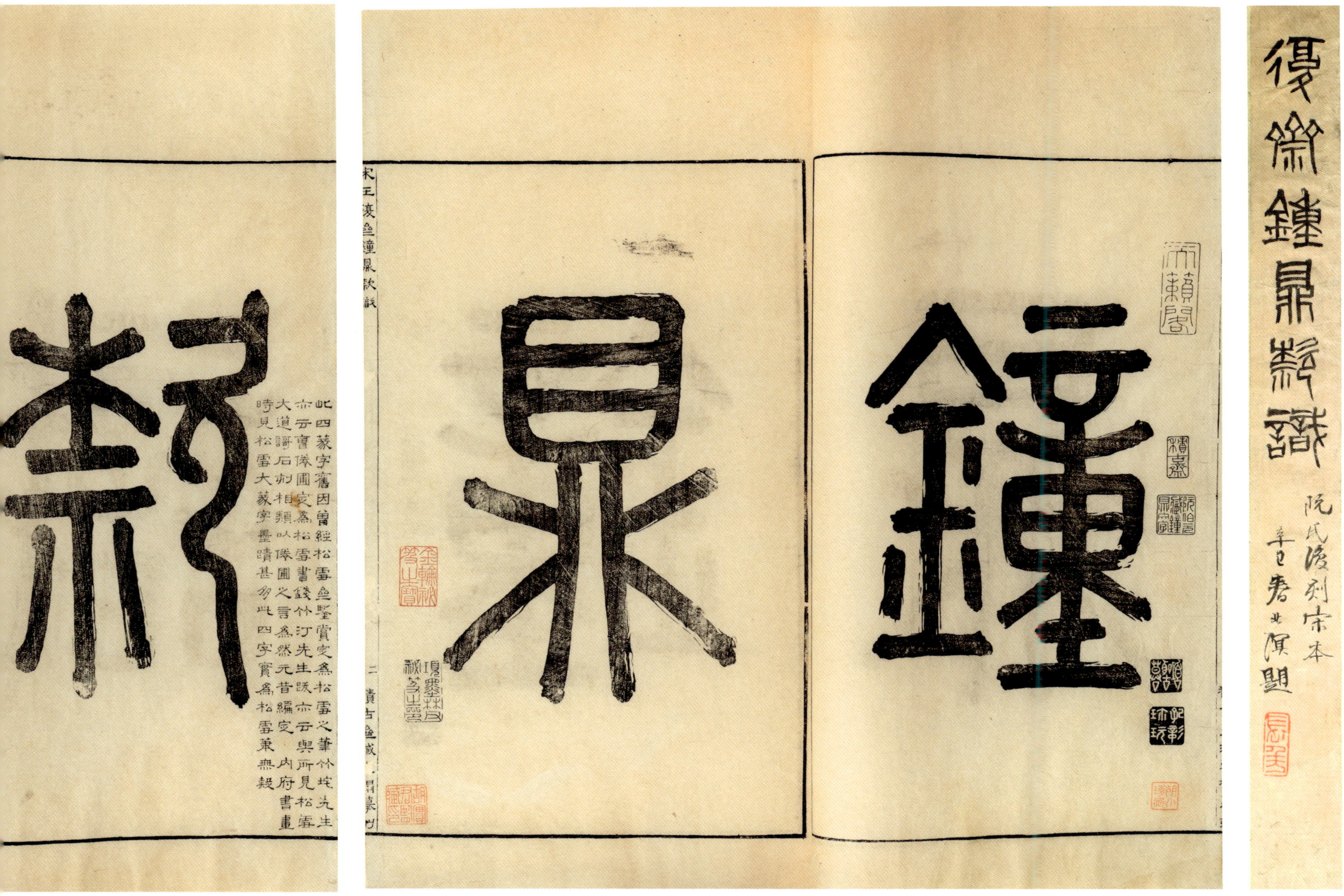

钟鼎款识不分卷

著者：［宋］王厚之　辑，［清］阮元　考释
版本：清嘉庆七年（1802）阮元积古斋影刻宋拓本
收藏地：小残卷斋
框高 33.5 厘米，宽 22.8 厘米。行字不等。白口，四周单边，无鱼尾。

《钟鼎款识》初为南宋王厚之裒辑成册，自南宋辗转流传，屡经名人收藏题跋，至清嘉庆七年（1802）由吴门陆恭松下清斋归于阮元。阮元与朱为弼、钱坫、吴东发等详加考释，嘱幕下学者周良手摹上版，于是年秋摹锓成书，《钟鼎款识》始以刻本行世。版心上方镌书名“宋王复斋钟鼎款识”，下方镌叶次及“积古斋藏宋拓摹刻”。开本宏阔，摹刻精审。《中国版刻图录》称“神采墨色，俱臻上乘”。

王厚之（1131—1204），字顺伯，号复斋，北宋左丞王安礼四世孙。原为抚州临川（今江西抚州）人，其祖王榕徙居诸暨，是为越州诸暨（今浙江诸暨）人。南宋乾道二年（1166）进士，历官淮南通判，改江东提刑，以直显谟阁致仕。王氏博雅好古，深通籀篆，富藏三代彝器及金石刻，辑有《钟鼎款识》《复斋金石录》《复斋碑录》《汉晋印章图谱》等。

《钟鼎款识》原册计三十叶，含商、周、汉代凡五十九器的款识拓本。内有毕良史青笺十五种（自“夏壶”至“建武鼎”十五器），末书“良史拜呈”四字，乃毕良史以进秦熺之物，秦氏家败后归王厚之藏。王厚之参照《宣和博古图》、薛尚功《历代钟鼎彝器款识法帖》、赵明诚《古器物铭》等，题写器名，记出土之地、收藏之人，附释文。阮元所作题识皆以隶书上版，以别于王氏题识释文。清道光二十三年（1843），阮氏文选楼遭祝融之灾，《钟鼎款识》原拓惜毁，书版亦失。道光二十八年（1848），汉阳叶志诜据阮刻初印本翻刻。

是书尚有清光绪十八年（1892）上虞连氏枕湖楼以嘉庆七年（1802）积古斋刻书旧版修补重印本、1921 年海宁陈乃乾《百一庐金石丛书》本、1985 年中华书局影印嘉庆七年（1802）阮元初刻本。是本为清嘉庆七年（1802）阮氏积古斋刻本，书衣有辛巳（1941）春陶北溟题签：“复斋钟鼎款识，阮氏复刻。辛巳春，北溟题。”卷尾有道光二十四年（1844）吴熙载、杨铎跋。书内钤“商城杨氏鉴藏金石书画之章”“熙载过眼”“胡小琢藏”“小琢”“胡实君鉴藏印”“安定”“遂性草堂胡氏所藏”“胡春华印”“古遗宝希世珍藏名山传其人”“陶北溟”“玩物丧志”“日利”“一介书生”“翔鸾阁精鉴玺”“小残卷斋藏”“小残卷斋经眼”等印，知其递经杨铎、胡小琢、陶北溟等收藏。

（李　霏）

原拓為阮相國家藏去年三月並此版毀於火
此書有日減無日增
石卿得此尤宜護惜　甲辰八月廷颺觀並記

吾生得見汪孟慈太守存余齋六日觀只
原拓古光射漆寶存希世之寶辛丑冬
始得此標刻於大梁趙二年前金陵晤
吳君熙載知原拓題標刻已於去歲春間
毀於火此書有減無增後之來者雖欲得
此標刻亦未易也蓋述付裝訂並書此以誌時
甲辰秋八月二日頤卿楊鐸

鐘鼎款識

項元汴珍賞

天籟閣記

宋拓鐘鼎款識原冊計三十葉宋
復齋王氏所集計五十九器內有
青牋者十五器爲畢良史所收宋
葉楚公夜雨雷鐘重見玩其題識
皆復亝之筆也揚州阮氏積古齋
所藏
嘉慶七年秋摹勒成冊

周良謹

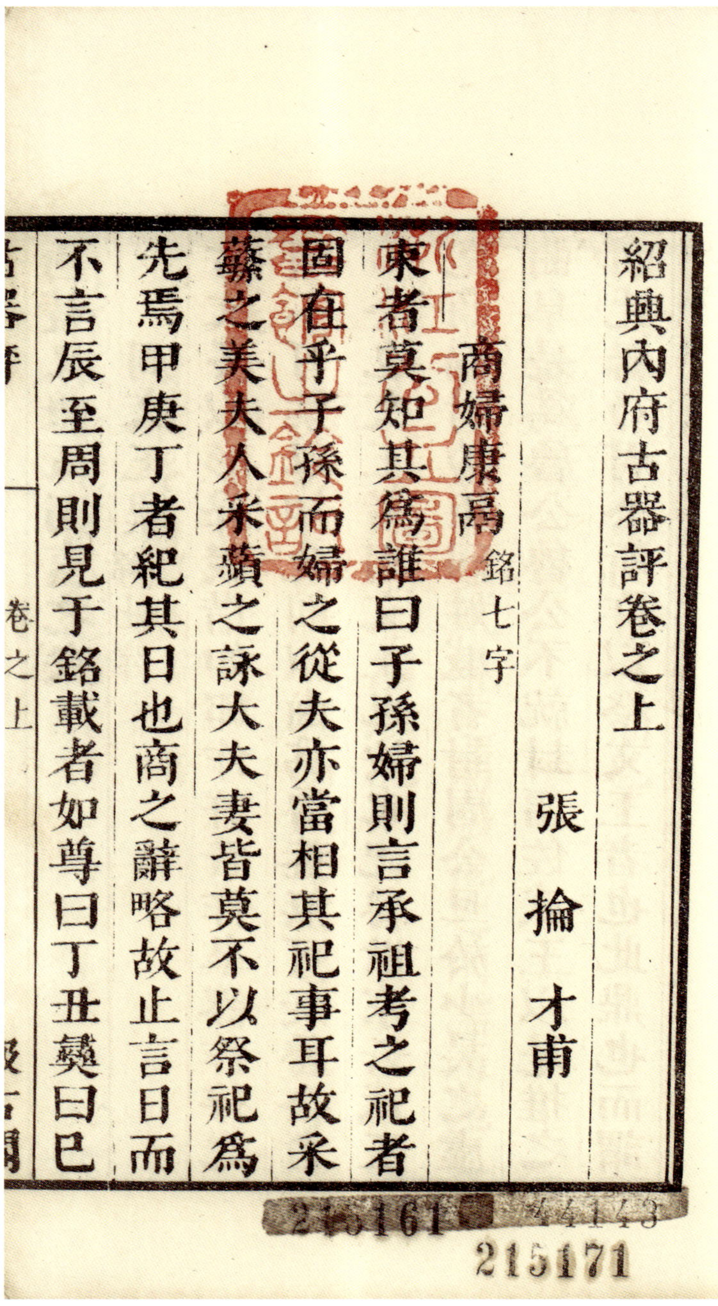
紹興內府古器評卷之上
張掄 才甫
商婦庚鬲 銘七字
東者莫知其爲誰曰子孫婦則言承祖考之祀者
固在乎子孫而婦之從夫亦當相其祀事耳故采
蘩之美夫人采蘋之詠大夫妻皆莫不以祭祀爲
先焉甲庚丁者紀其日也商之辭略故止言日而
不言辰至周則見于銘載者如尊曰丁丑彝曰巳
古器評 卷之上

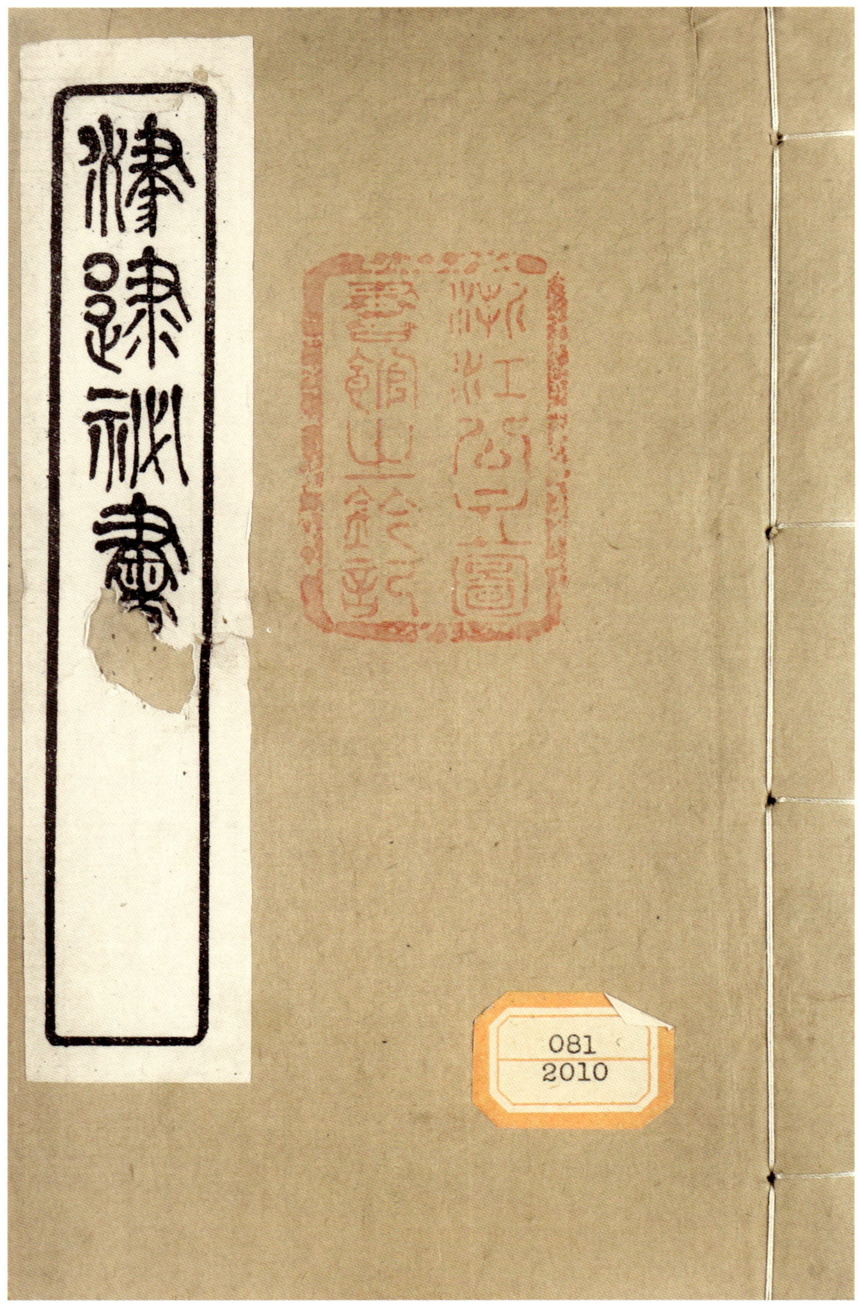

浙江图书馆藏本

绍兴内府古器评二卷（附：中国国家图书馆藏本）

著者：［宋］张抡　撰
版本：民国十一年（1922）上海博古斋影印津逮秘书本
收藏地：浙江图书馆
框高 14.6 厘米，宽 10.5 厘米。每半叶八行，行十九字。白口，左右双边，无鱼尾。

《绍兴内府古器评》，二卷，南宋张抡撰。张抡（生卒年不详），字才甫。开封（今属河南）人。宋南渡后官知阁门事。乾道三年（1167）及淳熙六年（1179）以词进御，颇为高宗、孝宗赏识。是书共录一百九十五器，上卷凡九十八器，下卷凡九十七器，除下卷“梁中大通博山炉”，皆为汉以前器物。不图器形，不摹款识，仅考释铭文，品评形色，兼及断代。

四库馆臣根据历代著录的源流和内容，疑是书“为明代妄人剽《博古图》而伪作”，认为毛晋将其刻入《津逮秘书》，“盖未详考其文也”。容庚先生曾为辩驳，认为是书“延讹袭误，诚非佳著”，但“若必以为伪作，则诚冤耳”（容庚《宋代吉金书籍述评》），仍定为宋人所作。

是书是铜器断代方面最早的专著，对金文研究和古器物断代、鉴赏颇有借鉴价值。有汲古阁本，系毛晋据范景文所藏于奕正抄本校刻。此为民国年间上海博古斋影印汲古阁本。另有 1986 年中华书局影印本。

（杨璐遥）

附：

绍兴内府古器评二卷

著者：［宋］张抡　撰

版本：明崇祯毛氏汲古阁刻津逮秘书本

收藏地：中国国家图书馆

紹興內府古器評卷之上

張掄　才甫

商婦康鬲 銘七字

東者莫知其爲誰曰子孫婦則言承祖考之祀者固在乎子孫而婦之從夫亦當相其祀事耳故采蘩之美夫人采蘋之詠大夫妻皆莫不以祭祀爲先焉甲庚丁者紀其日也商之辭略故止言日而不言辰至周則見于銘載者如尊曰丁丑彝曰巳

酉葢又兼辰而言之矣

周文王鼎 銘七字

古文多以形聲假借如鄦作許咎作皐繆作穆之類不可槩舉知此則以鹵爲魯葢無可疑魯公者周公也文王者周文王也按史記魯世家云武王克商徧封功臣同姓戚者封周公旦於少昊之虛曲阜是爲魯公魯公不就封留佐武王以是推之則此器乃周公所作以祭文王者也此鼎也而謂之尊彝舉禮器之總名而已

漢凫尊 無銘

詩人以水辟禮謂水玩之則溺犯之則濡而凫之爲物出入于水而不溺以況則習於禮者也飲酒者苟能以禮自防豈有沉湎敗德之患乎凫尊之設其意如此

周單癸卣 葢與器銘共五十八字

周有單子歷世不絕爲賢卿士其族有襄公頃公

靖公獻公穆公凡數世特景者不見於經傳豈亦斯人之族與宣和博古圖載單從舟單從盉之類皆有單景字必一時物也

商欽姬鬲 銘五字

古之氏族或以王父字或以謚或以世系所封之地此曰欽姬者葢其氏族也如以緐公之謚爲言則曰緐女以娀國爲言則曰有娀氏之女以姜姓爲言則曰孟姜皆其類也

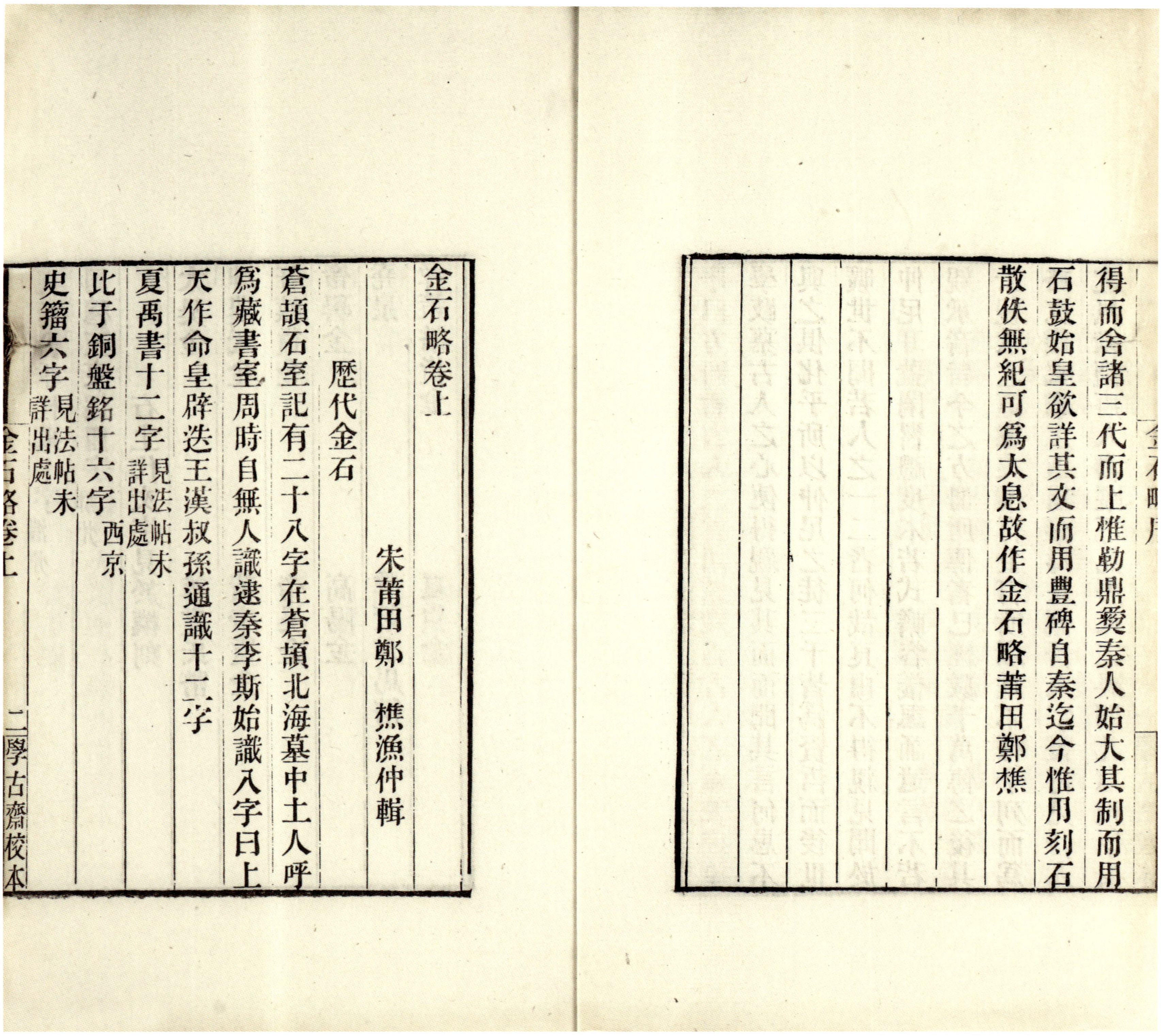
得而舍諸三代而上惟勒鼎彝秦人始大其制而用
石鼓始皇欲詳其文而用豐碑自秦迄今惟用刻石
散佚無紀可爲太息故作金石略莆田鄭樵

金石略卷上
宋莆田鄭　樵漁仲輯
歷代金石
蒼頡石室記有二十八字在蒼頡北海墓中土人呼
爲藏書室周時自無人識逮秦李斯始識八字曰上
天作命皇辟迭王漢叔孫通識十二字
夏禹書十二字見法帖未詳出處
比于銅盤銘十六字西京
史籀六字見法帖未詳出處
金石略卷上　二　學古齋校本

金石略三卷

著者：［宋］郑樵　撰
版本：清光绪三十年（1904）会稽董氏取斯堂刻学古斋金石丛书本
收藏地：浙江图书馆
框高 12.8 厘米，宽 9.5 厘米。每半叶九行，行二十字。黑口，左右双边，无鱼尾。

《金石略》是一部存目类的金石学著作，南宋郑樵撰，本系《通志·二十略》之一略。郑樵（1104—1162），字渔仲，自号溪西逸民，人称夹漈先生。兴化军莆田（今福建莆田）人。著作宏富，有《通志》《夹漈遗稿》《尔雅注》《诗辨妄》等传世。郑樵从二十略中辟出《金石略》专录铜器、石刻，使其与《图谱略》《艺文略》等并列，突出了金石的地位，扩大了史学研究的范围。郑氏序云“金石之功，寒暑不变，以兹稽古，庶不失真”，强调用金石以考史。

是书收录上古至唐共一千八百三十七种金石，其中金类二百六十二种，石类一千五百七十五种。成书时间应不晚于绍兴三十一年（1161）。内容包括上代文字、钱谱、三代款识、秦至唐代石刻，编排依据时间、地域、人物展开，先金后石。《金石略》以时代作为分类的第一标准，又佐以地域、人物等标准，构成了一套比较完整和成熟的编目体系。是书不仅是金石学史上的重要史料文献，还是一部具有里程碑意义的目录学著作。

南宋兴化旧刻本是《通志略》最早流行的刊本，现已佚。明正德年间御史陈宗夔校刊本播传最广，为清人诸刻所宗。清乾隆十三年（1748），金坛于氏又据陈宗夔本重刻，后世多以之为模板校刊。此本为清光绪三十年（1904）会稽董氏取斯堂刻学古斋校本。

（卞中旭）

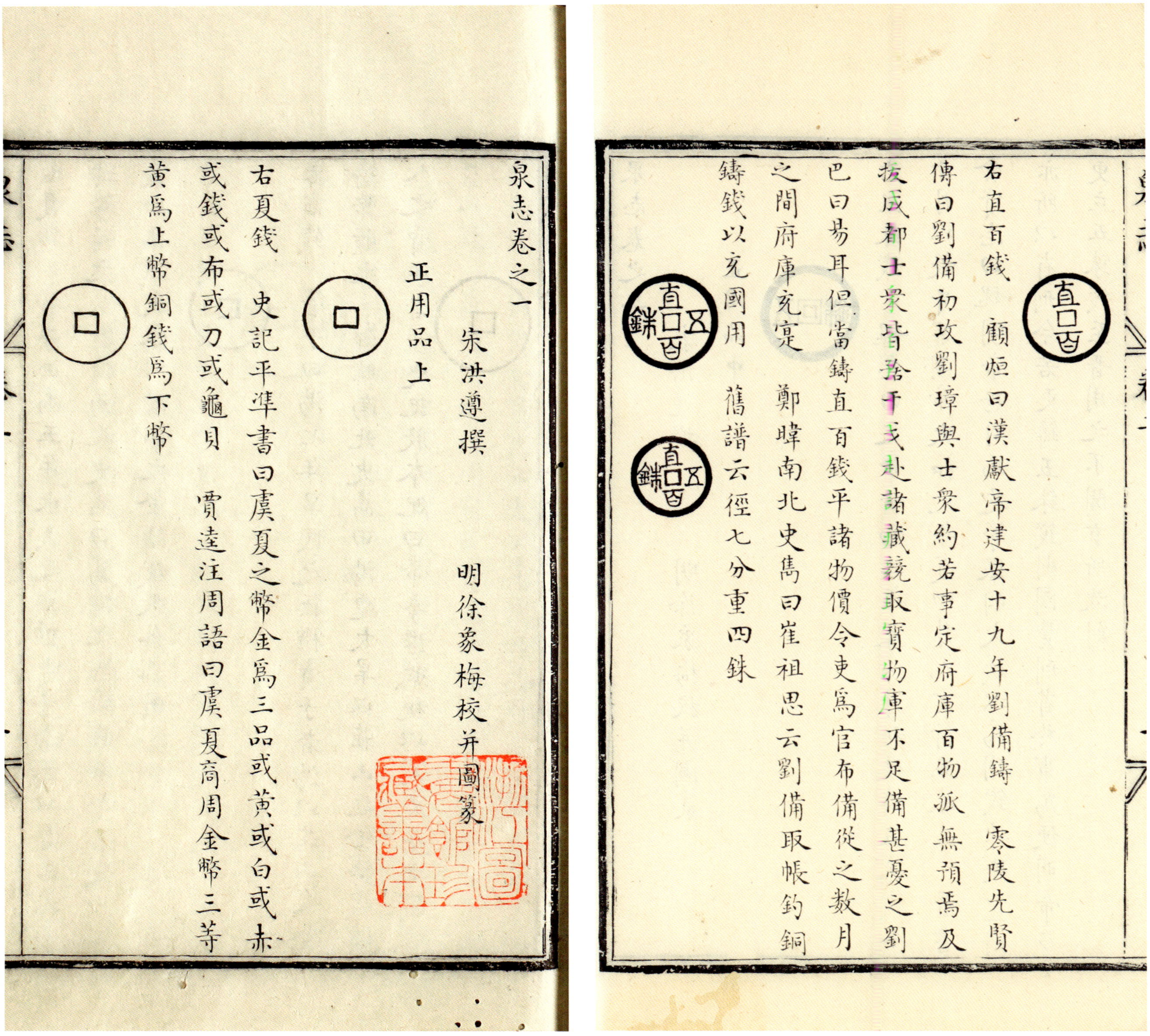
泉志卷之一
宋洪遵撰
明徐象梅校并圖篆
正用品上
右夏錢　史記平準書曰虞夏之幣金爲三品或黄或白或赤
或錢或布或刀或龜貝　賈逵注周語曰虞夏商周金幣三等
黄爲上幣銅錢爲下幣

右直百錢　顧烜曰漢獻帝建安十九年劉備鑄　零陵先賢
傳曰劉備初攻劉璋與士衆約若事定府庫百物孤無預焉及
拔成都士衆皆捨干戈赴諸藏競取寶物庫不足備甚憂之劉
巴曰易耳但當鑄直百錢平諸物價令吏爲官布備從之數月
之間府庫充寔　鄭暐南北史雋曰崔祖思云劉備取帳鈎銅
鑄錢以充國用　舊譜云徑七分重四銖

泉志十五卷

著者：［宋］洪遵　撰
版本：清抄本
收藏地：浙江图书馆
框高 22.8 厘米，宽 15.4 厘米。白口，四周双边，双白鱼尾。

《泉志》是我国流传至今、成书最早的一部钱币研究专著，南宋洪遵撰，成书于绍兴十九年（1149）。洪遵（1120—1174），字景严，号小隐。饶州鄱阳（今江西鄱阳）人。绍兴十二年（1142）与兄洪适同中博学鸿词科，官至同知枢密院事。洪遵尤好搜求金石，研究历代钱币，除《泉志》外还著有《翰苑群书》《翰林遗事》《东阳志》《小隐集》等。

是书十五卷，收录先秦至宋代钱币三百二十九种，分为正用品、伪品、不知年代品、天品、刀布品、外国品、奇品、神品、厌胜品九类。书中旁征博引前代钱币古谱，并据史书和笔记等文献考证钱币的铸造时间、大小、重量、起源及品类。是书保存了今已亡佚的南朝梁顾烜，唐封演，宋金光袭、李孝美、董逌等诸家谱录的内容，为了解泉谱的发展提供了宝贵的文献资料。书中所揭示的名贵钱币，如文信、续铢、永光、景和、天成等，皆与后世流传实物相符。是书也是最早载录日本、朝鲜等国钱币的著作。

《泉志》见南宋陈振孙《直斋书录解题》和《宋史·艺文志》著录，但宋、元两代并无刊本。传抄本以明《永乐大典》本为最古，惜原本不存。其次为明嘉靖元年（1522）姚氏茶梦斋抄本。万历年间徐象梅摹图，胡震亨、毛晋所刻《秘册汇函》丛书本《泉志》为传世最古版本。明崇祯三年（1630），虞山毛氏汲古阁《津逮秘书》本据《秘册汇涵》本重修翻刻。另有《学津讨原》本、《昭代丛书》本、清光绪元年（1875）隶释斋刻本、《丛书集成》本等。

（卞中旭）

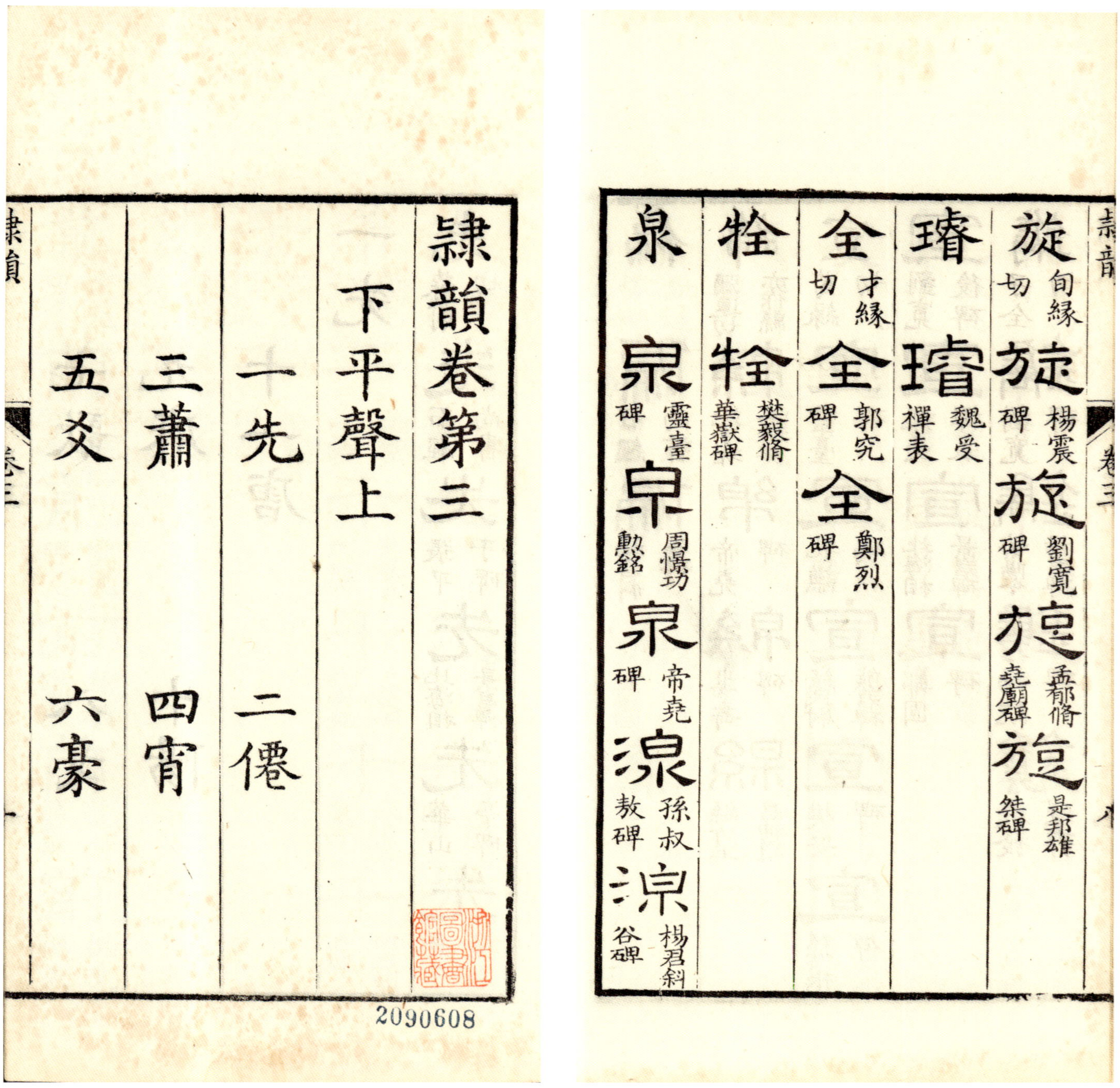

隸韻卷第三
下平聲上
一先 二僊
三蕭 四宵
五爻 六豪

旋 旬緣切 旋 楊震碑 旋 劉寬碑 旋 孟郁脩堯廟碑 旋 是邦雄桀碑
璿 璿 魏受禪表
全 才緣切 全 郭究碑 全 鄭烈碑
牷 牷 樊毅脩華嶽碑
泉 泉 靈臺碑 泉 周憬功勳銘 泉 帝堯碑 泉 孫叔敖碑 泉 楊君斜谷碑

浙江图书馆藏本

隶韵十卷碑目一卷附碑目考证一卷隶韵考证二卷（附：中国国家图书馆藏本）

著者：［宋］刘球　撰，［清］翁方纲　考证
版本：清嘉庆十五年（1810）江都秦恩复刻本
收藏地：浙江图书馆
框高 22.7 厘米，宽 14.5 厘米。每半叶五行，行字不等。白口，四周单边，单黑鱼尾。

《隶韵》是一部汉隶字形字典，南宋刘球撰，成书于淳熙二年（1175）。全书十卷，以楷体为字头，字头下摹录两汉以来庙碑、墓碣、遗经残石，以及镫、钲、盆、镜等金石器物上的隶书字形，并分别注明出处。楷体字头计有三千二百七十五个。分韵编次，以《礼部韵略》二百零六韵为序。正文前有《碑目》一卷，所引汉魏晋碑凡二百六十一种，今多不存。南宋娄机纂《汉隶字源》，“所采汉隶实皆沿此而稍附益之”（翁方纲《重刻淳熙隶韵序》）。

是帖南宋初拓墨刻本传至清代有阮元、秦恩复两家藏本。阮本乃明范氏天一阁旧藏，七册，后归于徐渭仁，咸丰癸丑年（1853）遇乱失其一，存六册（卷首存刘球进表残本、《碑目》残本，本书存卷三、四、六、八、九，共五卷）。其后经沈树镛、李鸿裔、费念慈、端方、完颜景贤、张伯英等递藏，有秦恩复、江藩、阮元、王宗敬、徐渭仁、赵烈文、杨守敬、褚德彝、吴湖帆、郭兰枝诸跋。今藏上海图书馆。秦本为明代吴廷馀清斋故物，十卷，缺碑目及刘球进表，后归枫泾程兰川，癸丑年程氏殉难，是本罹于兵燹。中国国家图书馆藏宋拓本《隶韵》，八册，缺碑目及卷四，范大澈、黄氏一层楼、卢登焯、沈树镛、李鸿裔等递藏，有钱大昕、卢登焯、钱维乔跋，吴大澂等观款。

此本为清嘉庆十五年（1810）江都秦恩复刻本，合阮、秦两家所藏宋拓本翻刻。卷首有翁方纲序，次刘球进表残本，次残本《碑目》一卷，第十卷末行有“御前应奉沈亨刊”七字，后有董其昌跋，翁方纲《碑目考证》一卷、《隶韵考证》二卷，末为嘉庆十四年（1809）秦恩复后序。是本为淮阴陈锡钧旧藏，钤“陈伯衡”“石墨楼”等印。

（李　霏）

附：
隶韵十卷
著者：［宋］刘球　撰
版本：宋拓本
收藏地：中国国家图书馆

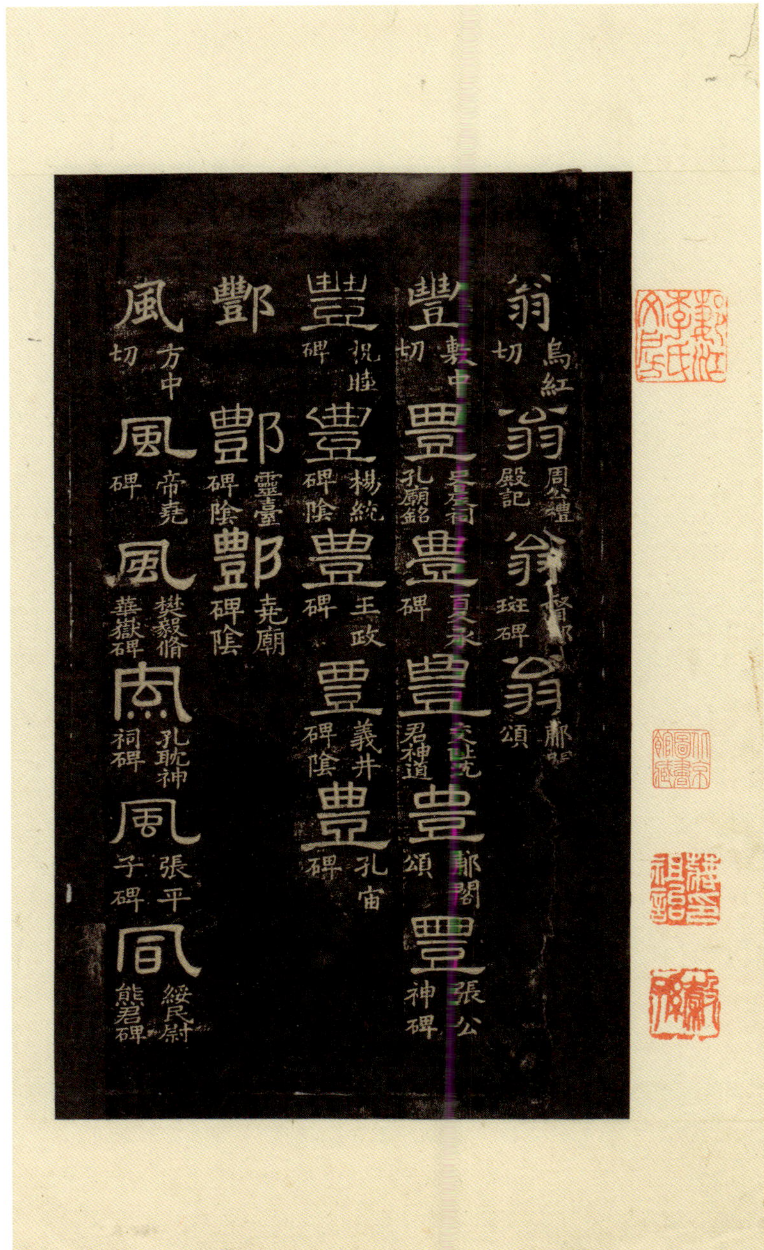

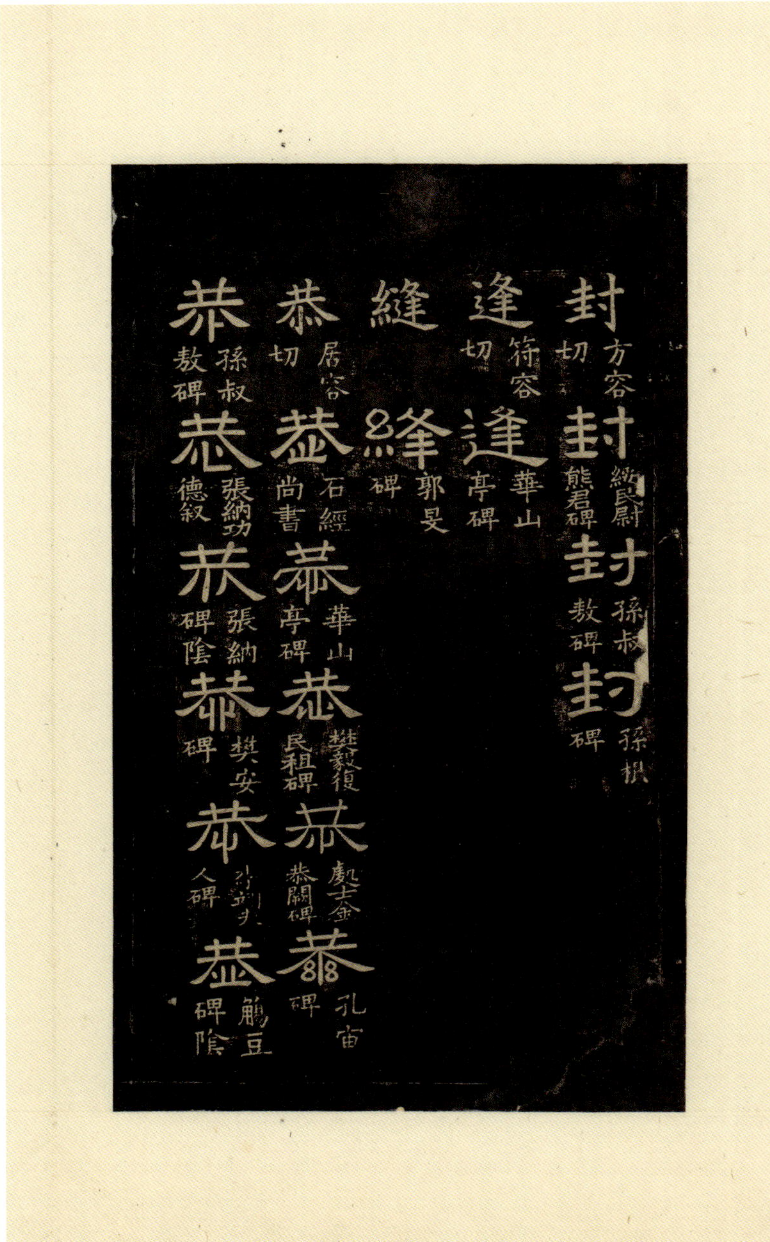

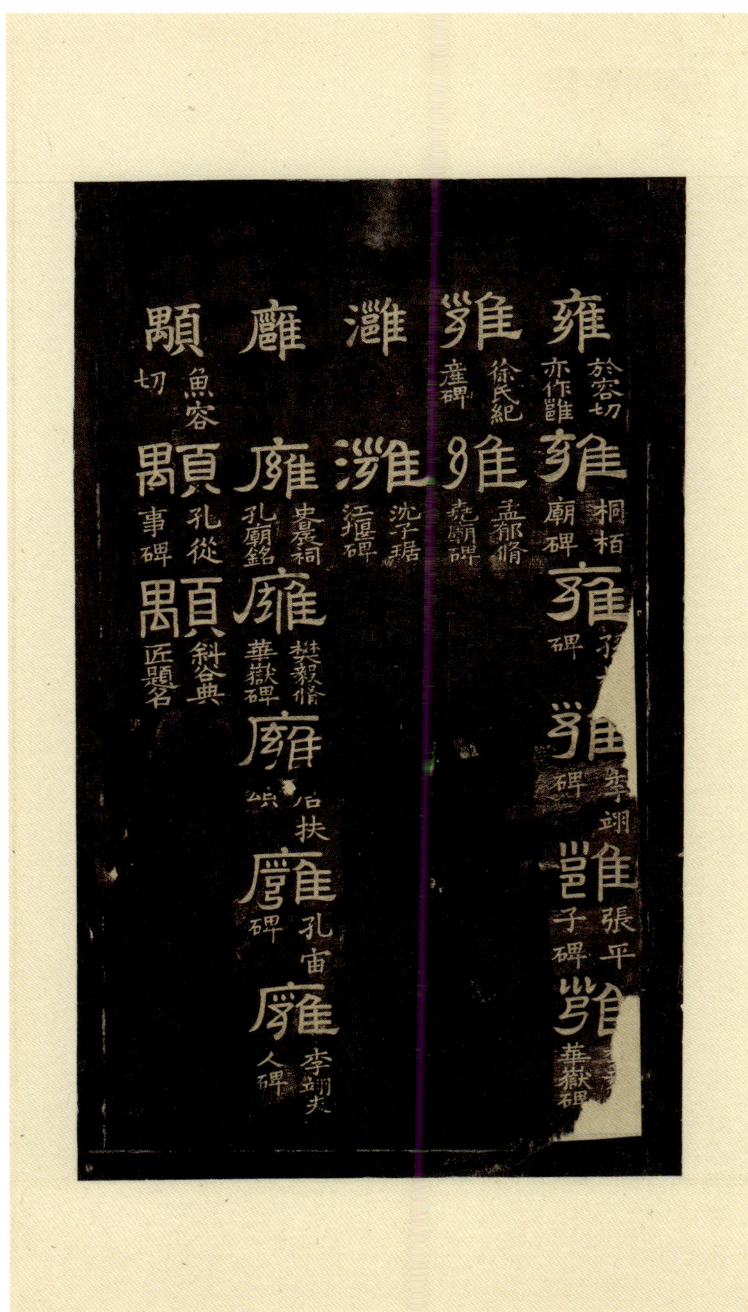

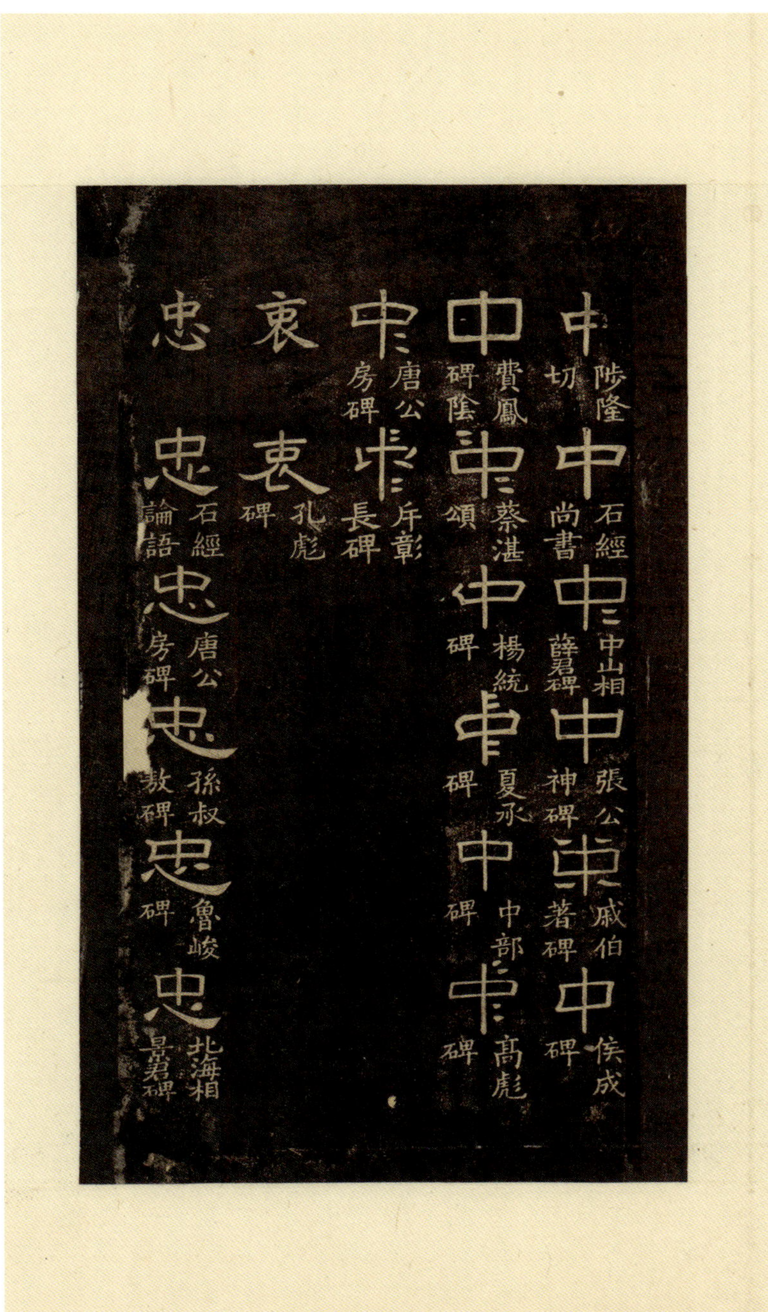

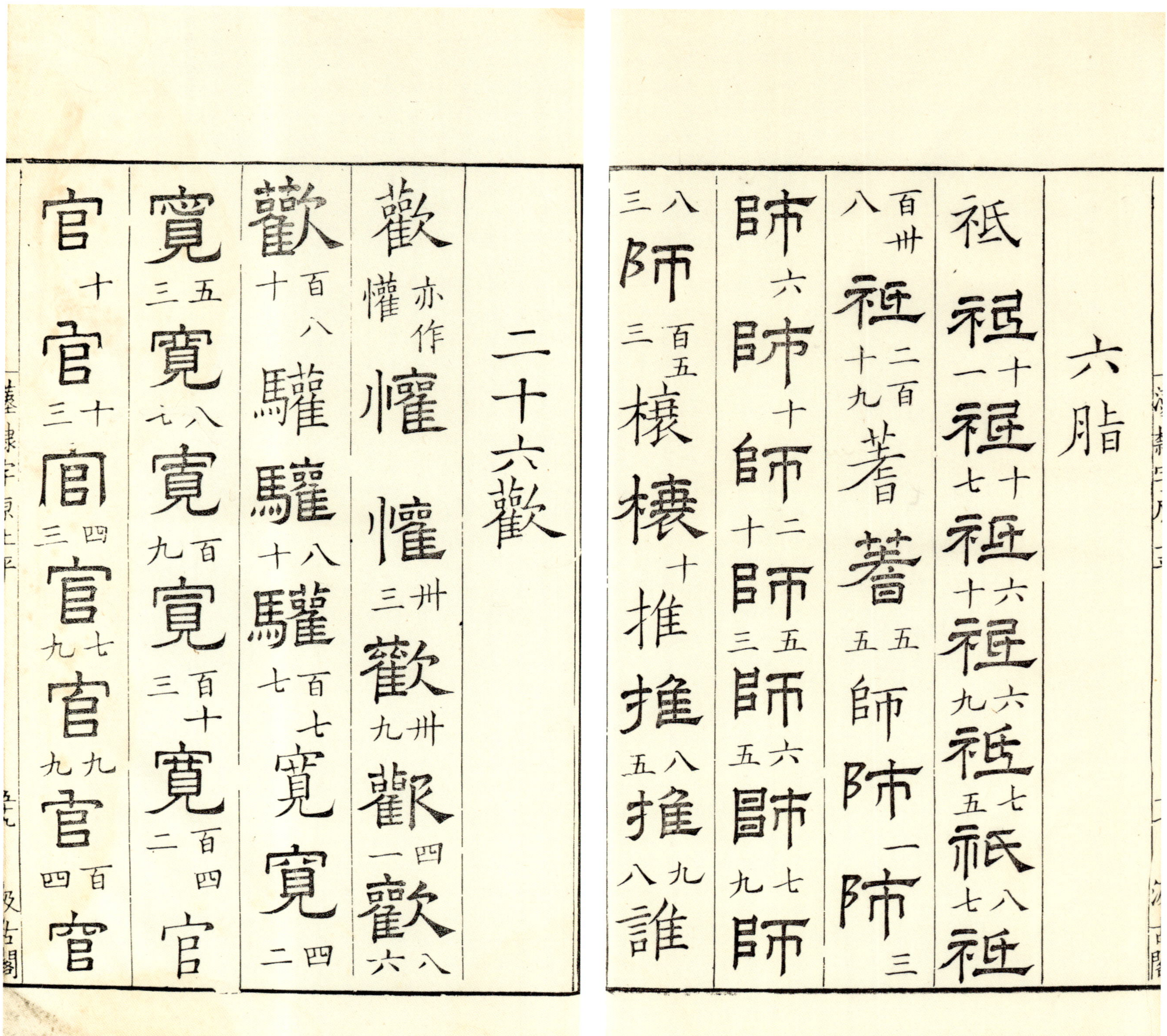

汉隶字源五卷碑目一卷附字一卷

著者：［宋］娄机 撰
版本：明末毛氏汲古阁刻本
收藏地：浙江图书馆
框高 24.0 厘米，宽 17.0 厘米。每半叶五行，行大小字不一。白口，左右双边，无鱼尾。

《汉隶字源》是著录和考释汉隶的字书，南宋娄机撰，成书于庆元初年。娄机（1133—1211），字彦发。嘉兴（今属浙江）人。乾道二年（1166）进士，官至礼部尚书、权知枢密院事、参知政事，著有《班马字类》等。

《汉隶字源》共六卷。书前列《纲目》，有考碑、分韵、辨字三例。次《碑目》一卷，凡汉碑三百零九、魏晋碑三十一，每碑下各记立碑年月、地点及撰者姓名。正文按《礼部韵略》采编隶字，分为五卷（上平声、下平声、上声、去声、入声）。每字皆以楷书为字头，下列依照各碑摹录的隶字，均注明出处，间作字形考辨。不入韵之隶字，则附于卷末。书前有洪迈序，作于南宋庆元三年（1197）。是书主要版本有南宋嘉定五年（1212）莆阳宋均重修本、明末海虞毛氏汲古阁刻本、《四库全书》本、清光绪三年（1877）川东官舍刻本、咫进斋石印本等。此为毛氏汲古阁本。

（李 霏）

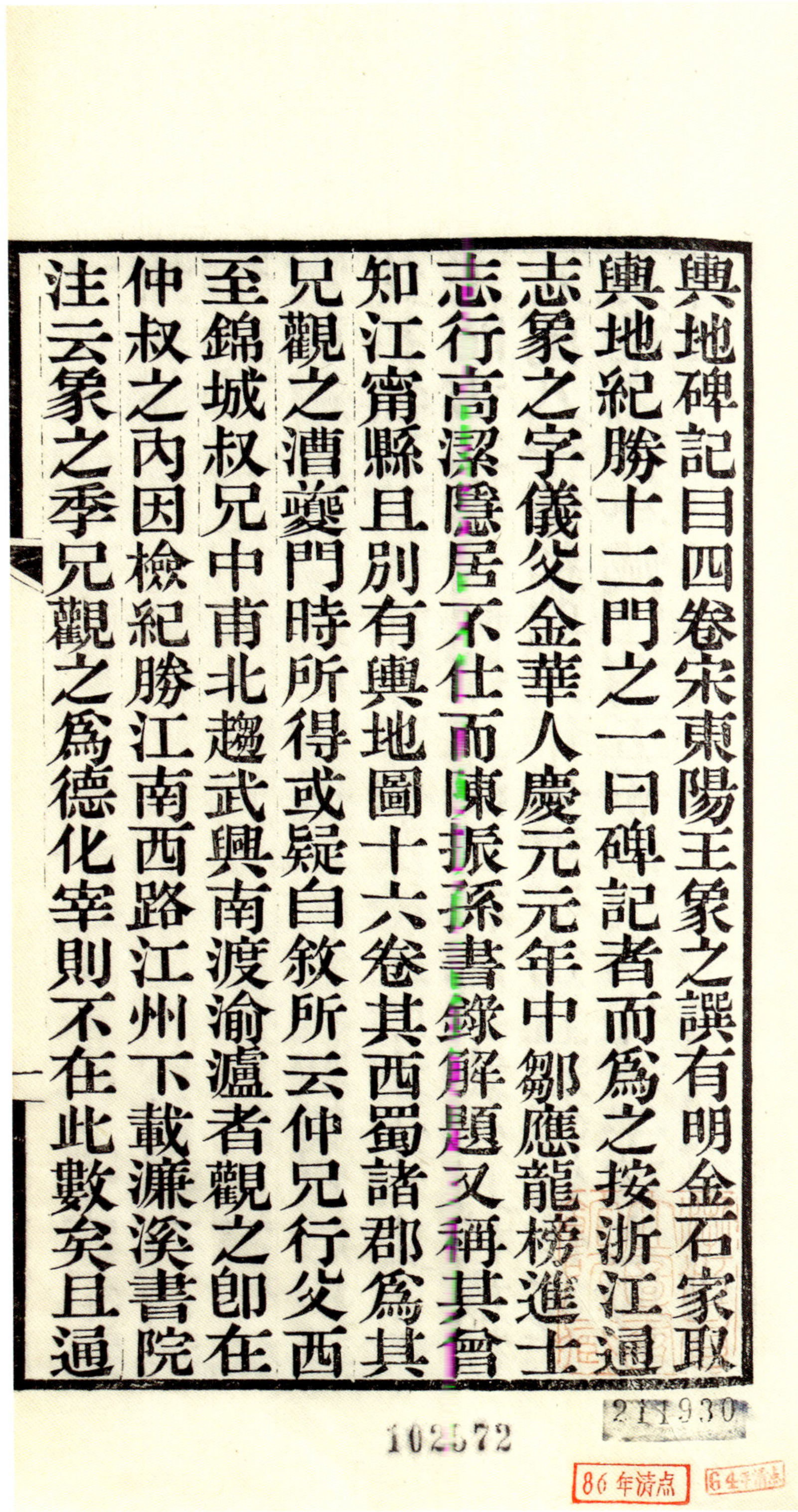

輿地碑記目四卷宋東陽王象之譔有明金石家取輿地紀勝十二門之一曰碑記者而爲之按浙江通志象之字儀父金華人慶元元年中鄒應龍榜進士志行高潔隱居不仕而陳振孫書錄解題又稱其嘗知江甯縣且別有輿地圖十六卷其西蜀諸郡爲其兄觀之漕夔門時所得或疑自敘所云仲兄行父西至錦城叔兄中甫北趨武興南渡渝瀘者觀之即在仲叔之内因檢紀勝江南西路江州下載濂溪書院注云象之季兄觀之爲德化宰則不在此數矣且通

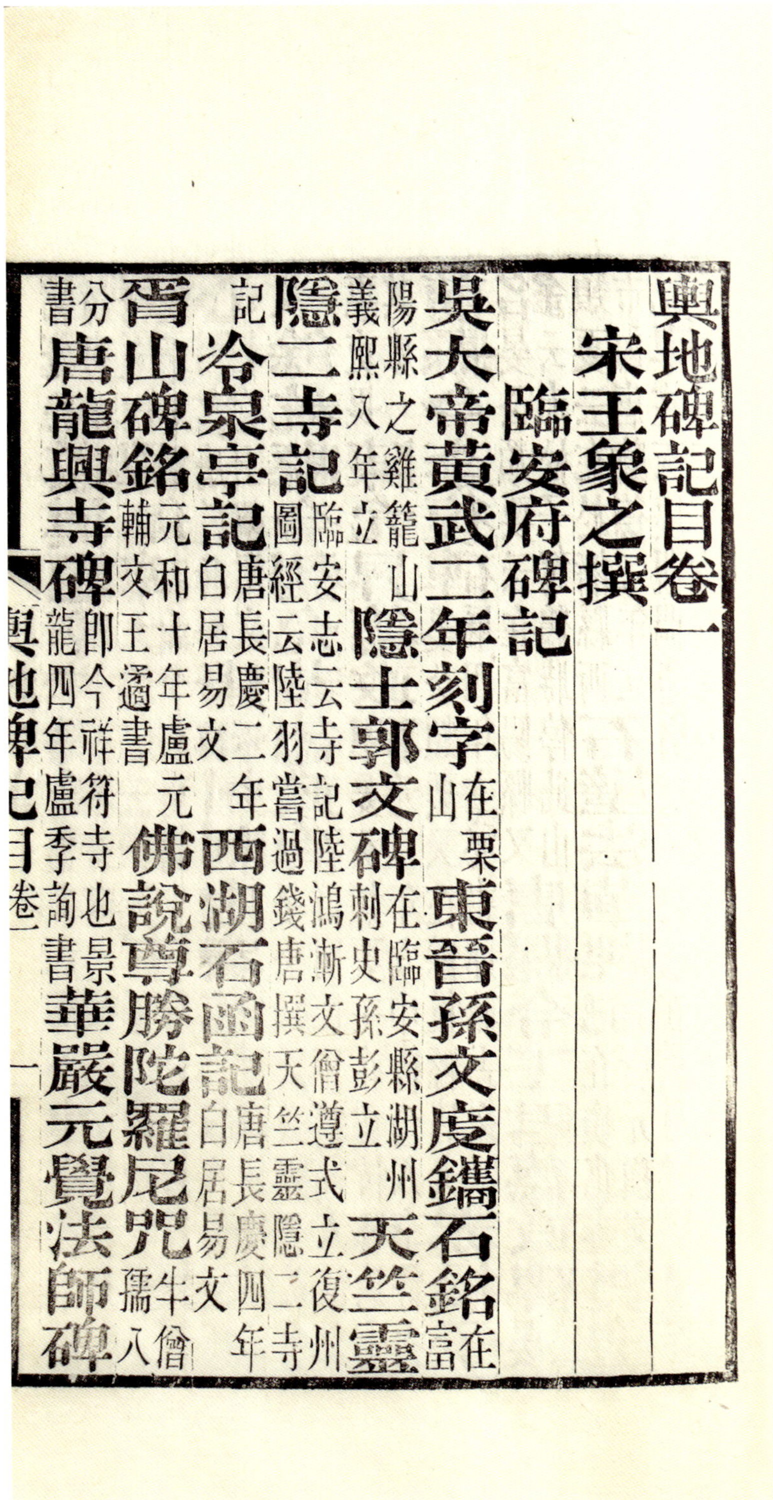

輿地碑記目卷一

宋王象之撰

臨安府碑記

吳大帝黃武二年刻字在栗山　東晉孫文度鐫石銘在富陽縣之雞籠山義熙八年立　隱士郭文碑在臨安縣湖州刺史孫彭立　天竺靈隱二寺記臨安志云寺記陸鴻漸文僧遵式立復州圖經云陸羽嘗過錢唐撰天竺靈隱二寺記　冷泉亭記唐長慶二年白居易文　西湖石函記唐長慶四年白居易文　胥山碑銘元和十年盧元輔文王遹書　佛說尊勝陀羅尼咒牛僧孺八分書　唐龍興寺碑即今祥符寺也景龍四年盧季詢書　華嚴元覺法師碑

輿地碑記目　卷一　一

輿地碑记目四卷

著者：［宋］王象之　撰
版本：清同治九年（1870）吴县潘祖荫滂喜斋刻本
收藏地：浙江图书馆
框高 20.3 厘米，宽 14.0 厘米。每半叶九行，行二十字，小字双行同。黑口，四周单边，单黑鱼尾。

《舆地碑记目》为《舆地纪胜》中的碑刻部分。《舆地纪胜》共二百卷（今佚），是南宋王象之所撰的一部南宋地理总志，成书于嘉定、宝庆年间（1208—1227）。明人将其中的《碑记》一门辑为《舆地碑记目》四卷，单刻行世。王象之（1163—1230），字仪父。金华（今属浙江）人。庆元二年（1196）进士，历任长宁军文学、分宁知县。

是书将南宋疆域内的碑刻按地理志目录分郡编次，起临安府，迄龙州，共计府、州、军、监一百八十九。内容包括神道碑、墓碑、墓志、庙碑、纪功碑、塔铭、塔记、经幢、题记、赞文等。各碑下注明所在地、年月、撰书人姓氏等。是书收入《四库全书》，又有清道光十年（1831）上元车持谦刻本、咸丰十年（1861）南海伍崇曜刻《粤雅堂丛书》本。此为清同治九年（1870）吴县潘祖荫重刻本。

（卞中旭）

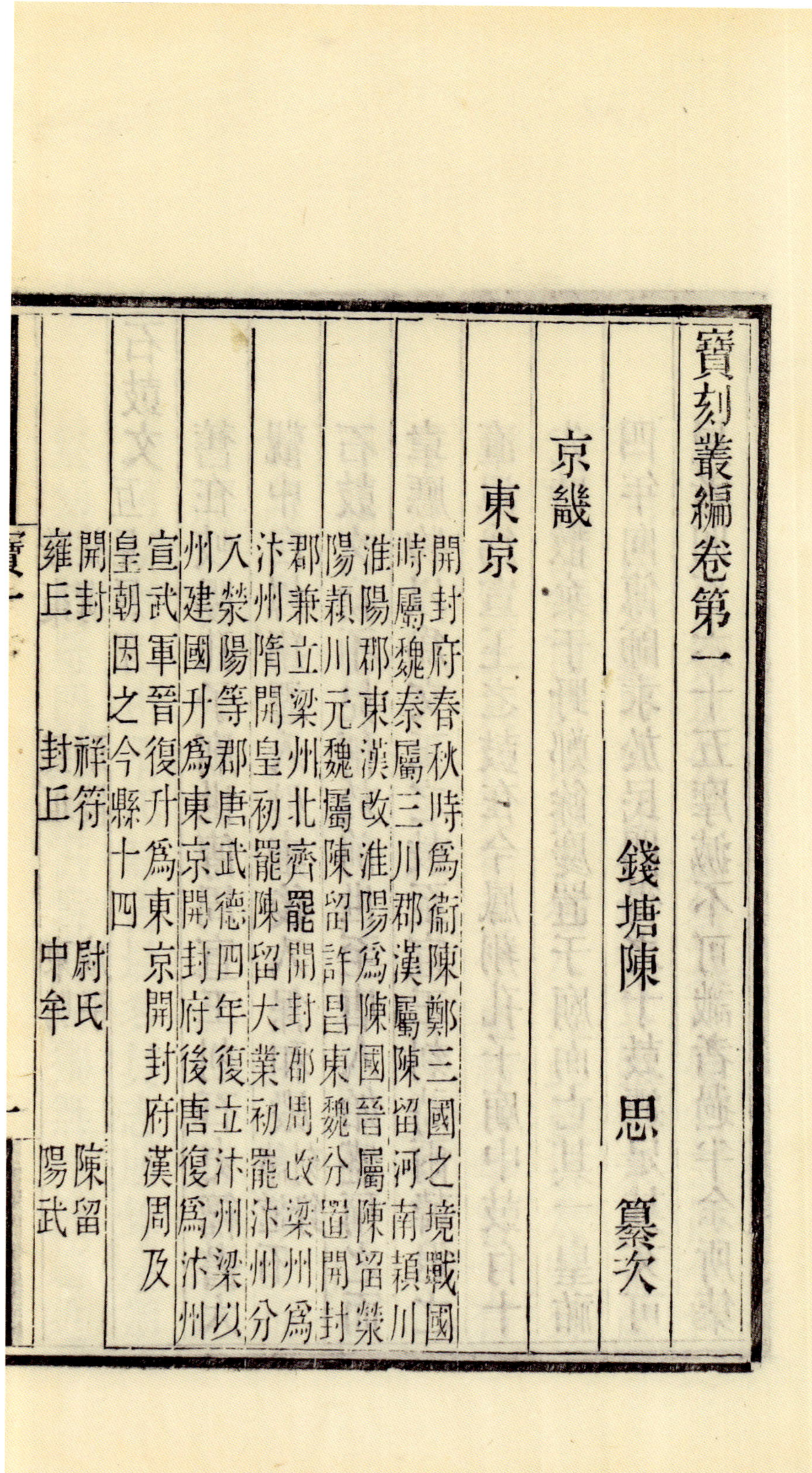

寶刻叢編卷第一

錢塘陳 思 纂次

京畿

東京

開封府春秋時爲衛陳鄭三國之境戰國時屬魏秦屬三川郡漢屬陳留河南潁川淮陽郡東漢改淮陽爲陳國晉屬陳留滎陽潁川元魏屬陳留許昌東魏分置開封郡兼立梁州北齊罷開封郡周改梁州爲汴州隋初罷陳留大業初罷汴州分入滎陽等郡唐武德四年復立汴州以州建國升爲東京開封府後唐復爲汴州宣武軍晉復升爲東京開封府漢周及皇朝因之今縣十四

開封 祥符 尉氏 陳留

雍丘 封丘 中牟 陽武

宝刻丛编二十卷

著者：［宋］陈思　辑
版本：清光绪十四年（1888）归安陆氏刻十万卷楼丛书本
收藏地：浙江图书馆
框高 17.6 厘米，宽 12.5 厘米。每半叶十行，行二十字。黑口，四周双边，无鱼尾。

《宝刻丛编》为一部博引众书的金石学分地著作。全书共二十卷，记载宋代所见各地碑刻目录。自周秦以迄五代，以唐、五代碑碣搜采最富。除石刻外，还包括部分铜钲、铜钟、铁器之铭文及部分法帖。撰者陈思（生卒年不详），南宋理宗朝书商，临安（今浙江杭州）人，《宋史》无传。除《宝刻丛编》外，还有《书苑菁华》《书小史》等专著。

是书编次号以地分，创以地为经、以时为纬之分类先例。前十九卷，以《元丰九域志》京府州县为纲，以古碑目系之其地，采录昔人辩证审定之语，并注明出处；末一卷为“诸书所录刻石地理未详者”。四库馆臣评曰：“是书于诸道郡邑，纲目分析，沿革厘然，较象之特为赅备。”《宝刻丛编》将河淮以北的碑刻也收入其中，比王象之《舆地纪胜》只限南宋疆域更为详备。这在两宋之际、南北隔绝之时尤为难得。是书还保存了现已亡佚的诸多金石著作中关于石刻的题跋。

是书未见南宋官修藏书目录记载，最早著录见于南宋陈振孙所撰《直斋书录解题》，且书中注明卷数为二十卷。是书于元明之际亦少有著录，至清时方为《四库全书》收录，但已残缺不全。有《四库全书》本、清道光年间吴式芬刻本、清光绪十四年（1888）陆氏刻《十万卷楼丛书》本、《丛书集成初编》本等行世。

（杨璐遥）

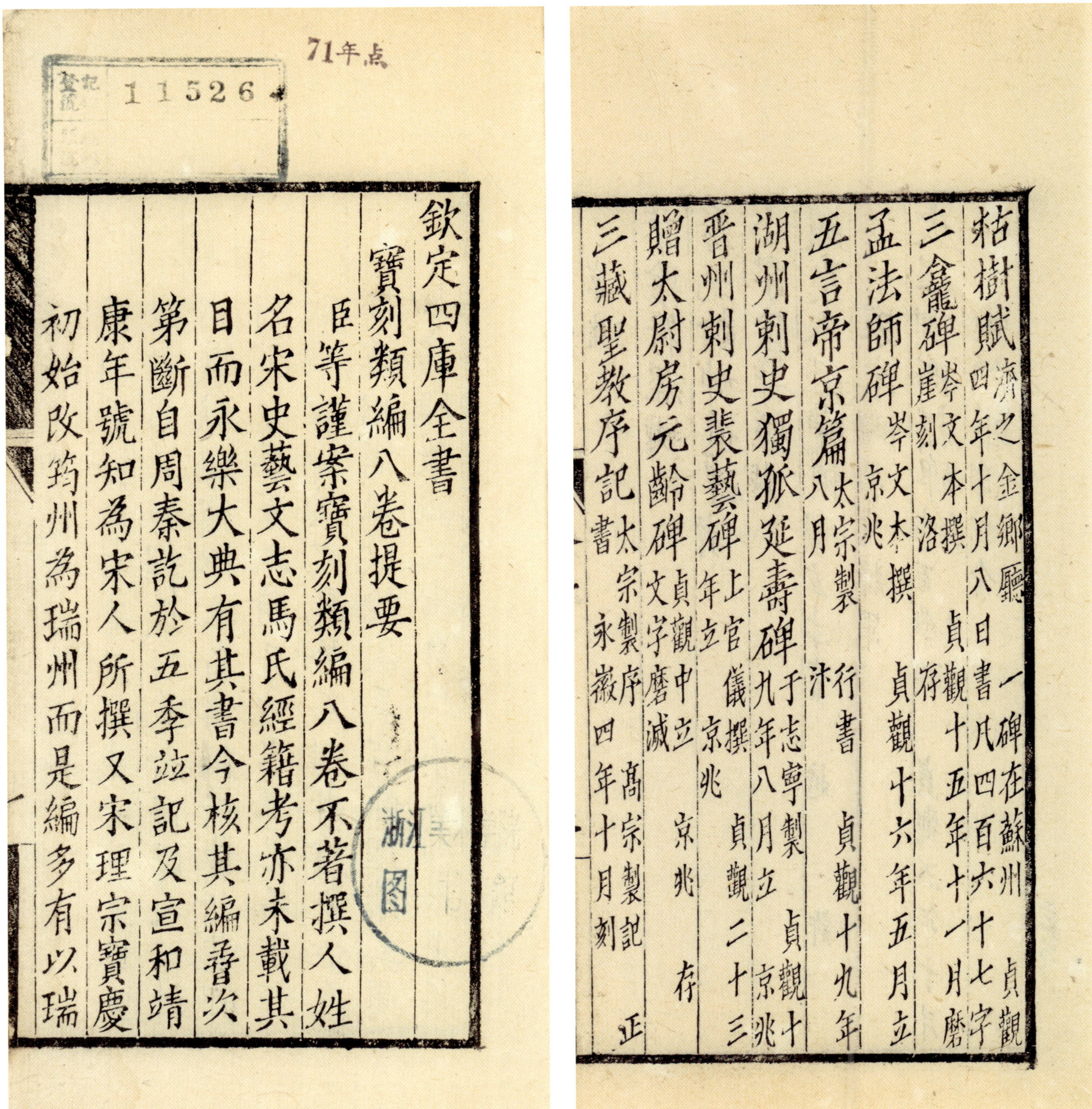

欽定四庫全書
寶刻類編八卷提要
臣等謹案寶刻類編八卷不著撰人姓
名宋史藝文志馬氏經籍考亦未載其
目而永樂大典有其書今核其編晉次
第斷自周秦訖於五季並記及宣和靖
康年號知為宋人所撰又宋理宗寶慶
初始改筠州為瑞州而是編多有以瑞

栝樹賦 濟之金鄉縣一碑在蘇州貞觀四年十月八日書凡四百六十七字
三龕碑 岑文本撰 貞觀十五年十一月磨崖刻 洛 存
孟法師碑 岑文本撰 貞觀十六年五月立 京兆
五言帝京篇 太宗製 行書 貞觀十九年八月 汴
湖州刺史獨孤延壽碑 于志寧製 貞觀十九年八月立 京兆
晉州刺史裴藝碑 上官儀撰 貞觀二十三年立 京兆
贈太尉房元齡碑 貞觀中立 京兆 存 文字磨滅
三藏聖教序記 太宗製序 高宗製記 正書 永徽四年十月刻

宝刻类编八卷

著者：［宋］佚名　撰
版本：清道光十八年（1838）东武刘氏十七树梅花山馆临汀郡斋刻本
收藏地：中国美术学院图书馆
框高 14.5 厘米，宽 8.2 厘米。每半叶八行，行十七字，小字双行同。黑口，四周单边，单黑鱼尾。

《宝刻类编》是关于石刻目录的著作，不著撰人名氏。据书中记及宣和、靖康年号，知其著者为南宋人。《宋史・艺文志》未载此书，诸家书目亦未见著录，唯明《文渊阁书目》有载。是书在清代已佚。清人从《永乐大典》中辑出，汇为八卷。

是书搜采丰富、叙述详明，收入材料的时间跨度大，始周、秦，迄唐、五代，并记及宣和、靖康年号，较之郑樵《金石略》、王象之《舆地碑记目》收录碑目多出几倍，亦可补欧阳修、赵明诚两家之遗漏。是书编写次第脉络清晰、结构严谨，据石刻书写人的身份编为帝王、太子诸王、国主、名臣、释氏、道士、妇人、姓名残缺八类。每类以人名为纲，载其所书碑目，其下标注立碑年月、地名，且于“名臣”类取历官先后之见于石刻者，载于姓氏下方，以备参考。《四库全书总目》评曰：“搜采赡博、叙述详明……前代金石著录之富，未有过于此者。深足为考据审定之资，固嗜古者之所取证也。”

此为清道光十八年（1838）刘喜海刻本，巾箱本仿宋精刻。封面镌“钦定四库全书本宝刻类编。嘉荫簃藏板”，扉页镌“道光十有八年岁次著雍阉茂五月，东武刘氏校刊于临汀郡署十七树梅花山馆”。清咸丰年间，南海伍氏又以刘氏刻本刊入《续粤雅堂丛书》。

（杨璐遥）

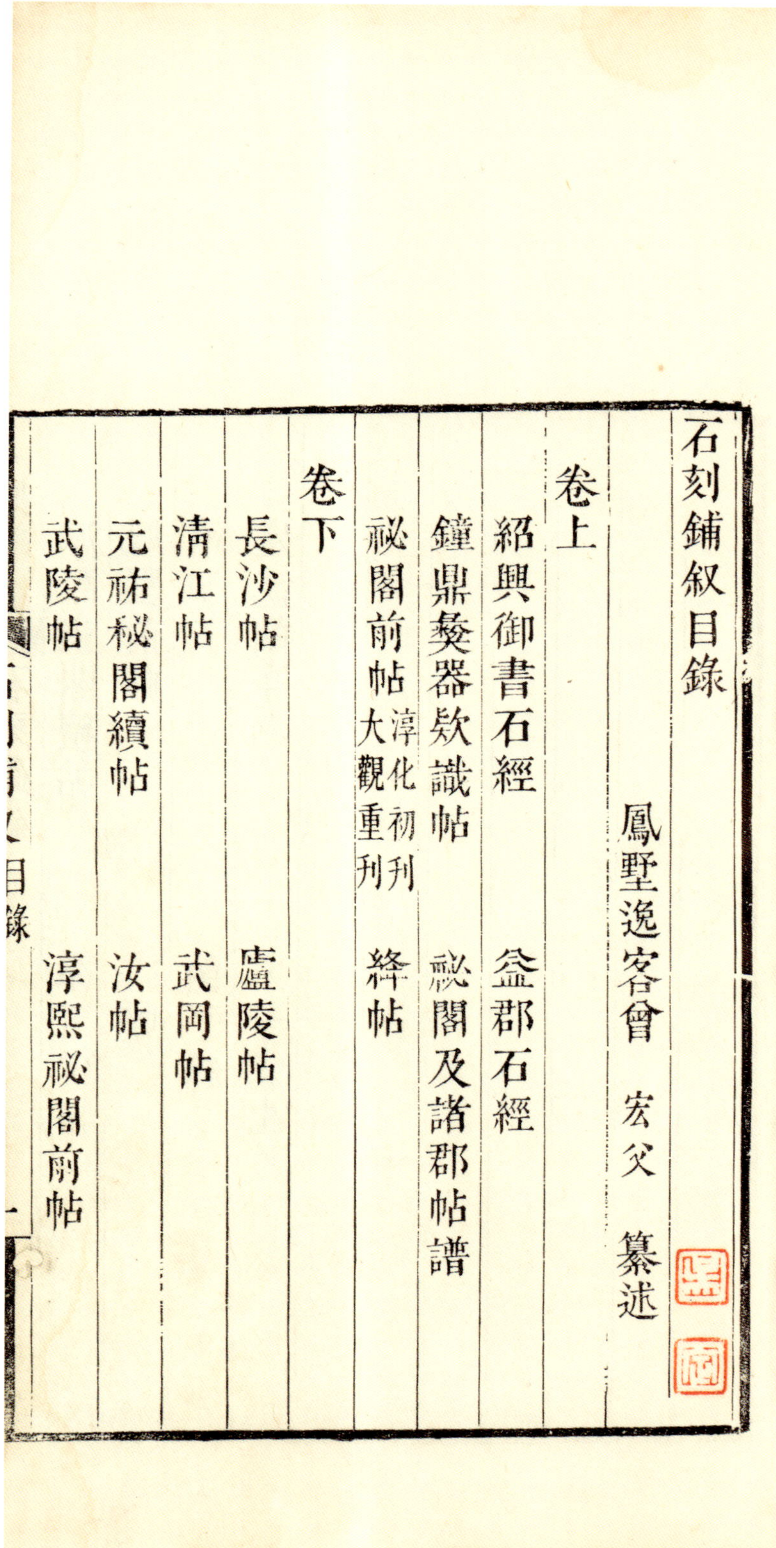

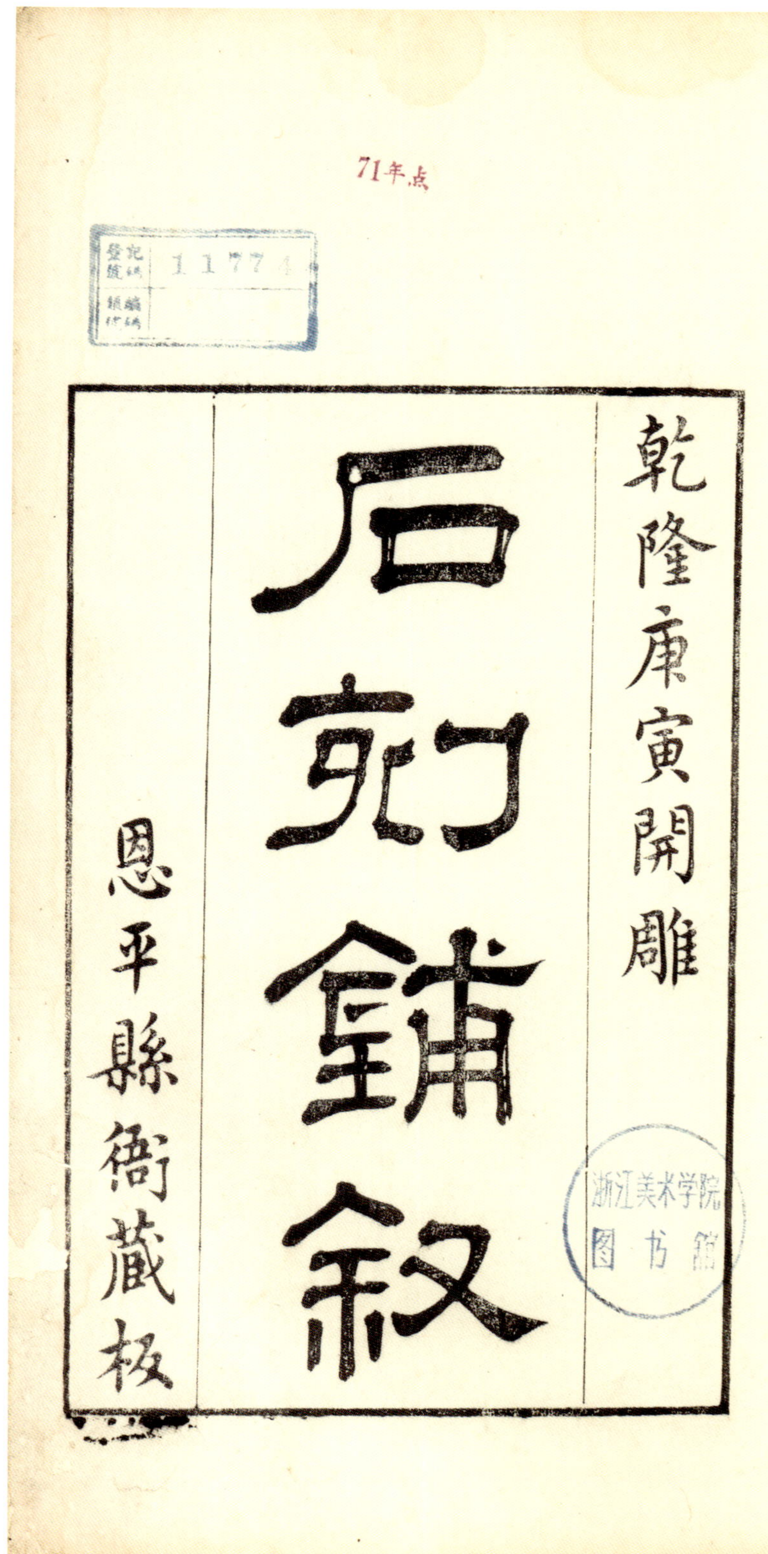

石刻铺叙二卷

著者：［宋］曾宏父 纂述
版本：清乾隆三十五年（1770）益都李文藻恩平县衙刻本
收藏地：中国美术学院图书馆
框高 18.5 厘米，宽 14.0 厘米。每半叶十一行，行二十一字。黑口，左右双边，单黑鱼尾。

《石刻铺叙》是一部法帖考释专著，由南宋曾宏父纂述，成书于淳祐八年（1248）。曾宏父（生卒年不详），字幼卿，自号凤墅逸客。吉州庐陵（今江西吉安）人。宋理宗宝庆年间（1225—1227）为雷州通判。曾宏父将家藏宋人书迹及友朋所藏当世墨宝，遴选其优者入帖，在嘉熙、淳祐年间（1237—1252）刻《凤墅帖》正续四十卷。又铺叙各帖源流，编成《石刻铺叙》二卷。

是书纂录宋刻法帖近二十种，每种下系考语叙述摹刻始末、考订版本异同。分上下两卷，上卷收绍兴御书石经、益郡石经、钟鼎彝器款识帖、秘阁及诸郡帖谱、秘阁前帖、绛帖等篇，下卷收长沙帖、庐陵帖、清江帖、武冈帖、元祐秘阁续帖、汝帖、武陵帖、淳熙秘阁前帖、淳熙秘阁续帖、群玉堂帖、凤墅前帖、画帖、续帖、兰亭叙、定武兰亭刻、六一先生集古录等篇。是书对《凤墅帖》与《淳化阁帖》《大观帖》《绛帖》考订甚详，与同时代陈思所辑《宝刻丛编》相比更胜一筹。

是书至清乾隆年间始有刻本，此前一直以抄本流传，有明范氏卧云山房抄本、清何焯批校并跋清初抄本、清朱彝尊抄本、清雍正元年（1723）何堂家抄本、清乾隆二十五年（1760）董兆元抄本。乾隆三十五年（1770）益都李文藻恩平县衙刻本，是据李氏所得抄本付刻的，为现存此书的最早刻本。后周永年收其版入《贷园丛书》，于乾隆五十四年（1789）印行。乾隆年间别有褚泽南氏写刊本，流传稀少。是书尚有《知不足斋丛书》本、《风雨楼秘籍留真》影印本（底本为《贷园丛书》本，有翁方纲校跋并录何焯批校题识）、古物同欣社石印本、《丛书集成初编》本。此为清乾隆三十五年（1770）益都李文藻恩平县衙刻本，曾经藏书家吴定收藏。目录页右下钤“吴”“定”印，卷上首页右下钤“吴定”“吴静庵”印。

（卞中旭）

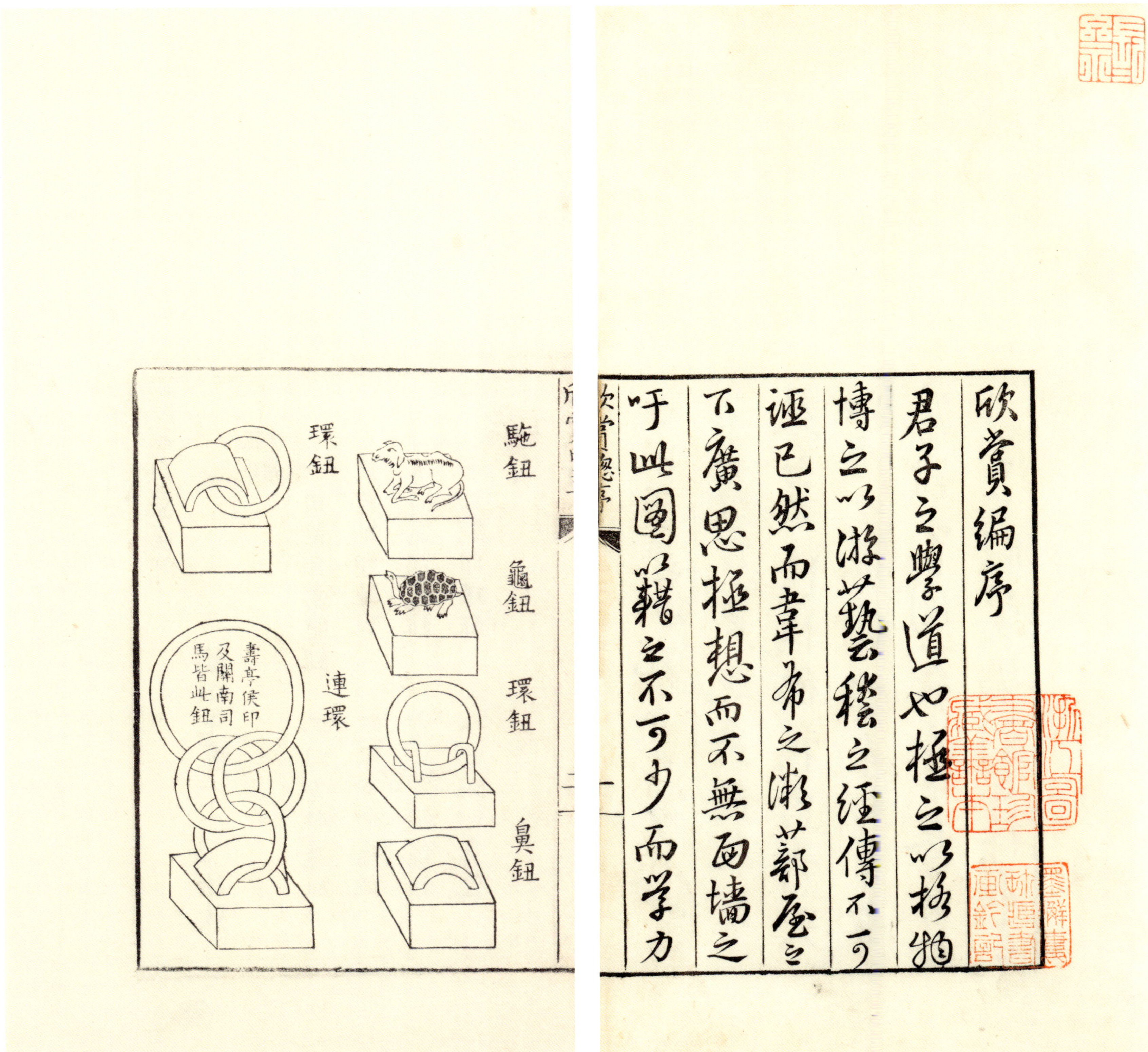

汉晋印章图谱一卷

著者：［宋］王厚之　撰，［元］吴叡、［明］沈津　摹补
版本：明万历年间（1573—1620）茅一相刻欣赏编十种本
收藏地：浙江图书馆
框高 17.0 厘米，宽 12.8 厘米。白口，四周单边，单黑鱼尾。

王厚之、吴叡、沈津三家摹古印的合谱，成书于明正德年间。初始为南宋王厚之手摹考定的集古印谱，名《汉晋印谱》，元代吴叡（1298—1355，字孟思，吾丘衍弟子）、明代沈津（字润卿）收藏并加以摹集增补。明正德年间，沈津将其编入丛书《欣赏编》刻板印行，成为一部以单卷形式广泛传播的集古印谱。

是谱收印一百九十二方，其中不仅有汉晋印章，还有一部分唐宋和元人印章（孙向群《〈吴孟思印谱〉考辨》）。首列钮制、钮式，次载官印篆式、古人私印式，后列一印六面汉印、汉官仪等印式。每印摹写印文，印下注有释文、材质、钮式，间附考释与藏者。王厚之在“官印篆式”后注云：“右计七十三印，皆于古印册内选出，经前贤考辨有来历者收入。可见古人官印制度之式，又可见汉人篆法敦古，可为模范，识者自有精鉴。”可见是谱的功能以考据为主。是谱延续了《啸堂集古录》摹拓古印的方式，又将古玺印专门汇辑成谱，从金石器物图谱中独立出来，是存世较早的一部铜玉印专谱。

此本乃明万历年间茅一相据正德本《欣赏编》翻刻，冠名《印章图谱》。谱前比正德本多出元至正二十年（1360）揭汯《吴氏印谱序》，其余内容均同。此为宁波藏书家蔡鸿鉴旧藏，钤“墨瀰楼珍藏书画钤记”等印。

（李　霏）

延古风华

——宋代金石器物

我国对青铜器的使用源于商周时期，青铜器可谓华夏远古文化的杰出代表。后世仿古，崇尚儒家，对青铜器多有仿制，尤以宋代为盛。宋徽宗大观初年设议礼局，《宋史・礼志二》便有记："诏求天下古器，更制尊、爵、鼎、彝之属。"这是宋代官方大规模仿造青铜器的开始。

朝廷"诏求天下古器"，全国各地挖掘古墓成风，商周青铜器大量出土，除了进入宫廷，不少器物流入民间收藏，青铜器交易更是盛起，形成了古物市场。宋人出于赏玩或研究的目的，开始对青铜器物进行收藏，《考古图》便列有私家收藏。当时最大的收藏者当属宋徽宗，他收集的古青铜器达二万五千件，还特建宣和殿收藏，这也是世界上最早、藏品最为丰富的青铜器博物馆。

拥有了实物资料，宋徽宗便开始大规模仿铸青铜器，以为郊庙之用。南宋延续了这样的传统，不但朝廷祭祀用器遵循政和新成礼器和《博古图》的样式，还多次制定和颁布礼书用以指导州县的祭器制造。

宋神宗元丰元年（1078），为了表示祭祀上天"尚质贵诚之意"，祭器中的部分器物，如尊、簋、豆等，替换成了陶器，但数量不多。高宗中兴渡江，复古风潮被推向了顶峰，各种仿古陶瓷器物制作出来，仿的便是上三代的青铜祭礼器，所谓"稽古作新，以追三代之隆"。其中，南宋官窑是最为人熟知的仿古瓷器制造者。这些仿古瓷器既用于祭祀和礼仪，也有一定的实用功能。同时，民窑也开始大范围地生产仿古器物。到了南宋中晚期，无论是朝廷还是民间，古风弥漫，多使用陶瓷礼器以代替铜质礼器。而这类仿古陶瓷也在一定程度上反映了宋人的审美趣味，他们追求精致与内涵，流传下来的宋画和文字记载亦有它们的身影。

古器之姿，风华延存；古人之志，源远流长。

宋·青铜提梁盉

通高 22.0 厘米，现藏萧山博物馆。1972 年出土于浙江萧山衙前洛思山窖藏。青铜盉出现于商代早期，盛行于商代晚期至西周时期，流行时间长，器形复杂，是商周时期常见的青铜容器。学者对青铜盉的用途看法不一，有酒器说、水器说、酒器兼水器说、转化说等。此盉整器呈兽形，短直颈，圆鼓腹。腹上饰一兽头形流，流口不通。三足较短，兽蹄形。半球形盖，上有一兽形立钮。长提梁为扁圆形，可活动，两端作兽头状。提梁和盖下半部饰三条变形夔龙纹。腹部饰四只长冠凤鸟纹，以重回纹作底，间隔以三锯齿形扉棱，并与三足位置相对应。

（王子玄妙）

南宋·官窑青瓷樽式炉

通高 14.1 厘米，口径 22.5 厘米，中心底径 14.0 厘米，杭州老虎洞南宋窑址出土，现藏于杭州西湖博物馆总馆南宋官窑馆区。造型源于汉代铜樽，又有“奁式炉”之称。樽为盛酒器，奁为盛妆器，将有三足之樽称为奁始于宋代金石学。宋人借香“奉神明”“达蠲洁”。香炉造型借鉴三代礼器，又融合当朝审美，创造出“鼎式炉”“鬲式炉”“簋式炉”“樽式炉”等器形。

（李采恩）

南宋・官窑青瓷觚

通高 21.2 厘米，口径 13.4 厘米，足径 8.2 厘米，出土于杭州老虎洞南宋窑址，现藏于杭州西湖博物馆总馆南宋官窑馆区。觚，中国古代饮酒的容器，常与爵伴随出土，也用作礼器。初现于二里头文化，盛行于商代和西周早期。因其造型别致、器形优美，宋人亦用作案头把玩之雅物。元、明、清时，仿青铜觚瓷质花瓶较流行，称“花觚”。

（董元源）

阳冰苗裔

——宋代篆书及印章艺术

金石学兴盛带来的最直接的影响是两宋篆书及印章的蓬勃发展。五代、北宋之交，南方有徐铉、徐锴兄弟精研文字小学，并称“二徐”。由徐铉摹写的《秦峄山刻石》，经其门生郑文宝刊刻上石后影响深远，至今仍为初习篆书的必经法门。继之而起的北宋初年著名书画家、文字学家、《汗简》作者郭忠恕，与僧人书家梦英一道，为重振日渐衰落的篆书传统，提倡学习唐代篆书名家李阳冰开创的玉箸小篆风格。本次展览选入了郭忠恕的篆书代表作《阴符经》。而梦英的《十八体篆书碑》则是同时期篆书的异类，虽后人不乏微词，称其书体多出臆造，但却成为后世此类花篆之滥觞，从今日视角来看，不乏独特的艺术创造力。

“二徐”、郭忠恕、梦英之后，李阳冰玉箸篆体已然成为宋代篆书的主流，涌现出诸多擅长篆书的书家。此次展出的政坛领袖司马光为富弼书写的墓志篆盖，是目前仅见的司马光篆书手迹，结构谨严，功力深厚。其他佼佼者如苏唐卿、上官佖、王寿卿等，皆能在玉箸篆基础上融入自身特点。展品中苏轼书《醉翁亭记》，为其篆书名作，同时保留了传世最早的欧阳修名篇《醉翁亭记》文本，弥足珍贵；《泾川重修回山王母颂碑》原为陶穀隶书，后为人磨去改为梦英篆书，再被磨去改为上官佖书，一碑三刻，颇具传奇；王寿卿用工饬的小篆为范仲淹媳书写的《扶风马氏墓志铭》，因系近年新出，笔画光洁，毫无损泐，黄庭坚对其篆书评价极高，称赞王寿卿深得李氏笔法，“可以酒酹阳冰之冢耳”；嘉祐年间奉诏刊刻的二体石经，篆书部分由多位名手合力完成，代表当时篆书的书写标准，已获得朝野公认。

印章方面，两宋官印在继承唐代蟠条印工艺之基础上，增加了线条盘绕，更富装饰性，俗称“九叠印”。此次展览即有南宋德祐元年（1275）文思院铸“嘉兴府驻扎殿前司金山水军统制印”和南宋开庆元年（1259）文思院铸“嘉兴府澉浦驻扎殿前司水军第四将印”两方南宋水军官印。而西泠印社所藏“梁押”楷书押印，也采用了蟠条印的制作方式，有别于五代至宋元普遍多见的楷书押印铸造法。

宋代书画鉴藏的兴盛，推动私印尤其是鉴藏印的普及。两宋内府的收藏印已形成了固定规制，用印成为建立皇家收藏标准的重要标识之一。而如米芾这样的私人书画收藏家，个人拥有多方私印与鉴藏印，并有能力直接参与印文设计，风格多变，取法多元，在传世早期书画名迹中时有所见，成为鉴定的重要依据，更对文人用印的发展起到了引领作用。

徐铉摹《秦峄山碑》

北宋淳化四年（993） 陕西西安 近拓 150.0 厘米 ×68.0 厘米 二奴山房藏

《秦峄山碑》，又称《秦峄山刻石》。秦始皇二十八年（前 219），秦始皇率群臣东巡登峄山（在今山东邹城东南），丞相李斯等为歌颂秦始皇废分封、立郡县的功绩而立。秦刻原石毁于南北朝，唐代有以枣木重刻本流布，南唐徐铉得到摹本。北宋淳化四年（993）八月，徐铉门生郑文宝将徐摹本勾摹刻石。碑两面刻，碑阳 9 行，碑阴 6 行，行 15 字。碑阴左旁刻有郑文宝楷书跋 5 行，行 40 字。明嘉靖三十四年（1555）关中地震，碑石震裂，幸文字未有大损，现存于陕西省西安碑林。

此碑传为秦相李斯所书，笔笔中锋、藏头护尾，行笔不紧不慢，线条圆匀劲健、刚柔相济，唐张怀瓘赞其曰："始皇以和氏之璧琢而为玺，令斯书其文。今《泰山》《峄山》《秦望》等碑并其遗迹，亦谓传国之伟宝，百代之法式。"秦刻原石现仅存泰山、琅琊台两种，磨泐严重，其余尽毁。此《秦峄山碑》虽为宋人重新摹刻，但作为秦代小篆的正脉，深受后世书法家的推崇。

徐铉（916—991），字鼎臣。广陵（今江苏扬州）人。五代至北宋时期名臣、学者、书法家，初仕杨吴，再仕南唐，官至吏部尚书。随后主李煜归顺北宋，历任太子率更令、散骑常侍，世称"徐骑省"。工书，善小篆，与弟徐锴合称"江东二徐"。曾联合句中正、葛湍等共同校订《说文解字》，参与编纂《文苑英华》。

（潘烨祺）

皇帝立國維初在昔嗣世稱王討伐亂
逆威動四極武義直方戎臣奉詔經時
不久滅六暴彊廿有六年上薦高號孝
道顯明既獻泰成乃降尃惠親巡遠方
登于繹山羣臣從者咸思攸長追念亂
世分土建邦以開爭理功戰日作流血
於野自泰古始世無萬數阤及五帝莫
能禁止迺今皇帝壹家天下兵不復起
災害滅除黔首康定利澤長久羣臣誦
略刻此樂石以著經紀皇帝曰金石刻
盡始皇帝所為也今襲號而金石刻辭
不稱始皇帝其於久遠也如後嗣為之
者不稱成功盛德丞相臣斯臣去疾御

郭忠恕《三体阴符经碑》

北宋乾德四年（966） 陕西西安 晚清拓 144.0厘米 ×86.8厘米 中国美术学院图书馆藏

此碑刻于唐《实际寺隆阐法师碑》碑阴，郭忠恕书，安祚勒字。北宋乾德四年（996）四月十二日建。碑高185厘米，横87厘米。首行楷书题“皇帝阴符经”五字。碑文篆书20行，行20字。并以小字古文、隶书注其下。碑文下方，刻楷书题名13行，行字不等。今藏于陕西省西安碑林。

郭忠恕（？—977），字恕先，洛阳（今属河南）人。五代末期至北宋初期著名书画家。以善界画闻名，精通文字学，传有《汗简》《佩觿》等书。书法诸体皆能，尤善篆、隶、楷书。

郭忠恕的篆书承袭唐李阳冰的风格，字体古朴，用笔藏势遏锋，含蓄有力。赵崡《石墨精华》谓：“忠恕《三体阴符经》其二大小篆，其一隶也，忠恕篆笔匹徐铉，又兼工小楷，于是碑亦足以窥其一斑矣。”刘熙载《艺概·书概》曰：“忠恕以篆古之笔溢为分隶，独成高致。”欧阳修评其篆法自李阳冰之后，“未有臻于斯者”。欧阳修《集古目录》、陈思《宝刻丛编》等著录。

（潘烨祺）

行盡矣故天有五賊見之者
宇宙在乎手萬化生乎身天
之道以定人也天發殺機移
反覆天人合發萬變定基性
之竅在乎三要可以動靜火
於國時動必潰知之修鍊謂
理也天地萬物之盜也萬物
也三盜既宜三才既安故曰
萬化安人知其神而神不知
數大小有定聖功生焉神明
能見莫能知君子得之固

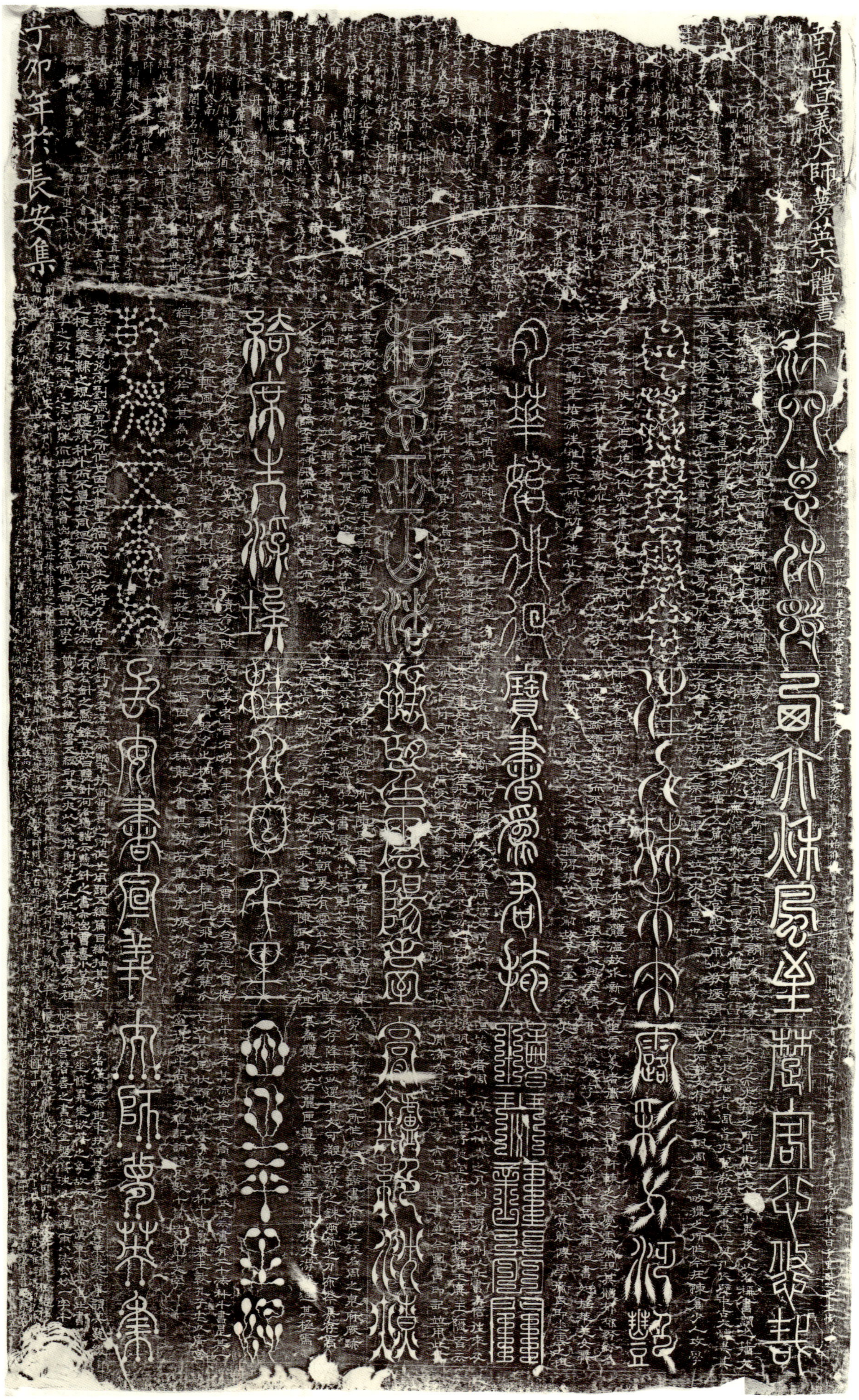

梦英《十八体篆书碑》

北宋乾德五年（967） 陕西西安 旧拓 129.5 厘米 ×79.5 厘米 一吟堂藏

北宋乾德五年（967），释梦英十九岁，“尝至大梁，太宗召之帘前，赐紫服”。是年，梦英集十八种篆体书写《惠林诗》并刻碑，每种篆体旁附隶书小字详述，别开生面，开后世奇篆花体之先河。然明人赵崡《石墨镌华》评此碑篆书各体“多出臆测，与古不合”。现存陕西省西安碑林博物馆。

梦英（948—？），法号宣义，衡阳郡（今湖南衡阳）人。五体皆精，尤精篆书，师法李阳冰玉箸。北宋初年重要书家，与郭忠恕齐名，陶穀谓“阳冰死而梦英生”。

（田振宇）

通於神明仰觀奎星圜曲之勢字妙合六文孝經援神契云篆焚燒先典古文絕矣並後隨世變易已成數體矣

大篆者周宣王太史史籀之所作始變古文或同或異謂之為篆篆者傳也傳其物理施之無窮甄酆定六書三曰篆書八體書有大篆又漢書藝文志史籀十五篇並此也史官製之用以教授謂之史書凡九千字漢元帝王遵嚴延年並工史書是也

籀文者亦史籀之所作也與古文壯可曰大籀其有周者史教學童書跡有石鼓文存焉蓋諷周宣王畋獵之

集庭象形朝丹鳥流至足飛走動隱而成其字自此爭造作矣

柳葉篆者衛瓘之所作衛氏三世攻書善乎數體溫故求新又象其跡類柳葉而垂其筆勢勁勁莫能傳學衛氏與索靖並斯長之索靖嘗謂張芝之肉衛瓘得張芝之筋故號一臺二妙

垂雲篆者衛恒之所作軒轅之代慶雲書紀職為字焉取諸為篆書品大鏡壺華勢若飛張如雲

在莊無三年鳥跡有懷筆書其體遒健此畫纖鳥優游落花散漫矣

小篆者秦相李斯之所作增損大篆異同籀文謂之小篆亦曰秦篆書如鐵石字若飛動作楷隸之祖為不易之法其名善鍾鼎及之符印至今用焉受命于天既壽永昌等即李斯之小篆也

填篆者周之采上神春之凡制會明帝使京兆韋誕題宣芳林苑字開滿奉古云填篆亦曰方填書

年詔蔡邕作聖皇篇篇

芝英篆者漢東陵之所作東年書一莖

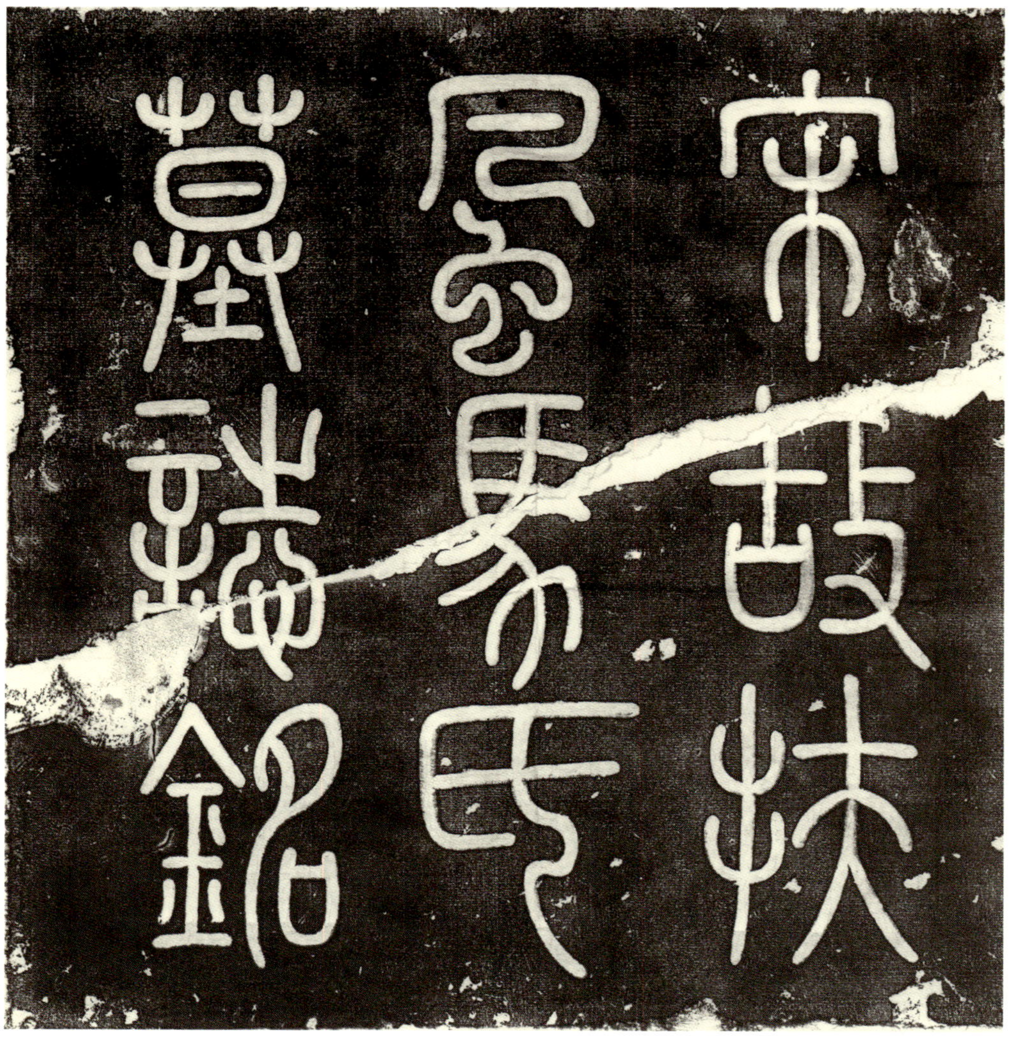

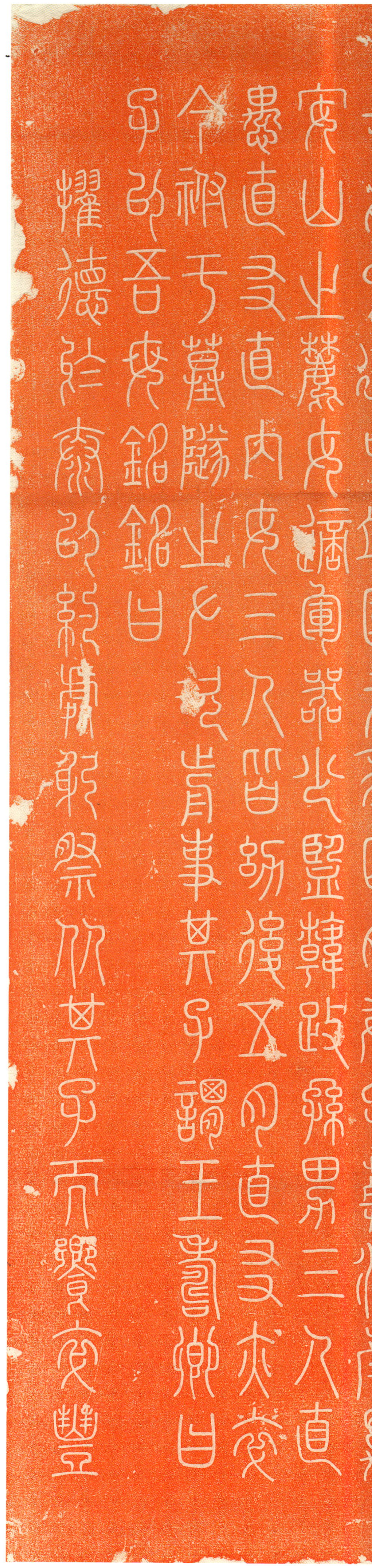

王寿卿《扶风马氏墓志铭》

北宋建中靖国元年（1101） 河南洛阳 新拓

44.0 厘米 ×44.0 厘米（盖） 55.5 厘米 ×56.0 厘米（志） 一吟堂藏

此志近年新出于河南洛阳。志石方形，边长 57.0 厘米，厚 16.0 厘米。志文 23 行，满行 17 字，王寿卿撰并书。志主马氏，为北宋名臣范仲淹子、尚书右丞范纯礼之妾，范正己之母，元符二年(1099)十二月去世，建中靖国元年（1101）四月葬于洛阳万安山麓。志文对研究范氏家族有着重要价值。古代墓志中，篆书多用于志盖，志文纯为篆书者极罕。

王寿卿（生卒年不详），字鲁翁，祖无择外甥。陈留（今河南开封）人。工篆书，得李阳冰笔意。曾被召至京师，要求他用篆书写王安石《字说》，寿卿以与王氏之学相异而辞命，遂布衣终身。他曾为赵明诚篆《古器物铭碑》。年六十三卒。

（田振宇）

宋扶風馬氏墓誌銘
淳緣與范正己之妻馬氏瀛州河間人生七
歲以良家子養於今尚書右丞范公純禮為
順勤婉有法度公之室高平郡夫人王氏故
異是御不得倫仍為軟己省轢藏揀擯一不
與校而經弗郎閒大人寢疾無孫子夜獨周
旋奉事尤見親愛既殯哭泣哀毀弟省閨處
公察其忠實屬以家事內外上下罔不賓伏
於范氏宗族姻婭雖卑尤六輩見之雖立辨
道趣之堅以紹席歸葬其律身嚴方如此至
有所據正色執議莫可回奪為公生一夫一
子齒方也既自屏絕浸遠見推擇其餘使奉
巾盥家人皆有關涉度不復予然後與之區
處留中範度修爲方淨土觀稱其佛號日數
千過惟嘗纂繙浸浸不若萬言元祐二年十
二月丙辰旦起坐如平時呼其男孫唱使誦
佛也號瞑目若寢假寐然視之亡矣享年四

黄庭坚《跋王寿卿篆书》

北宋政和三年（1113） 山东章丘 清拓 180.0 厘米 ×70.0 厘米 淳石斋藏

此为《穆氏先茔石表》碑额的一部分。

《穆氏先茔石表》，北宋政和三年（1113）刻。此石原在章丘女郎山，后移置岱岳观，清道光年间移至文昌祠。共二石，第一石为墓表，四面刻，方柱形，通高约 178 厘米，每面宽约 45 厘米，一、二面为穆庭秀碑，每面 6 行，共 12 行，三、四面为穆伯初碑，每面 7 行，共 14 行，行均 14 字，俱由王寿卿撰文、书篆，穆涘模，王任生刻石。第二石为碑额，亦四面刻，高 39.6 厘米，宽 48.7 厘米，第一面阳文篆书“穆氏先茔石表”，二至四面为黄庭坚题跋，行书 18 行，满行 8 字，共计 141 字，无年月，落款“山谷道人黄庭坚”。跋文盛赞王寿卿的篆书能继承唐代李阳冰开创的风格与笔法，体现了黄庭坚对篆书的品评观点。

《山左金石志》云：“黄庭坚卒于徽宗即位之三年，此碑立于政和三年，距山谷之卒，已有十年，是山谷未见书此碑也。当由穆氏曾孙慕山谷之誉，因附刻于石表之后，以增重耳。”按跋文语气，跋文应系黄庭坚生前亲书赠王寿卿，后王寿卿为穆氏撰书先茔石表，也借机附刻了旧友的赞语。以书法风格论，则近于《寒食帖跋》，或亦为元符年间作。

明、清两朝《章丘县志》、《山左金石志》、《石索》等均有著录。晚清后碑额一石流入章丘民间，今在山东济南好古博物馆。

（田振宇）

王□翁有篆一千李監為師行於四方聞李監石刻之所存無風雨晨夜余未識魯翁見壁題曰是必陽冰之苗裔也已而果然其

論陽冰筆意從老至少能瘦劉夢得拙妍醜皆可師承有味其言之也余嘗戲魯翁杜元凱左氏之忠臣王魯翁李監之上

嗣也今世作篆者見數家大篆簡架為主李氏筆法幾絕見魯翁用筆可以洒解陽冰之家耳

□亭坤識

山谷道人黄庭堅

苏唐卿《醉翁亭记》

北宋治平元年（1064） 山东费县 清拓 230.0 厘米 ×100.0 厘米 淳石斋藏

欧阳修《醉翁亭记》撰成之后，初刻于滁州，由陈知明小字书写。北宋嘉祐七年（1062），苏唐卿任费县令，因喜欧阳此记，便以擅长之篆书书写记文，治平元年（1064）刊刻成碑，立于费县衙署。篆额 3 行共 9 字，碑文 16 行，行 27 字。后此碑屡仆屡立。抗战期间，日军欲劫碑石，邑人搬运时不慎跌断成数块，所余残石亦于“文革”期间亡佚。今费县当地据旧拓重新翻刻了新碑。

传苏唐卿写成之后，曾寄碑稿请作者欧阳修过目审定并改动文字。今碑文与通行文本有所异同，如“蔚然”作“郁然”；“临于”作“临乎”；“在乎山水之间也”少一“也”字；“不绝者”作“不穷者”；“颓乎”作“颓然乎”。

苏唐卿（生卒年不详），仁宗朝官殿中丞。善篆籀，与知制诰邵必受命详定朝廷官府印文。此碑为苏唐卿传世篆书代表作，篆法严谨工稳，亦规模唐代李阳冰的玉箸篆风。

（田振宇）

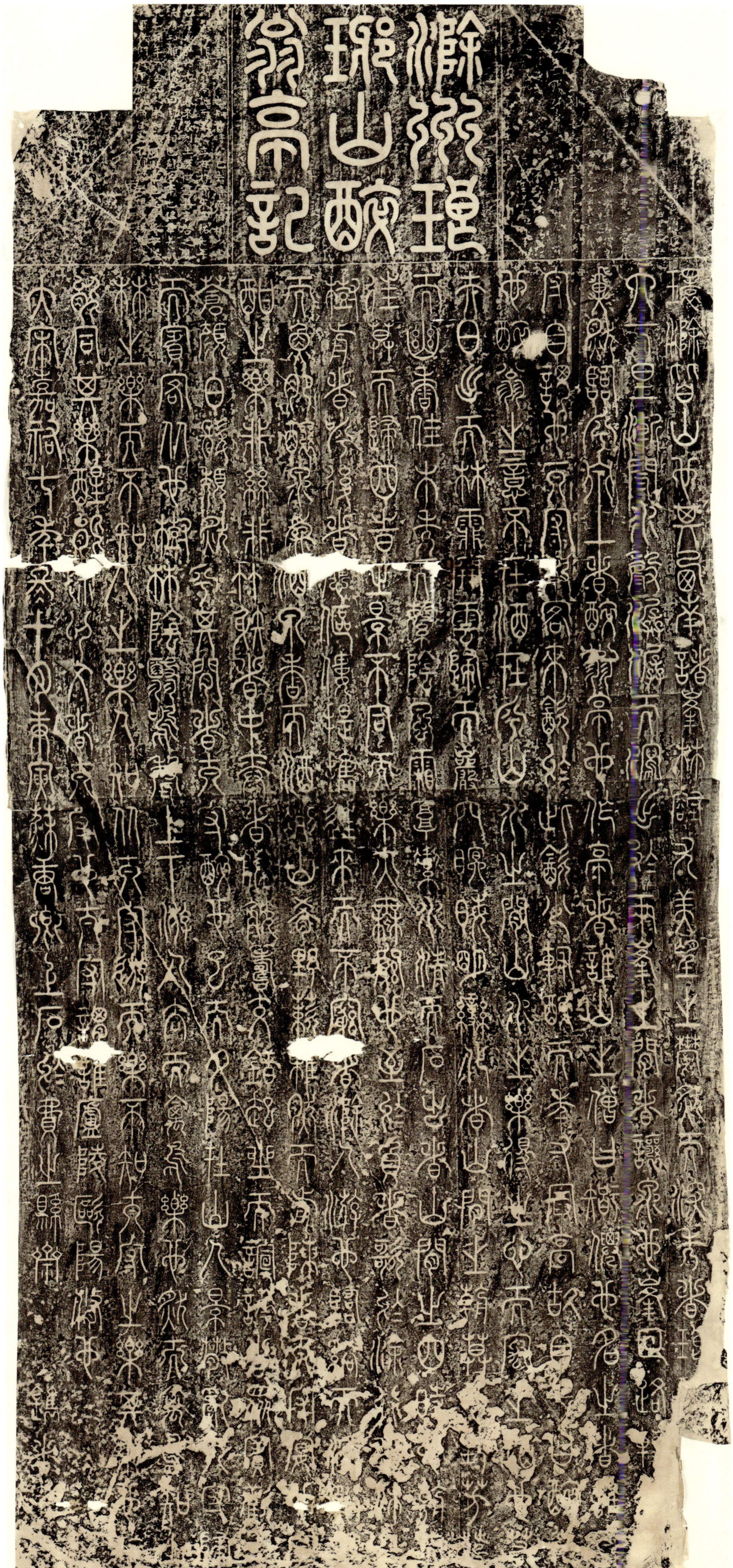
滁州琅
琊山醉
翁亭記

泾州重修回山王母宫颂

北宋天圣元年（1023） 甘肃泾川 清拓 197.0 厘米 ×87.0 厘米 一吟堂藏

翰林学士承旨刑部尚书陶穀撰文，北宋天圣元年（1023）三月十五日上官佖重书。篆额“重修回山王母宫颂”8 字 4 行。碑阳 20 行，行 41 字，原碑现存王母宫石窟寺文管所。回山王母宫，又名王母宫，始建于西汉元封年间（前 110—前 103），位于今甘肃省平凉市泾川县城西的回山之上，是西王母降生、发祥地和其祖庙所在地。

此碑经历颇为特殊，现存碑文曾在五十六年间经三次重书刊刻。宋太祖开宝元年（968），泾州刺史张铎主持重修王母宫并立碑，由陶穀撰写碑文并书丹。太宗至道初年，柴禹锡知泾州，见此碑而不喜陶书，于是削去旧字，邀当时名家释梦英重以篆体书写（一说为行书），并于真宗咸平元年（998）刊刻完工。仁宗天圣元年（1023），擅写篆体的员外郎上官佖至泾州，以梦英书法伪俗，字多舛误，于是亲自以玉箸篆重写陶穀旧文，由地方官再次磨去碑文并命工刊刻，上官佖在碑阴题记中记述过程。

此碑篆书亦为李阳冰一路，北宋盛行此体。

（田振宇）

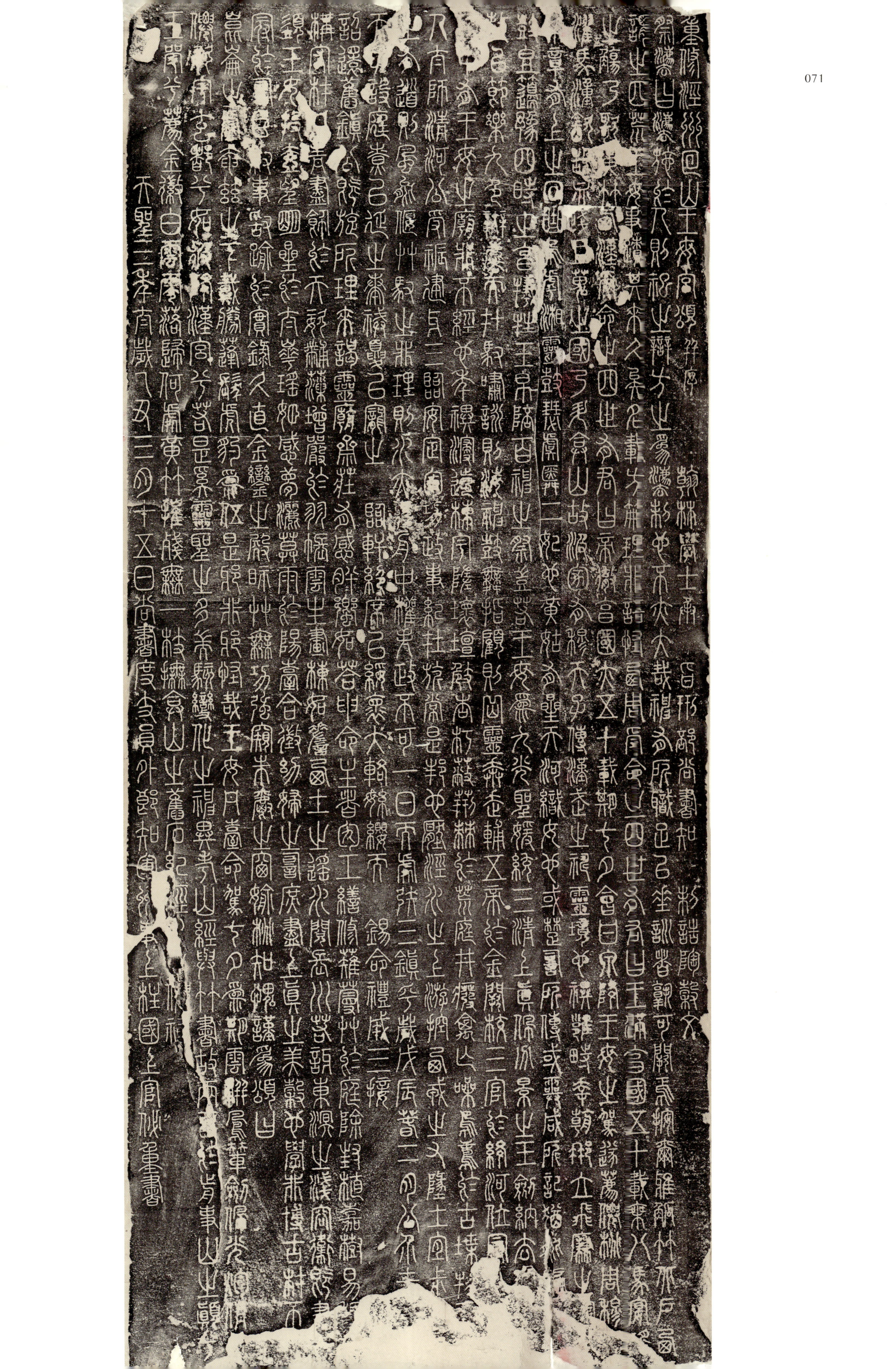

重修涇州回山王母宮頌并序

司马光《富弼墓志》篆盖

北宋元丰六年（1083）　河南洛阳　新拓　165.0 厘米 ×165.0 厘米
一吟堂藏

韩维撰文，孙永书丹，司马光篆盖。2008 年洛阳市文物抢救发掘中所获，同出有富弼墓志并盖及夫人晏氏墓志。志石 1.4 米见方，7000 余字，为中原地区迄今出土尺寸最大、志文最多的墓志。志盖“宋开府仪同三司守司徒致仕韩国公赠太尉谥文忠富公墓铭” 5 行 25 字，为目前仅见的司马光篆书书迹。

志主富弼（1004—1083），字彦国。河南洛阳人。北宋三朝名相，与范仲淹共同推行“庆历新政”，反对王安石变法，累赠太师，谥号“文忠”。

（田振宇）

宋開府儀同
三司守司徒
致仕韓國公
贈太尉謚文

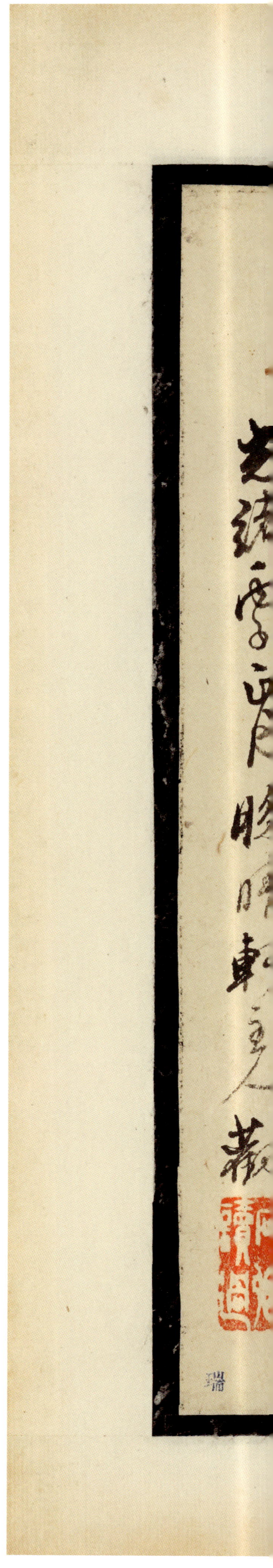

嘉祐二体石经《周礼》残石

北宋嘉祐六年（1061） 河南开封 清拓 册页 中国美术学院图书馆藏

北宋仁宗朝，国子监用刻石形式刊布儒家经典，于庆历元年（1041）动工始刊，至嘉祐六年（1061）完工，故称“嘉祐石经”或“北宋石经”。石经立于汴梁太学，包括《周易》《论语》《孝经》《礼记》《尚书》《周礼》《春秋》《诗经》及《孟子》九部，作碑形，两面刻字。经文用篆、真二体书写，故又称“二体石经”。书经人为杨南仲、谢飶、张次立、赵克继、章友直、胡恢等人，皆当时名手。北宋末年因战乱及黄河水灾，太学易址，石经损毁严重，拓本极罕见。国家博物馆藏有宋元拓本四册。

石经残石今仅存六块，包括《周易》二石，《尚书》《礼记》《孝经》《周礼》各一石，皆残损严重。《周礼》一石存字最多，石高167.0厘米，宽85.0厘米，厚20.0厘米，两面刻字，原为6列，残存5列，列30行，行10字，字径2.0厘米。其内容为《周礼·春官·大宗伯》篇。此石清代埋没土中，1982年于河南开封县陈留乡重新出土，藏于河南博物院。

展品为清乾嘉年间石经入土前拓本，较为稀见，篆书承袭唐代李阳冰，为北宋官方标准的小篆字体。楷书全学虞世南，与陕刻孔子庙堂碑风格一致。

（田振宇）

牲繫于牢頒于職人凡

牲繫于牢頒于職人凡祭

祀之卜日宿為期詔相

祀之卜日宿為期詔相其

音六

南宋开庆元年文思院铸 “嘉兴府澉浦驻扎殿前司水军第四将印”

材质：铜
尺寸：5.9 厘米 ×6.1 厘米 ×5.5 厘米
现藏地：海盐县博物馆

1978 年冬在出海排涝工程长山河澉浦段发现宋代铜质军印 9 方，是我国迄今为止出土宋代军印数量最多的一次。分别为：北宋元祐五年（1090）少府监铸“雄节第一指挥第三都朱记”，南宋开禧元年（1205）文思院铸“殿前司平江府许浦驻扎水军第一将印”、嘉定十六年（1223）“嘉兴府澉浦驻扎殿前司水军第一将印”、淳祐七年（1247）“金山防海水军第二将印”、开庆元年（1259）“嘉兴府澉浦驻扎殿前司水军第四将印”、景定元年（1260）“沿海制置司定海水军第一将之印”“嘉兴府金山防海水军统领印”、德祐元年（1275）“嘉兴府驻扎殿前司金山水军第二将印”“嘉兴府驻扎殿前司金山水军统制印”。9 方铜军印形制相近，印面近正方形，阳刻九叠篆文；印背中部有矩形直钮，直钮两侧阴刻铸款，钮顶阴刻“上”字。其中，北宋陆军印 1 方，铸款为“北宋元祐五年（1090）六月少府监铸”；南宋水军印 8 方，均由文思院铸造，铸印时间由早到晚依次为开禧元年（1205）、嘉定十六年（1223）、淳祐七年（1247）、开庆元年（1259）、景定元年（1260）2 方、德祐元年（1275）2 方。由北宋晚期到南宋末期，年代跨度长达 185 年，映射出了宋代军队的发展过程，特别是南宋水军的发展情况，以及海盐及周边地区在南宋时期的重要军事地位。

南宋德祐元年文思院铸

“嘉兴府驻扎殿前司金山水军统制印”

材质：铜

尺寸：5.8 厘米 ×5.8 厘米 ×5.0 厘米

现藏地：海盐县博物馆

梁押

材质：铜
尺寸：2.4 厘米 ×2.4 厘米 ×2.4 厘米
现藏地：西泠印社

押，也称“押记”“花押”“署押”等，是指在公文、契约上签字或画上某种记号以作凭信。押书始于唐，兴于宋，通行于元代。五代至宋元之际，低层官印和民间交往的私印中，楷书印普遍出现，突破了篆书的束缚，开辟了多种文字乃至图案入印的新天地。其印文风格多摒弃正统官方楷体，采用天真朴实、易于夸张变形的民间书体入印。西泠印社藏“梁”字押印，用字自然舒展，工艺上则采用了蟠条印的制作方式，有别于五代至宋元普遍多见的楷书押印铸造法，颇为少见。

彭城郡记

材质：铜
尺寸：4.0 厘米 ×4.0 厘米 ×3.0 厘米
现藏地：鉴印山房

可斋

材质：瓷
尺寸：4.70 厘米 ×3.38 厘米 ×2.80 厘米
现藏地：鉴印山房

陇西书号

材质：铜
尺寸：3.7 厘米 ×3.7 厘米 ×3.0 厘米
现藏地：铁斋

清河雷公图书

材质：铜
尺寸：4.2 厘米 ×3.8 厘米 ×3.8 厘米
现藏地：铁斋

渤海兴公图书

材质：铜

尺寸：4.6 厘米 ×4.0 厘米 ×3.5 厘米

现藏地：铁斋

贞珉萃英

——以『宋四家』为核心的书迹碑刻

“晋尚韵，唐尚法，宋尚意，元、明尚态。”清代书家梁巘曾以凝练的评语，高度概括了书史风尚的更迭，也昭示了两宋在书法发展历程中无可取代的地位。在继承晋唐以来形成的书法规范的基础上，宋代书家敢于突破前人藩篱，充分发挥自身个性，形成恣意放达、意态横生的艺术面貌。以苏轼、黄庭坚、米芾、蔡襄等为核心，两宋书坛熠熠生辉，灿若星河。墨迹之外，铭石刻碑历来是保存书迹最重要之手段，在此遴选宋代重要石刻作品，以展现两宋书法的发展脉络。

北宋初期，宋太宗于淳化三年（992）命王著主持辑刻《淳化阁帖》，使原本深藏禁苑的晋唐法书广为传播；庆历年间发现于定州的《定武兰亭》刻石及各种摹本，渐成聚讼发端，形成了以“二王”书风为代表的院体。而文人官员群体中效法颜真卿者众多，欧阳修、韩琦、蔡襄等堪称其中代表，流风遗韵，影响了包括北方辽金在内的整个两宋时期。王安石与司马光政见虽殊，其书艺注重篆隶复古，却成共识。

北宋中后期，“苏、黄、米、蔡”为代表的书家群体崛起，进入宋代书法的巅峰。文坛领袖苏轼首倡“我书意造本无法”，认为书法不能因袭前人，而要展现自我。其艺术主张与创作实践，不仅被黄庭坚、晁补之、秦观、李格非等苏门学子接受，还影响米芾、蔡京、蔡卞等同时书家，各成一派，杰作频出，对当时及后世产生深远影响。其中苏、黄所书诸多碑刻，虽多毁于党争人祸，幸赖后世不断重刊，真相犹存。

两宋帝王多雅好文艺，将书法作为推行文治的重要手段，太宗诏刻《淳化阁帖》，徽宗书画兼能、自创瘦金体，高宗遍学名家并诏刊《绍兴米帖》《兰亭序》等。君王所好，以致天下翕从，促进了书法风尚的形成。

南宋书坛星光稍逊北宋，然亦不乏名手。米友仁、陆游、范成大、张孝祥、朱熹、杨万里、尤袤等文士学者，诗文之外，均擅书艺，无不拥有鲜明个性。与此同时，任询、王庭筠、党怀英等辽金书家活跃于北方，他们深受宋朝文化影响，各有所擅，其书法的艺术价值不容小觑。

石刻书迹，尤其“宋四家”，存世真伪羼杂，故在选择展品时，遵循原刻善拓、罕见珍本优先之准则，原刻无存者取重刻精善版本，兼顾旧本与新出稀见名家书迹，尽可能汰伪存真，并以实物、裱本、整纸等多种形式，助观者在有限空间中得以领略两宋书坛的全貌。

本单元中值得关注者甚多，不乏首次公开面世的展品。碑刻实物及拓本中，与杭州渊源深厚的苏轼为重中之重，有重新出土的宋刻《表忠观碑》残石及宋、明刻全碑旧拓整套，新现大字“陶诗”残碑原石，钵水斋藏苏轼残碑砚，宋刻《丰乐亭记》，明拓《醉翁亭记》，明拓《司马温公碑》，《齐州真相院舍利塔铭》两种合璧，榜书《定州雪浪斋碑》等。其中苏轼残碑砚，民国年间曾在杭州《东南画报》“金石书画特刊”发表，借此次特展故地重游。此外，还有艺苑真赏社旧藏明拓元刻黄庭坚《狄梁公碑》，“一直被模仿，从未被超越”的米芾大字《盱眙第一山并诗》，浙江仅存的宋徽宗御笔碑，清代金石家陆增祥八琼室藏《戒石铭》道州、梧州两本，宋高宗《恤刑诏》，范成大《四时田园杂兴诗》等，皆属难得一见。宋代刻帖方面，则有近年重新发现的浙江图书馆孤山馆藏《淳化阁帖》刻石拓本，王虚舟跋宋拓《绍兴米帖》，南宋郁孤台本《徽宗草书千文》，邵章旧藏南宋《姑孰帖》，明拓绍兴重刻凤墅本《兰亭修禊图》等，均为传世法帖之珍品。

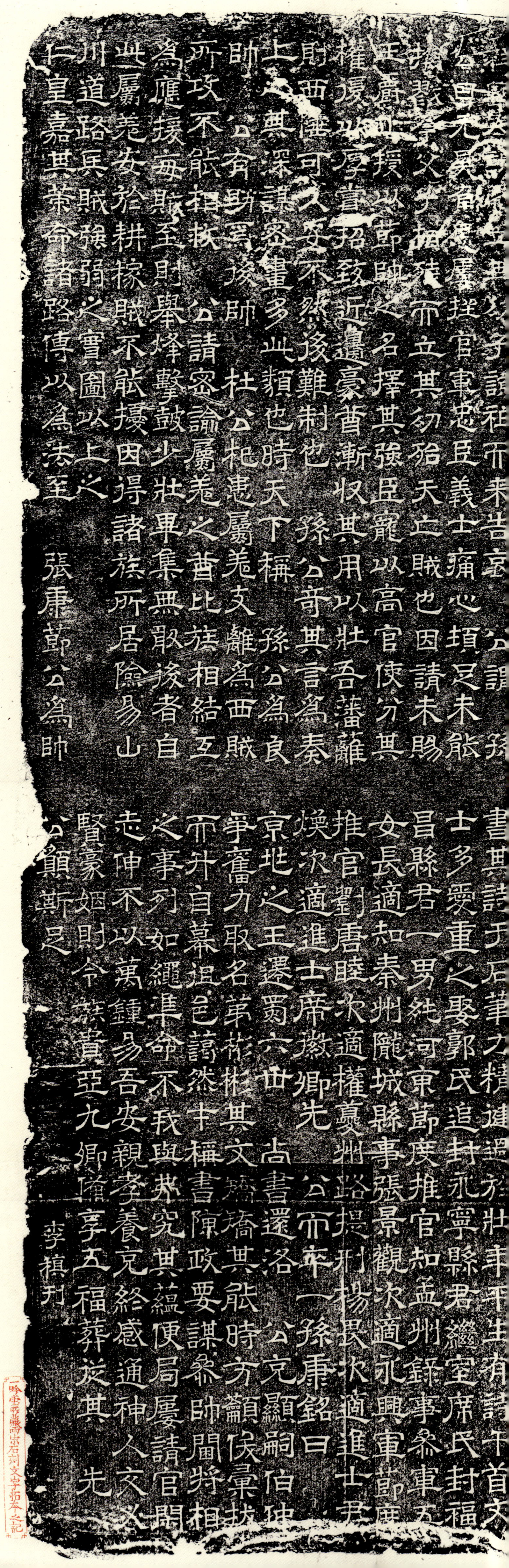

司马光《王尚恭墓志铭》

北宋元丰七年（1084） 河南开封 旧拓 84.0 厘米 ×82.0 厘米
一吟堂藏

本志无盖，首题“宋故朝议大夫致仕王公墓志铭”，前署“朝散大夫、直集贤院、权知河中军府兼提举解州庆成军兵马巡检公事范纯仁撰”“端明殿学士兼翰林侍读学士、太中大夫、提举西京嵩山崇福宫司马光书”，末署“李稹刊”。

志主王尚恭（1007—1084）乃王汲（字师黯）长子，与弟尚喆并从学欧阳修。景祐元年（1034），兄弟二人同登张唐卿榜进士，同年中的赵抃、蔡挺等官至高位，柳永、苏舜钦等享誉文坛，何中立、赵抃等先后出知杭州。王尚恭仕途不达、官职不贵，但其早年因父执尹洙、欧阳修等提携成为“洛阳文人集团”中的青年翘楚，致仕之后更因年序在“洛阳耆英会”中位列第四。王氏父子虽然《宋史》均无传，但王汲身后由欧阳修撰写墓志铭、尹洙撰写墓碣，可谓一时荣耀；王尚恭卒后，墓志铭出自若干年后官拜相位的范纯仁（范仲淹次子）、司马光的联手之制。父子二人的事迹也分别依赖尹、范二氏的文集得以传世。范纯仁与司马光不仅是同僚，而且前者还是后者侄子司马富的岳父。元丰七年（1084）秋冬之交，司马光书写《王尚恭墓志铭》，恰逢其皇皇巨著《资治通鉴》成书之时。

《王尚恭墓志铭》原石 1936 年出土于河南孟津县北陈庄，现藏开封博物馆。出土之初原石即见略损，总体尚好。司马光隶书墨迹无传，隶书石刻书迹尚见 5 地 3 种：杭州南屏山摩崖《家人卦 / 乐记节句 / 中庸节句》（其中《家人卦》又见覆刻于广西融水县老君洞），石刻大字“思无邪，公生明”［一见四川省广安市武胜县真静乡书岩村摩崖，嘉泰三年（1203）李元庚重刊；一见现存苏州文庙之碑，淳祐元年（1241）正月摹刻］，《布衾铭》碑刻［元祐三年（1088）司马富摹刻，曾嵌山西夏县司马光先茔祠堂壁，原石现已不存，有拓本传世］。唯有《王尚恭墓志铭》是司马光在世时所刻，平均字径 1.5 厘米 ×2.0 厘米，视觉感受却同大字一般气势开张，端严雍容，真可谓书如其人。刻工李稹，当时西京（今河南洛阳）名手。

该志出土较晚，故不见诸早期石刻史料著录，旧拓本亦鲜见。本展品损坏字迹最少，淡墨精拓神采尤佳，远胜目前所见公布各本，且底部“上”“使”之间下沿等多处未损是为仅见，道友允推“或为初拓善本”。唯上部“其”“于”二字之间，拓本微见缺肉，稍损字迹。

（方爱龙）

宋故朝議大夫致仕王公墓誌銘

朝散大夫直集賢院權知河中軍府兼提舉解州慶成軍兵馬巡檢公事范純仁撰
端明殿學士兼翰林侍讀學士太中大夫提舉西京嵩山崇福宮司馬光書

元豐七年八月九日朝議大夫致仕王公以疾
終于西都嘉善里之第享年七十有八其孤將以十
十九日奉公之喪歸葬于河南府河清縣上店
里之原祔先塋也以門人所狀公之行事來請銘
于予予與公游既久知公爲詳義不得辭遂銘
其墓且以寓其哀焉公之先蓋京兆萬年人後家
于果州至公皇考尚書公始家河南歿遂葬焉
有歐陽文忠公銘其墓河南尹公師魯爲之碣
紀其世緒官諱甚詳此不復書公諱尚恭字安之
少力學與其兄尚喆偕游庠序喜親賢士大夫故歐
陽公書尚書誌曰二子學于予較藝嘗爲諸生先
而擢公爲光謹飭溫溫有儒者儀法則歐陽公
公爲先吳景祐元年兄弟同登進士科公調
成軍判官軍守多不法公以言不見聽求攝他
[illegible]以[illegible]絡不言其情知公者舉監鳳翔府酒
[illegible]絡制以判優遷秦州判官舉監解州
[illegible]府先文正公在政府公上書言
[illegible]不疑責大功舍小過以激其忠義
[illegible]損大臣郊祀之賞以寬國用精擇
[illegible]本久任外計使究財貨之源取士
[illegible]禁任官先才行而後常流委長吏撤
[illegible]省事減撿增弓手以禁盜先文正公是
[illegible]時西陲用兵使領皆一時名公文章論薦所著
[illegible]郎知[illegible]州[illegible]城縣孫威敏公經略環慶辟掌

丞愛事中人只傳上旨令丞愛官宜令預聞經
略司機事公謂張公曰無言無詔書且宜覆
奏況中人預機事則帥權奪矣張公遂以聞上
中人罷尊官而罷後公還朝被命押伴夏國使
而使者求市史傳及佛經公以史有東晉元魏間
事不可示夷狄止與佛書而歸權通判寧州移知開
封府陽武縣時包孝肅公爲尹愛公才明邑人
有訟事于府者包公曰既經王宰決矣何用復訴
耶嘉祐中朝廷選能吏分行諸道訪民疾苦而議
之曰寬恤民力公當使環慶乃究悉其利病數十
事上之邊民至今爲便歸以太夫人年高不欲遠
宦求知河南府司錄又知緱氏縣磨勘西京修內司
兼判西京勾院同判西京國子監母憂服除再判
監管勾西京崇福宮自著作佐郎九遷太常少卿遂
得謝事遇更官制改朝議大夫勳至護軍封太原縣
開國子食戶六百賜服三品公天性愷悌襟抱開
廓居官有風力遇事必務當理不爲苟且善與人交
同僚嘗有不幸者公周其後事嫁其孤女恩逾至
親蔭補疎屬而舍其孫事親至孝雖假祿就養不復
有榮進意每承順顏色唯恐不及至博塞戲翫之具
悉陳於前遇歲時節臘必大會內外親族聚孥兒
奉觴爲壽歌舞嬉戲以爲親歡如此不去鄉里者幾
三十年士論雖惜公早開而公彌以爲樂至終
養而公已老矣所居雖庳儉而掃洒清潔疎林
花列植前後與鄉里高人賢士以文酒相娛故韓
國富公今潞國文公留守丞相韓公北都留
守王公皆愛遇之潞公集舊德之高年者爲耆英

王安石（款）《宋君夫人俞氏墓志铭》

北宋熙宁五年（1072） 陕西西安 新拓 68.0 厘米 ×69.0 厘米 一吟堂藏

本展品可能是一件令人“震撼”的北宋墓志铭拓本，因为关于这方墓志目前还有诸多谜团无法解开。

据该墓志记载，这方见署“王安石撰并书”的《员外郎宋君夫人俞氏墓志铭》，志主俞氏的祖籍是浙江临安。俞氏家族与吴越王钱氏同邑，俞氏夫人先人“世仕钱氏”，在吴越国堪称“盛族”。志主俞夫人名讳不详，生于大梁（即汴梁，今河南开封），其父俞仁寿在太平兴国三年（978）随同吴越忠懿王钱弘俶（钱俶）奉旨朝京师（今河南开封），因此滞留宋廷，朝中为官，生母是钱弘仪（钱仪）之女。俞氏成人后嫁给祠部员外郎宋某，生子曰乾。俞氏是祠部员外郎宋君的第二任夫人，宋君第一位妻子史夫人生子曰宏，宋宏登进士第，官尚书职方员外郎，俞夫人得封寿安县太君。俞夫人卒于宋仁宗嘉祐八年（1063）十一月，享年七十七岁。宋神宗熙宁五年（1072）九月，孙子宋仲彦（时任大理寺丞、签书杭州军事判官厅公事）葬祖母俞夫人于京兆蓝田县薛王里之北原，祔祠部员外郎宋君之穴。作者“王安石”是宋仲彦的舅舅，受邀撰写墓志铭。

问题在于：“王安石撰并书”《员外郎宋君夫人俞氏墓志铭》是否真实可靠？它的撰书人“王安石”是否就是宋史上大名鼎鼎的临川王安石（字介甫，号半山，世称王荆公、王文公）？笔者以墓志文辞与书法为中心，综合相关信息，有如下思考供读者参考：

（一）从墓志文辞看，它符合北宋墓志的叙述体例；

（二）从墓志书法看，尽管是并不多见的隶书，然而书风是较为典型的北宋中前期风格，与此类似的还有绍圣二年（1095）刘伸撰、郝宗隐书丹（隶书）并篆额的《清河张君（吉）墓志铭》；

（三）撰书人“王安石”在该墓志的结衔是“朝奉郎、□□□□□郎中、知商州军州兼管内劝农、提点金场坑冶务公事、轻车都尉、赐绯鱼袋、借紫”，与临川王安石生平事迹完全不相合；

（四）该墓志铭不见包括王安石文集在内的任何著录；

（五）见诸《宋代登科总录》第 13 册著录的进士宋宏，开封府襄邑县人，仁宗朝登进士丙科，授卫真县主簿，终衢州西安（今浙江衢州）县令，其与本墓志所述及者祠部员外郎宋君之子宋宏并非同一人；

（六）本墓志撰书人“王安石”是一位曾经“知商州”的中级官员，按例应该也是进士出身，若非临川王安石，那么他与当朝宰执大人兼文坛名家同名同姓，理应是一段佳话，然而，目前无法查到北宋仁宗、神宗两朝曾经有同名同姓的两个王安石存在；

（七）墓志见署“翟秀刻”，刻工翟秀确实是活动于宋神宗熙宁年间前后的人物，目前所见出自其手的 5 方墓志均出土于京兆府（今陕西西安）。

据说，这方墓志原石几年前出土于陕西西安某一工地，也就是该志所述的墓葬地。出土后原石即下落不明，仅有少数几张拓片流出。临川王安石传世书迹罕见，隶书更是未曾有见。至于这是否是一方好事者在近年伪造的墓志，抑或是基于某一方宋志而托名王安石的重刻之石，尚待有识者详察。

（方爱龙）

[illegible]宋[illegible]君夫人俞氏墓誌銘
[illegible]撰并書
[illegible]先家杭之臨安[illegible]錢氏曾祖[illegible]琉事文穆忠獻忠懿王
[illegible]功[illegible]州刺史祖遜納女於忠懿[illegible]國夫人爲浙西道營
[illegible]副使大仁壽郡王府衙内都虞候從忠懿歸京師除左班殿
[illegible]越州觀察使錢公儀之女生夫人於大梁錢氏以忠孝稱
[illegible]于俞爲盛族祠部君學贍而行[illegible]爲郡國所敬夫人
[illegible]數子曰乾乾秀頴絶倫早卒夫人靜柔博愛遇族屬無厚
[illegible]賴然常從不及祠部之貴妃吏夫人主于家人不知
非[illegible]太后[illegible]進士第爲尚書職方員外郎夫人封壽安縣太
[illegible]嘉祐八年十一月十二日終享年七十七先是職方君終矣
[illegible]祥符大理寺丞簽書[illegible]州軍事判官廳公事以熙寧五年九
[illegible]酉葬夫人于京兆藍田縣薛王里之北原祔祠部君穴使
[illegible]

欧阳修《泷冈阡表碑》

北宋熙宁三年（1070） 江西永丰 清代朱拓 122.0厘米 ×96.0厘米 一吟堂藏

《泷冈阡表碑》是名列“唐宋八大家”之一的北宋名臣欧阳修（1007—1072，字永叔，号醉翁、六一居士）任青州太守时，护送母亲郑氏太夫人灵柩归葬故里，在江西永丰县沙溪镇南凤凰山泷冈所立的墓碑。此碑，欧阳修自署结衔：“推诚、保德、崇仁、翊戴功臣，观文殿学士，特进，行兵部尚书，知青州军州事兼管内劝农使，充京东路安抚使，上柱国，乐安郡开国公，食邑四千三百户，食实封一千二百户。”

原碑现存西阳宫（今在欧阳修中学）的“泷冈阡表碑亭”。碑阳刻《泷冈阡表》，阡表即墓表；碑阴刻《欧阳氏世次碑》。“泷冈阡表”大字楷书横额，正文凡27行1100余字。《泷冈阡表》连同《醉翁亭记》一起选入《古文观止》，与唐人韩愈《祭十二郎文》、清人袁枚《祭妹文》并称三大祭文。

欧阳修书碑鲜见，《泷冈阡表碑》包括碑阴的《欧阳氏世次碑》为欧阳修亲自撰文书丹。本展品底部少字，未知是拓工惜纸未拓还是拓本传世过程中散佚，殊憾。

（方爱龙）

瀧岡阡表

嗚呼惟我

皇考崇公卜吉于瀧岡之六十年其子脩始克表於其阡非敢緩也蓋有待也脩不幸生四歲而孤

太夫人守節自誓居窮自力於衣食以長以教俾至於成人

太夫人告之曰汝父為吏廉而好施與喜賓客其俸祿雖薄常不使有餘曰毋以是為我累故其亡也無一瓦之覆一壠之植以庇而為生吾何恃而能自守邪吾於汝父知其一二以有待於汝也自吾為汝家婦不及事吾姑然知汝父之能養也汝孤而幼吾不能知汝之必有立然知汝父之必將有後也吾之始歸也汝父免於母喪方逾年歲時祭祀則必涕泣曰祭而豐不如養之薄也間御酒食則又涕泣曰昔常不足而今而有餘其何及也吾始一二見之以為新免於喪適然耳既而其後常然至其終身未嘗不然吾雖不及事姑而以此知汝父之能養也汝父為吏嘗夜燭治官書屢廢而歎吾問之則曰此死獄也我求其生不得爾吾曰生可求乎曰求其生而不得則死者與我皆無恨也矧求而有得邪以其有得則知不求而死者有恨也夫常求其生猶失之死而世常求其死也回顧乳者抱汝而立於旁因指而歎曰術者謂我歲行在戌將死使其言然吾不及見兒之立也後當以我語告之其平居教他子弟常用此語吾耳熟焉故能詳也其施於外事吾不能知其居於家無所矜飾而所為如此是真發於中者邪嗚呼其心厚於仁者邪此吾知汝父之必將有後也汝其勉之夫養不必豐要於孝利雖不得博於物要其心之厚於仁吾不能教汝此汝父之志也脩泣而志之不敢忘先公少孤力學咸平三年進士及第為道州判官泗綿二州推官又為泰州判官享年五十有九葬沙溪之瀧岡

太夫人姓鄭氏考諱德儀世為江南名族

太夫人恭儉仁愛而有禮初封福昌縣太君進封樂安安康彭城三郡太君自其家少微時治其家以儉約其後常不使過之曰吾兒不能苟合於世儉薄所以居患難也其後脩貶夷陵

太夫人言笑自若曰汝家故貧賤也吾處之有素矣汝能安之吾亦安矣自先公之亡二十年脩始得祿而養又十有二年列官于朝始得贈封其親又十年脩為龍圖閣直學士尚書吏部郎中留守南京

太夫人以疾終于官舍享年七十有二又八年脩以非才入副樞密遂參政事又七年而罷自登二府天子推恩褒其三世蓋自嘉祐以來逢國大慶必加寵錫

皇曾祖府君累贈金紫光祿大夫太師中書令曾祖妣累封楚國太夫人

皇祖府君累贈金紫光祿大夫太師中書令兼尚書令祖妣累封吳國太夫人

皇考崇公累贈金紫光祿大夫太師中書令兼尚書令

皇妣累封越國太夫人今上初郊

皇考賜爵為崇國公

太夫人進號魏國於是小子脩泣而言曰嗚呼為善無不報而遲速有時此理之常也惟我祖考積善成德宜享其隆雖不克有於其躬而賜爵受封顯榮褒大實有三朝之錫命是足以表見於後世而庇賴其子孫矣乃列其世譜具刻于碑既又載我

皇考崇公之遺訓

太夫人之所以教而有待於脩者並揭于阡俾知夫小子脩之德薄能鮮遭時竊位而幸全大節不辱其先者其來有自

熙寧三年歲次庚戌四月辛酉朔十有五日乙亥男推誠保德崇仁翊戴功臣觀文殿學士特進行兵部尚書知青州軍州事兼管內勸農使充京東東路安撫使上柱國樂安郡開國公食邑四千三百戶食實封一千二百戶脩表

韩琦《大宋重修北岳庙记》

北宋皇祐二年（1050） 河北曲阳 清拓（额另配） 212.0 厘米 ×96.0 厘米 一吟堂藏

原碑现存河北省保定市曲阳县县城北岳庙中，除了碑身下端部分文字残泐之外，龟趺碑座、盘螭碑额等均完好。晚近建“韩琦碑楼”以护之。碑额、碑阳文字四周均饰缠枝花卉。碑阴刻列参与重修北岳庙的“将佐官属名氏”（结衔系名）凡三栏，包括狄青、钱贻范、游开、李奕等 24 人；右下端刻有元丰三年（1080）八月徐瓘、元祐二年（1087）十一月韩跂的谒祠题名各一则。

端题下署：“推诚保德功臣、资政殿大学士、光禄大夫、行给事中、充定州路都部署、兼安抚使、兼知定州军州事及管内制置营田劝农使、上柱国、南阳郡开国公、食邑二千户、食实封肆伯户韩琦撰并书。”碑末题署：“朝奉郎、太常博士、通判定州军州兼制置营田及管内劝农事、上骑都尉、借绯钱贻范篆额”“常山郭庆谏刻字”。

撰文并书丹者韩琦乃北宋名相，相州（今河南安阳）人。在“庆历新政”无果而终的形势下，韩琦于庆历八年（1048）夏出知定州，应请为重修毁于宋初契丹兵火的北岳庙撰写此碑。碑文见录于韩琦《安阳集》卷二一，题为《定州重修北岳庙记》，亦见收于《全宋文》第 20 册，据此可补原碑及传世拓本中的残损缺字。有学者认为，韩琦完成碑文撰写的时间应该在皇祐元年（1049）冬，即北岳庙完成重修后不久。韩琦书法，宗学颜真卿，端严谨重。其与欧阳修、蔡襄等最为相契，是北宋中期“时贵书”的代表人物。观此碑书迹和《信宿帖》墨迹，信然。

碑额篆书“大宋重修北岳庙之记”3 行 9 字。篆额者钱贻范（生卒年不详），彭城（今江苏徐州）人。其时，钱贻范作为韩琦副手任定州通判。刻工“常山郭庆谏”，拓本中姓名残泐（“郭”“谏”二字依稀可辨）。据清人王昶《金石萃编》卷一三四“重修北岳庙记”条补，其人应是定州常山（今河北正定）人，生平无考。

此碑传世拓本多为晚清民初的碑阳一纸（或册装），碑额亦不多见，碑阴拓本更鲜见。国家图书馆藏拓为额、阳、阴三拓并见之全本，可参见。本展品仅为碑阳，下部“撰并书”一行“撰”字完好、“并”字半见，第 11—13 行底部石花未完全相连，第 16 行“成于”之“于”字、末行刻工“常山”之“山”字等处尚清晰，较之常见之本稍早。

（方爱龙）

大宋重修北嶽廟之記

大宋重修北嶽廟記

推誠保德功臣資政殿大學士光祿大夫行給事中充定州路都部署兼安撫使兼知定州軍州事及管內制置營田勸農使上柱國南陽郡開國公食邑三千戶食實封肆伯戶韓琦撰

天下之嶽五獨北之常方人目爲大茂山而嶽名不著嶽有祠不知廢于何代今廟于曲陽縣之西附城距嶽百

有唐以來記刻皆不載廢遷之由故非質于圖志人或不知嶽之所在焉於禮祀莫大于天地而五嶽次之古者天

以祀四望若時巡至其所既柴然後秩而望祀之廟而祭焉非古也其後世之文乎然則爲之者誠有意焉且夫嶽

石坳然而谷泉焉而衆派別林焉而萬幹擢嶽之形也倏霽忽冥伏珍見祥喜焉而風雨時怒焉而雷雹發嶽之神

狎其形而易之也新于是畋于是安知其所以爲神哉君人者患民之不知也於是廟而像之以警民之耳目致其嚴

之心使違禍而趨福雖文于古其於教也固益明矣若其視祭之品則三代以降皆以公有唐以王

我朝撫有天下馴致太平

眞宗皇帝紹

祖宗之隆以建皇極封泰山祀后土曠絕之禮無所不講由是尊五嶽而帝之復以安天元聖之號表于

我神懼世人之未詳也又 製奉神述以明之蓋愛民之意深則報神之禮重斯誠也雖萬世可知矣

崇飭宏大惟禮之稱著于定令以時繕修歷年既長吏職廢忽日風月雨以圮以漏功大費廣久焉不葺每

天子以所署祝冊就遣守臣以祗祀事至則羅其籩豆洗酌之具與執事者升降於頹簷壞廡之間退而安然

慢神瀆禮莫斯爲甚慶曆八年夏六月琦獲領州事得居 嶽鎮之下知廟之未完也由市材弗給役徒

罹水災歲以大歉凡厥用度弗敢爲擾會有 詔毀鄉民之擅爲佛祠者得取其材以濟之益兵暨工責成于

而曠時不集通判軍州事屯田員外郎游君開謹於其事頗盡力焉率其縣主簿李奕留廟所百餘日悅使其衆

弗懈於是敝陋朽撓之迹煥然一新又於其庭起士民薦獻之宇俾勿褻于 神而 神益以尊采繪金

不精極宜 神之喜肸蠁來宅皇祐元年冬十月九日以訖功來告僚屬請以鄙文志于廟石而弗克讓夫

政也有善惡焉神之爲監也有禍福焉善焉而以福惡焉而以禍神理之宜也或反是焉則非人之所知矣守

天子之命而治 神之居絜 神之祀修己以愛其民人唯 神之所以禍福而已謹記

朝奉郎太常博士通判定州軍州兼制置營田及管內勸農事上騎都尉借緋錢貽範篆額

皇祐二年正月十九日立

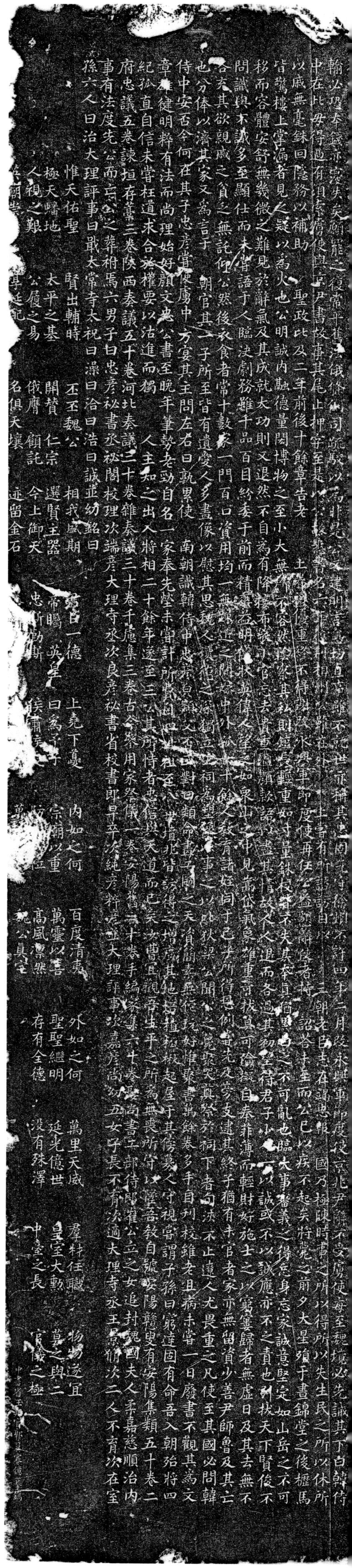

宋敏求书、文彦博篆盖《韩琦墓志铭》

北宋熙宁八年（1075）　河南安阳　新拓　152.0厘米×152.2厘米　一吟堂藏

北宋熙宁八年（1075）六月二十四日，永兴军节度使、守司徒、兼侍中、行京兆尹、判相州军州事、魏国韩琦薨，享年六十八。据本志记："上（神宗赵顼）闻震悼甚，罢三日视朝。赠尚书令，诏配享英宗庙廷。临后苑，发哀音过常。数遣使吊问其孤，赙物加等。……以其兄子正彦知相州。命太常丞、集贤校理李清臣祭以中牢，遣入内都知、利州观察使张茂则监护葬事，又遣句当龙图天章宝文阁、入内供奉官张怀德增修坟兆，断石以为幽堂，其费皆给于官。有司考行，谥曰忠献。以其年十一月二日，葬于相州安阳县丰安村祖茔之西北。"

2009年至2010年，考古工作者对位于河南省安阳市殷都区皇甫屯村西地的北宋名相韩琦家族墓地进行考古发掘，先后有9方墓志出土。这是继2008年洛阳考古发掘北宋名相富弼家族墓葬后的又一重要发现。2009年，《韩琦墓志铭》一合在安阳韩琦墓地出土，原石现藏安阳市文物考古研究所。

志盖盝顶，顶书篆文"宋故司徒兼侍中赠尚书令魏国忠献韩公墓志铭"计20字，周饰青龙、白虎、朱雀、玄武四灵。墓志铭为方形，四周饰十二汉官图案。志文82行，满行82字，全文6000余字，是已知出土的宋代墓志中尺寸最大、文字最多者，具有很高的历史文献和书法艺术价值。拓片流通未广。

（方爱龙）

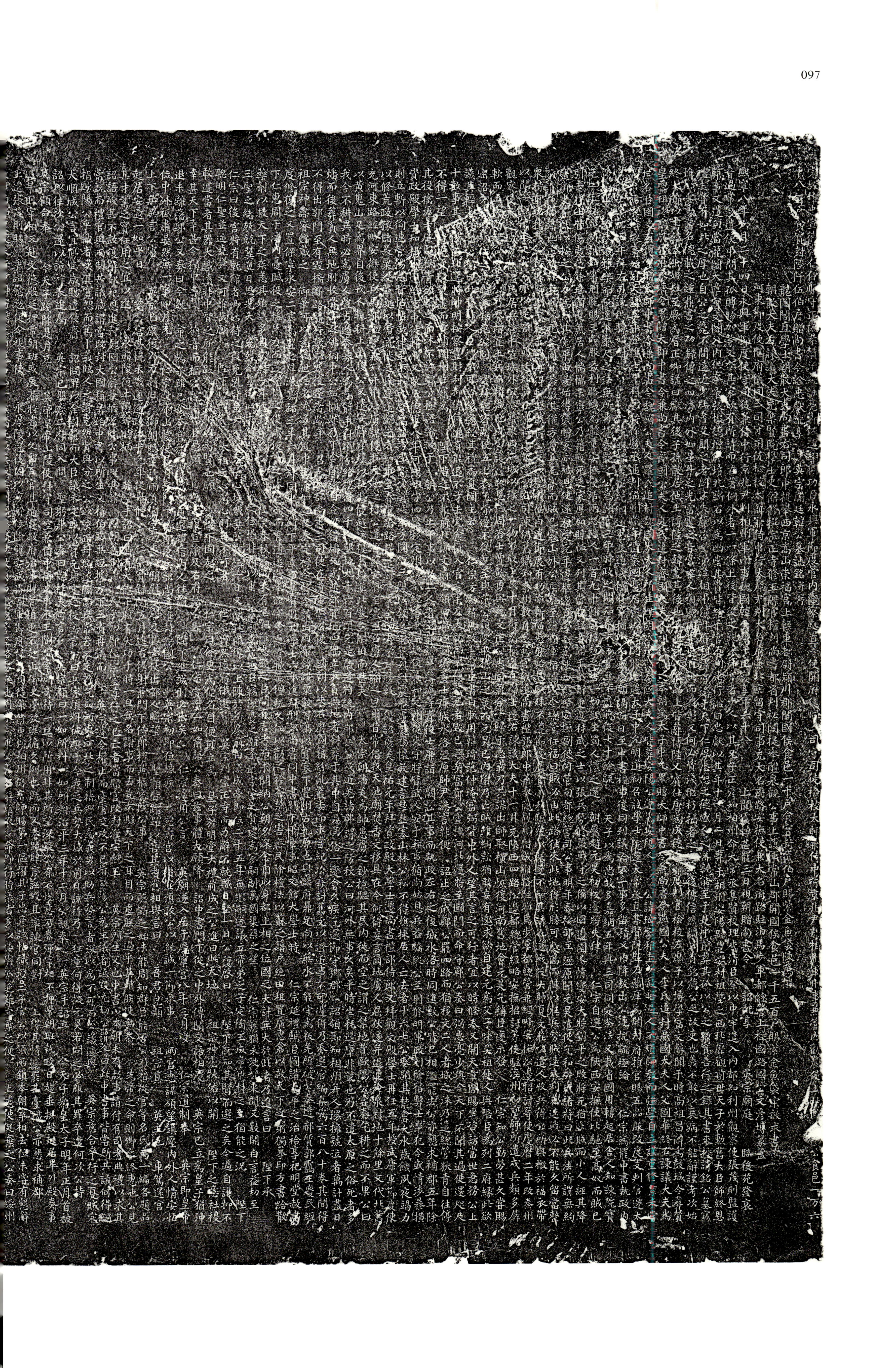

蔡襄《昼锦堂记》

元至元年间（1264—1294）重刻 河南安阳 清拓 273.0厘米×121.0厘米 淳石斋藏

此碑又称《相州昼锦堂记》，北宋治平二年（1065）由相州知州赵良规所立，欧阳修撰文，蔡襄书丹，邵必篆额，世称“三绝碑”。原石毁佚，今存为元至元年间重刻。碑阴刻司马光撰《北京韩魏公祠堂记》。其石原在河北。碑高2.73米，宽1.21米，厚0.27米，碑文18行，每行39字，碑身下部斑驳漫漶。碑石久埋地下，清顺治年间彰德府鼓楼西出土，移立于府城东南营街的韩琦祠西庑，即今河南安阳市韩王庙。

韩琦（1008—1075），相州（今河南安阳）人，北宋名相，历经仁宗、英宗、神宗三朝。昼锦堂乃仁宗至和二年（1055）韩琦出任相州知州时在州署后园修建的一座堂舍，邀好友欧阳修撰堂记。蔡襄书丹时已54岁，距其辞世仅两年，书此碑极为郑重。宋人董逌《广川书跋》载：“蔡君谟妙得古人书法，其《昼锦堂记》每字作一纸，择其不失法度者，裁截布列，连成碑形，当时谓‘百衲碑’，故宜胜人也。”即为重刻，亦能使后人窥见原碑风采。

（田振宇）

晝錦堂記

晝錦堂記

仕宦而至將相富貴而歸故鄉此人情之所榮而今昔之所同也蓋士方窮時困阨閭里庸人孺子皆
得易而侮之若季子不禮於其嫂買臣見棄於其妻一旦高車駟馬旗旄導前而騎卒擁後夾道之人
相與駢肩累跡瞻望咨嗟而所謂庸夫愚婦者奔走駭汗羞愧俯伏以自悔罪於車塵馬足之間而莫
敢仰視此一介之士得志於當時而意氣之盛昔人比之衣錦之榮者也惟
大丞相衛國公則不然公相人也世有令德為時名卿自公少時已擢高科登顯仕海內之士聞下風
而望餘光者蓋亦有年矣所謂將相而富貴皆公所宜素有非如窮阨之人僥倖得志於一時出於庸
夫愚婦之不意以驚駭而夸耀之也然則高牙大纛不足為公榮桓圭袞冕不足為公貴惟德被生民
而功施　社稷勒之金石播之聲詩以耀後世而垂無窮此公之志而士亦以此望於公也豈止
夸一時而榮一鄉哉公在至和中嘗以武康之節來治於相乃作晝錦之堂於後圃既又刻詩於石以
遺相人其言以快恩讎矜名譽為可薄蓋不以昔人之所夸者為榮而以為戒於此見公之視富貴為
如何而其志豈易量哉故能出入將相勤勞　王家而夷險一節至於臨大事決大議垂紳正笏
不動聲氣而措天下於泰山之安可謂　社稷之臣矣其豐功盛烈所以銘彝鼎而被弦歌者乃
邦家之光非閭里之榮也余雖不獲登公之堂幸嘗竊誦公之詩樂公之志有成而喜為天下道也於
是乎書尚書吏部侍郎參知政事歐陽脩記

端明殿學士尚書禮部侍郎蔡襄書丹

尚書刑部郎中知制誥邵必題額

治平二年三月十三日太子賓客知相州……

浮圖義波宗善等十有五人
太守莆陽蔡襄爲之合樂讌
落之明年秋蒙召還
繇是出因紀所作勒于岸左

蔡襄《万安桥记》

北宋宣和年间（1119—1125）重刻 福建泉州 清拓
226.0 厘米 ×136.0 厘米 ×2 中国美术学院图书馆藏

楷书，分刻二石碑，碑高 2.89 米，宽 1.46 米，厚 0.30 米，碑文 6 行，共 153 字。北宋原刻，原露天崖刻于岸左，宣和年间泉州知州蔡襄曾孙蔡桓据拓本重刻，立于洛阳桥南忠惠蔡公祠。洛阳桥原名万安桥，位于福建省泉州市鲤城区洛阳镇洛阳江上，桥由泉州太守蔡襄倡建，北宋皇祐五年（1053）动工，历六年八月竣工。桥建在江海交汇处，水阔浪急，工程艰巨。蔡襄自撰亲书《万安桥记》碑，书法端庄沉着，丰趣俊逸，文字精练，工刻细致，誉为文、书、镌“三绝”。

蔡襄（1012—1067），字君谟。兴化军仙游（今福建仙游）人。北宋名臣，书法家、文学家、茶学家。其书法与苏轼、黄庭坚、米芾并称“宋四家”。苏轼评价：“君谟（蔡襄字）书天资既高，积学深至，心手相应，变态无穷，遂为本朝第一。”朱熹评价：“楷法草书，独步当世，文章青史，见重列淡。”王世贞《弇州山人稿》曰：“万安天下第一桥。君谟此书，雄伟遒丽，当与桥争胜。结法全自颜平原来，唯策法用虞永兴耳。”

（田振宇）

泉州萬安渡石橋始造於皇祐五年四月庚寅以嘉祐四年十二月辛未訖功絫趾于淵釃水爲四十七道梁空以行其長三千六百尺廣丈有五尺翼以扶欄如其長之數而兩之靡金錢一千四百萬求

者渡實支海去舟而徒易危民莫不利職其事盧錫王寔

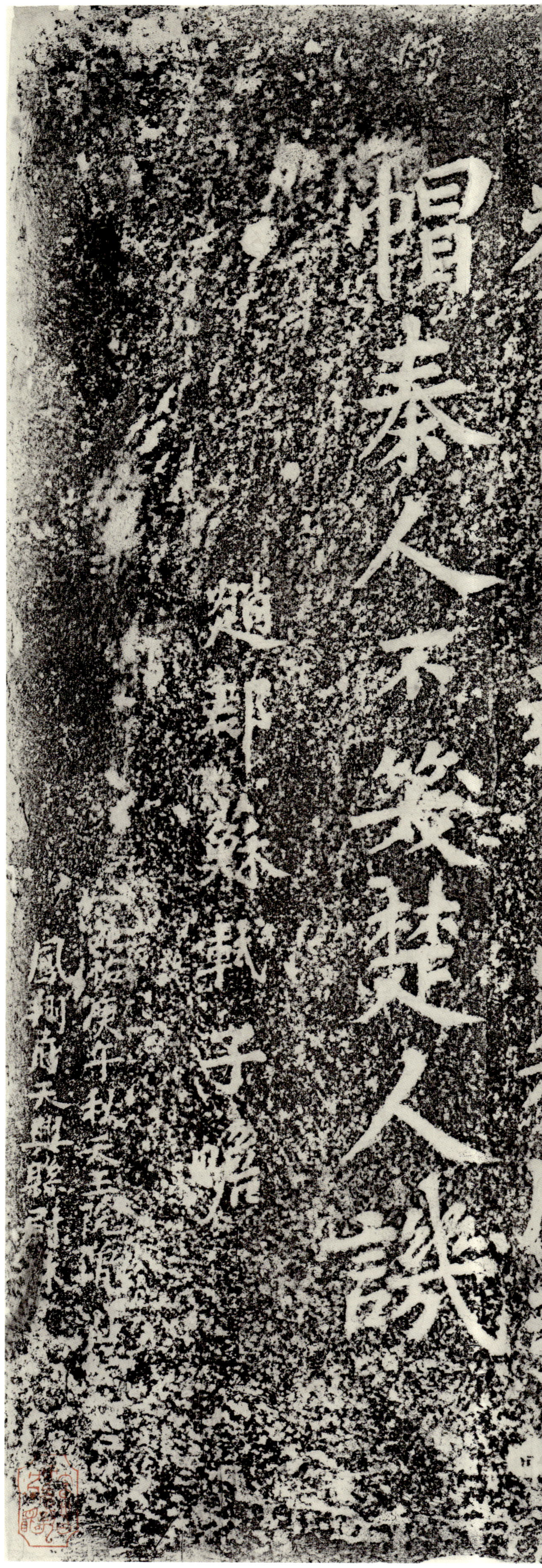

苏轼《怀子由诗》

北宋元祐五年（1090） 陕西凤翔 清拓 69.5 厘米 ×82.5 厘米 一吟堂藏

宋仁宗嘉祐六年（1061），苏轼赴陕西任凤翔府签书通判，这是他宦游生涯之始。次年重阳日，因思念弟苏辙，写下《壬寅重九不预，会独游普门寺僧阁，有怀子由》七律一首，见于《苏轼诗集》。元祐五年（1090），天王寺僧人与凤翔府天兴县尉将留存的苏轼手迹刊刻入石。此石今存凤翔，后世有翻刻数种。书法得颜真卿之丰润朴茂，尚未形成成熟典型的个人风格，可窥苏轼早年书迹面目。

苏轼（1037—1101），字子瞻，一字和仲，号铁冠道人、东坡居士，世称苏东坡、苏仙、坡仙。眉州眉山（今四川眉山）人，祖籍河北栾城。北宋文坛领袖，书法为“宋四家”之首。嘉祐二年（1057）进士及第。历官凤翔、杭州、密州、徐州、湖州等地。元丰三年（1080）因“乌台诗案”贬为黄州团练副使。哲宗即位后任翰林学士、侍读学士、礼部尚书等，并出知杭州、颍州、扬州、定州等地，晚年被贬惠州、儋州。后获大赦北还，途中病逝于常州。南宋时追赠太师，追谥“文忠”。

（田振宇）

壬寅重九以不與

府會故獨遊至興有懷

舍弟子由

花開酒美曷不醉來看南

山冷翠微憶弟淚如雲不

散望鄉心與雁南飛明

年縱健人應老昨日追

苏轼《墨妙亭诗残碑砚》

（传）宋刻　浙江湖州　原石及拓本　10.5厘米×11.5厘米　钵水斋藏

北宋熙宁四年（1071），孙觉（字莘老，高邮人，苏轼之友，黄庭坚岳丈）任湖州知事，搜罗当地汉唐古碑，筑墨妙亭贮之，次年亭成，乞苏轼作诗题咏，苏轼时任杭州通判，作《孙莘老墨妙亭诗》七言诗，孙觉将苏轼手书刻石勒碑，与古刻同置墨妙亭。墨妙亭久毁，苏书原碑不知毁于何时，明代曾重建。其碑文全貌，见于明刻《晚香堂苏帖》《戏鸿堂法书》及清刻《秦邮帖》等。现存残碑是否宋刻，尚可考究。

明代有残石两片现世，其一为王守仁所藏，存“灯他年忆贺监时须服孙莘老”12字，改为砚石，清乾隆年间在袭日修处，时人题咏甚多，今不知所在。

另一片残石于明天启初年归黄道周，亦琢为砚，存“吴越胜事书来乞诗尾书谿藤视昔过眼”16字。背面左侧刻“身可污，心不辱，藏三年，化碧玉”12字砚铭，右下角刻“道周”半通印。据清人记载，黄道周殉国后，砚被吴兴姚玉裁收藏，砚铭出于朱彝尊之手，继归汪学山，当时如丁敬、厉鹗、蒋士铨等名流均有题咏，张燕昌曾摹入《金石契》。后曾燠得之扬州市上，继归潘祖荫、袁昶、王丕谟，民国时在杭州杨见心丰华堂，余绍宋主编之《东南日报》“金石书画特刊”曾发表，邹安《艺术丛编》、邓之诚《骨董琐记》均收入。1949年后，苏渊雷先生得此砚，作为钵水斋供养长物。此砚身世传奇，传承有序，与浙江渊源颇深。清代仿刻甚多，今故宫博物院、杭州文庙等处均藏有仿品。

苏渊雷（1908—1995），原名中常，字仲翔，书斋号钵水斋，晚署钵翁，又号遁圆。浙江平阳人。著名国学大师、佛典专家、诗人、书法家，曾任上海世界书局编辑、华东师范大学教授、中国佛教协会常务理事。

（田振宇）

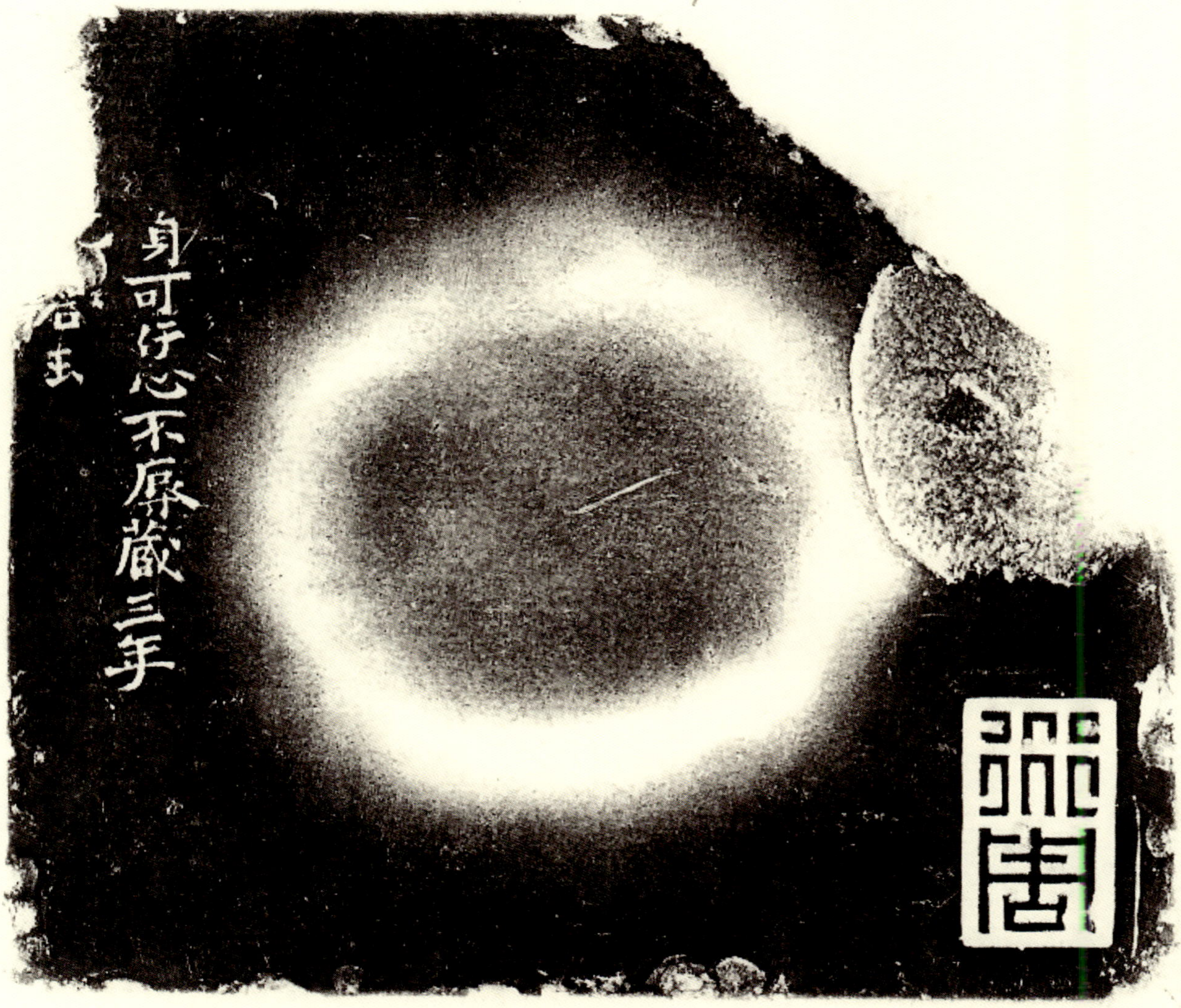

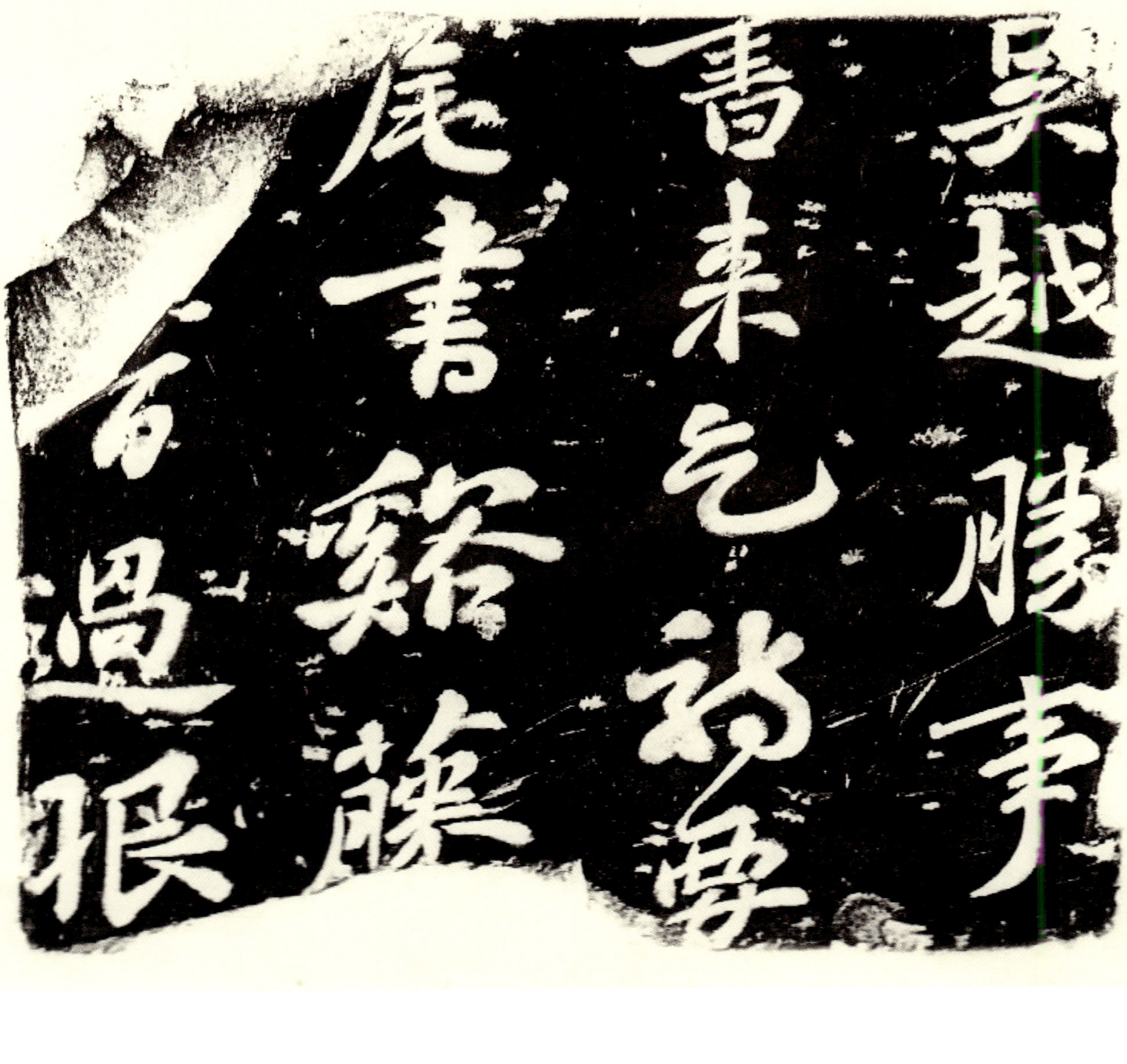
吴越勝事
書来乞詩
尾書谿藤
過張

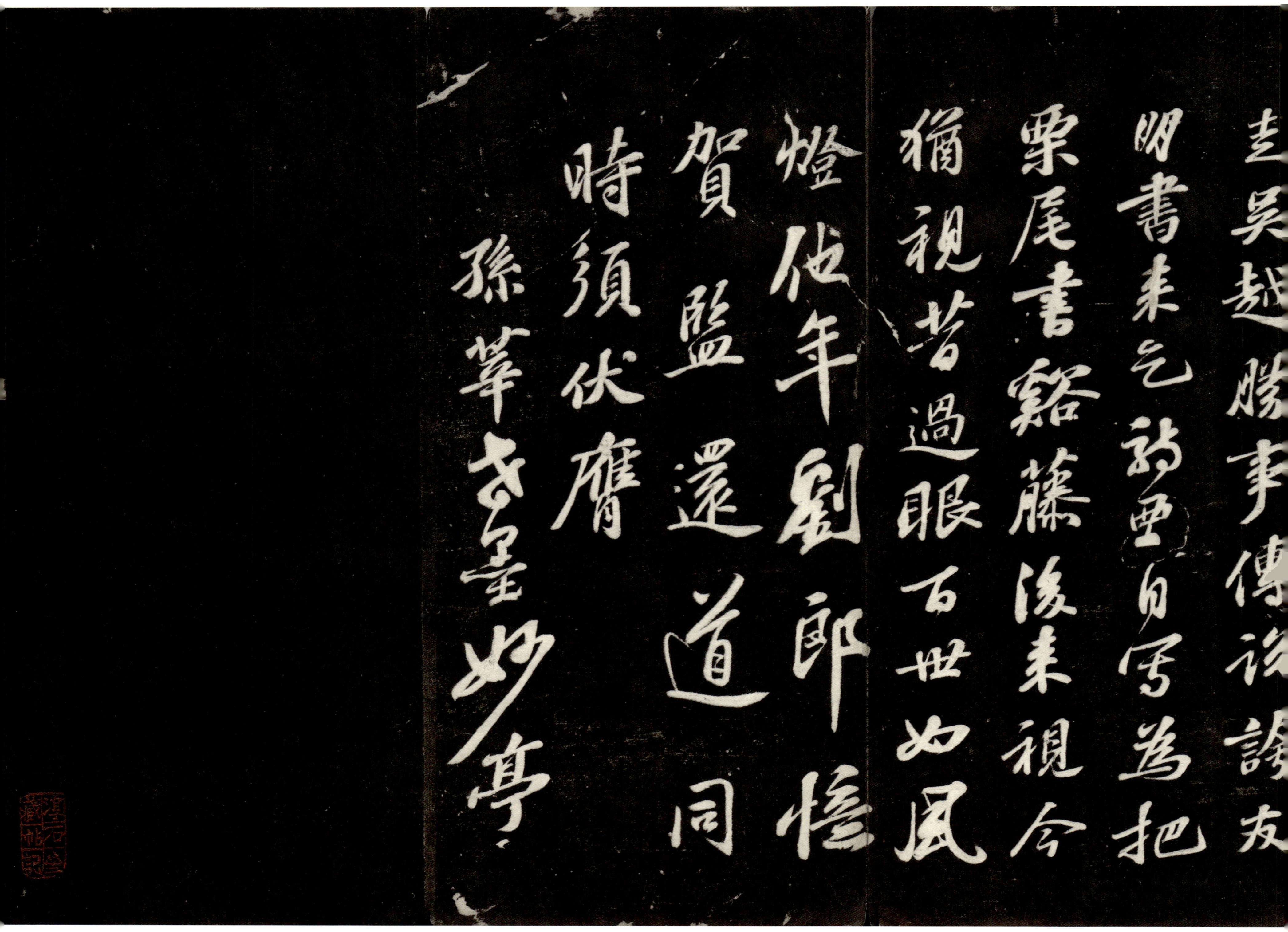

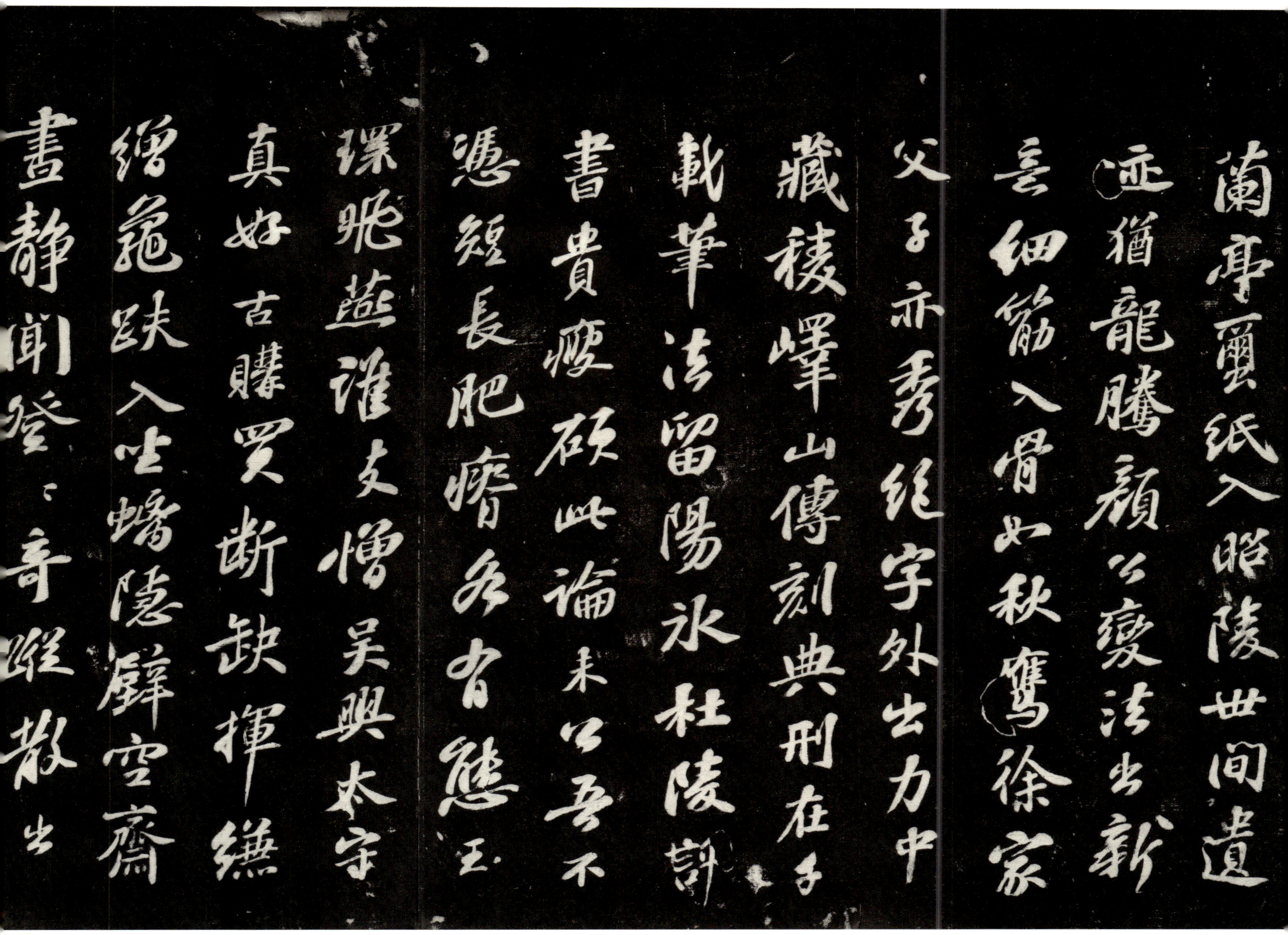

苏轼《孙莘老墨妙亭诗》

明万历三十一年（1603）《戏鸿堂法书》　清拓　册页　28.5 厘米 ×14.0 厘米　淳石斋藏

《戏鸿堂法书》又称《戏鸿堂帖》，共十六卷。选辑者董其昌，华亭（今上海松江）人，明代书画家，一生致力于前人法书名作的收藏。《戏鸿堂法书》的始刻时间无确切记载，据帖后年款，完成时间为明万历三十一年（1603），董其昌时年 49 岁，刻成后即风行一时。据载，原版为木刻，其后版损又重刻石版。20 世纪 40 年代初期遭日本飞机轰炸损坏。现存石 133 块，藏于安徽省博物馆。

虽《戏鸿堂法书》有摹刻欠精之弊，但该帖选材广泛，保留了相当一部分今日已无传的前人法书，对于古帖研究极有助益。

苏轼《孙莘老墨妙亭诗》收入《戏鸿堂法书》第十一卷，原迹为真迹抑或拓本不详。

展品为清代旧拓残本。

（田振宇）

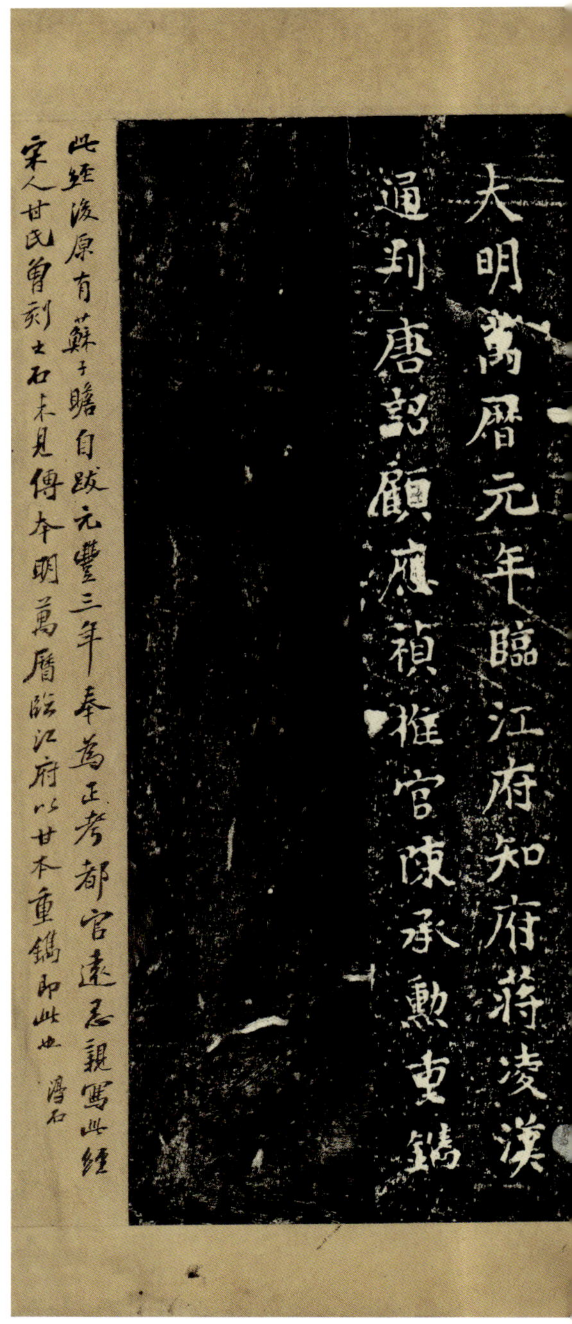

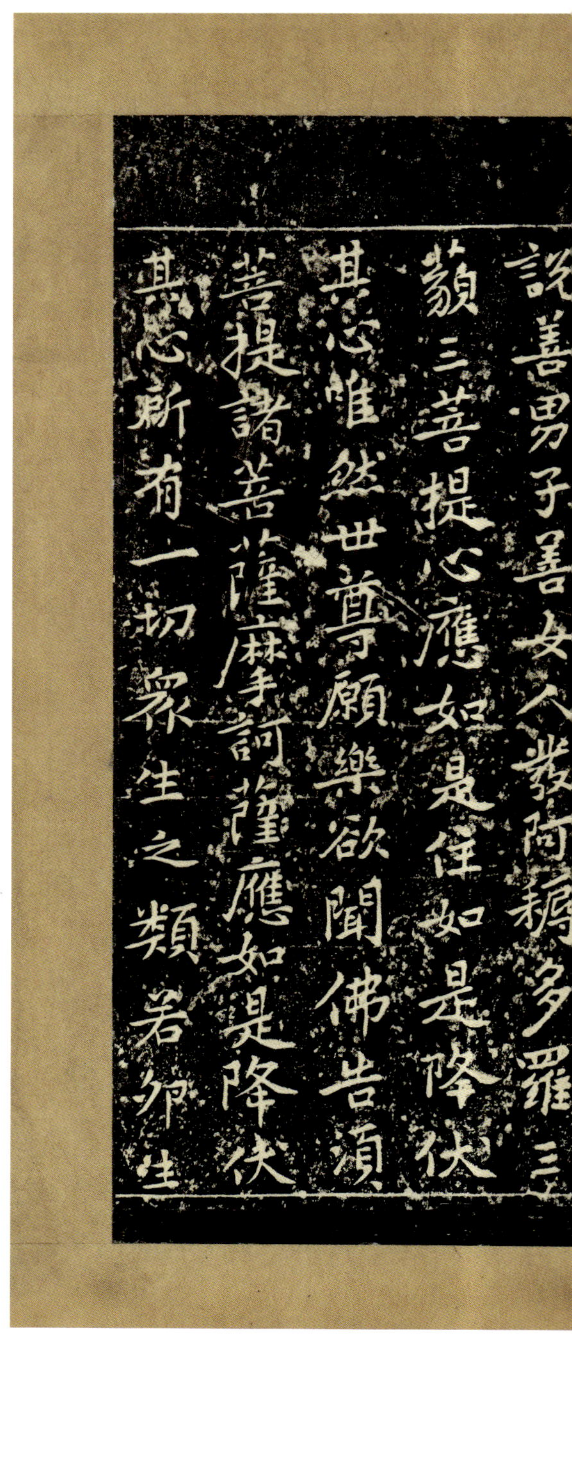

苏轼《金刚经》

南宋淳熙年间（1174—1189）原刻／明万历元年（1573）重刻　江西宜春　清拓
32.5 厘米 ×16.0 厘米　淳石斋藏

苏轼中年后亲近佛学，曾手书佛教经典多部，其中《金刚经》相传不止一卷。南宋淳熙年间（1174—1189），甘氏以御赐真迹摹刻；明万历元年（1573），临江府知府蒋凌汉，通判唐诏、顾应祯，推官陈承勋重镌。前有“御府所藏东坡书金刚经”篆题。石残损余半，清乾隆五十二年（1787）翁方纲提学江西，以松江徐氏本补摹后半。碑石旧在临江慧力寺，后移至临江府治，1962 年入藏江西省宜春市清江县（今樟树市）博物馆。

据刻本中“御府图书”印，知真迹曾在南宋内府。北宋元丰三年（1080）四月廿五日苏轼书于黄州，有自跋：“元丰三年奉为正考都官远忌，亲写此经。施僧看转，以资冥福。”因系为祭奠其父苏洵而书，至为郑重。甘氏跋：“淳熙己亥仲夏望日，以尚方宠锡文忠真迹模刻以广其传。”又有知临江府事太原张廷元及钱塘徐观海跋。南宋甘氏刻本久已不传，苏书真相，今仅能从此明覆刻本中窥见形模。另有小字本，东坡题款悉同，而书不类坡，张伯英考为伪作。又有元至元五年（1268）刊刻的大字本，有民国印本。

展品为清拓本，中有缺页。

（田振宇）

東坡書金剛經

見全本篆額尚有御府所藏四字

金剛般若波羅蜜經
如是我聞一時佛在舍衛國祇樹
給孤獨園與大比丘衆千二百五
十人俱尒時世尊食時著衣持鉢
入舍衛大城乞食於其城中次第

乞已還至本處飯食訖收衣鉢洗
足已敷座而坐時長老須菩提在
大衆中即從座起偏袒右肩右膝
著地合掌恭敬而白佛言希有世
尊如來善護念諸菩薩善付屬諸

菩薩世尊善男子善女人發阿耨
多羅三藐三菩提心云何應住云
何降伏其心佛言善哉善哉須菩
提如汝所說如來善護念諸菩薩
善付屬諸菩薩汝今諦聽當為汝

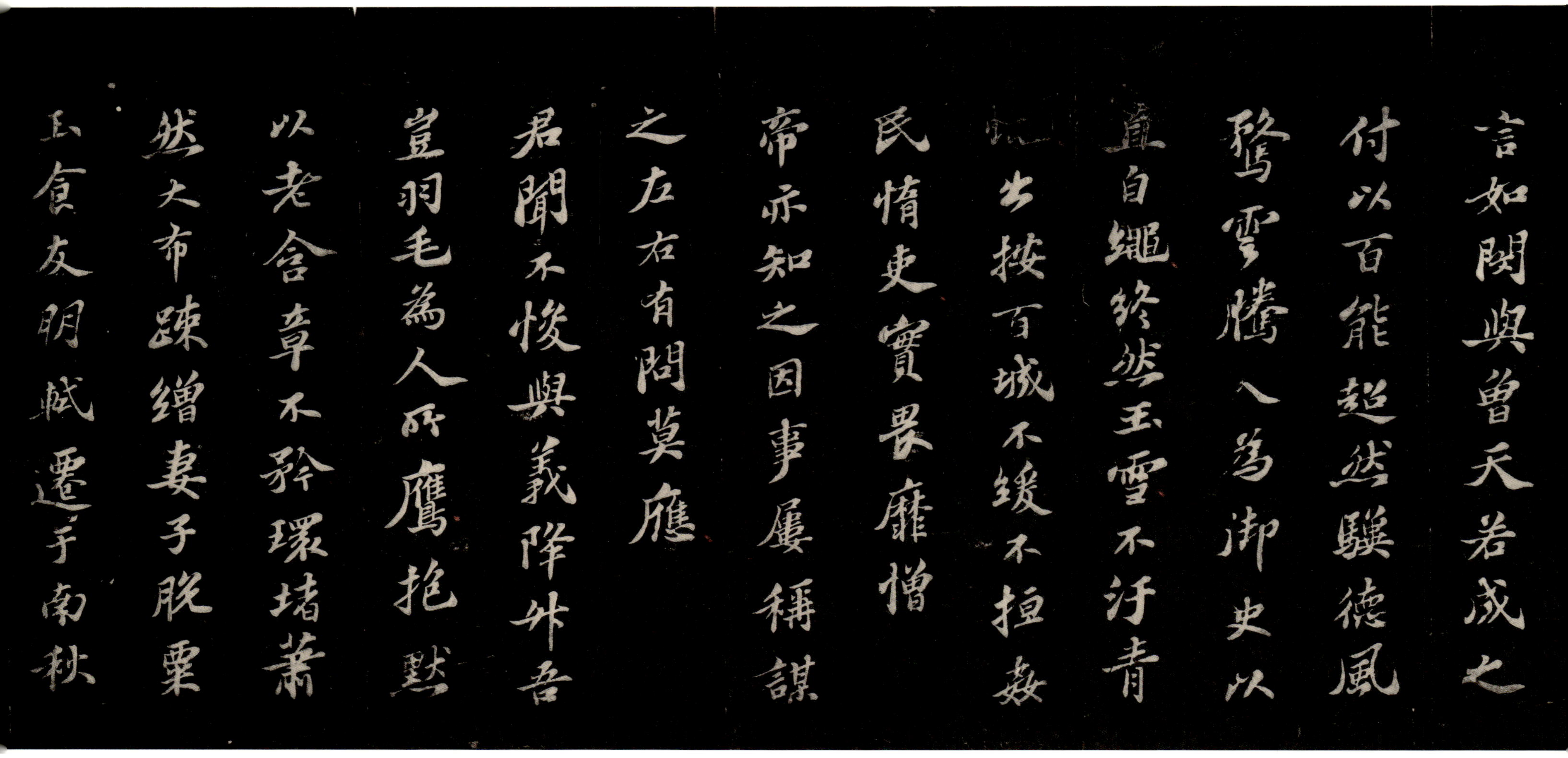
言如閔與曾天若成之
付以百能超然騏德風
鷙雲騰入為御史以
直自繩終然玉雪不汙青
出按百城不緩不拒姦
民情吏實畏靡憎
帝亦知之因事屢稱謀
之左右有閔莫應
君閒不惓與義降升吾
豈羽毛為人所鷹抱默
以老含章不矜環堵蕭
然大布踈繒妻子脫粟
玉食友朋賦遷于南秋

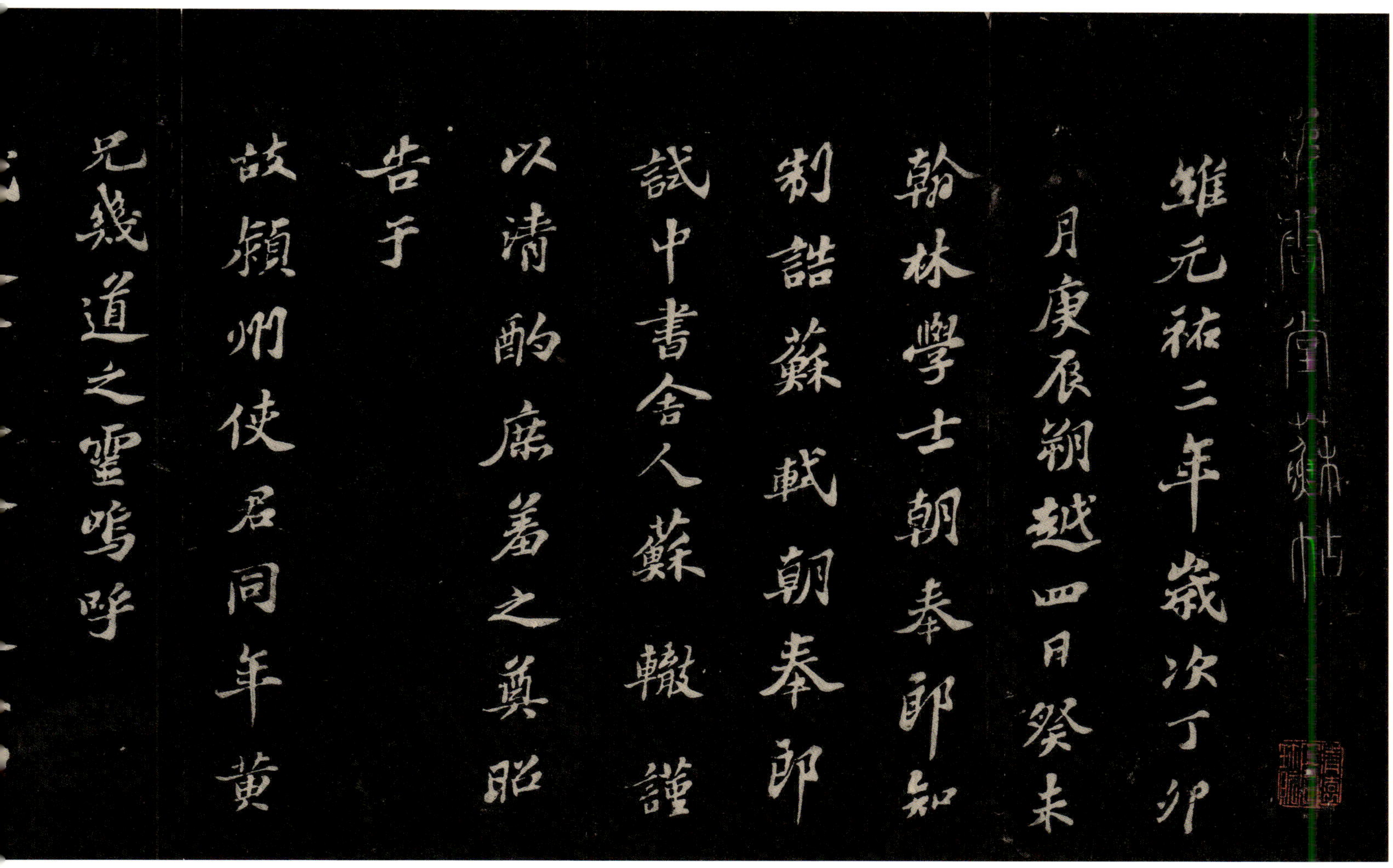

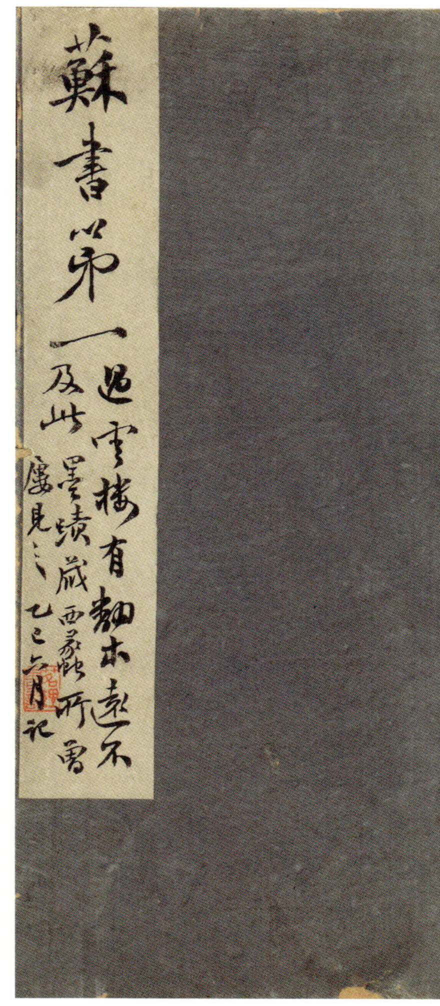

苏轼《祭黄几道文》

明《晚香堂苏帖》刻本　上海松江　明拓　册页　26.0 厘米 ×12.5 厘米　无尘书屋藏

北宋元祐二年（1087），苏轼与弟苏辙联名吊祭姻戚黄好谦，由苏轼撰书《祭黄几道文》，苏轼时年 51 岁。此卷书法精整，笔力雄健，结体谨严，神采焕发，为其小楷代表作。清代曾由徐渭仁、费屺怀、顾文彬等递藏，今在上海博物馆。此作曾由明人陈继儒摹刻入《晚香堂苏帖》。

晚明松江名士陈继儒（1558—1639，字仲醇，号眉公、麋公），嗜好苏书，广取石刻墨迹，集腋成裘，成《晚香堂苏帖》二十八卷，每卷卷首有篆书帖题，而不著卷数。陈继儒本为书家，精于鉴别，所收虽广，伪作甚少，然传世几无全本。清人姚学经辑刻苏书十二卷，亦取同名，后人称为《小晚香堂苏帖》，抉择不精，赝劣尤多，与陈氏本相去霄壤。

展品为明拓陈刻《晚香堂苏帖》零册，刻工精湛，纸墨莹润可爱，有近代藏书大家四当斋主人章钰墨笔题签。

（田振宇）

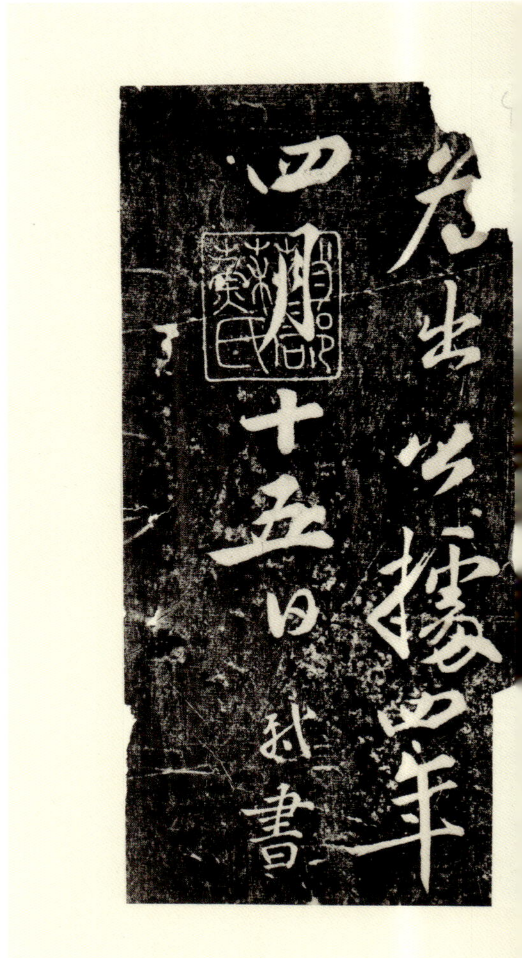

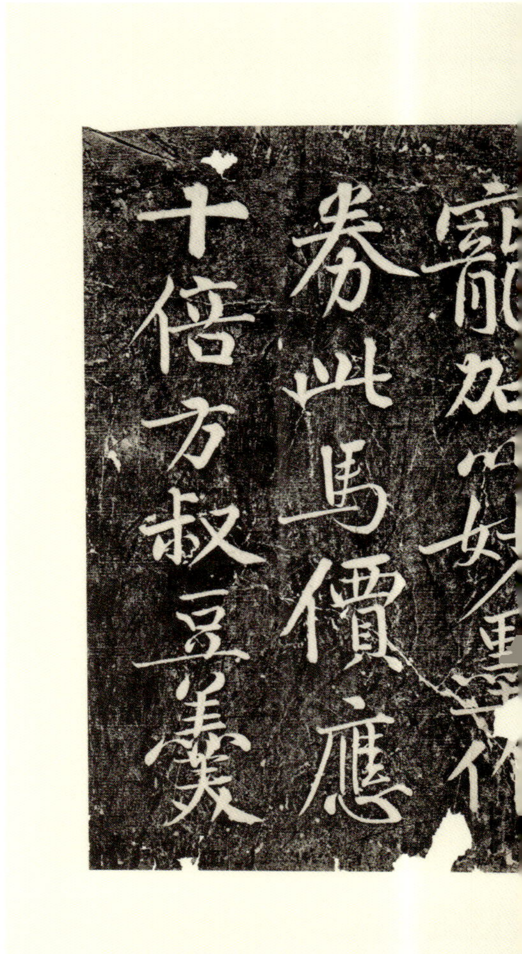

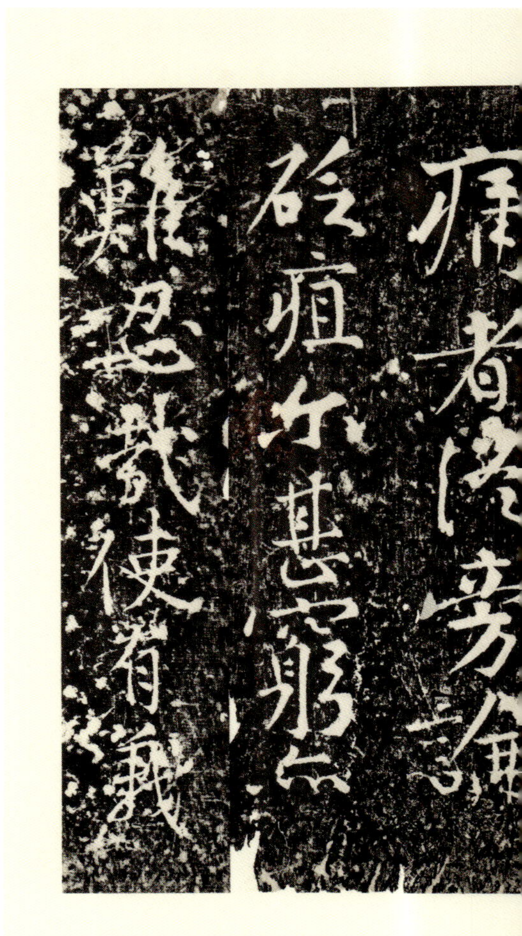

苏轼《马券帖》

明弘治、正德年间（1488—1521） 浙江嘉兴 清拓 册页 38.0厘米×26.0厘米 蝶庵藏

北宋元祐三年（1088），苏轼出知杭州，并时门人李廌［字方叔，华州（今陕西渭南）人，苏门六学士之一］应试落第。隔年李廌归乡，因念其家境贫寒，苏轼特将御赐坐骑玉鼻骍转赠并立下文据以便其处置，苏辙、黄庭坚均作诗跋，师生同门，情真意切，一时传为文坛佳话。而将苏氏兄弟、黄庭坚三家书作同时汇于一帖，实属难得，此即《马券帖》之来历。

据水赉佑考证，《马券帖》真迹明代归一陆姓官宦，并于弘治、正德年间镌刻上石，初立于嘉兴陆宣公祠。明清战乱祠毁。清顺治年间（1644—1661），陆氏后人陆卿眘重集刻石，置于新修祠中。后散佚。乾隆年间（1736—1795），吴开昌先后收集残石四块，其中黄庭坚题跋已缺损，由翁方纲按眉州本补全黄跋，一同移置于嘉兴县学流虹亭，同时加刻梁同书、梁森、王杰等清人诸家题跋。之后几经离乱，刻石断残，1946年移至南湖烟雨楼，今陈列于湖心岛鉴亭。

嘉兴本刻成行世后，明清两代据此翻刻者颇多，著名者如眉山刻本，今在四川眉山三苏祠，明末松江陈继儒集刻《晚香堂苏帖》亦收入《马券帖》。另有根据拓本临摹的墨迹伪作流传至今。

展品为清拓明刻嘉兴本。

（田振宇）

元祐元年予初
入玉堂蒙
恩賜玉鼻騂
今年出守杭州

復沾
此賜東南例乘
肩輿得一馬足
矣而

李方叔未有
馬故以贈之又恐
方叔別獲嘉
馬不免賣此文

方叔來別
子瞻館[illegible][illegible][illegible]
子瞻以賜馬贈之
方叔作詩次韻
奉和
黻

山林困容[illegible]飛彈鋏無輿
下舍中
五馬不[illegible][illegible]後乘鞋裘初許
幹[illegible]公[illegible]射[illegible]氣終在
逢祖褸
[illegible]
敏猶[illegible]
風

翰林蘇子瞻
所得天廄馬
其所從來甚

古
雖驍馬其知多
絕足亦時有之

豈可求錫馬盡
良也或又責方叔
受翰林公之惠

當乘之往來田
間安用汲汲索
錢此又不識蚌

苏轼《司马温公神道碑》

北宋元祐三年（1088）原刻/金皇统九年（1149）重刻　山西运城　明拓　册页　30.5厘米×18.3厘米　无尘书屋藏

司马光卒后，北宋元祐三年（1088），宋哲宗为彰其功德，封他为温国公，并命苏轼撰文书丹，哲宗亲题“忠清粹德之碑”，玉册官王磻奉旨摹刻，立碑于司马光祖茔。后哲宗下令将碑磨去碑文碎为四截深埋，仅留御题碑额与龟趺。金皇统八年（1148）夏，邑令王廷直谒公祠，见有巨杏生于埋碑处，命工发掘整理断碑，并根据原拓重刻碑文，改为四块，并于皇统九年（1149）另刻《重立温公神道碑记》述其原委，故此碑又称“杏花碑”。重刻碑每石17行，行41字，共计68行，2390余字。元至正十二年（1352），孙安将金刻石字口重开加深。明嘉靖二年（1523），御史朱实昌主持，仿宋碑样式重书碑文，重刻巨碑，以配宋哲宗御题碑额及龟趺，今俱在山西省运城市夏县水头乡小晁村。

宋石原拓未闻存世，今所传拓本皆金皇统年间重刻者。苏轼书此碑时52岁，乃贬谪黄州后重返朝廷之际。全文两千余字，一丝不苟，端庄稳重，为苏体碑刻之佼佼者。

展品为明拓明装，传至今日，殊非易事。

（田振宇）

苏轼《上清词碑》

北宋元祐二年（1087） 陕西周至 清拓 90.0 厘米 ×34.0 厘米 无尘书屋藏

碑阳行书 5 列，末刻明人题记，张彦生误作明万历年间重刻，不确。碑阴为元、明人题记。宋仁宗嘉祐六年（1061），苏轼试制考列三等，以将仕郎大理寺评事职签书凤翔府节度判官厅公事，赴陕西凤翔上任，开启仕途生涯。苏轼在凤翔期间，多次游览周至，过访终南山上清宫。嘉祐八年（1063）冬，他再游上清宫，谒真君并赋词，又属弟苏辙作和词。元祐二年（1087）二月，薛绍彭就任上清太平宫监宫，邀苏轼书写《上清词》、苏辙和词，由刻工李辅摹刻成碑，置于终南山上清太平宫。苏轼书此时 51 岁，个人风格已成熟，行书点画精丽，飘逸流畅，又为真迹上石，实为难得。

至明代，因拓碑者不绝，宫中道人将碑断为五块，埋入牛栏。万历四十二年（1614），县令王之栩挖出，移至县衙。民国初，石裂为七块，嵌于周至县文庙名宦祠壁。1992 年于周至县人大院内砖台中重新发现。

展品为晚清拓整纸，碑石虽裂而无缺，宋碑全貌可见。

（田振宇）

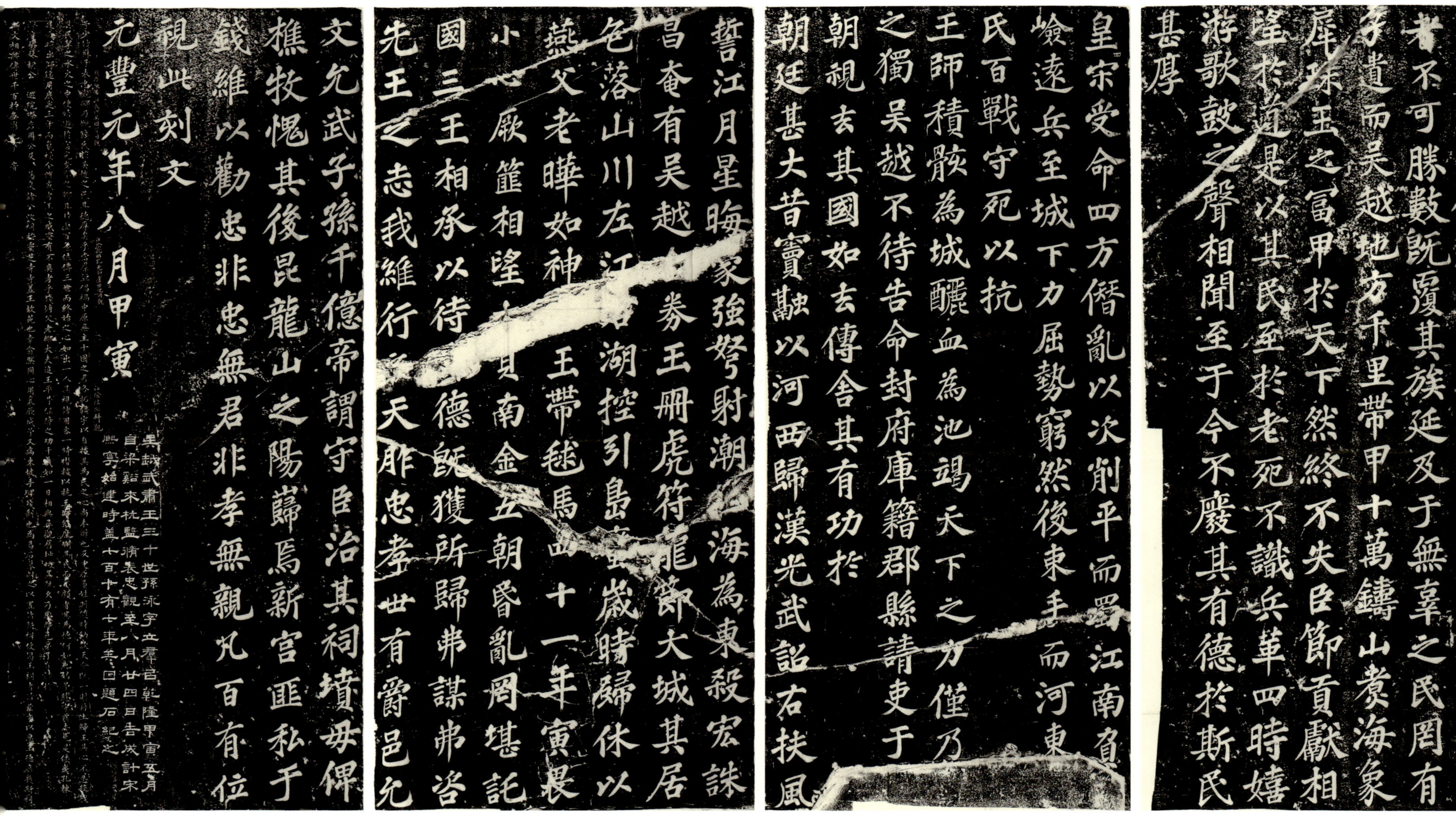

苏轼《表忠观碑》

北宋元丰元年（1078）原刻/南宋重刻　浙江杭州　钱王祠藏残石

南宋重刻　浙江杭州　清拓　141.5 厘米 ×83.0 厘米 ×3　148.0 厘米 ×83.0 厘米　一吟堂藏

明嘉靖三十六年（1557）重刻　浙江杭州　清拓　209.0 厘米 ×94.5 厘米 ×8　一吟堂藏

苏轼书法石刻传世者，擘窠大字以《表忠观碑》《醉翁亭记》《丰乐亭记》《奎宸阁碑》最为著名，《醉翁亭记》《丰乐亭记》《奎宸阁碑》三刻虽有宋拓，但宋石早逸，今存仅明代重刻者，唯《表忠观碑》宋刻残石于清乾隆二年（1737）出土，一直保存至 1977 年。

北宋熙宁十年（1077），赵抃任杭州军知事，因见吴越钱氏坟庙多荒废，上表请重修，宋神宗准奏并将原妙因院改赐名为表忠观，以颂扬吴越钱氏之功德。吴越国由钱镠创建于后梁开平元年（907），至宋太平兴国三年（978）钱弘俶"纳土归宋"，传三代五王，强盛时拥有十三州疆域，包括浙江全部、江苏西南、福建东北等地。钱氏诸王在位时，兴文重教，轻敛薄赋，为东南各省人民生活提供相应保障。与其他地区政权动荡、民不聊生相比，吴越国治下民生安定，经济也较为发达。

《表忠观碑》由时任尚书祠部员外郎直史馆权知徐州军州事的苏轼奉敕撰文并书，元丰元年（1078）八月立石。碑原在杭州龙山表忠观，明正德十二年（1517）移至郡庠（今杭州碑林，此前为孔庙）。因宋石残泐，杭州郡守陈柯于嘉靖三十六年（1557）重摹刻石，立于钱王祠（今聚景园）之右廊，尚有一小字本，亦在祠中。年久宋石湮没，今未见明正德以前拓本。清乾隆二年[1737，一说六年（1741）]，于郡庠颓垣下发现碑石微露于外，掘之得断碑两片，已缺下截，每面 6 行，每行存 9 至 12 字，此系第一石和第四石。清丁敬《武林金石记》仅载首 50 余字，盖丁氏仅见第一石第一面拓片。清乾隆五十九年（1794），重修表忠观落成，钱缪第三十世孙

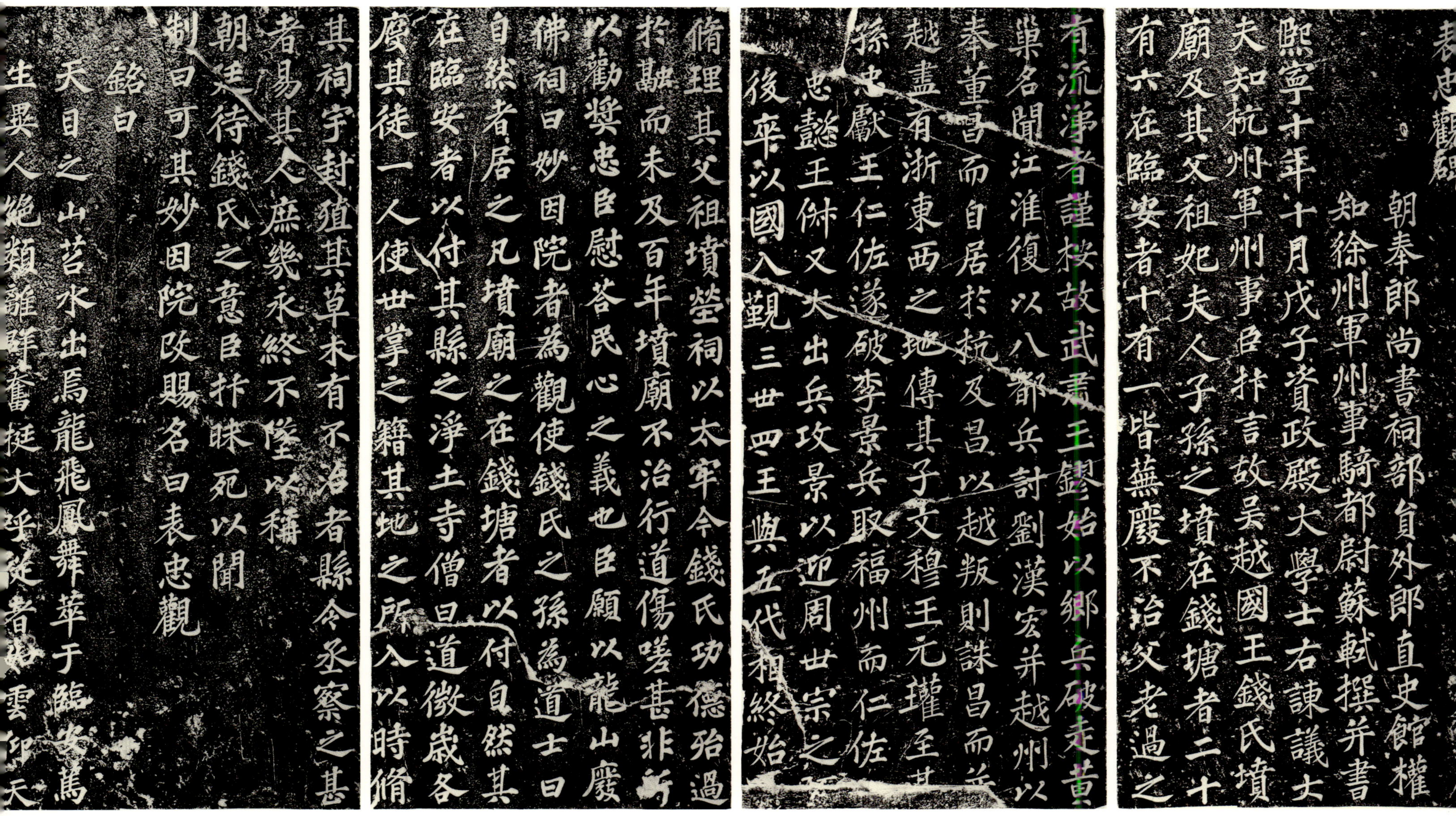
表忠觀碑
朝奉郎尚書祠部員外郎直史館權
知徐州軍州事騎都尉蘇軾撰并書
熙寧十年十月戊子資政殿大學士右諫議大
夫知杭州軍州事臣抃言故吳越國王錢氏墳
廟及其父祖妃夫人子孫之墳在錢塘者二十
有六在臨安者十有一皆蕪廢不治父老過之
有流涕者謹按故武肅王鏐始以鄉兵破走黃
巢名聞江淮復以八都兵討劉漢宏并越州以
奉董昌而自居於杭及昌以越叛則誅昌而并
越盡有浙東西之地傳其子文穆王元瓘至其
孫忠獻王仁佐遂破李景兵取福州而仁佐
忠懿王俶又大出兵攻景以迎周世宗之
後卒以國入覲三世四王與五代相終始
脩理其父祖墳塋祠以太牢今錢氏功德殆過
於融而未及百年墳廟不治行道傷嗟甚非所
以勸奬忠臣慰答民心之義也臣願以龍山廢
佛祠曰妙因院者為觀使錢氏之孫為道士曰
自然者居之凡墳廟之在錢塘者以付自然其
在臨安者以付其縣之淨土寺僧曰道微歲各
度其徒一人使世掌之籍其地之所入以時脩
其祠宇封殖其草木有不治者縣令丞察之甚
者易其人庶幾永終不墜以稱
朝廷待錢氏之意臣抃昧死以聞
制曰可其妙因院改賜名曰表忠觀
銘曰
天目之山苕水出焉龍飛鳳舞萃于臨安篤
生異人絕類離群奮挺大呼從者如雲仰天

明刻

钱泳（字立群，号梅溪，江苏金匮人）将此二石从郡庠名宦祠移至钱王祠，列于祠之左廊，清代来此观碑留题的名流甚多。

民国三十六年（1947），金石家陈锡钧（字伯衡，江苏淮阴人，迁杭州）在郡庠断墙下发现碎石十片，拼凑一处方知为宋刻《表忠观碑》之第二石，也移至钱王祠保存。第一、二、四石共存348字，其中残损40字，而第三石至今未发现。另据学者研究，《表忠观碑》北宋原刻已毁，南宋年间曾据北宋本重刻，乾隆重出的宋刻残石应是南宋重刻者。

20世纪六七十年代钱王祠曾作为杭州动物园，原祠中碑石基本碎毁，《表忠观碑》宋刻石终未能逃此厄运。现存于钱王祠的，仅有明代陈柯重刻第一、三、四石。

2020年，钱王祠整修，在西南碑亭附近开挖排水沟时发现残石四枚，双面刻字，合计8面33字，经核对，属宋刻第二石，系民国陈锡钧发现的十块残石中物，消失近半个世纪的《表忠观碑》宋刻得以重见天日。

《表忠观碑》系苏轼42岁时所作，碑文载于《东坡文集》。苏轼书时正值壮年，非但文辞脍炙人口，且书法也精妙非常。以宋刻和明刻两本互校可知：宋刻刀法娴熟浑厚，充分表现苏轼似绵裹铁、内刚外柔的书法风格，而明刻本石虽完整，然刀锋显露太见棱角，戟戈森然徒存形似，优孟之衣冠耳。

（田振宇）

三王相承以待有德既獲
我維行之天胙忠孝世有爵
帝謂守臣治其祠墳毋俾樵
歸焉新宮匪私于錢維以
凡百有位視此刻文
元豐元年

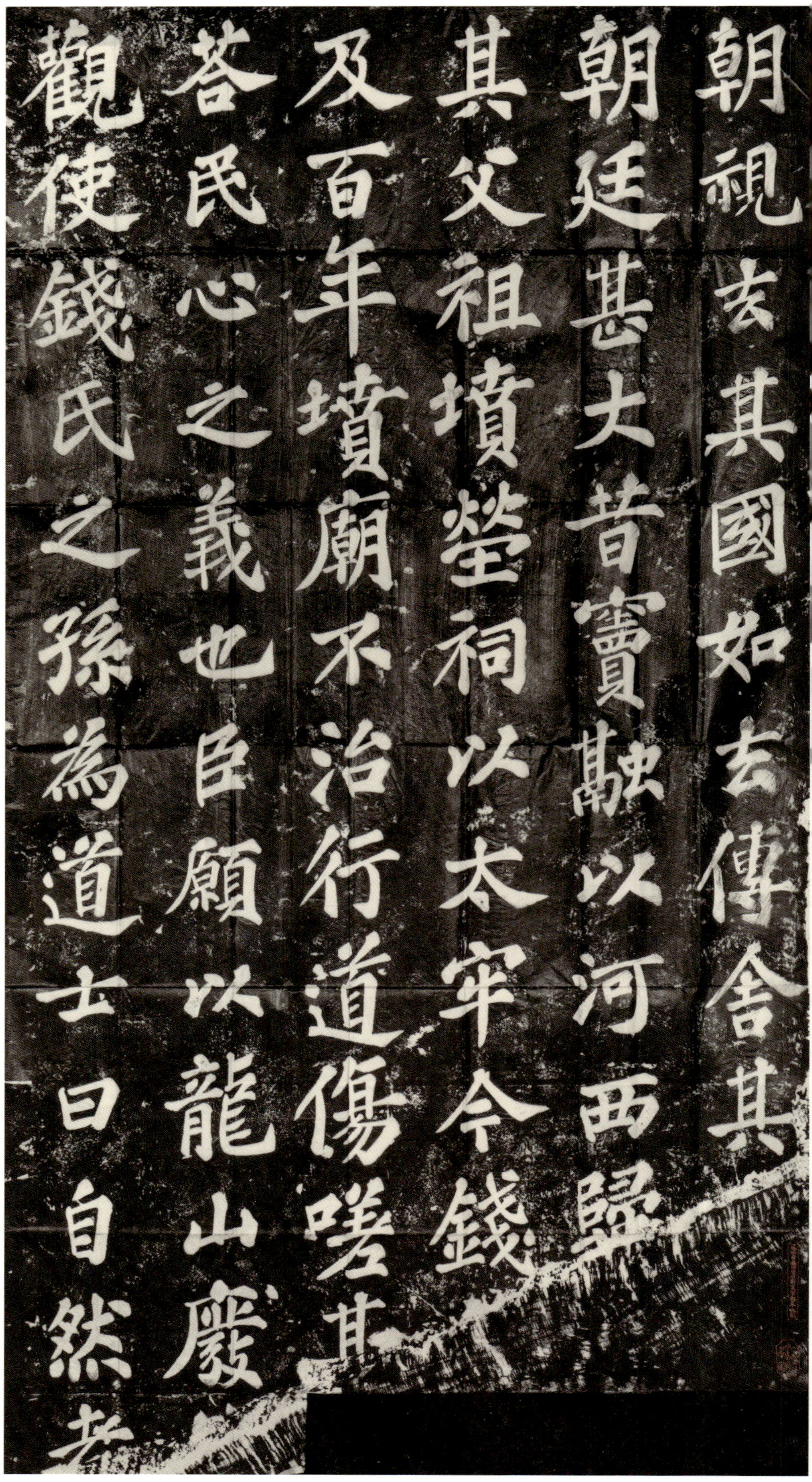
朝覲去其國如去傳舍其
朝廷甚大昔竇融以河西歸
其父祖墳塋祠以太宰令錢
及百年墳廟不治行道傷嗟其
荅民心之義也臣願以龍山廢
觀使錢氏之孫爲道士曰自然者

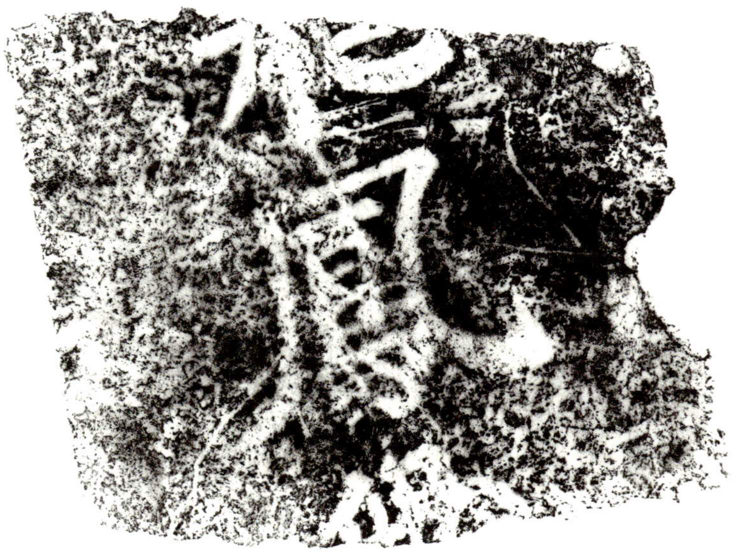

漢

父老
走黃

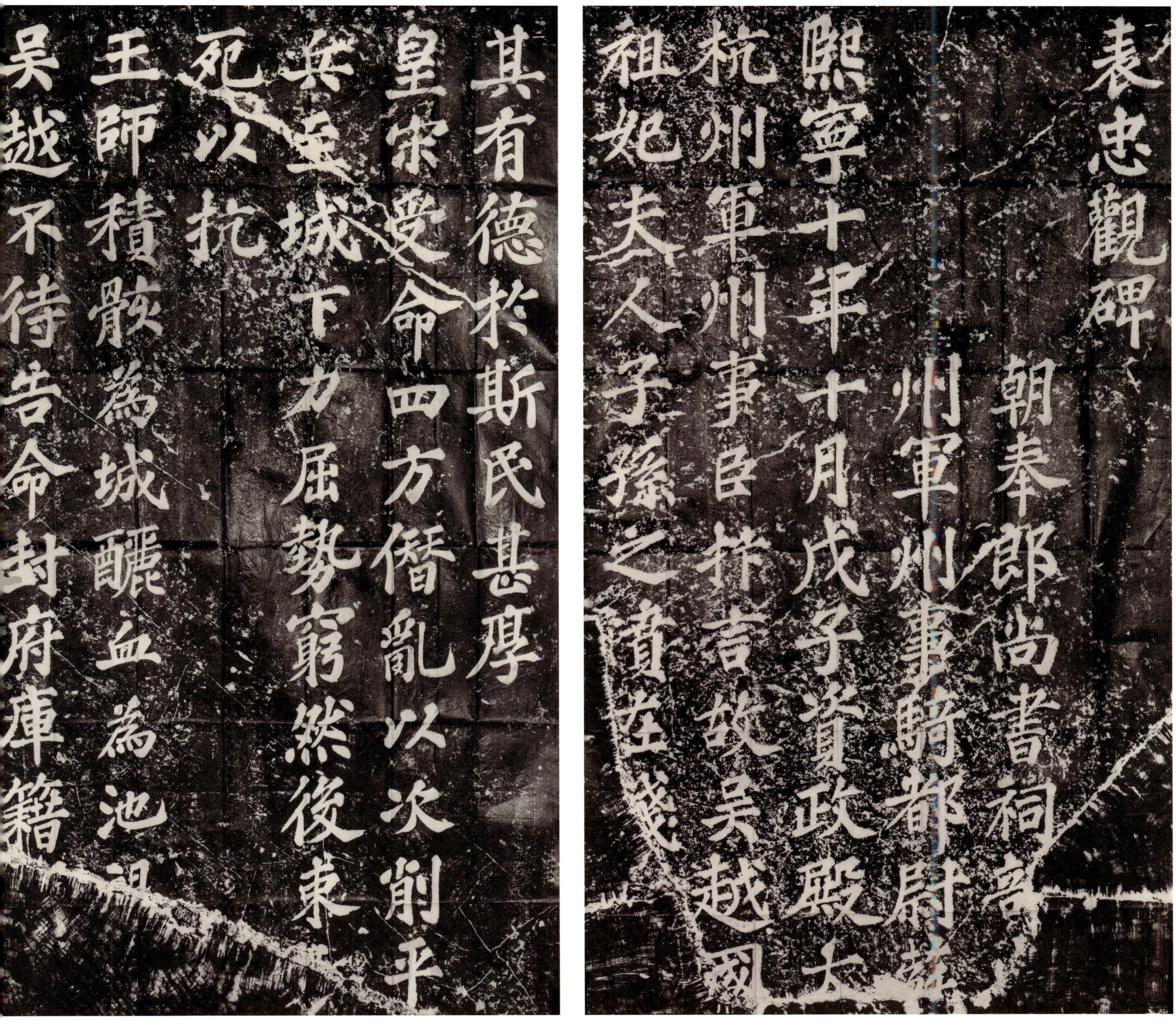
表忠觀碑
朝奉郎尚書祠部
州軍州事騎都尉
熙寧十年十月戊子資政殿大
杭州軍州事臣抃言故吴越國
祖妃夫人子孫之墳在錢
其有德於斯民甚厚
皇宋受命四方僭亂以次削平
兵至城下力屈勢窮然後束
死以抗
王師積骸為城釃血為池
吴越不待告命封府庫籍

南宋重刻

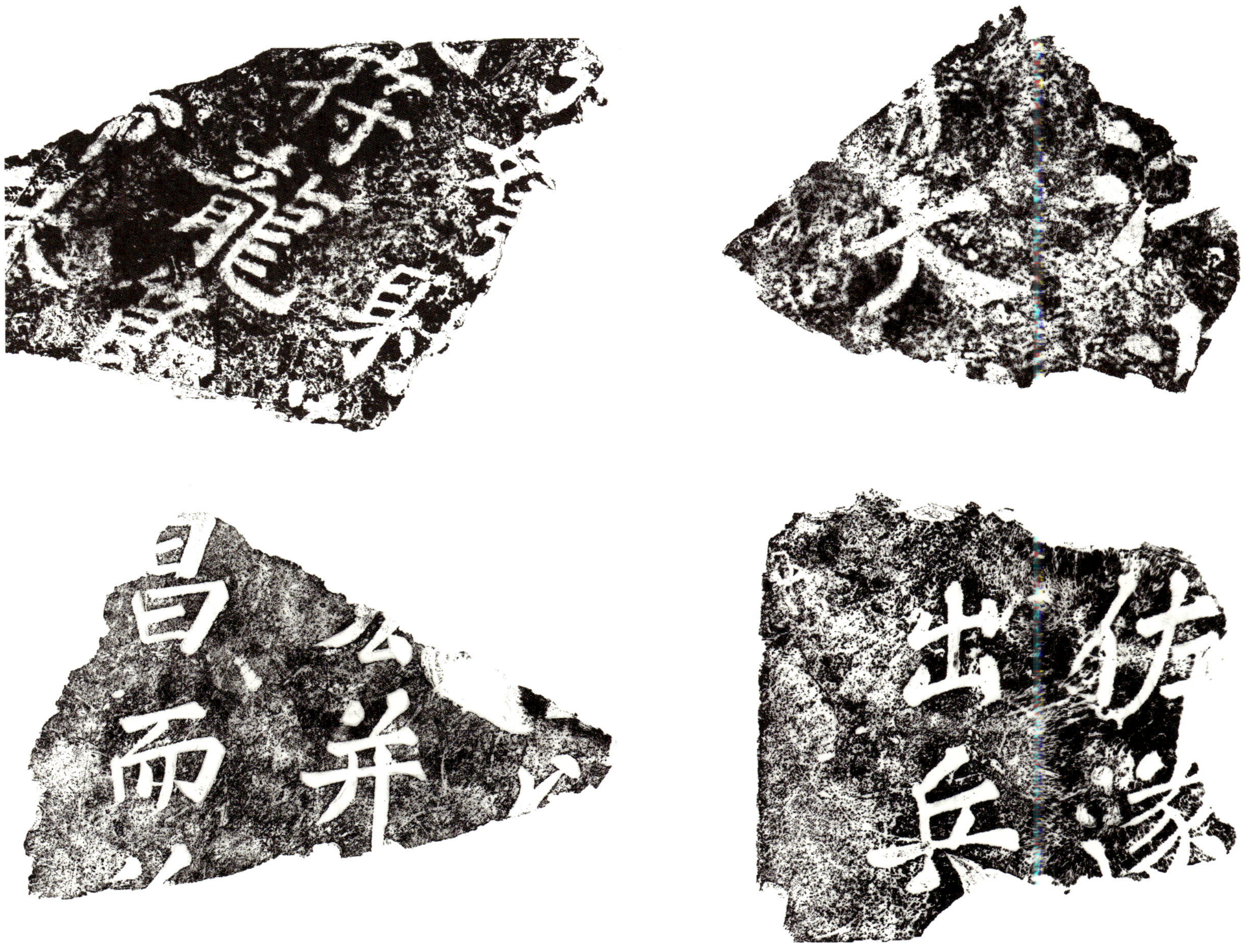

字刻残石拓片

苏轼《宸奎阁碑》

明万历十三年（1585）重刻　浙江宁波　清拓　二奴山房藏

《宸奎阁碑》，全称《明州阿育王广利寺宸奎阁碑》。北宋元祐年间（1086—1094），苏轼任杭州太守，其好友大觉禅师怀琏退隐明州阿育王山广利寺，为供奉仁宗御赐御书颂诗修建宸奎阁，并请苏轼撰书碑文。碑额正书3行14字，两侧雕刻翔龙，碑文正书，22行，行35字，北宋元祐六年（1091）正月立。明人蔡贵易据元重刻本再刻，改易行次，加篆额“宸奎阁碑铭”，碑铭17行，满行42字，后刻万历十三年（1585）蔡氏小字题记三行。

此碑成后数年遭损。碑毁前有宋拓孤本，早年流入日本，是日本京都东福寺（临济宗东福寺派大本山京都五山之一）开山祖师圆尔弁圆（圣一国师，1202—1280）于端平二年（1235）归国时带回的重要文献之一。后归浅野长祚、向山荣，今藏日本宫内厅书陵部。元元统二年（1334）重刻，亦毁，现仅余三字残石。明万历年间（1573—1620），蔡贵易访范钦天一阁，见旧拓本，勾摹重刻于鄞县，碑石今在宁波阿育王寺。清乾隆年间（1736—1795），钱大昕见天一阁旧藏，乃元刻。咸丰十一年（1861），太平军入宁波，拓本随天一阁遭兵火之劫。

苏轼曾对《宸奎阁碑》碑刻样式提出建议，可见其对此碑的重视。陆游曾称碑样以“明州宸奎阁最妙”，其书法亦堪称苏氏楷书杰作。明安世凤《墨林快事》评价：“此记书碑，中楷谨严宛丽，为书人导师久矣。”苏轼碑刻多为后世重刻，而此碑幸有原石宋拓存世，模刻传拓下真迹一等，为学习苏楷最佳范本。明刻本惜因辗转翻刻，仅存原碑字形，神采相去甚远。

展品为清拓明代蔡氏重刻本。

（高　兴）

皇祐中有詔廬山僧懷璉住京師十方淨因禪院召對化成殿問佛法大意奏對稱旨賜號大覺禪師是時
北方之為佛者皆留於名相囿於因果以故士之聰明超逸者皆鄙其言詆為蠻夷下俚之說璉獨指其妙
與孔老合者其言文而真其行峻而通故一時士大夫喜從之游遇休沐日璉未盥漱而戶外之屨滿矣
仁宗以天縱之能不由師傳自然得道與璉問答親書頌詩以賜之凡十有七篇至和中上書乞歸老山中上
曰山即如如體也將安歸乎不許治平中再乞堅甚
英宗留之不可賜詔許自便璉既渡江少留于金山西湖遂歸老于四明之阿育王山廣利寺四明之人相與
出力建大閣藏所賜頌詩榜之曰宸奎時京師始建寶文閣詔取其副本藏焉且命歲度僧一人璉歸山二
十有三年年八十有三臣出守杭州其徒使來告曰宸奎閣未有銘君逮事昭陵而與吾師遊最舊其可以
辭臣謹案古之人君號知佛者必曰漢明梁武其徒蓋常以藉口而繪其像于壁者漢明以察為明而梁武
以弱為仁皆緣名失實去佛遠甚恭惟
仁宗在位四十二年未嘗廣度僧尼崇侈寺廟干戈斧質未嘗有所私貸而升遐之日天下歸仁焉此所謂得
佛心法者古今一人而已璉雖以出世法度人而持律嚴甚上嘗賜以龍腦鉢盂璉對使者焚之曰吾法以
壞色衣以瓦鐵食此鉢非法使者歸奏上嘉歎久之銘曰巍巍
仁皇體合自然神耀得道非有師傳維道人璉逍遙自在禪律並行不相留礙於穆頌詩我既其文惟佛與佛
乃識其真咨爾東南山君海王時節來朝以謹其藏
元祐六年正月癸亥龍圖閣學士左朝奉郎知杭州軍州事兼管內勸農使充兩浙西路兵馬鈐轄兼提舉
本路兵馬巡檢公事武功縣開國子食邑六百戶輕車都尉賜紫金魚袋臣蘇軾撰并書

苏轼《丰乐亭记》

南宋重刻　地点不详　宋元拓　册页　41.0 厘米 ×27.7 厘米　淳石斋藏
明嘉靖二年（1523）重刻　安徽滁州　清拓
223.0 厘米 ×88.5 厘米 ×2　218.0 厘米 ×64.0 厘米　一吟堂藏

丰乐亭，位于今安徽省滁州市琅琊山旅游区丰山脚下紫薇泉边。北宋庆历五年（1045），欧阳修贬任滁州太守，次年访得泉水，取“岁物丰成，与民共乐”之意，筑丰乐亭并撰写记文。元祐六年（1091），苏轼任颍州太守，应滁人之请以大字书写并刻石，与《醉翁亭记》并为苏体楷书代表作，笔力深雄，颇得颜真卿《东方朔画赞碑》神韵。

原石毁于北宋元祐年间，南宋时以木版重刻，亦久佚，宋、元、明、清多次重刻。传世无北宋原刻拓本，以南宋重刻者为最佳。安徽滁州今存石本为明嘉靖二年（1523）知府陈则清重修丰乐亭时所覆刻，与宋本相比，字体走形失真颇多。南宋木刻本锋锷毕露，精气四射，可见苏轼楷法真容，远胜明重刻石本，故向为世重，清代著名金石碑帖收藏家如潘祖荫、罗振玉等皆以获宋本自矜。明代又有以木版覆刻南宋本者亦精，旧拓不易辨。今南宋刻本存世颇稀，故宫博物院、上海图书公司、日本求龙堂等机构有藏。

展品为南宋刻宋元年间旧拓，与上述诸本同版，为此碑最佳版本之一。整纸为清拓嘉靖石刻本。

（田振宇）

豐樂亭記　宋廬陵歐陽脩撰　眉山蘇軾書

脩既治滁之明年夏始飲滁水而甘問諸滁人得於州南數百步之近其上則豐山聳然而特立下則幽谷窈然而深藏中有清泉滃然而仰出俯仰左右顧而樂之於是疏泉鑿石闢地以為亭而與滁人往遊其間滁於五代干戈之際用武之地也昔太祖皇帝嘗以周師破李景十五萬於清流山下生擒其將皇甫暉姚鳳於滁東門之外遂以平滁脩嘗考其山川按其圖記升高以望清流之

關欲求暉鳳就擒之所而故老皆無在者蓋天下之平久矣自唐失其政海內分裂豪傑並起而爭所在為敵國者何可勝數及宋受命聖人出而四海一向之憑恃險阻剗削消磨百年之間漠然徒見山高而水清欲問其事而遺老盡矣今滁介於江淮之間舟車商賈四方賓客之所不至民生不見外事而安於畎畝衣食以樂生送死而孰知

清拓整拓

宗廬陵歐陽脩

豐樂亭記

軾書

亭云

眉山蘇

苏轼《醉翁亭记》

明初重刻　地点不详　明拓　册页　40.5 厘米 ×24.5 厘米　淳石斋藏
明嘉靖二年（1523）重刻　安徽滁州　清拓
219.0 厘米 ×81.0 厘米 ×4　一吟堂藏

醉翁亭，在今安徽省滁州市西南琅琊山麓。北宋庆历五年（1045），欧阳修贬任滁州太守，结识山僧智仙，智仙于山中让泉之上筑亭并请欧阳修命名并撰记，《醉翁亭记》成为脍炙人口的散文名篇。记文初由陈知明书写，小字浅刻。元祐六年（1091），王诏守滁州，恐原碑日久磨灭，委托刘季孙请时任颍州太守苏轼，以大字重书欧文并勒石。作为欧阳修的门生，苏轼书写老师文章尤为用意，与《丰乐亭记》并为苏体楷书代表作，清梁巘《承晋斋积闻录》载："苏长公《罗池庙碑》外，惟《丰乐亭记》《醉翁亭记》二碑为最佳。"

滁州原石毁于北宋元祐年间，至南宋时仅余只字片石，始有以木版翻刻整本。南宋重刻亦久佚，明代又多次重刻。今存滁州石碑为明嘉靖年间知府陈则清覆刻，摹勒失真，拓本较为习见。传世南宋重刻本，有上海图书馆龚心钊旧藏残字本、辽宁省博物馆藏罗振玉本、故宫博物院藏顾沄本等。其次明代重刻于木者，亦甚罕见。

展品册页为明拓明初木刻本。整纸为明嘉靖重刻本。

（田振宇）

醉翁亭記

環滁皆山也其西南諸峰林壑尤美望之蔚然而深秀者琅琊也山行六七里漸聞水聲潺潺而瀉出于兩峰之間者釀泉也峰回路轉有亭翼然臨于泉上者醉翁亭也作亭者誰山之僧曰智僊也名之者誰太守自謂也太守與客來飲于此飲少輒醉而年又最高故自號曰醉翁也醉翁之意不在酒在乎山水之間也山水之樂得之心而寓之酒也若夫日出而林霏開雲歸而巖穴暝晦明變化者山間之朝暮也野芳發而幽香佳木秀而繁陰風霜高潔水清而石出者山間之四時也朝而往暮而歸四時之景不同而樂亦無窮也至于負者歌于塗行者休于樹前者呼後者應傴僂提携往來而不絕者滁人遊也臨谿而漁谿深而魚肥釀泉為酒泉香而酒冽山肴野蔌雜然而前陳者太守宴也宴酣之樂非絲非竹射者中弈者勝觥籌交錯起坐而諠譁者衆賓懽也蒼顏白髮頹然乎其間者太守醉也

清拓整纸

環滁皆
山也其

醉翁亭記

蔚然而
深秀者

西南諸峰林壑

苏轼（疑）《陶诗饮酒》残石

年代不详（约北宋晚期） 河南许昌 石质 175.0厘米×60.0厘米 端居藏

此残碑近出河南许昌，仅残石一方，为陶渊明脍炙人口的《饮酒》诗，正面存“结庐在人境”之“结庐”，反面存“山气日夕佳，飞鸟相与还”之“佳飞”，据此可知原碑正反双面刻，一面4行，行7字。大字深峻，字体雄强，字口如新发于硎，虽名款已不可见，但与苏轼存世楷书大字相较，如出一辙，应为苏轼手迹上石。

陶诗在宋代流播与苏轼密不可分。苏轼平生最重陶渊明，曾步韵和陶诗近百篇，手书陶诗亦有刻入法帖者，如明陈继儒《晚香堂苏帖》中有此《饮酒》诗，为小字行书本。此大字书碑未见历代金石著录。苏轼曾数过许昌，其弟苏辙为官并卒于此地。苏轼之子苏过亦曾长居许昌，此或为苏氏家刻者，毁于元祐年间，故未闻于后世。

苏轼书迹虽多，但宋石刻仍存者，仅《表忠观碑》、《荔子丹碑》、《上清宫词》、《东坡苏公帖》残碑、《怀子由诗》、《浴日亭诗》、《访象老题名》、《过麦岭题名》、《长清舍利塔铭》、《广教寺陀罗尼经》等数种而已，多为南宋所刻。此石如为宋刻苏书真笔，虽残亦极可珍重。

（田振宇）

結
廬

佳
飛

結
廬

佳
飛

苏轼《雪浪斋碑》

年代不详（约南宋） 河北定州 新拓 245.0厘米×104.0厘米 定州石刻馆藏

碑顶端为螭龙碑首，似用北朝旧碑重磨。碑上段线刻雪浪石图，左右有苏轼行书雪浪斋铭；中段为“雪浪斋”三大字；下段小字多漫漶，不可卒读，细审为时人和苏轼韵诗，题诗者、立碑者及年月均不详。碑原在定州府衙，久立于雪浪石侧，现已移至河北定州石刻馆。

北宋绍圣元年（1094），苏轼在定州任上获一黑质白脉奇石，极为喜爱，命名为雪浪石，并采中山汉白玉琢为芙蓉盆，置石盆中，贮于府衙后园，为书斋取名雪浪斋，并撰写斋铭。又刻斋铭于石盆唇，明代磨灭，今存为清人补刻。世人多知盆铭，而不知尚有斋名碑。此碑元人《河朔访古记》即有记载：“中山府学讲堂前，有雪浪石，承以丈八芙蓉石盆。盆口镌苏文忠公《雪浪石铭》，其石纹作波浪痕，复有若卧牛立凤之状者。昔苏公守定日，甚爱此石，构小室置之，榜曰‘雪浪斋’云。西庑下一碑，图石之形，并刻其铭于右学中。”故当为宋（金）刻无疑。所刻“雪浪斋”三字，笔势雄劲浑厚，苏轼榜书如此者极稀。清乾隆皇帝曾命文臣张若霭依此碑图式重绘一轴，今在河北承德避暑山庄。

（田振宇）

雪浪齋銘
雪浪齋

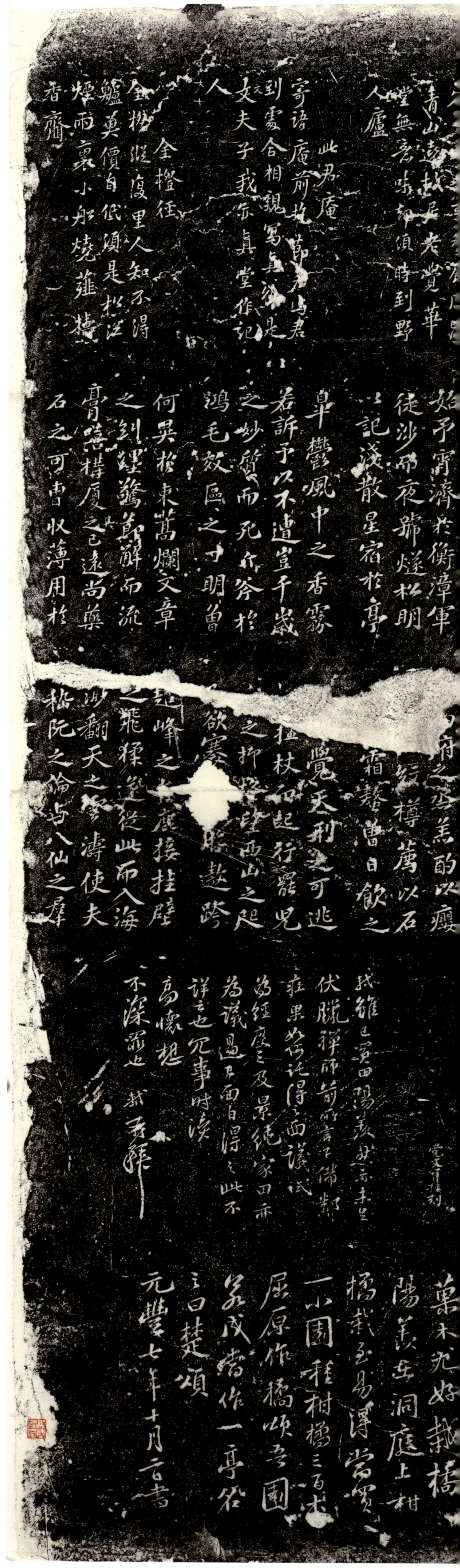

苏轼《东坡苏公帖》

北宋元祐、政和年间（1086—1118）刻 重庆三峡博物馆
清拓 117.0 厘米 ×61.0 厘米 ×2 无尘书屋藏

两宋年间名为《东坡苏公帖》者有两种，一为三十卷本，南宋乾道四年（1168）汪应辰刻于成都，又称《西楼苏帖》，帖石不传，仅有不全拓本，今在天津博物馆及北京文物公司；一为东坡苏公帖碑，刻时不详，由刻工党文宝推断，当在北宋元祐、政和年间（1086—1118）。碑石原在杭州西湖之畔，高 118.0 厘米，宽 63.0 厘米，两面刻，每面 5 列，共汇刻四种苏帖：《寄题与可学士洋州园池诗三十首》《中山松醪赋》《阳羡帖》《买田帖》。其中《寄题与可学士洋州园池诗三十首》、《中山松醪赋》（绍圣年间书于定州雪浪斋）仅见于此碑，曾被晚明陈继儒摹入《晚香堂苏帖》。

明弘治年间（1488—1505），有四川丰都人杨孟瑛任杭州知府，疏浚西湖时得碑石，当时已残，杨孟瑛罢官后携石溯长江回西蜀，将碑石立于重庆府学。民国初年移入巴县图书馆，抗战期间遭日军空袭，又残毁半截。今残存上半截，藏于重庆中国三峡博物馆。清陆增祥《八琼室金石补正》著录。

展品为清拓整纸本。

（田振宇）

久不作小楷，今日忽書此一帋。

元豐七年十月六日宜興舟中。

熙寧九年三月四日東武西齋。

東坡蘇公帖

寄題与可學士洋州園池三十首　從表弟蘇軾上

湖橋

朱欄畫柱照湖明，白葛烏紗曳履行。橋下龜魚晚無數，識君拄杖過橋聲。

橫湖

貪看翠蓋擁紅粧，不覺湖邊一夜霜。卷却天機雲錦段，從教匹練寫秋光。

書軒

雨昏石硯……

冰池

不嫌冰雪繞池看，誰似詩人巧耐寒。記取羲之洗硯處，碧琉璃下黑蛟蟠。

吏隱亭

縱橫憂患滿人間，頗怪先生日日閑。昨夜清風眠北牖，朝來爽氣在西山。

霜筠亭

解籜新篁不自持，嬋娟已有歲寒姿。要看凜凜霜前意，須待秋深粉落時。

二樂榭

此間真趣豈容談，二樂并君已是三。仁智更煩訶妄見，坐令魯叟作瞿曇。

竹塢

……節先生道轉孤，歲寒惟有竹相娛。麤才杜牧真堪笑，喚作軍中十萬夫。

荻蒲

雨折霜乾不耐秋，白花黃葉使人愁。月明小艇湖邊宿，便是江南鸚鵡洲。

無言亭

慇懃稽首維摩詰，不敢問如何是法門。彈指未終千偈了，向人還道本無言。

露香亭

亭下佳人錦繡衣，滿身瓔珞綴明璣。晚香消歇無尋處，花已飄零露已晞。

溪光亭

決去湖波尚有情，却隨初日動簷楹。溪光自古無人畫，憑仗新詩与寫成。

過溪亭

身輕步穩去忘歸，四柱亭前野彴微。忽悟過溪還一笑，水禽驚落翠毛衣。

披錦亭

烟紅露綠曉風香，燕舞鶯啼春日長。誰道使君貧且老，繡屏錦帳咽笙簧。

禊亭

曲池流水細鱗鱗，高會傳觴似洛濱。紅粉翠娥應不要，畫船來往不須人。

菡萏軒

日日移床趁下風，清香不盡思何窮。若為化作龜千歲，巢向田田亂葉中。

蓼嶼

秋歸南浦蟪蛄鳴，霜落橫湖沙水清。臥雨幽花無限思，抱叢寒蝶不勝情。

望雲樓

陰晴朝暮幾回新，已向虛空付此身。出本無心歸亦好，白雲還似望雲人。

天漢臺

漾水東流舊見經，銀河左界上通靈。此臺試向天文覓，閣道中間第幾星。

待月臺

月与高人本有期，挂簷低戶映蛾眉。只從昨夜十分滿，漸覺冰輪出海遲。

荼蘼洞

長憶故山寒食夜，野荼蘼發暗香來。分無素手簪羅髻，且折霜蕤浸玉醅。

何曾……貧饞太守渭濱千畝在胸中

寒蘆港

溶溶晴港漾春暉，蘆筍生時柳絮飛。還有江南風物否，桃花流水鮆魚肥。

北園

漢水巴山樂有餘，一……送此首歸途北園草木……君問詩我他年作主……

餅餌香……

……於盤……腸……於夏熱與……憂而皆瘳……漱春……嘗之雪味甘餘之苦……歎幽姿之獨高……知甘酸之易壞，笑涼州……

……倒白綸巾，淋漓宮錦袍。追東坡而不可及，歸餔歠其醨糟。漱松風於齒牙，猶足以賦遠遊而續離騷也。元祐九年二月廿三日

吾來陽羨，船入荊溪，意思豁然，如愜平生之欲。逝將歸老，殆是前緣。王逸少云：我卒當以樂死。殆非虛言。吾……

北宋宣和三年覆刻

苏轼《齐州真相院舍利塔铭》（二种）

北宋元祐二年（1087）原刻　山东济南　新拓　81.5 厘米 ×62.0 厘米　一吟堂藏
北宋宣和三年（1121）覆刻　山东济南　清拓　58.0 厘米 ×59.0 厘米　淳石斋藏

北宋元丰八年（1085）十二月，苏轼自登州赴京途中过齐州真相院，见寺僧建塔，乃以其弟苏辙所藏舍利作为施舍，修建地宫贮藏并起舍利塔。越二年，塔成，苏轼受邀为舍利塔撰文并书写塔铭，由真相院住持释法泰主持镌刻，与佛舍利一同置于地宫，时在元祐二年（1087）八月。宋徽宗宣和三年（1121）十月，真相院住持文海将塔铭覆刻，砌于塔身的底层。因原刻久埋地宫，故长期以来流传的此铭拓本仅有宣和覆刻本，孙星衍《寰宇访碑录》曾著录。

民国年间，舍利塔上层被拆，抗战期间再遭破坏，宣和覆刻塔铭移置长清县孔庙大成殿保存。1965 年清理塔基遗址时，发现地宫秘藏元祐所刻原石，原石完整如新，字口清晰完好。塔铭 22 行（宣和本后多一行年款），行 25 字，20 世纪 90 年代由《书法》杂志首次公开发表。原石今藏济南市长清区博物馆。

此塔铭书法精整遒丽，刊刻精良，是苏轼小楷书法石刻的代表作。

（田振宇）

齊州長清縣真相院釋迦舍利塔銘并引

翰林學士朝奉郎知　制誥上騎都尉武功縣開國男食邑
三百戶賜紫金魚袋蘇軾　詞并書

洞庭之南有阿育王塔分葬釋迦如來舍利嘗有作大施會出而
浴之者緇素傳捧涕泣作禮有比丘竊取其三色如含桃大如薏
苡將寘之他方為衆生福田久而不能以授白衣方子明元豐三
年軾之弟轍謫官高安子明以畀之七年軾自齊安　恩徙臨汝
過而見之八年移守文登召為尚書禮部郎過濟南長清真相院
僧法泰方為塼塔十有三成峻峙蟠固人天鬼神所共瞻仰而未
有以葬軾默念曰予弟所寶釋迦舍利意將止於此耶昔予先君
文安主簿贈中大夫諱洵先夫人武昌太君程氏皆性仁行廉崇
信三寶捐館之日追述遺意捨所愛作佛事雖力有所止而志則
無盡自頃憂患廢而不舉將二十年矣復廣前事庶幾在此泰聞
踊躍明年來請於京師探篋中得金一兩銀六兩使歸求之衆人
以具棺槨銘曰

如來法身無有邊化為丈六示人天偉哉有形斯有年紫金光聚
飛為煙惟有堅固百億千輪王阿育願力堅役使空界鬼與仙分
置衆刹奠山川棺槨十襲閟精圓神光晝夜發層巔誰其取此智
且權佛身普現衆目前昏者坐受遠近遷冥行黑月墮坑泉分身
來化會有緣流轉至此誰使然并包齊魯窮海壖獷悍柔淑冥愚
賢願持此福逮我先生生世世離垢纏

元祐二年八月甲辰

北宋元祐二年原刻

苏轼《荔子丹碑》

南宋嘉定十年（1217） 广西马平 清拓 218.0厘米×124.0厘米 沙痕居藏

唐韩愈曾撰《柳州罗池庙碑》，沈传师书，碑石久佚，今存宋拓孤本。北宋苏轼曾手书韩文中的迎享送神诗部分，但未署名及年款。南宋嘉定十年（1217），以苏轼真迹刻石，因碑文首句“荔子丹兮蕉黄”而得名，亦称《罗池庙碑》《罗池铭辞》《罗池庙迎享送神诗碑》。正书10行，行16字，后有宋人题记小字5行。原碑立于广西马平罗池庙，今仍存。此外，湖南永州、湖北黄冈、四川眉山均有翻刻。

北宋所立苏碑毁尽，传世皆覆刻，而此碑南宋始刻，乃传世苏书碑刻中少有的以真迹上石者，可谓下真迹一等，大字深峻，神完气足，正书中兼具行书笔意。明代王世贞评此碑：“东坡书罗池铭辞，遒劲古雅，为其书中第一。”

展品为宋刻清代朱砂精拓，原为晚清名家庞泽銮旧藏。庞泽銮（1866—1916），字芝阁，号味道腴斋主人。河北河间人。癖嗜金石文字，鉴藏碑帖至精。

（田振宇）

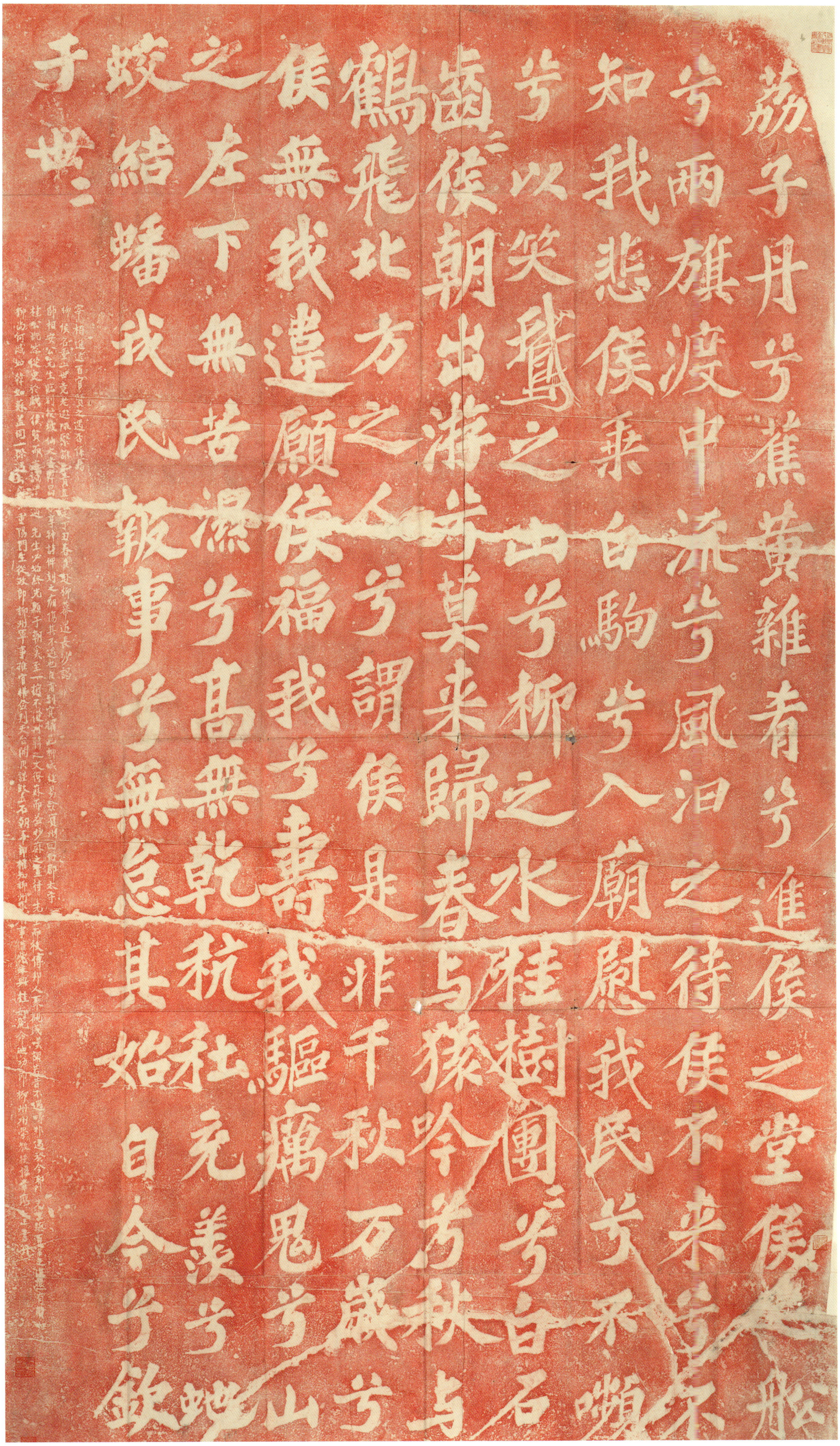
荔子丹兮蕉黄雜肴兮進侯之堂侯之船
兮兩旗渡中流兮風泊之待侯不来兮不
知我悲侯乘白駒兮入廟慰我民兮不嚬
兮以笑鵝之山兮柳之水桂樹團々兮白石
齒々侯朝出游兮莫来歸春与猨吟兮秋与
鶴飛北方之人兮謂侯是非千秋万歲兮
侯無我違願侯福我兮壽我驅癘鬼兮山
之左下無苦濕兮高無乾秔稌充羨兮蛇
蛟結蟠我民報事兮無怠其始自今兮欽
于世々

黄庭坚《徐纯中墓志》

北宋元祐七年（1092） 江西修水 新拓 64.7厘米×71.3厘米 崇兰堂藏

黄庭坚撰文并书《徐纯中墓志》，行楷，24 行，满行 25 字，计 548 字。四周有二圈线刻方框，推测可能是刻饰花纹用的，或由某种原因未刻饰纹而入土亦未可知。原石 1988 年出土于江西修水县，现藏修水县黄庭坚纪念馆。

此志书于元祐七年（1092），时黄庭坚 48 岁。墓志铭撰书款为“金华黄庭坚”，在黄庭坚自书题款中极少见，或因墓主为近亲，加之为母丁忧期间，官号不便加上，而题金华以寓不忘其祖之意。此文未见于《山谷全集》，可以补其阙遗，也是研究黄庭坚亲属关系的重要文献。

此志表现出行书笔意，而其取侧险之势结字的特点也相当突出。黄庭坚曾对自己 49 岁以前即元祐年间的作品进行评价：“元祐间书，笔意痴钝，用笔多不到。”其病后书《经伏波神祠诗卷》中说：“都不成字，若枝到淮南，见余故旧，可示之，何如元祐中黄鲁直书也？”可见对自己元祐年间书法的既有成就，黄庭坚晚年并不满意，而冀以新突破。正是由于这样一种不断追求的创新意识，黄庭坚入蜀后，尽管身处逆境，书法创作却达到了新高度。

（高 兴）

黄庭坚《王纯中墓志》

北宋元祐二年（1087） 江西修水 新拓 89.0厘米×89.0厘米 崇兰堂藏

《王纯中墓志》，全称《宋故朝奉郎知洺州军州兼管内劝农事上骑都尉借紫王君墓志铭》，楷书，正方形，青石质，凡30行，共771字，四周饰以卷草纹。书于元祐二年（1087）十二月。原石1973年出土于江西修水县，现藏修水县黄庭坚纪念馆。

此志系黄庭坚亲撰并书，《豫章黄先生文集》及《黄文节公文集》均未收录。同治《义宁州志》卷三十录黄庭坚《铜雀瓦砚铭》："艾城王文叔为洺州守，得于深川。予铭文叔之墓，故文叔之子申，以为砚而归予……"可与志文互证。作为黄庭坚遗文，此志可资辑佚。

黄庭坚曾在元丰年间发表他对颜真卿、杨凝式的独到认识，得到苏轼的首肯。苏书出自颜真卿、李邕，远绍钟繇，体势肥扁朴拙，左枯右秀。在共同的艺术趣味下，黄庭坚开始向苏轼学习书法。元祐初，黄庭坚通过苏轼师法颜真卿，对颜书有了更深认识，也受苏轼影响，执笔以腕着纸。《王纯中墓志》中肥厚和偏侧的特征尤为明显，是师承关系的极好例证。

（高 兴）

黄庭坚《黄处士墓志》

北宋元祐八年（1093） 江西修水 新拓 53.6厘米×36.3厘米 崇兰堂藏

2006年，江西修水县溪口镇溪口村三组村民在建房挖地基时发现两座古墓葬，后经考古发掘，出土了一方墓志。此志额横排篆书“黄处士墓铭”。志文楷书，16行，满行22字，共321字，未署撰书者姓名。以志文及书迹判断，为黄庭坚撰文并书。

墓主黄府，字文渊，与黄庭坚之父黄庶为堂兄弟，黄庭坚为其侄辈。黄府卒于元祐六年（1091），葬于元祐八年（1093）。是年二月一日，黄庭坚葬母于双井祖域并为母守丧，正居故里分宁，故能应黄府遗孀之请，为伯父撰书墓志。

黄庭坚时年49岁，书法风格与早一年的《徐纯中墓志》一致，恭敬不苟，敧侧取势。这是继发现《王纯中墓志》《徐纯中墓志》之后，修水县第三次发现由黄庭坚撰书的墓志铭。而由黄庭坚书写的墓志石刻除此三件外，传世尚有《蒲远犹墓志》，亦出自修水，原石已佚，拓本极罕。

（田振宇）

黄處士墓銘

宋故黄處士墓誌銘

處士諱府字文淵豫章分寧人也高祖元吉曾祖中雅父灝倶神鋒俊爽不修小節睦於宗族和於鄉黨好讀書善屬文數不利有司乃浩然肆志林泉間不階功名每以酒自娱一觴一詠酣歌起舞放心自得之場嘗曰人生行樂耳何區區利祿耶公父以文章獨步江南與范文正友故公為兒時常從文正文正會宴必置公於左右酒闌則命公賦詩公索筆立成有高致不類群兒語文正引而語諸僚屬曰名父之子吐言可畏為識者見賞如此公得年六十有七年於元祐辛未正月之四日葬以癸酉九月之乙酉其兆曰漾口公娶南宮氏能治家有賢行生男三人長曰華先公卒次曰公綬次曰公孚皆應進士舉女三人長適建昌進士李君陳次適邑人進士宋知幾季適武寧進士葉與其夫人來乞銘叔夜姪也知我伯父德義為詳再拜而銘銘曰

人患不壽　士雖處窮　公以貧樂　又以壽終　嗚呼於處士何悲乎

黄庭坚《狄梁公碑》

北宋绍圣元年（1094）原刻/元延祐二年（1315）重刻　江西九江
明拓　册页　31.7厘米×17.2厘米　履薄斋藏

《狄梁公碑》，范仲淹撰，黄庭坚书，无立碑年月，行楷书，原在江西九江。狄梁公，即唐代名臣狄仁杰，字怀英，山西太原人，以刚正不阿成为人臣楷模。睿宗时追封梁国公。自唐开始，各地陆续建祠立碑以纪念狄仁杰，至宋不衰。北宋宝元二年（1039），范仲淹移知润州，道由彭泽，祭狄梁公庙，因感其政绩卓著而作记。绍圣元年（1094）六月，黄庭坚任管亳州明道宫，以行书书写范仲淹记文并勒石。碑中黄庭坚结衔为“左朝奉郎集贤校理管亳州明道宫”，按《山谷先生年谱》，时年50岁。此碑因狄公事、范公文、黄公书而被誉为“三绝”碑。

原碑久佚，元延祐二年（1315）彭泽县主簿冯文敏、县尹李公泽重刻，共26行，行80余字，末行有元人重刻款。此重刻碑亦不存，民国又重刻，甚肥劣。传世拓本稀少，无宋刻原石本传世，上海图书馆藏整纸及裱本，北京大学图书馆藏一册称宋拓，实皆元刻明拓。

展品原系秦淦古鉴阁旧藏元刻明拓，有秦淦题跋及钤印。秦淦（1894—？），字清曾。江苏无锡人。民国年间与其父秦文锦在上海开设艺苑真赏社出版碑帖书画，曾将此册以珂罗版影印发行。

（田振宇）

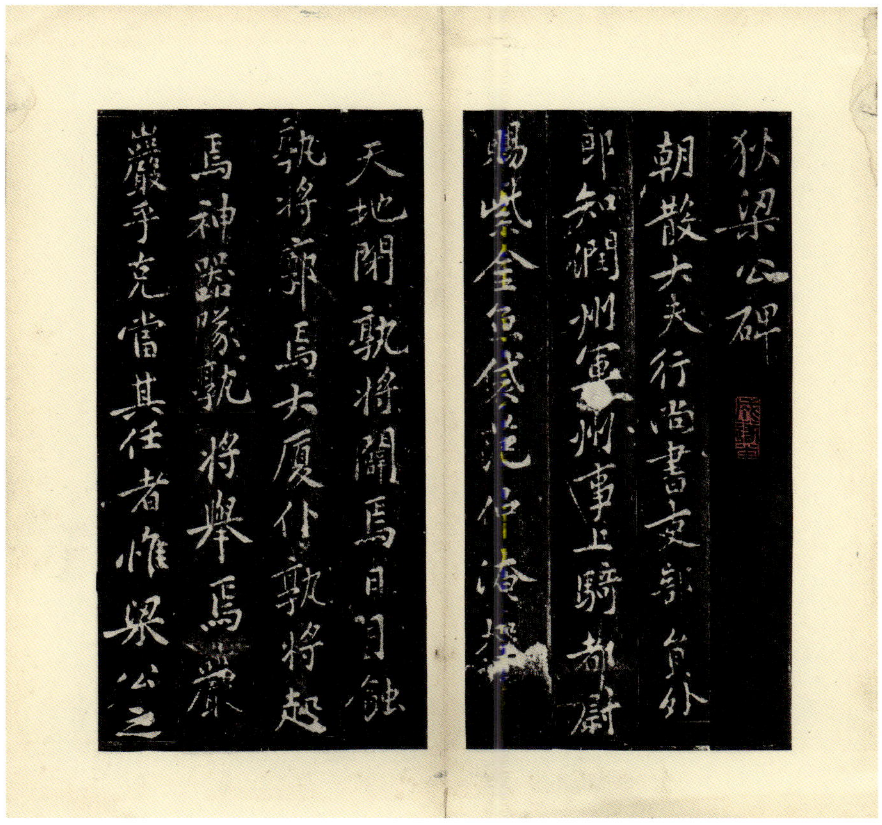
狄梁公碑
朝散大夫行尚書吏部員外
郎知潤州軍州事上騎都尉
賜紫金魚袋范仲淹撰
天地閉孰將闢焉日月蝕
孰將廓焉大廈仆孰將起
焉神器墜孰將舉焉巖
巖乎克當其任者惟梁公之

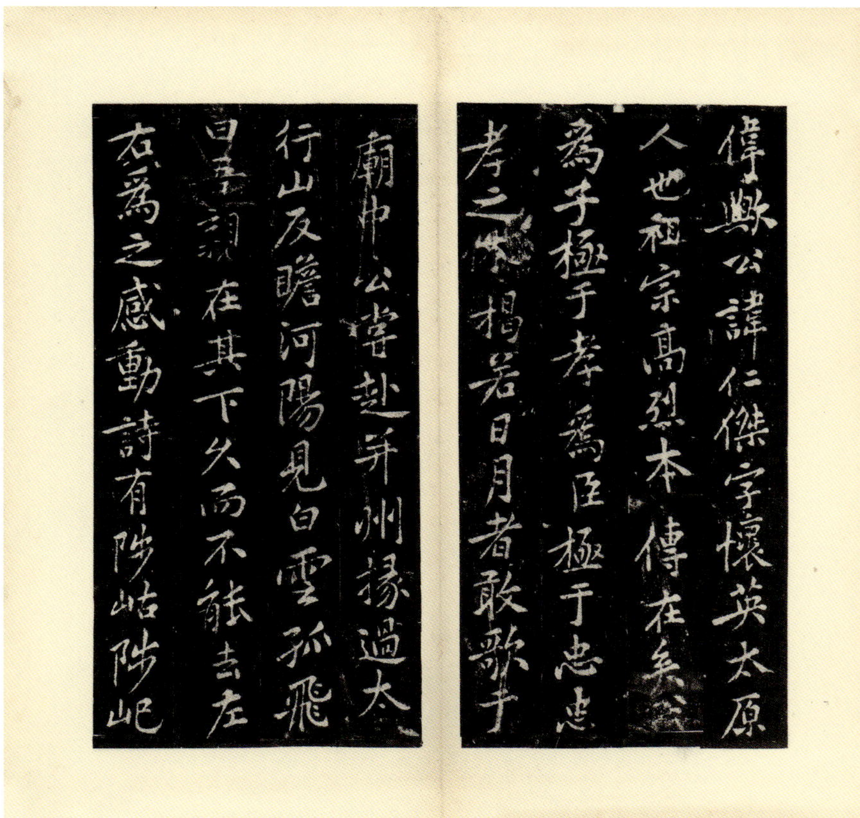
偉歟公諱仁傑字懷英太原
人也祖宗高烈本傳在矣
為子極乎孝為臣極于忠忠
孝之盛揭若日月者敢歌于
廟中公嘗赴并州掾過太
行山反瞻河陽見白雲孤飛
曰吾親在其下久而不能去左
右為之感動詩有陟岵陟屺

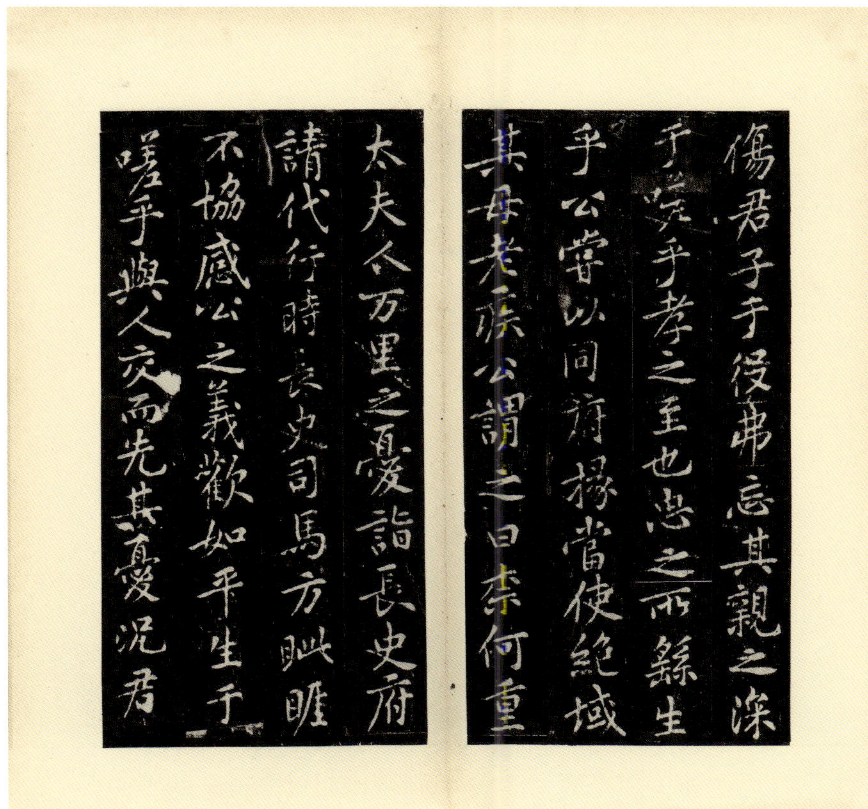
傷君子于役弗忘其親之深
于茲乎孝之至也忠之所繇生
乎公嘗以同府掾當使絕域
其母老疾公謂之曰奈何重
太夫人万里之憂詣長史府
請代行時長史司馬方睚眦
不協感公之義歡如平生于
嗟乎與人交而先其憂況君

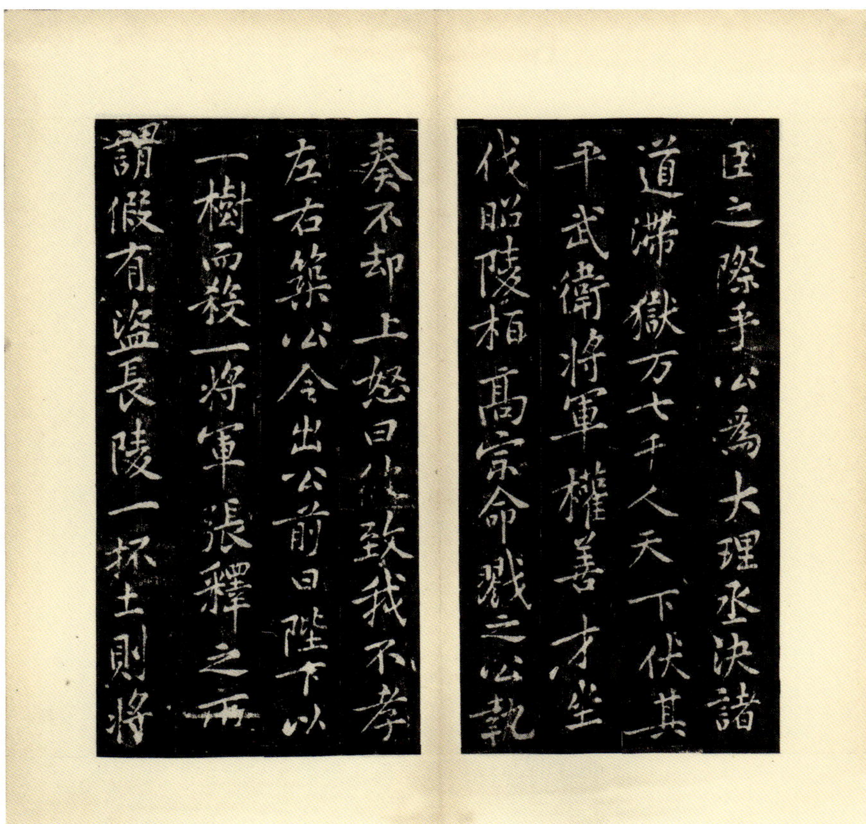
臣之際乎公為大理丞決諸
道滯獄万七千人天下伏其
平武衛將軍權善才坐
伐昭陵柏高宗命戮之公執
奏不却上怒曰使我不孝
左右築公令出公前曰陛下以
一樹而殺一將軍張釋之所
謂假有盜長陵一抔土則將

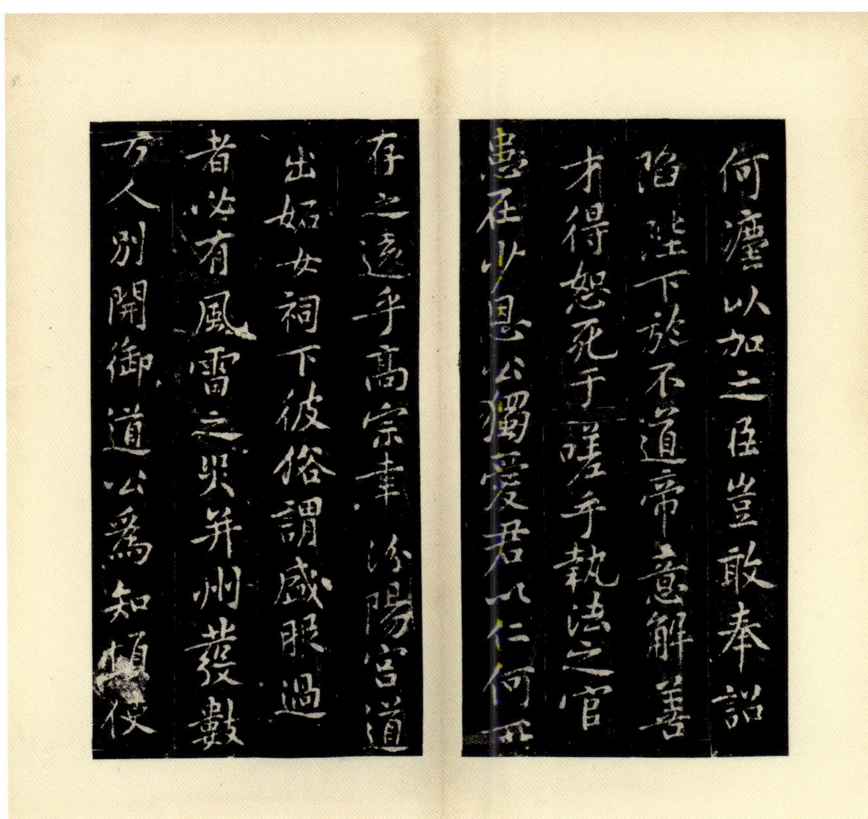
何瘥以加之臣豈敢奉詔
陷陛下於不道帝意解善
才得恕死于嗟乎執法之官
患在少恩公獨愛君以仁何所
存之遠乎高宗幸汾陽宮道
出妒女祠下彼俗謂盛服過
者必有風雷之災并州發數
万人別開御道公為知頓使

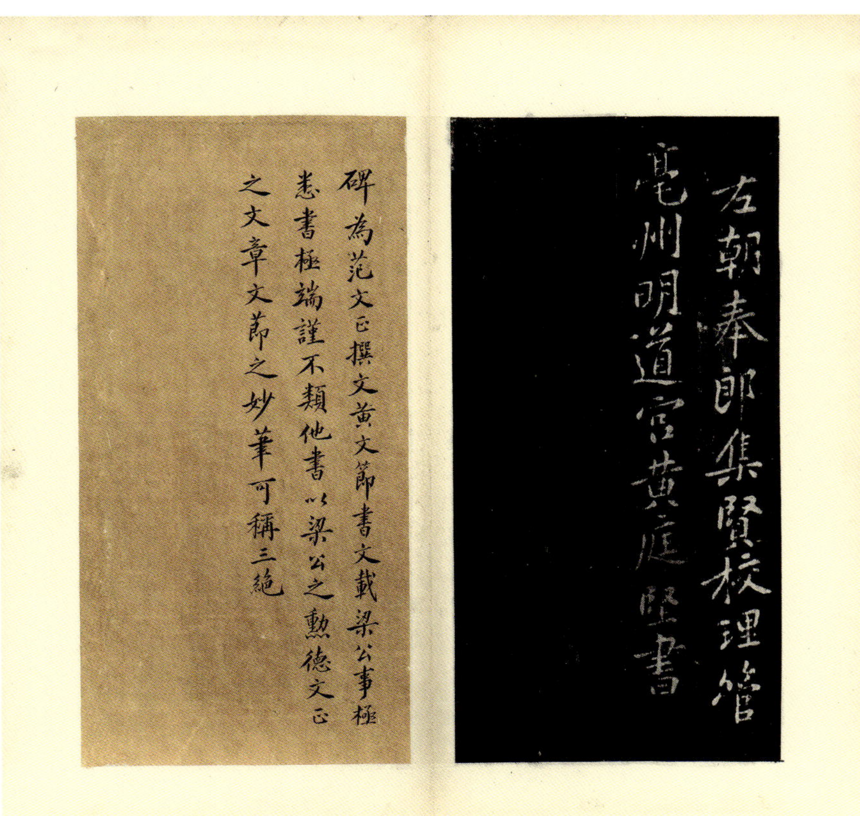
左朝奉郎集賢校理管
亳州明道宮黄庭堅書
碑為范文正撰文黄文節書文載梁公事極
悉書極端謹不類他書以梁公之勳德文正
之文章文節之妙筆可稱三絕

黄庭坚《黔州题名》

北宋绍圣二年（1095） 湖南永州 清拓 43.0厘米×64.0厘米 淳石斋藏

北宋绍圣二年（1095），51岁的黄庭坚被贬为涪州（今重庆涪陵）别驾，黔州（今重庆彭水）安置，后又移置戎州（今四川宜宾）。

绍圣二年（1095）四月至绍圣五年（1098）三月，黄庭坚居于黔州，先居于摩围山开元寺，后妻儿至，又筑新居，始自号“涪翁”。《彭水县志·金石》“黄鲁直题石”条云：“道光间，小北门居民掘土得石刻云：‘杨皓明叔、任栞子修自城西来，会于石间。’凡十六字，旁有涪翁题三字，字画完好，宋代真迹也。”此石原存彭水城内汉葭公园，后移至县文化馆后之石穴。“文革”期间修建彭水县第一招待所时，石刻不知去向。

杨、任二人皆为黄庭坚居黔时交往密切的友人，杨皓之父与黄庭坚的叔父黄廉为同年进士，与苏轼为眉山同乡，杨皓本人亦有诗名。黄庭坚有多件传世书作与杨皓有关，如《致明叔同年帖》《与明叔少府札》《砥柱铭》等。

展品为清代拓本，钱罕旧题。

（田振宇）

涪翁題石

楊晧明叔任
秦子修自城
東來會于石
間涪翁題

黄庭坚《题永州淡山岩诗》

北宋政和六年（1116） 湖南永州 清拓 176.0 厘米 ×82.0 厘米 一吟堂藏

淡山岩又称澹岩、淡岩，在永州（今属湖南）零陵城南二十五里，因淡姓聚居而得名，有巨型溶洞与天坑相连，景致幽邃奇绝，自古被誉为永州之冠，宋代贬谪西南的官宦多有来游并留下题记。原宋人题刻多达 100 处，明清石刻不计其数，20 世纪 60 代洞内建军工厂房，破坏严重，现仅存 30 余处。在已损毁的题刻中，以黄庭坚的淡岩诗名声最著。

北宋崇宁三年（1104）三月，黄庭坚贬谪宜州，道经永州，访当地名胜浯溪、朝阳岩、淡岩等并题咏，其中题永州淡山岩二首于政和六年（1116）由山僧智暠摹刻岩壁之上，行书 7 行，行约 20 字，并释智暠细字题记一行。首行署款黄庭坚之“庭坚”二字重叠，为刻工之误。诗中“永州淡岩天下稀”句成为历代歌咏淡岩的代表。黄庭坚书此诗时 60 岁，距卒仅差一年，比《松风阁诗》更晚两年，正人书俱老之际，笔画遒劲，中宫紧收，字势开张。

展品为清代拓本，整纸。

（田振宇）

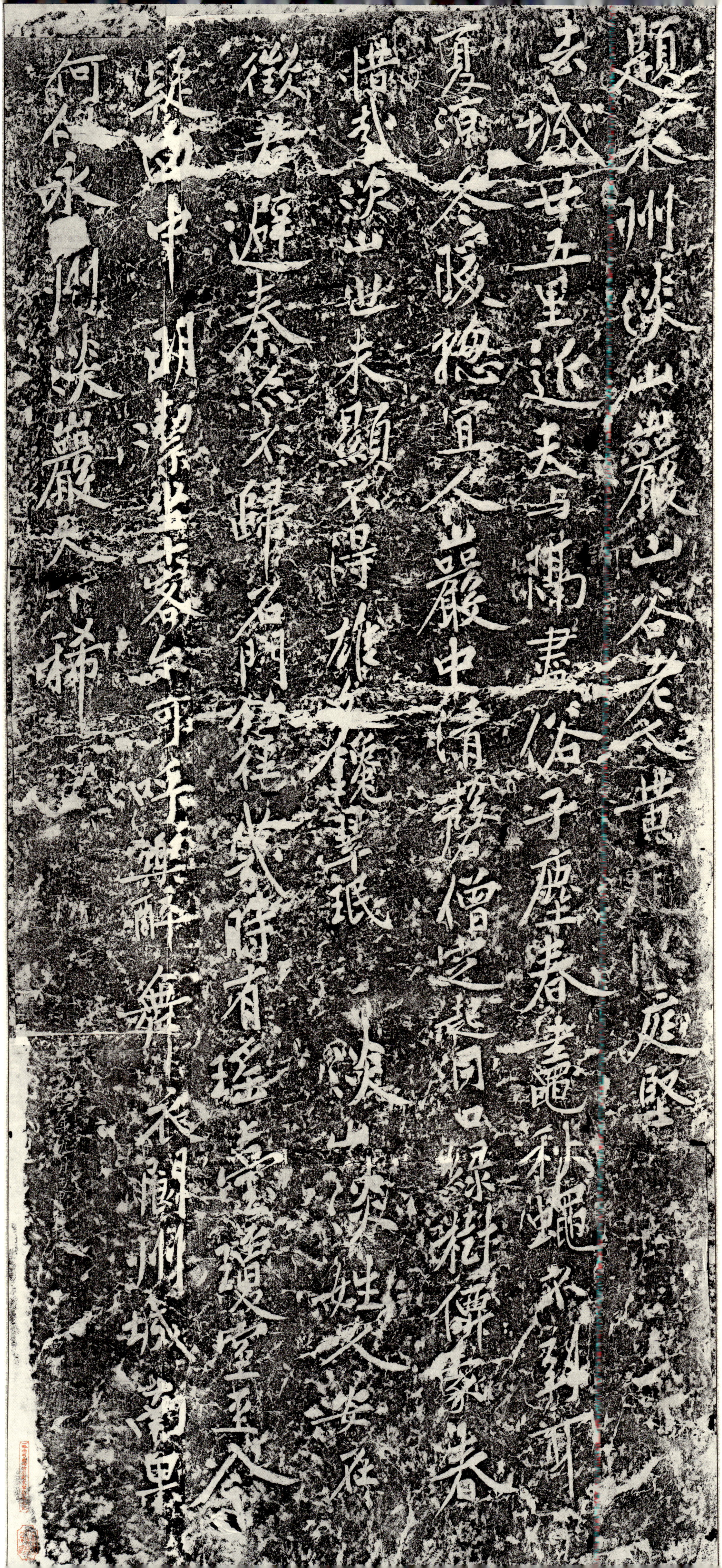
題萊州峽山巖 山谷老人黃庭堅
去城廿五里近 夫与鸞書俗子塵 春畫秋蠅
夏涼冬暖總宜人 巖中清 僧之 同綠樹傍家春
借我遊山世未題 不得雄文 峽山峽姓人安在
徽君避秦終不歸 石門往 時有瑤臺瑤室至今
疑白中明 生客 可呼 醉舞 衣 川城

黄庭坚《题浯溪大唐中兴颂摩崖碑后》

北宋宣和二年（1120） 湖南祁阳 清拓 226.0 厘米 ×120.5 厘米 一吟堂藏

《题浯溪大唐中兴颂摩崖碑后》，黄庭坚撰并书于北宋崇宁三年（1104）三月。原石在湖南省永州市祁阳县湘江南岸的浯溪碑林风景名胜区内，是全国重点文物保护单位“浯溪摩崖石刻”的代表性珍品之一。

崇宁二年（1103），黄庭坚贬谪宜州（今广西河池）。十二月初从寓居地湖北鄂州出发，于次年三月己卯（六日）泊舟浯溪。他连续三日徘徊于唐代元结撰文、颜真卿书丹的《大唐中兴颂》摩崖石刻之下，与诸友同观览，遂应请赋诗（七古）一首。黄庭坚自书该诗无题，因为《大唐中兴颂》是“左行”之刻，而黄庭坚之题在《大唐中兴颂》右侧崖石，故诸集所录之诗多题为《书磨崖碑后》，在《山谷别集》中题为《中兴颂诗引并行记》。

黄庭坚是北宋诗坛代表人物之一、江西诗派领袖，也是书法史上的“宋四家”之一。因此，他的《题浯溪大唐中兴颂摩崖碑后》不仅被文学界称为两宋文人咏唱《大唐中兴颂》“同题竞作”的典范之作，也被金石界誉为与《大唐中兴颂》并观的“小摩崖”。此摩崖书迹是黄庭坚逝世前一年的作品，书体以楷书为主，兼有若干行书笔意，个人书风鲜明，允推长篇佳制。需要指出的是，前人著录多以其为崇宁三年三月六日所刻，当有误。崇宁三年三月六日（己卯）乃黄庭坚泊舟浯溪的第一天，据诗序可知，其题书诗作的时间至少在第三天（三月八日）或稍后。根据摩崖后的两则碑后题记以及前人考述可知，该摩崖书迹在当时并未摹刻上石，而是“稿藏子发秀才家”；大约在宣和二年（1120）十二月，才在浯溪僧伯新的主持下“乃以私钱刻之中兴碑侧”。惜乎，清康熙四年（1665），石工误将其中一块 30 余字磨去。康熙十二年（1673）十一月，新任祁阳知县王颐等重新修复磨毁的部分（即拓本上部第四字以下偏左的“不能为文，偶/着浯溪扶……”这一横块）。

（方爱龙）

崇寧三年三月己卯風雨中來泊浯溪進士陶豫李格僧伯新道遵同
至中興頌崖下明日居士蔣大年石君豫太醫成權及其姪逸僧守能
志觀德清義明崇廣俱來又明日蕭褒及其弟褒來三日徘徊崖次請余
賦詩老矣豈能文偶作數語惜秦少游已下世不得此妙墨劖之崖石耳
春風吹船著浯溪扶藜上讀中興碑平生半世看墨本摩挲石刻鬢成絲
明皇不作苞桑計顛倒四海由祿兒九廟不守乘輿西萬官已作烏擇棲
撫軍監國太子事何乃趣取大物為事有至難天幸耳上皇跼蹐還京師
內間張后色可否外間李父頤指揮南內淒涼幾苟活高將軍去事尤危
臣結舂陵二三策臣甫杜鵑再拜詩安知忠臣痛至骨世上但賞瓊琚詞
同來野僧六七輩亦有文士相追隨斷崖蒼蘚對立久凍雨為洗前朝悲
宋豫章黃庭堅字魯直諸子從行相梲相楷春

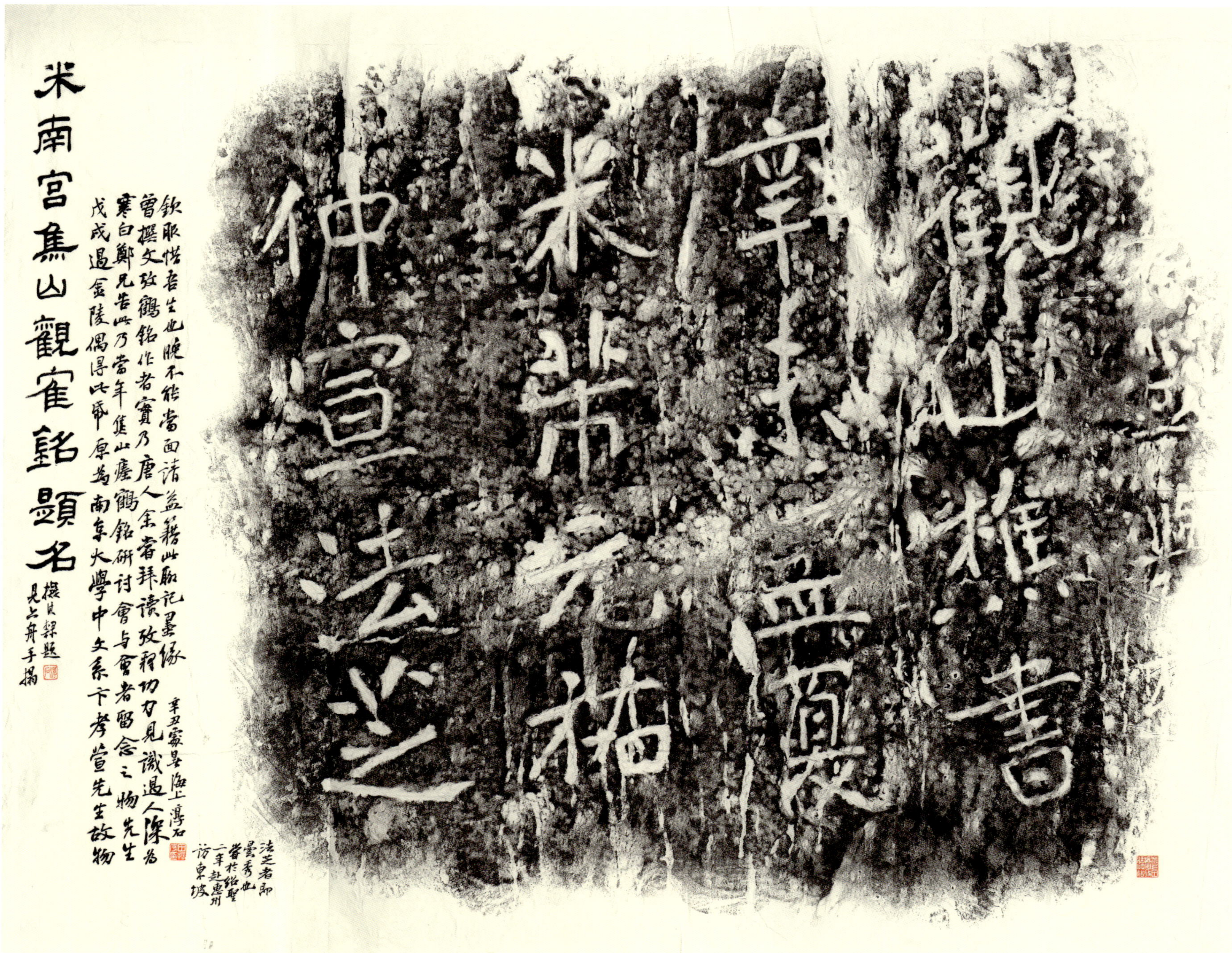

米芾《焦山观鹤铭题记》

北宋元祐六年（1091） 江苏镇江 新拓 67.0 厘米 ×96.0 厘米 淳石斋藏

《瘗鹤铭》是刻于江苏镇江焦山崖壁上的一篇葬鹤祭文，自北宋始为人知，因撰文及书者均用化名，历代对作者及刻石年代存在争议，有谓东晋王羲之者，宋黄伯思《东观余论》认为系梁陶弘景所书，又有唐代顾况、皮日休等说，当代学者卞孝萱、王家葵考证出于皮日休、陆龟蒙等之手。其书法颇受推崇，尤其北宋黄庭坚倡导学习此铭，提出“大字无过瘗鹤铭”之后名声更著。唐宋之交，刻石遭雷击崩塌，坠落江中，宋人又于焦山石壁重刻此铭并建亭，焦山也因《瘗鹤铭》而闻名天下，文人墨客等览留题诗众多。

米芾移居丹阳后，多次来到焦山，并留下题刻。元祐六年（1091），他与友人登焦山访《瘗鹤铭》，欣然题记并刻于焦山西麓临江山岩之上。题记为左行，4 行 16 字：“仲宣、法芝、米芾元祐辛未孟夏观山樵书。”仲宣、法芝分别为甘露寺、金山寺僧人。

展品为近年所拓，原为南京大学卞孝萱先生所藏，今在淳石斋。

（田振宇）

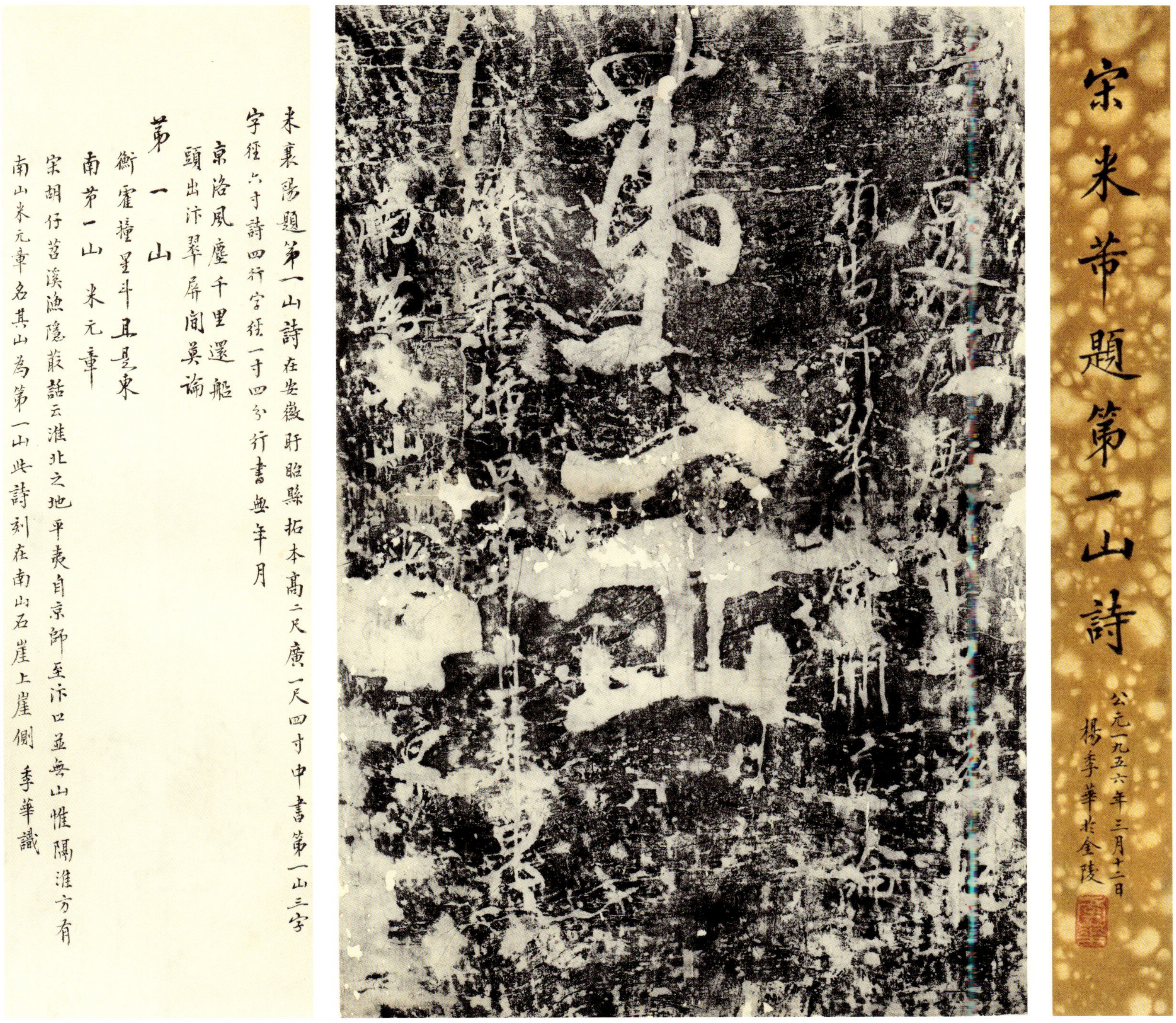

米芾《盱眙第一山题字》

北宋绍圣四年（1097）后　江苏盱眙　明拓　62.0 厘米 ×42.5 厘米　弘文博物藏

摩崖石刻原在江苏盱眙县城南山秀岩石壁上、苏轼《行香子》之南侧，今已不存。北宋绍圣四年（1097），米芾知涟水军，由汴京经汴水南下，一路皆平原，至汴口入淮时见对岸一山耸峙。此即盱眙南山，又称都梁山，因位于泗州之南而得名。米芾弃舟上岸，登山览胜，赋诗咏景：“京洛风尘千里还，船头出汴翠屏间。莫论衡霍撞星斗，且是东南第一山。”自此，南山被称作“第一山”。

此米芾亲书擘窠大字，旁附题诗，落米元章款，未署刊刻年月，必在绍圣四年之后，为北宋所刻无疑。南宋胡仔《苕溪渔隐丛话》有载。明屠隆《考槃馀事》评：“第一山，米芾行书，字方六七寸，奇伟秀丽，在直隶凤阳府盱眙县。”据顾工考证，此摩崖刻成之后，各地翻刻极夥，知名者如泰安岱庙、杭州吴山、江西庐山、福州乌山、河南嵩山等，均据盱眙摩崖本放大翻刻，并有误作吴琚书者。原石毁于明末清初兵火，拓本传世颇为稀有。

展品为盱眙宋刻原石毁前拓本，米芾大字真容赖此以传，原为民国时期南京金石碑帖收藏家杨季华旧藏，现藏北京弘文博物。

（田振宇）

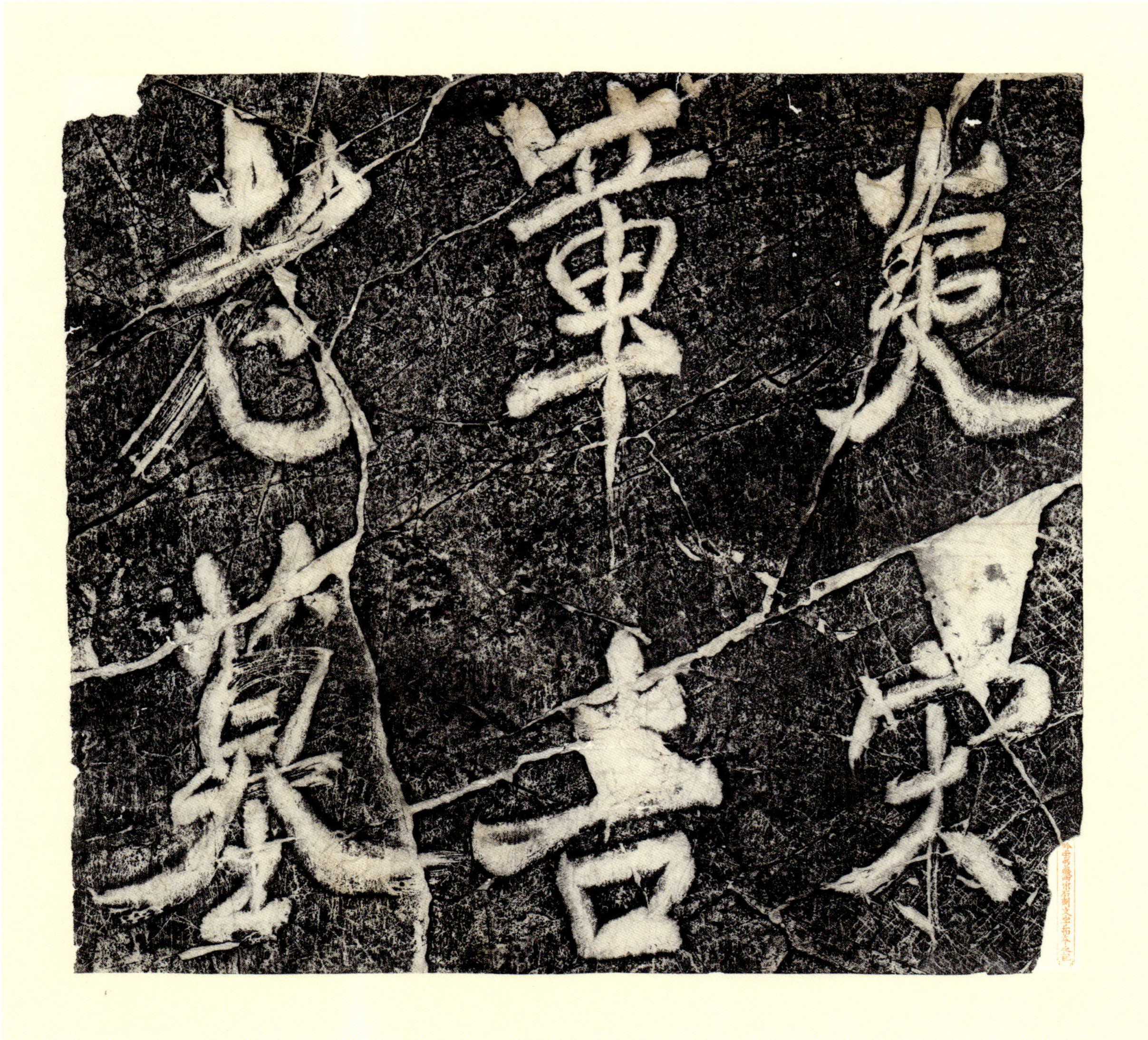

米芾《章吉老墓表》

北宋大观元年（1107） 安徽无为 清拓 册页 33.5 厘米 ×19.5 厘米 65.4 厘米 ×72.7 厘米（额） 一吟堂藏

《章吉老墓表》是米芾为无为军名医章吉老（1019—1097，名迪，字吉老）撰并书的行书墓碑，题称《无为章吉老墓》，额作“炎宋章吉老墓”，前署“承议郎、行书学博士、飞骑尉、赐绯鱼袋米芾表”，末署“大观元年岁次丁亥丙午朔丙戌日，男济立石”。北宋大观元年（1107）五月一日树立于安徽无为县檀树乡花渡河边章吉老墓前。因墓表处于荒野草莽之中，石碑经年累月遭到“羊触牛羝、樵冲牧撼”，致使石纹皴裂，摇摇欲坠。明代嘉靖、万历年间两次维修。原石在 20 世纪 70 年代摧毁。

根据墓表文字可知，米芾与章吉老并不相识。崇宁三年（1104）仲春，米芾除书学博士，随后出知无为军。任上，米芾有闻于章氏医术医德，结识了章吉老之子章济，因为“请以吾友周元章撰埋志，不复多得”，于是直接表示“愿表墓道，遂直书其事”。此表应是米芾离任无为军之际所书。次年春三月，米芾病卒于淮阳军廨。

原石拓本之外，本表书迹早在南宋咸淳五年（1269）正月之前，就被无为军通判曹之格摹刻《宝晋斋法帖》时置于帖末（见传世法帖卷九之末），后世刻帖如《清芬阁米帖四刻》卷一等也有翻刻。叶昌炽《语石》卷一“宋四则”条提出：后人学米皆在简牍，不知《章吉老墓表》《芜湖县新学记》等碑刻书迹，非《群玉堂》《英光堂》两种南宋刻帖所摹米帖所能仿佛也。至于《章吉老墓表》中提到的“吾友周元章撰埋志”，传世所见《章吉老墓志》（题称《宋无为章居士墓志铭》）拓本一种，署名周绅撰文、米芾书丹、陈敦复篆盖，记载章济“将以崇宁乙酉（四年，1105）九月初二日，迁其父之丧葬于无为县温良里之原”。与《墓表》相比，该《墓志》书迹风神有别，或有深入研究之必要。

本墓表无断裂纹之善拓本未见。据传世旧拓本核计，碑石表文主体部分高约 160 厘米、宽约 120 厘米，额文部分约 65 厘米见方。碑额六大字，分 3 行，行 2 字。展品除常见原石残泐之字外，唯见第 15 开（第 30 页）“廉介自守”之“自”字损失。碑额失拓，原藏者以薄纸双钩六字附于册背。一吟堂主人另收得旧拓之额一纸相补全。相较于常见拓本，本册末附装有刘师朱万历三十六年（1608）九月吉日《修炎宋章吉老墓碑》题刻全 4 页，较少见。

（方爱龙）

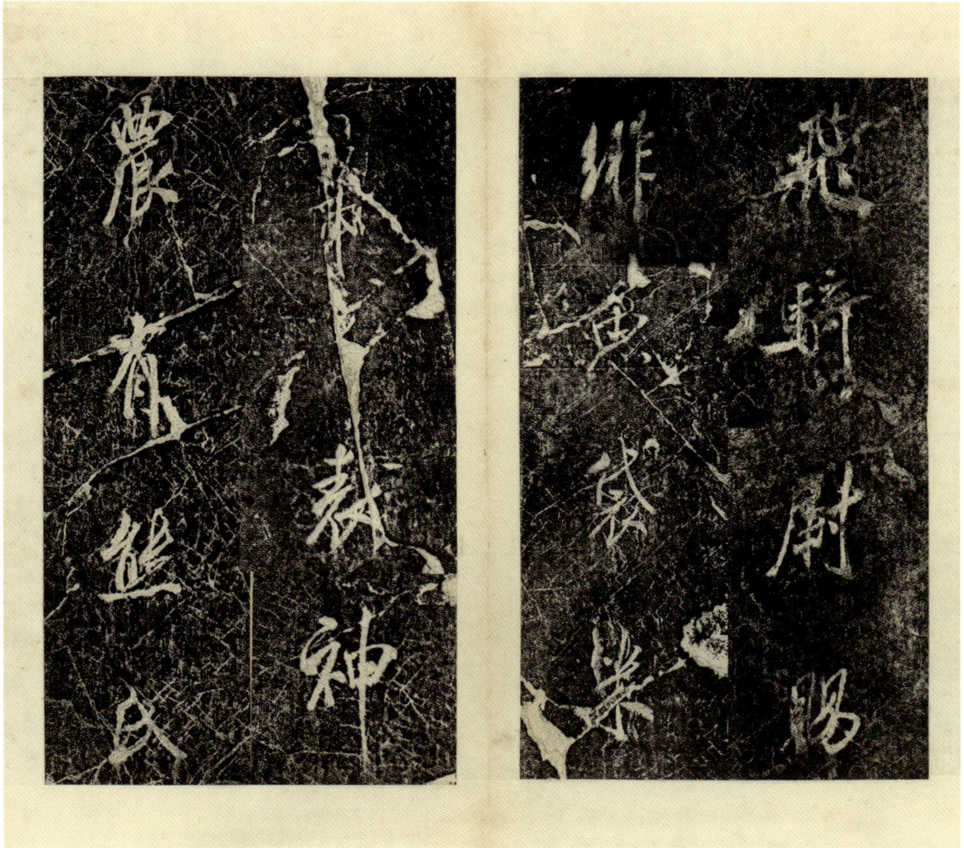

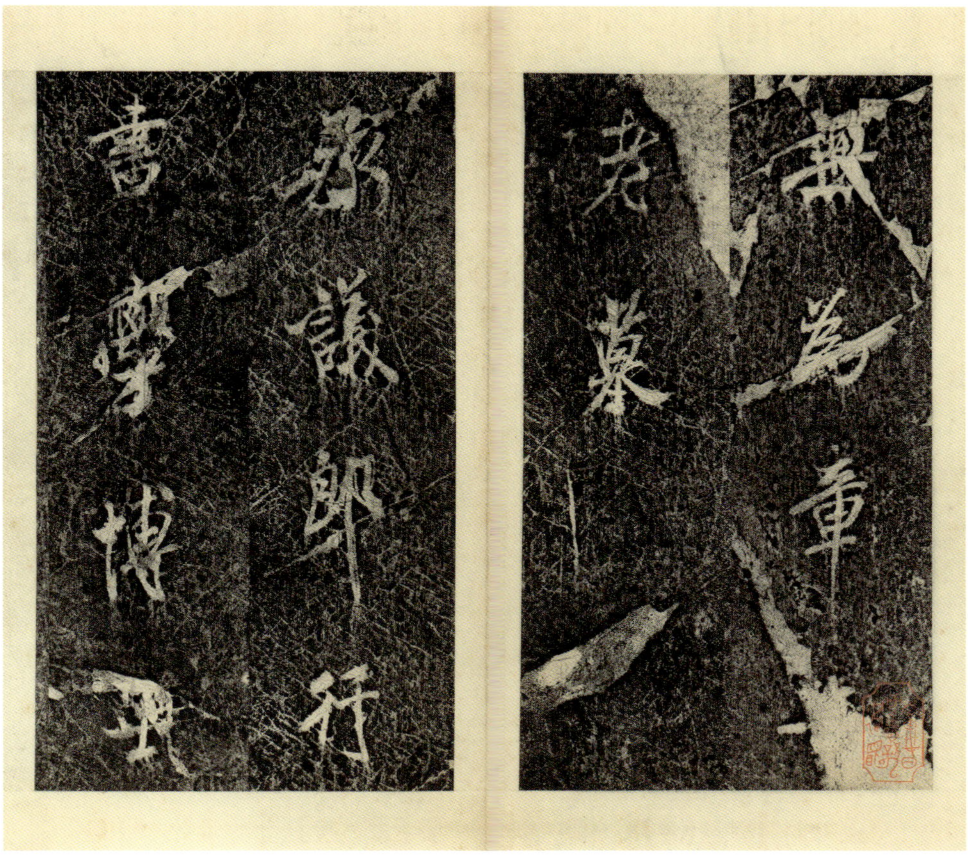

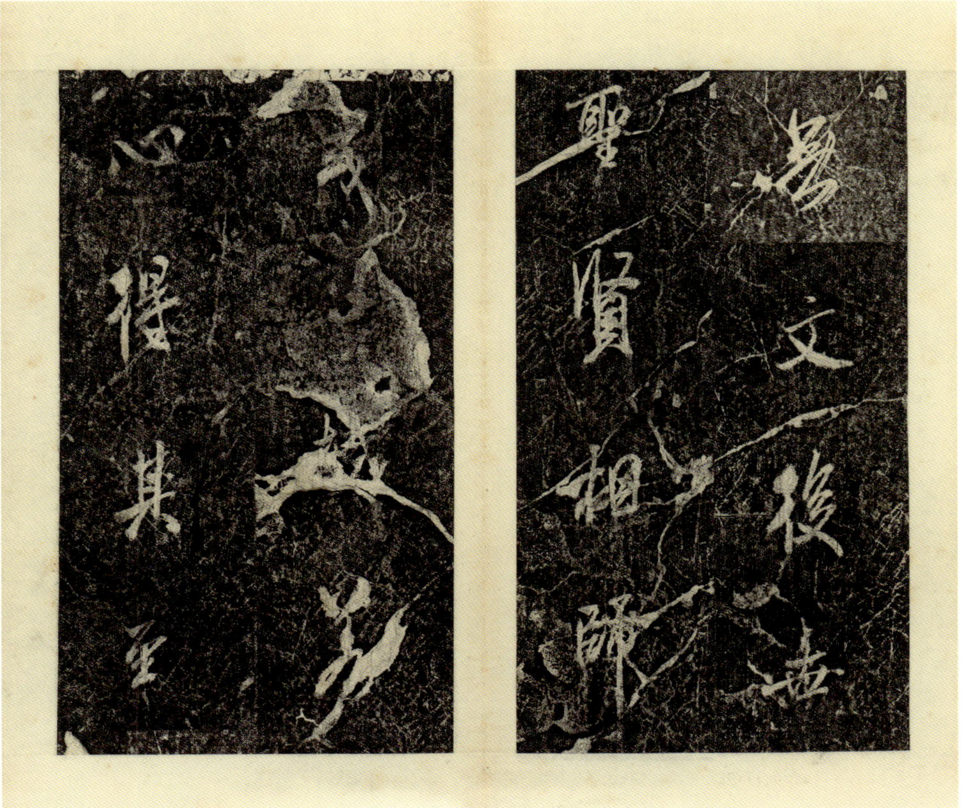

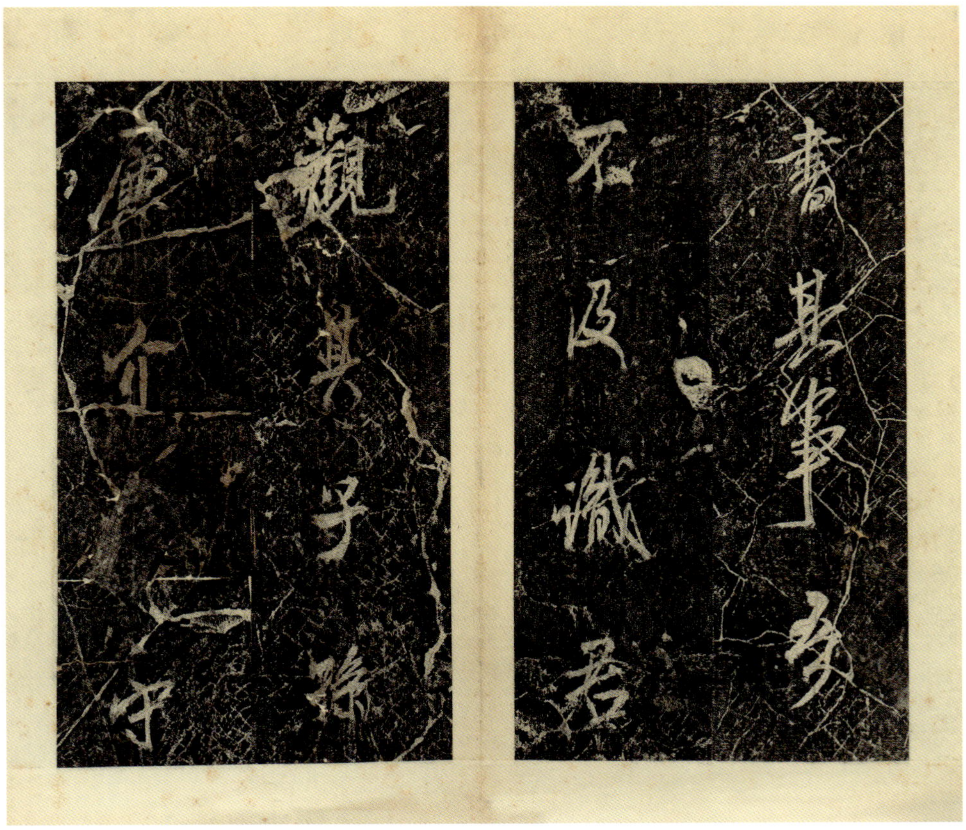

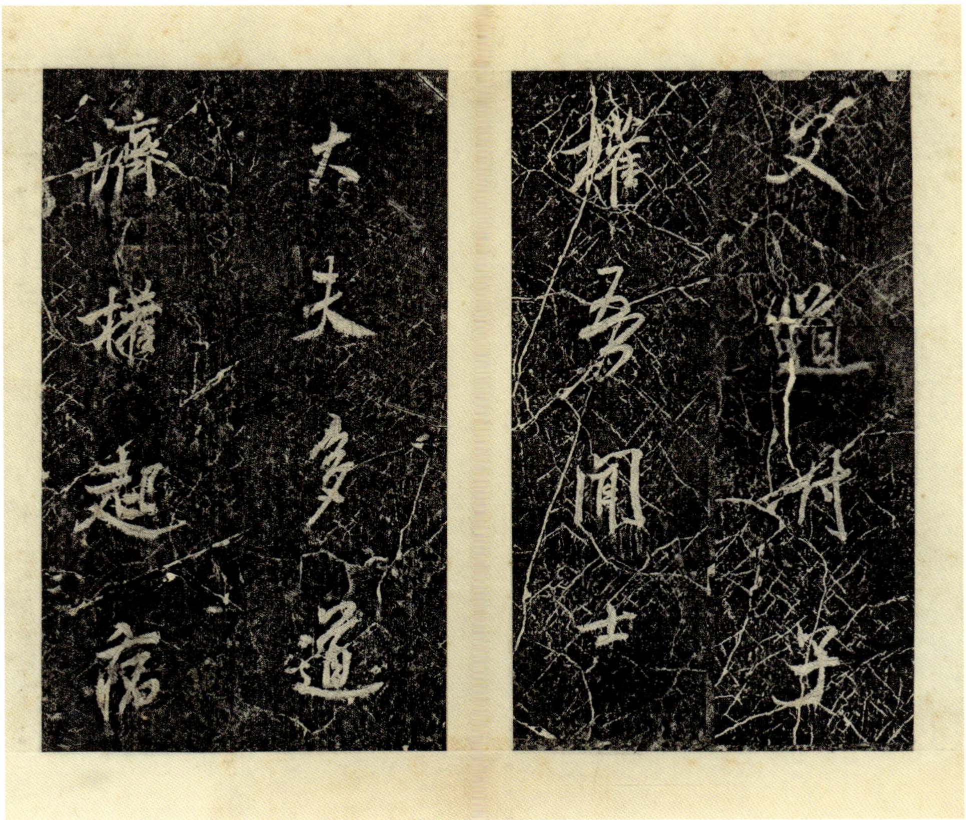

米芾《书秦观踏莎行》

南宋咸淳二年（1266） 湖南郴州 清拓

43.0 厘米 ×31.5 厘米 / 53.5 厘米 ×58.7 厘米 一吟堂藏

北宋绍圣三年（1096），苏门四学士之一的秦观流放郴州，次年写就《踏莎行·郴州旅舍》，感叹人生际遇，词中有“郴江幸自绕郴山，为谁流下潇湘去”，当时即传为名句。苏轼极重秦观，在获知秦观客死藤州（今广西藤县）后曾叹云：“少游已矣！虽万人何赎？”后米芾将秦观之词与苏轼的纪语一并抄录。南宋咸淳二年（1266），时任郴州知军邹恭将米书摹刻于山崖石壁之上，并在下方小字题记，述刊刻之缘由。世称秦词、苏纪、米书为“三绝”。

后人多至此凭吊先贤。清道光十八年（1838），胡万本来游，重集米书成五言古诗一首，摹刻于宋刻之旁。今宋刻摩崖尚存，位于郴州苏仙岭公园，但字迹已磨灭殆尽，难以辨识。

展品为晚清民国时精拓，宋刻原石及胡万本摹米书共计二纸，虽有漫漶，存字尚多清晰可读。

（田振宇）

米芾《植桧赞》

北宋崇宁二年（1103） 山东曲阜 清拓 129.0厘米 ×63.5厘米 一吟堂藏

山东曲阜孔庙大成门内东侧有一株古圆柏，相传为孔子亲手所植。宋徽宗建中靖国元年（1101），米芾被任命为江淮发运司属官。崇宁二年（1103）改任太常博士，同年他亲撰赞语并以擅长的行书书写，刊刻上石。赞词曰："炜东皇，养白日。御元气，昭道一。动化机，此桧植。矫龙怪，挺雄姿。二千年，敌金石。纠治乱，如一昔。百氏下，荫圭璧。"碑材为石灰岩质，因岁月既久，再罹烟烬，字迹漫漶，残损严重。现保存于曲阜汉魏碑刻陈列馆。

米芾行书大字传世不多，此碑书法雄奇恣肆，体势近于名作《虹县诗帖》。展品为晚清拓本。

（田振宇）

米芾《芜湖县学记》

北宋崇宁二年（1103） 安徽芜湖 清拓 册页 27.4厘米 ×31.3厘米 ×6 中国美术学院图书馆藏

原碑坐落于芜湖市第十二中学校园内。芜湖市第十二中学原为芜湖县学官旧址，据载始建于北宋元符三年（1100）。崇宁二年（1103），应时任县令林修之请，礼部尚书黄裳撰文，知无为军米芾亲书《县学记》，翰林张士亨摹勒上石。碑额“县学记”三字为大字篆书，正文为行书。全碑共21行，每行字数不等，有568字，碑侧行书于清代已佚。此碑高2.62米，宽1.24米，厚0.24米。碑文主要记述崇宁元年（1102），朝廷下诏推广神宗的“三舍造士”法，当时芜湖县令林修“奉诏从事”，广拓学官，并“率闾里子弟来就教育，推布教条考察之法”等。

米芾（1051—1107），初名黻，后改芾，字元章，号襄阳漫士、海岳外史。祖居太原，后迁湖北襄阳，谪居润州（今江苏镇江）。北宋书画家、鉴藏家、书画理论家，与苏轼、黄庭坚、蔡襄并称“宋四家”。曾任校书郎、书画博士、礼部员外郎等。

此碑为米芾所书诸碑中形制最大、保存较完好者。碑文书法既振迅多姿，又清古从容，笔力苍劲，欹侧随意，是米芾晚年风格的代表作。安世凤《墨林快事》曰：“此学记字字有体势，亦鲜败笔，又米书中之可贵者。”孙承泽《庚子销夏记》曰：“今虽稍剥，然大胜《龙井方圆庵》诸刻。”

（潘烨祺）

太平州蕪湖
縣新學記
禮部尚書黃
裳撰
無為米芾書

崇寧元年仲
秋天子思欲推
廣神宗皇帝三
舍造士之法

詔講議司條
具以聞左司
奏言先王之
時以閭族黨
之間莫不有
學所以明人

倫也及
其衰也無思
犯禮莫不好
德伏請縣邑
皆得以置學
越七月[illegible]

郎知蕪湖縣
林[illegible]奉
詔從事前此
所建過如
詔旨革[illegible]閭
里子弟來就

教育推布教
條者蔡如法
將仕郎學
[illegible]
有以資焉乃
其職也鄉教

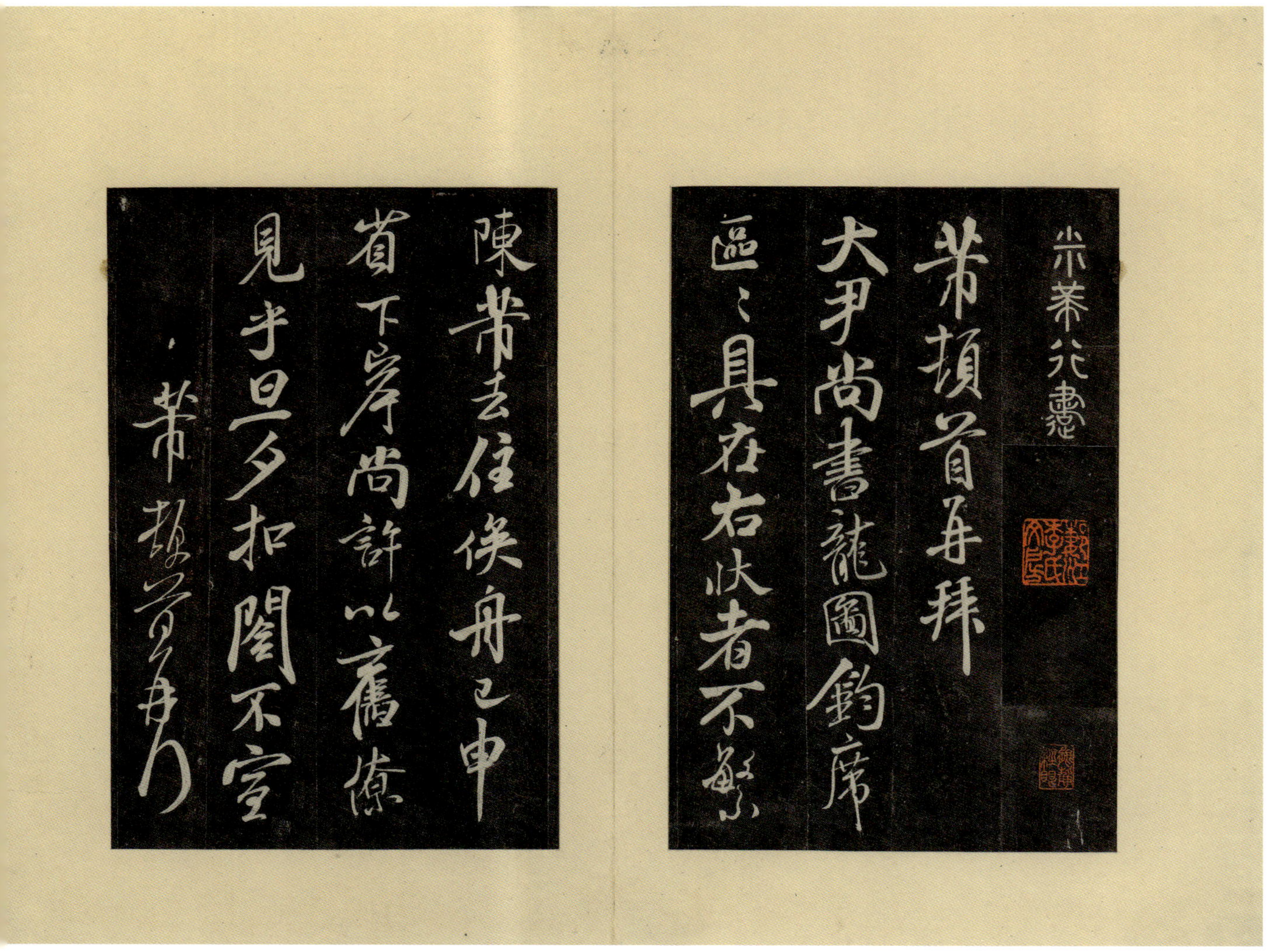
宋米元章
芾頓首再拜
大尹尚書龍圖鈞席
區區具在右狀者不縣
陳芾去住僕舟已申
首下岸尚許以舊僚
見乎旦夕扣閤不宣
芾頓首再拜

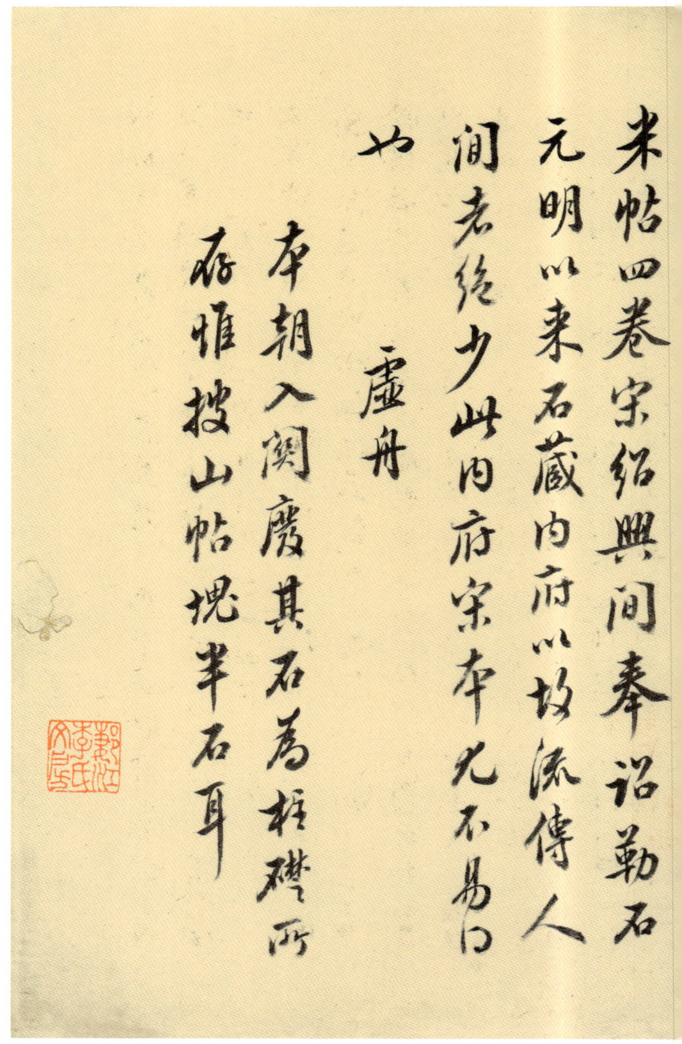
米帖四卷宋紹興間奉詔勒石
元明以來石藏內府以故流傳人
間者絕少此內府宋本尤不易得
也　虛舟
本朝入關廢其石爲柱礎所
存惟掞山帖塊半石耳

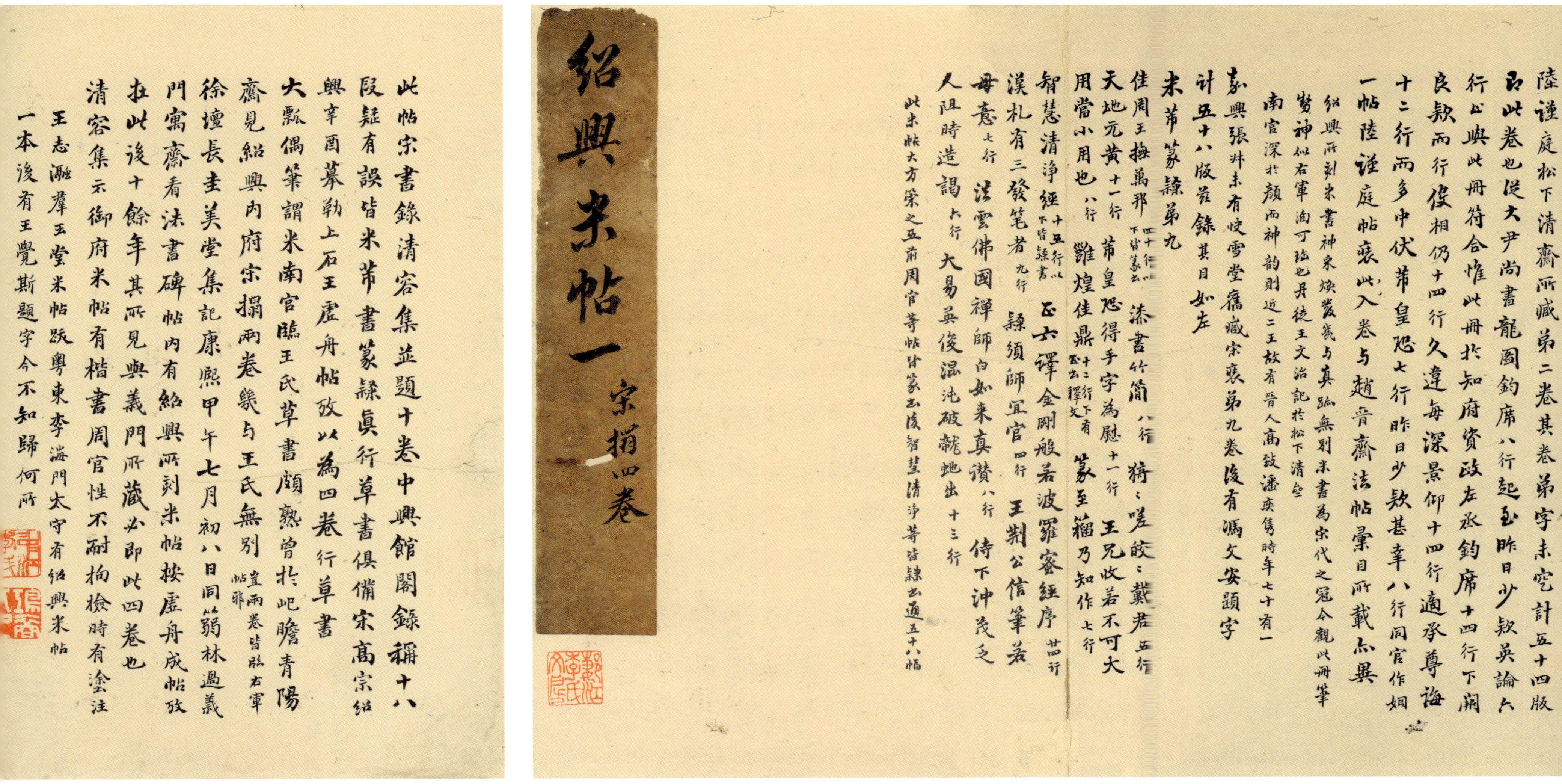

南宋《绍兴米帖》

南宋绍兴十一年（1141）　浙江杭州　宋拓　册页　25.0 厘米 ×17.0 厘米　私人藏

《绍兴米帖》，又名《宋高宗刻米元章帖》。南宋绍兴十一年（1141），宋高宗赵构命以内府所藏米芾墨迹摹勒上石，共十卷。按书体分类，每卷首标题一行、尾“绍兴辛酉奉圣旨摹勒上石”两行皆篆书。在此之前的皇家刻帖如《淳化阁帖》《太清楼帖》等收入的均为汉魏晋唐名家作品，由皇家出面将当朝名家书法集刻成法帖，《绍兴米帖》可谓创举。高宗书法初学黄庭坚，后改学米芾，并由米芾上溯“二王”。当时绍兴内府收藏的米临晋唐法书及其他书札手迹甚多，《绍兴米帖》反映出赵构的喜好倾向，这对米芾书法的地位提升起到了助推作用。此帖早于岳珂《英光堂帖》、米巨容《松桂堂帖》等，是最早辑刻米芾个人书迹的专帖。时米芾子米友仁正受命为内府鉴定书画，加之赵构精研米书，因此《绍兴米帖》所收绝无伪迹，被后世碑帖鉴藏家奉为圭臬。

惜帖石完成后久藏皇家深院，传拓甚稀，又屡遭战火损毁。近代碑帖学者张彦生曾见宋拓四册，有清初王澍跋，谓帖石明时犹藏内府，顺治初废为阶砌，所存仅一片有半。而王澍此说不知何据，其石何时从杭州运京亦无从知。另虚舟原跋称：“本朝入关，废其石为柱础，所存惟《披山帖》块半石耳。”与张说略有小异。赵魏《法帖汇目》、程文荣《南村帖考》等皆著录。

今《绍兴米帖》片石无存，存世拓本亦仅零星残册，未见十卷全者，上海图书馆藏一册篆隶卷九，国家图书馆藏一册行书卷二，故宫博物院有徐郙旧藏本两卷。

展品即张彦生《善本碑帖录》提到的王澍题跋宋拓四册，行书、草书各两卷，一卷一册，共计七十七开。除清初学者书法家王澍题跋外，又经晚清名家何瑗玉、李鸿裔递藏，学者赵烈文经眼，帖中有李氏多段题记考证，系《绍兴米帖》传世诸本中数量最多的大宗，极为珍贵，堪称两宋皇家刻帖典范。

（田振宇）

之他到此見未有所以
歸涉不能容吞舟間
士從海家游甚衆求
門館者常十輩等

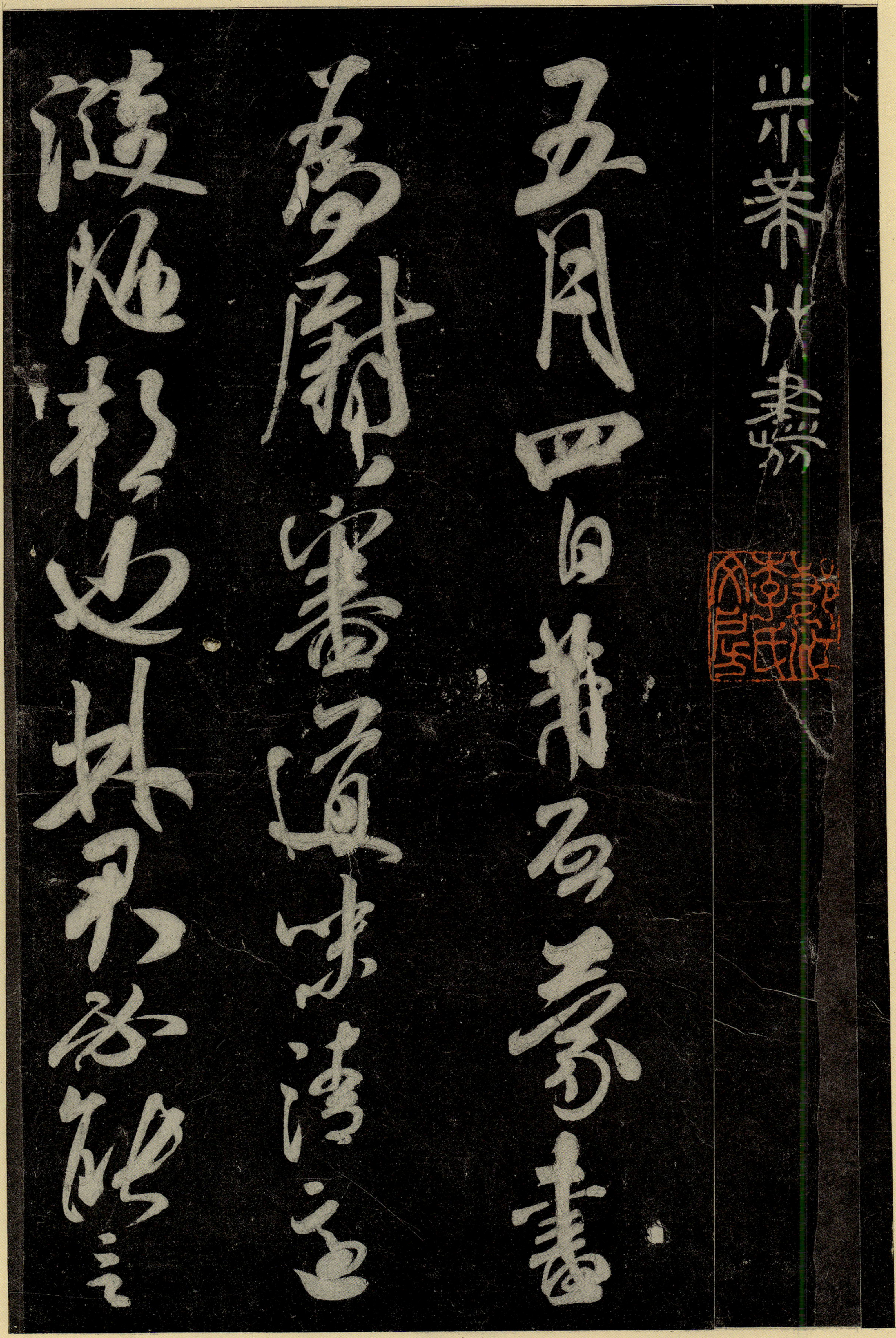

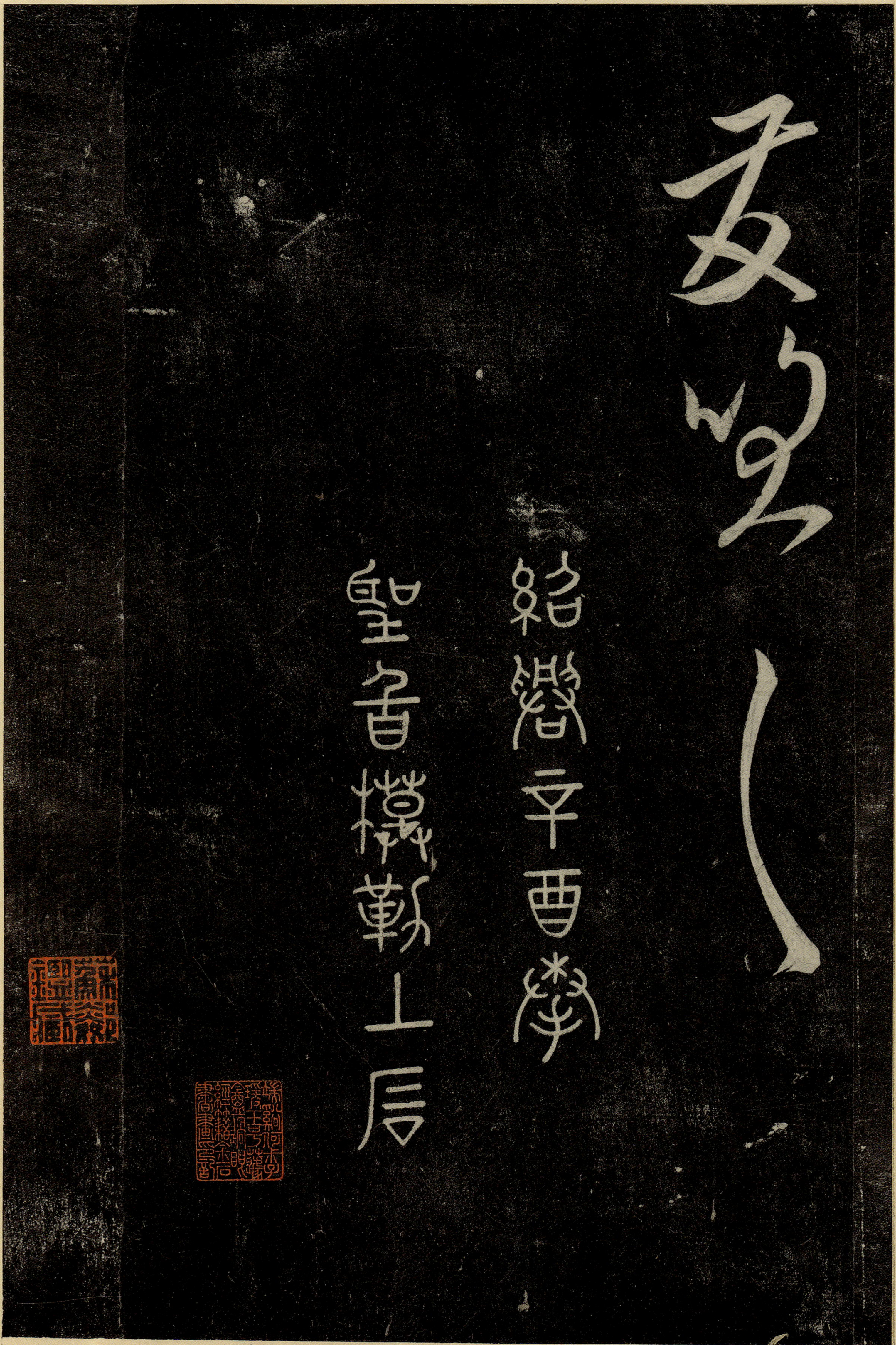

光緒丁亥暮春之初能靜居士趙烈文觀

乙亦已悟也一笑中
书家何如人果才
从风雨来书也迁
如仙能之露猿去

米友仁《吴郡重修大成殿记》

南宋绍兴十一年（1141） 江苏苏州 新拓 169.0厘米×89.0厘米 一吟堂藏

北宋的苏州府学毁于靖康之乱，建炎年间虽重修学宫，但用于祭祀孔贤的殿宇未及恢复。南宋绍兴十年（1140），平江知府梁汝嘉上任后即重修文庙大成殿，次年完成并立此碑。碑由郑仲熊撰文，翟耆年篆额，米友仁书，徐实刊刻。碑高182.0厘米，宽96.0厘米，正文行书22行，每行44字，篆额"吴郡重修大成殿记"4行8字。此碑是现存最早记载苏州郡学文庙历史的碑刻，保存完好，现藏苏州碑刻博物馆，砌于戟门内西侧壁间。

米友仁（1074—1153），一名尹仁，字元晖，晚号懒拙老人。山西太原人，定居润州（今江苏镇江）。米芾长子。书画能继家风，早年即以书画知名。北宋宣和四年（1122）应选入掌书学，南渡后备受高宗优遇，官至兵部侍郎、敷文阁直学士，曾为绍兴内府鉴定法书名迹，世称"小米"。

（田振宇）

吳郡重修大成殿記

郡邑置夫子廟於學以歲時釋奠蓋自唐貞觀以來未之或改我 宋有天下因其制而損益之姑蘇當浙右要區
規模尤大更建炎戎馬蕩然無遺雖修學官於荆榛瓦礫之餘獨殿宇未遑議也每春秋展禮於齋廬已則置不問殆
爲闕典今 寶文閣直學士括蒼梁公來牧之明年實紹興十有一禩也二月上丁修祀既畢乃惕然自咎抱諸生告
之曰 天子不以汝嘉爲不肖俾出守茲土顓治民事神皆守之職惟是夫子之祀教化所基尤宜嚴且謹而釋奠
薦祭之地庳陋乃爾其何以揭虔妥靈汝嘉也不敢避其責矣嘗去此孫年若有所負尚安得以罷輭自恕復累後人
乎他日或克就緒願與諸君落之於是謀之僚吏搜故府得遺材逾千枚取贏貲以給其費鳩工庀役各舉其任癸月
訖功民不與知像設禮器百用具修至於堂室廊序門牖垣墻皆一新之無復茨灾凋殘之象既而公亦去甚力學
德公之賜陰圖挽之者計百出不果仲熊客游之久嘗從公廡下怪其閎偉徘徊不能去退而竊有述焉夫樂因循而
重改作家天下之患當承平無事法令備具上下恬嬉往往厭材抱藝之流欲有施設亦無因以見若艱難多故雖賢
智馳騖猶日不暇給儻復一切苟且則浸淫所弛無所不至矣自 國家兵興之後天下廟學屢廢有之類因陋就
簡甚者以爲迂闊不急之務漫不加省縱有意吾黨事者猶縮手畏避不敢爲蓋嘗深鄙之去年夏六月胡虜敗盟邊
陲驛騷 朝廷以此邦江淮之衝亟起公琳館以鎮撫之下車未久一境晏然迺獨以學校爲急除舊起廢以餙祀
典且修文正范公安定胡先生二祠以爲邦人之勸公之用意至到如此可謂知所先矣此役也雖未足以窺公規畫
一二然使爲師帥者率以是爲務吾知其有廢皆舉何事不濟哉故叙其實以告來者且系之以詩曰

巍巍夫子　道侔天地　久而彌光　于今來祀　中原雲擾　俎豆靡餘　旁風上雨
似窟蔽居　兩楹之奠　鮮克中禮　弗恭弗蠲　吾道是恥　玩歲愒日　孰爲經營
奕奕斯廟　非公莫成　神棲孔嚴　遂還舊觀　峩峩儒宮　載瞻詠歎　維昔僖公
參修頖宮　千載相望　蔚其高風　猗歟茲舉　能使吳重　我作此詩　以繼魯頌

紹興十一年歲次辛酉四月乙巳朔建

右宣教郎翟耆年篆額
右朝散郎提舉兩浙西路茶鹽公事米友仁書
左迪功郎新差充太平州州學教授鄭仲熊撰

姑蘇徐宗刊

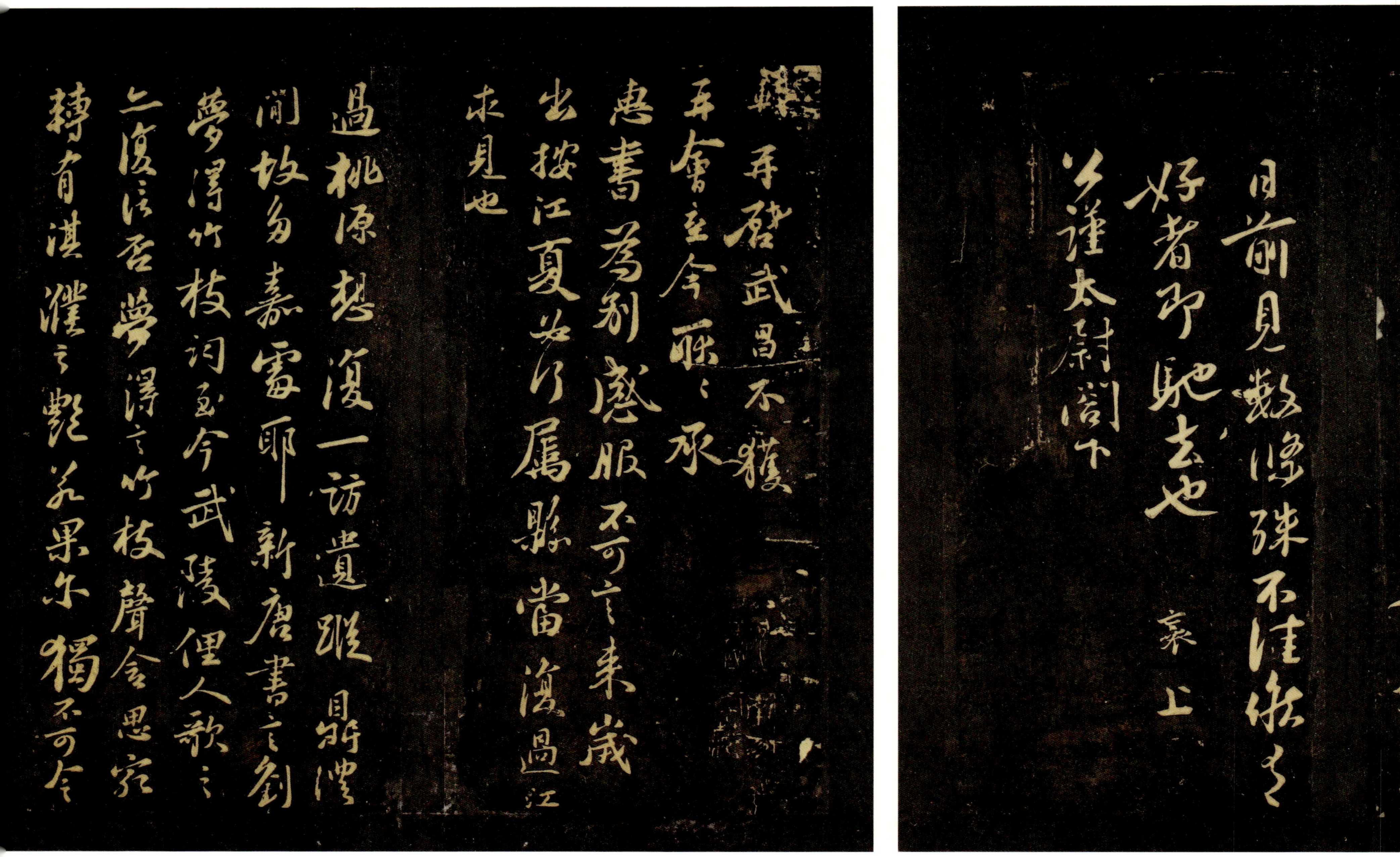

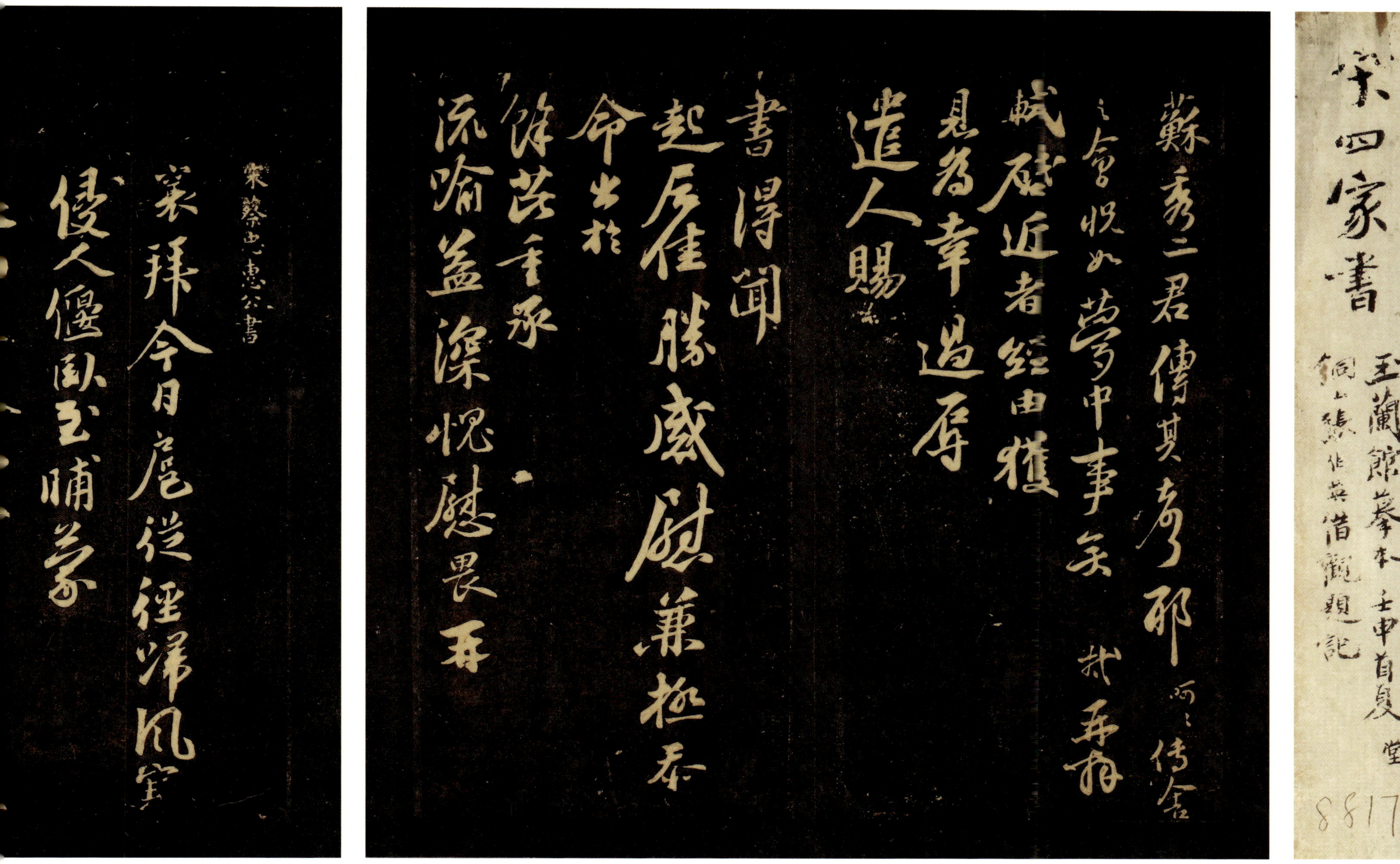

明《绿筠窝宋四家帖》

明嘉靖十八年（1539）　江苏苏州　明拓　册页　中国美术学院图书馆藏

绿筠窝者，为明人华云斋号。明嘉靖年间（1522—1566），长洲文嘉从真迹摹刻，后赠华氏，前有“停云馆法帖”隶书题名，后有“嘉靖十八年己亥锡山华云绿筠窝藏石”隶书题记，及万历壬午（1582）华复初题识。全帖勾摹“宋四家”手札汇成一卷，计收入苏轼三札、黄庭坚二札、米芾一札、蔡襄三札，卷帙虽小，皆为真迹，且有不见于他处者，与文氏十二卷本《停云馆法帖》相较，仅蔡襄《脚气帖》重出，全帖刻工甚精。华云（1488—1560），字从龙，号补庵，斋号绿筠窝、剑光阁。江苏无锡人。与吴门诸家过从甚密。

原刻久佚，拓本流传甚少，容庚《丛帖目》、张伯英《法帖提要》均未著录。展品为明拓，少米芾《捕蝗帖》，原隶书题名，华云、华复初刻款纪年均被裁弃。晚清张伯英题签，称“玉兰馆摹本”。册后民国藏家杨扬题跋认为是帖贾截取《停云馆法帖》残本而成，皆非确论。

（田振宇）

赵佶《赐辟雍诏碑》

约北宋崇宁四年（1105） 地点不详 清拓 131.5厘米×98.0厘米 淳石斋藏

辟雍，原指西周天子所设大学，东汉以后作为祭祀之所，成为庙学的重要建筑。宋仁宗时令各地州、县立学，并建祭祀孔子之庙。

宋徽宗即位后，重视文治，推行宋神宗时期的太学三舍之制，下诏在“即国之郊建置辟雍”。三年后临辟雍，亲自撰写诏书，颁令天下，并刊石置于各地庙学，此即《赐辟雍诏碑》，或称《付辟雍诏碑并后序》。碑额“皇帝赐辟雍诏”出自丞相蔡京之手笔。碑文分上下两段，上段为宋徽宗御笔诏书，下段为薛昂撰书后序，四周饰以云龙纹样。今山东德州、巨野，河北邢台，浙江绍兴等地均有此碑。

据《山左金石志》记载：“碑无立石年月，考《宋史·徽宗本纪》，崇宁三年十一月甲戌幸太学，遂幸辟雍，赐国子监司业吴絪、蒋静四品服学官，推恩有差。由此碑系崇宁三年十一月也。”赐诏当为崇宁三年（1104）十一月。薛昂后序作于崇宁四年（1105），故立石时间不会早于崇宁四年。

展品为清代旧拓，原为清代金石学家陆增祥八琼室旧藏，存碑额与徽宗诏书，无后序，陆氏题为山东陵县本，然校勘后并非如陆所题，究出何地尚待研究。

（田振宇）

皇帝賜辟雍詔
徽宗賜辟雍詔
有款下截漶磨失拓

赵佶《省降御笔敕楼异文碑》

北宋政和八年（1118） 浙江宁波 民国拓 186.0 厘米 ×91.0 厘米 天一阁博物院藏

碑原藏于浙江省宁波市海曙区集士港镇丰惠庙，2004 年 6 月迁移至集士港镇广德庵暂行保护。碑文共三列，第一列敕文四道，基本完整，下两列多泐败，各见存数十字。其内容为政和七年至政和八年（1117—1118），时任明州知州楼异向宋徽宗奏请设置明州高丽司与填广德湖造田等相关事宜以及宋徽宗敕旨，是宋徽宗时期北宋与高丽友好往来的实物见证。碑文为典型的宋徽宗瘦金体风格。此碑是目前宁波现存年代最早、规格最高、刻制最精的两块帝王御笔碑之一。

（沈芳漪）

省降
御筆

赵佶《御笔敕付楼异石刻》

北宋宣和元年（1119） 浙江宁波 民国拓 128.0 厘米 ×103.0 厘米 天一阁博物院藏

碑原藏于浙江省宁波市海曙区集士港镇丰惠庙，2004 年 6 月迁移至集士港镇广德庵暂行保护。石存上半截，碑文仅两列，共见敕文五道。其内容为政和八年至宣和元年（1118—1119），宋徽宗敕令明州知州楼异购买木材、制造入贡木船及高丽神舟等相关事宜，是明州承担官方造船事务的重要证明。碑文书体亦是典型的宋徽宗瘦金体风格。此碑是目前宁波现存年代最早、规格最高、刻制最精的两块帝王御笔碑之一。

（沈芳漪）

御筆

赵佶《付监司手诏碑》

北宋崇宁四年（1105） 江西宜春 新拓 164.5厘米×102.5厘米 一吟堂藏

监司为古代监察部门，负责各级官员的行政管理和监察。北宋崇宁四年（1105）九月二十三日，宋徽宗颁布御笔诏书，加强对监司的约束，刻石拓片下发全国，各地再据拓本重刊。碑额楷书“御笔手诏”4字，碑文上段为宋徽宗御笔诏文，共11行，以瘦金体写成；下段为诏令各地刊刻的公文。

当时各州府治均有覆刻，原碑见于后世金石文献记载者有博州（今山东聊城）、婺州（今浙江金华）及袁州（今江西宜春）三种。今原石仅存袁州本，在江西省宜春市春台公园内。另宁波天一阁有婺州本旧拓。

展品为袁州本，近年新拓。

（田振宇）

御筆
手詔

赵佶《草书千文》郁孤台帖残本

南宋绍定元年（1228） 江西赣州 宋拓 册页 35.5厘米×27.5厘米 李生艺术藏

宋徽宗赵佶除瘦金体外，亦擅长草书，曾多次以草体书写《千字文》，存世亦有数种：宣和四年本第一种，墨迹全卷，今藏辽宁省博物馆；政和四年本，宋刻全本，今藏故宫博物院；宣和四年本第二种，残本，收于宋拓《郁孤台法帖》，现分藏上海图书馆与私人处。上图藏本和私人藏本的内容并无重复，上图藏本自“且康”起，“钓巧任钓”止，仅存三页66字；私人藏本十一开，分为两段，一段自“驹食场”至“济弱”，一段自“魄环照”至“焉哉乎也”，存全文近半。尾款“宣和壬寅御书”，最后为集刻者聂子述跋赞七行。通过跋语可知，此《草书千文》原为聂氏自藏。

郁孤台在赣州西北贺兰山顶，唐时筑台，以为名迹。南宋宝庆三年（1227），聂子述守赣州，重建郁孤台，并于绍定元年（1228）刻《郁孤台法帖》。聂子述（生卒年不详），字善之，号定斋。建昌军南城（今江西南城）人。官至宣奉大夫，追封卫国公，谥文定。其书迹除《郁孤台法帖》外，仅见上海博物馆藏怀素《苦笋帖》真迹后的聂氏观跋。

展品为南宋拓本，或为存世孤本，极为珍贵。

（田振宇）

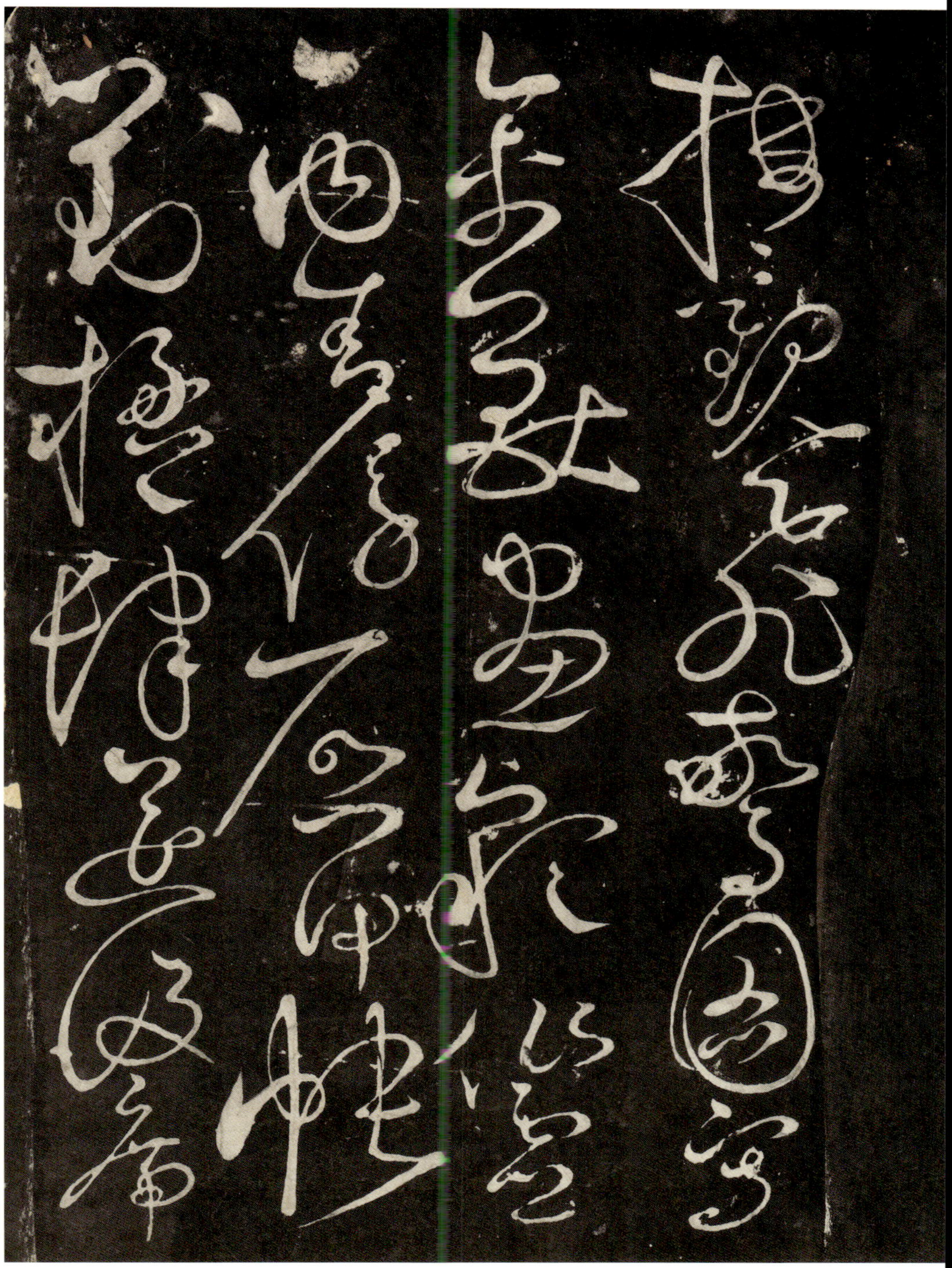

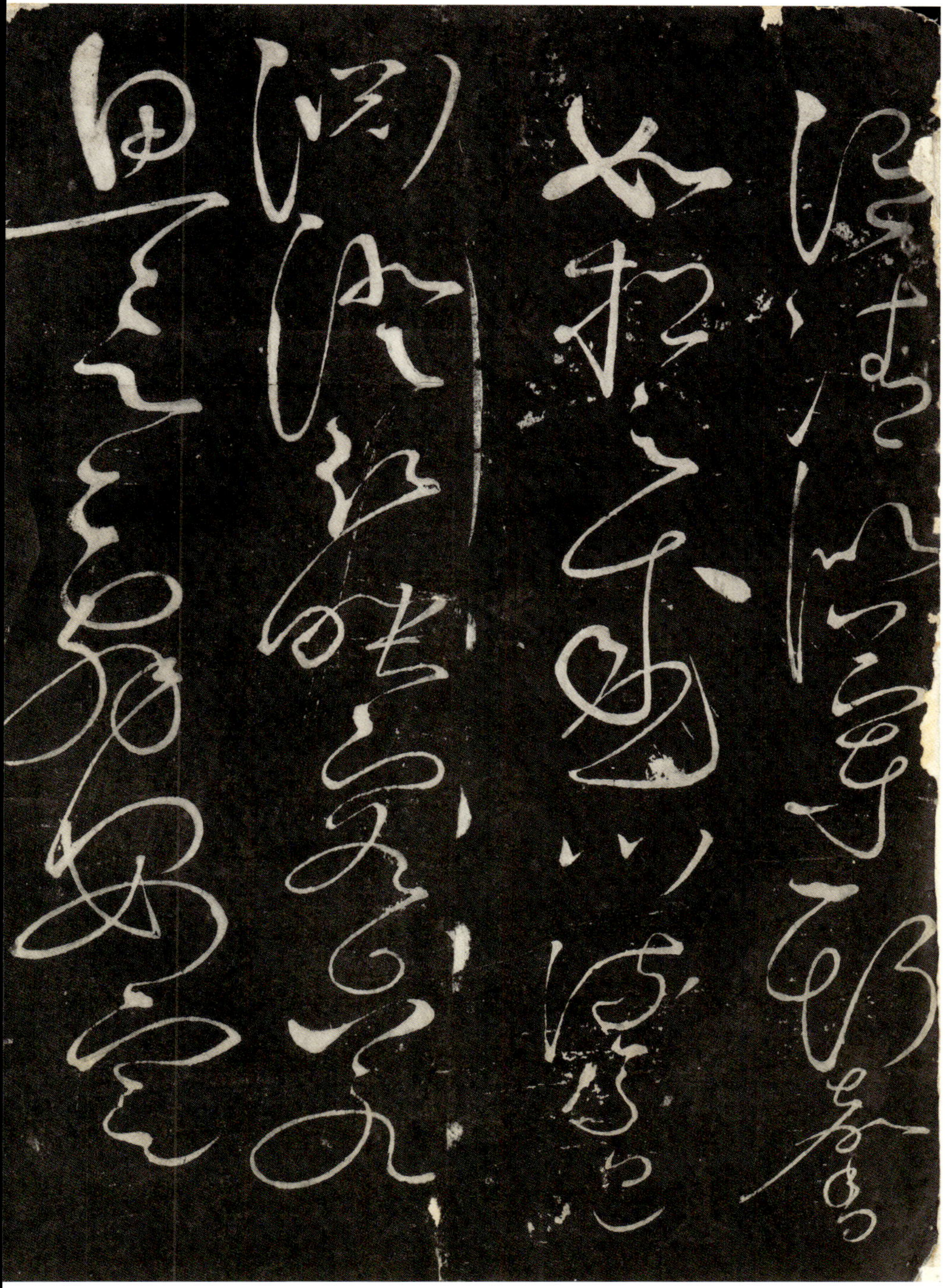

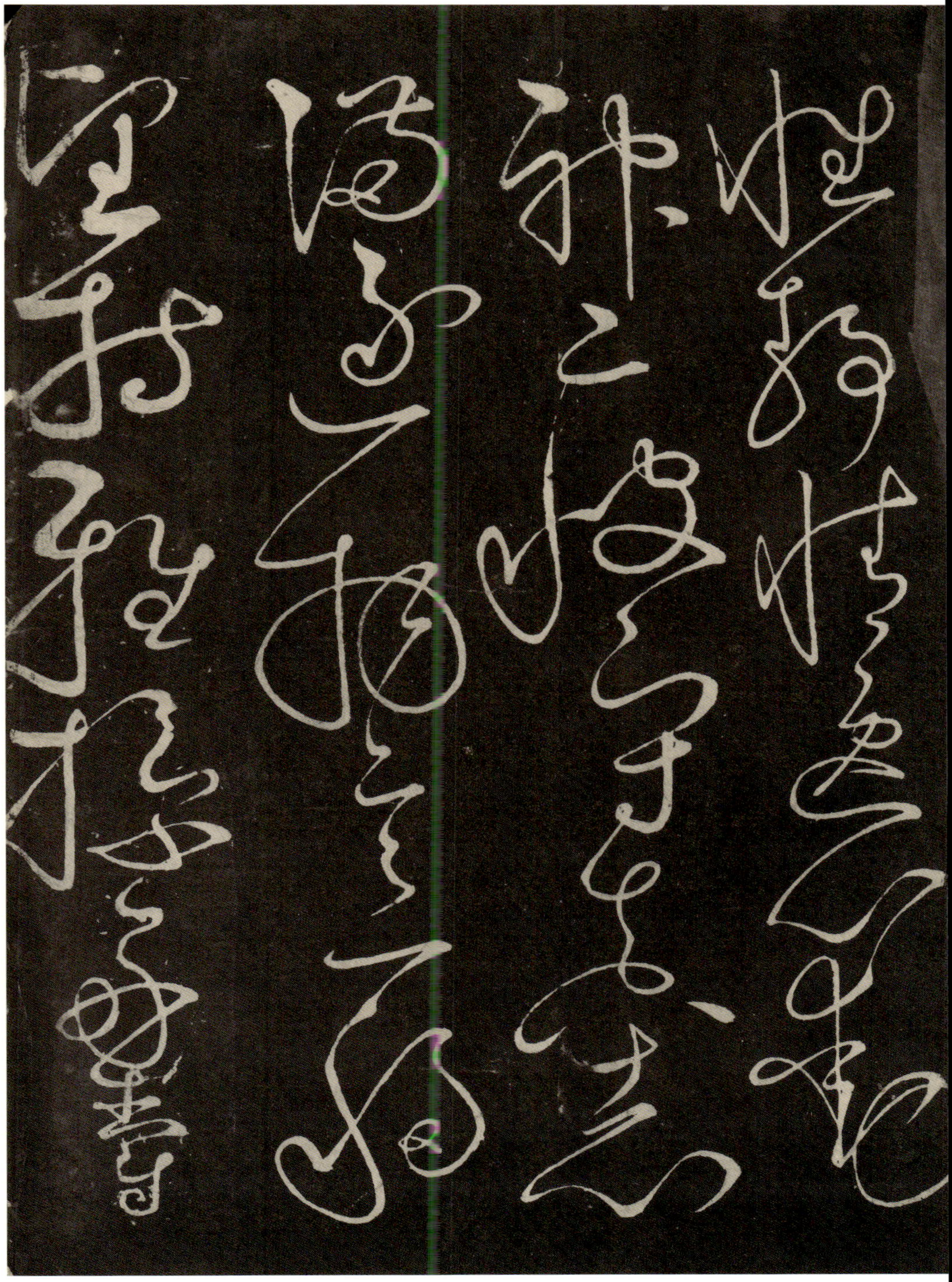

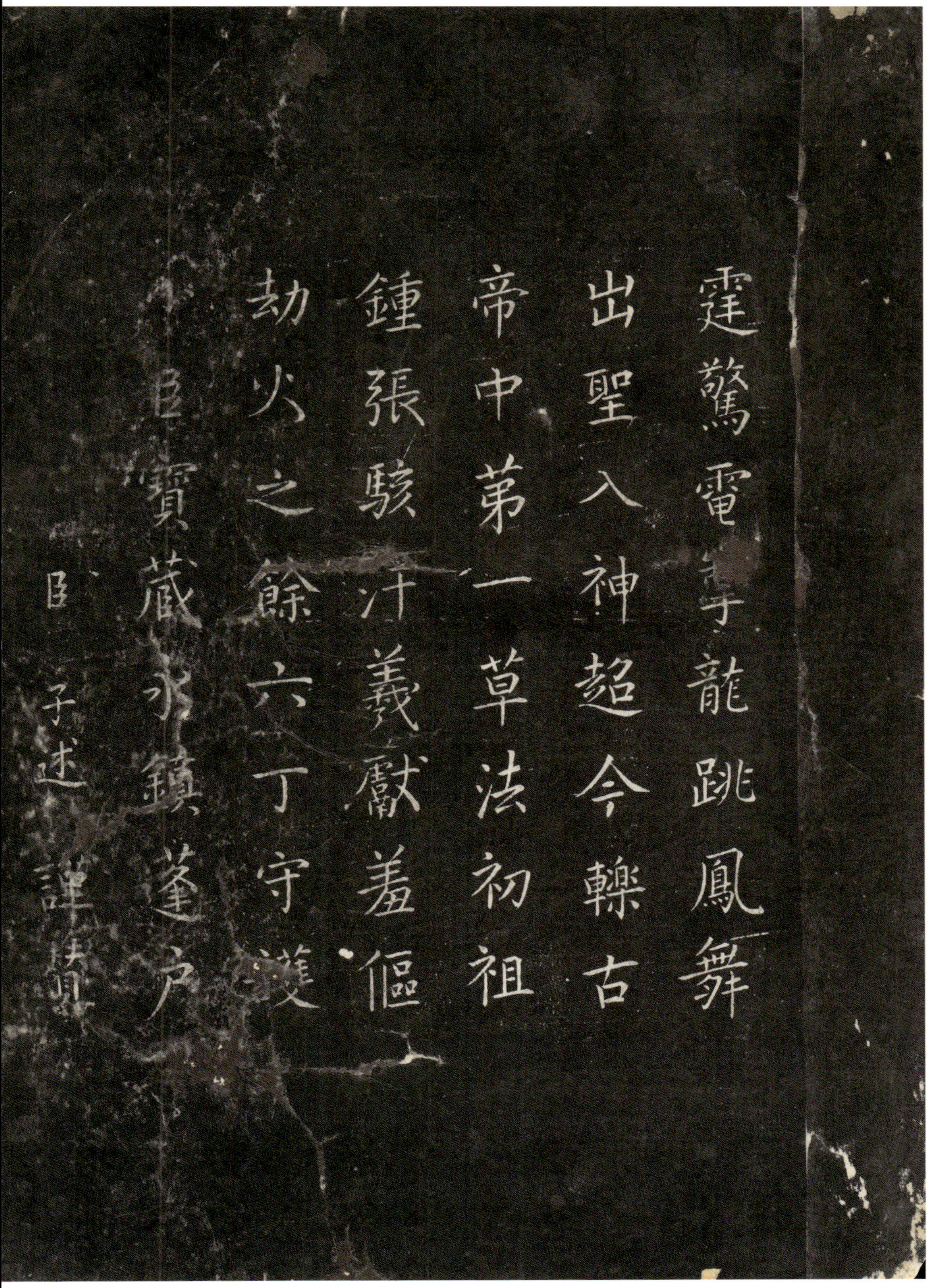
霆驚電掣龍跳鳳舞
出聖入神超今轢古
帝中第一草法初祖
鍾張駭汗羲獻羞傴
劫火之餘六丁守護
臣寶藏永鎮蓬户
臣 子述 謹贊

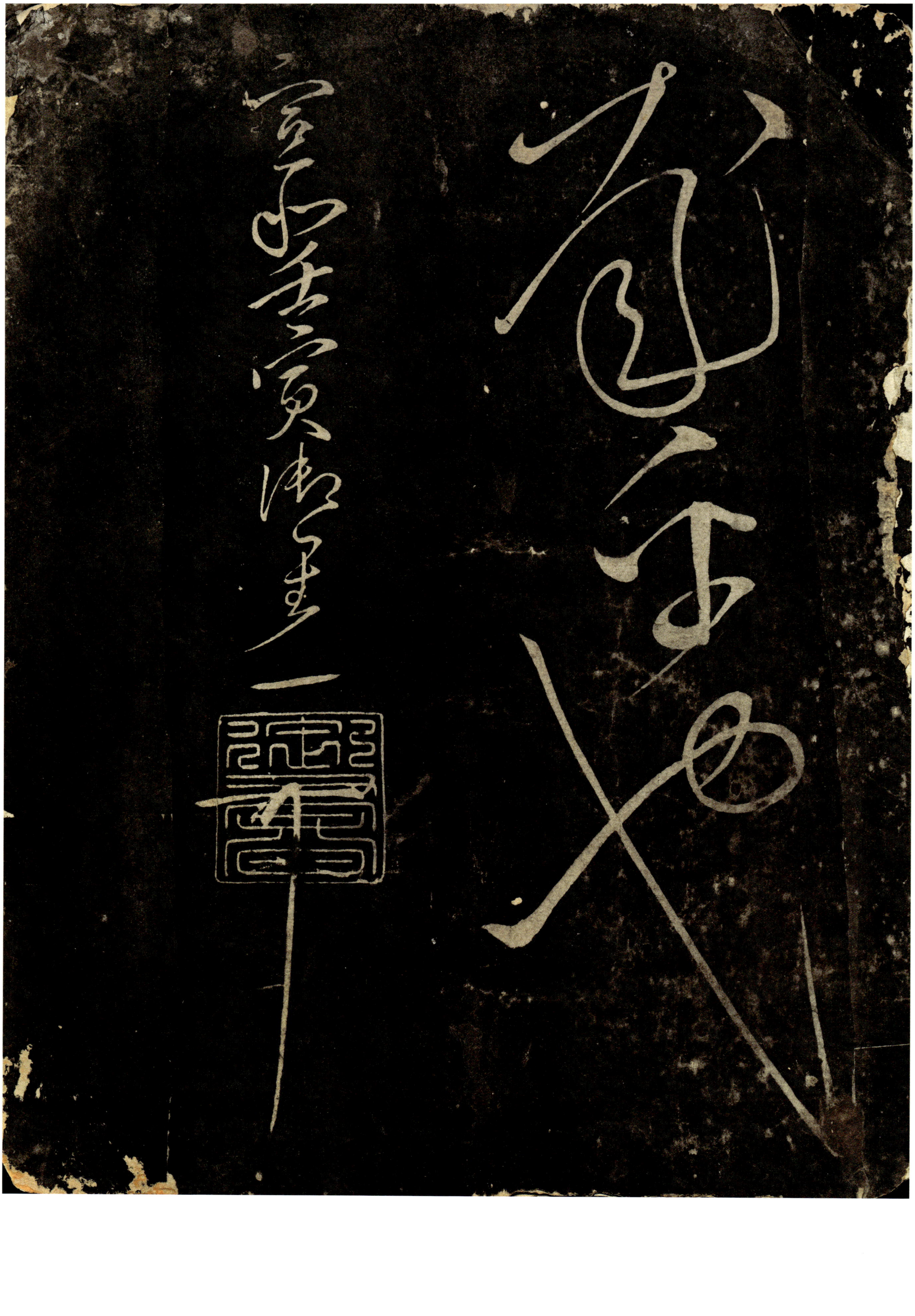

伊霍难任之伊
尹佐时分俗衣思
如身满是徵江之
扶之辅之三德谪

赵构《绍兴御书石经》（《孟子》选一）

南宋绍兴十三年（1143） 浙江杭州
新拓 53.2厘米×34.8厘米 杭州市文物遗产与历史建筑保护中心藏

《绍兴御书石经》，又名《南宋太学石经》《宋高宗御书石经》《绍兴石经》等。书写时间集中在南宋绍兴初期，其中有少量为皇后吴氏代笔。绍兴十三年（1143），秦桧奏请宋高宗刊刻上石，并亲书后记。

将儒家经典以刻石方式传播始自东汉的《熹平石经》，后代屡有仿效。而《绍兴御书石经》是少有的由帝王亲自手书上石者，刻工一丝不苟，刊刻效果毫发毕现，拓本基本上能够反映原迹的风貌。石经的书法结字较扁且转折处多用圆转，颇得钟王楷法。《攻媿集》卷六十九《御书中庸篇》说："至绍兴初，专仿'二王'，不待心摹手追之勤，而得其笔意，楷法益妙。"此时赵构的小楷确已形成所谓"珠圆玉润"的面貌。"因欲鼓动士类，为一代操觚之盛。"宋高宗亲自书写石经，也有借此身体力行、推行自己书法审美的目的，亦可视为赵构重新构建南宋书法面貌的极为重要的一环。

原石元明年间随文庙毁弃倒仆。明宣德元年（1426），巡按浙江监察御史吴讷嘱杭州知府卢玉润收集南宋石经碑石百余通，加以修补后存放仁和县学旁孔庙大成殿后及两庑。现藏于杭州文庙尊经阁。

（高 兴）

十九

下而去之仁者固如此乎孟子曰居下位
不以賢事不肖者伯夷也五就湯五就桀
者伊尹也不惡汙君不辭小官者柳下惠
也三子者不同道其趨一也一者何也曰
仁也君子亦仁而已矣何必同曰魯繆公之
時公儀子為政子柳子思為臣魯之削也
滋甚若是乎賢者之無益於國也曰虞不
用百里奚而亡秦繆公用之而霸不用賢
則亡削何可得與曰昔者王豹處於淇而
河西善謳緜駒處於高唐而齊右善歌
華周杞梁之妻善哭其夫而變國俗有
諸內必形諸外為其事而無其功者髡
未嘗覩之也是故無賢者也有則髡必
識之曰孔子為魯司寇不用從而祭燔
肉不至不稅冕而行不知者以為為肉也
其知者以為為無禮也乃孔子則欲以微
罪行不欲為苟去君子之所為衆人固不
識也
孟子曰五霸者三王之罪人也今之諸侯
五霸之罪人也今之大夫今之諸侯之罪
人也天子適諸侯曰巡狩諸侯朝於天子
曰述職春省耕而補不足秋省斂而助不
給入其疆土地辟田野治養老尊賢俊
傑在位則有慶慶以地入其疆土地荒
蕪遺老失賢掊克在位則有責一不朝
則貶其爵再不朝則削其地三不朝則
六師移之是故天子討而不伐諸侯伐而
不討五霸者摟諸侯以伐諸侯者也故曰

五霸者三王之罪人也五霸威公為盛葵
丘之會諸侯束牲載書而不歃血初命曰
誅不孝無易立子無以妾為妻再命曰尊
賢育才以彰有德三命曰敬老慈幼無忘
賓旅四命曰士無世官官事無攝取士必
得無專殺大夫五命曰無曲防無遏糴無
有封而不告曰凡我同盟之人既盟之後
言歸于好今之諸侯皆犯此五禁故曰今
之諸侯五霸之罪人也長君之惡其罪小
逢君之惡其罪大今之大夫皆逢君之惡
故曰今之大夫今之諸侯之罪人也
魯欲使慎子為將軍孟子曰不教民而
用之謂之殃民殃民者不容於堯舜之世
一戰勝齊遂有南陽然且不可慎子勃然
不悅曰此則滑釐所不識也曰吾明告子
天子之地方千里不千里不足以待諸侯諸
侯之地方百里不百里不足以守宗廟之典
籍周公之封於魯為方百里也地非不足
而儉於百里太公之封於齊也亦為方百
里也地非不足也而儉於百里今魯方百
里者五子以為有王者作則魯在所損乎
在所益乎徒取諸彼以與此然且仁者不
為況於殺人以求之乎君子之事君也務
引其君以當道志於仁而已
孟子曰今之事君者曰我能為君辟土地
充府庫今之所謂良臣古之所謂民賊也
君不鄉道不志於仁而求富之是富桀也
我能為君約與國戰必克今之所謂良臣

古之所謂民賊也君不鄉道不志於仁而
求為之強戰是輔桀也由今之道無變今
之俗雖與之天下不能一朝居也
白圭曰吾欲二十而取一何如孟子曰子之
道貉道也萬室之國一人陶則可乎曰不
可器不足用也曰夫貉五穀不生惟黍生
之無城郭宮室宗廟祭祀之禮無諸侯幣
帛饔飧無百官有司故二十取一而足也
今居中國去人倫無君子如之何其可也
陶以寡且不可以為國況無君子乎欲輕
之於堯舜之道者大貉小貉也欲重之於
堯舜之道者大桀小桀也
白圭曰丹之治水也愈於禹孟子曰子過矣
禹之治水水之道也是故禹以四海為壑
今吾子以鄰國為壑水逆行謂之洚水
洚水者洪水也仁人之所惡也吾子過矣
孟子曰君子不亮惡乎執
魯欲使樂正子為政孟子曰吾聞之喜而
不寐公孫丑曰樂正子強乎曰否有知慮
乎曰否多聞識乎曰否然則奚為喜而不
寐曰其為人也好善好善足乎曰好善優
於天下而況魯國乎夫苟好善則四海之
內皆將輕千里而來告之以善夫苟不好
善則人將曰訑訑予既已知之矣訑訑之
聲音顏色距人於千里之外士止於千里
之外則讒諂面諛之人至矣與讒諂面諛
之人居國欲治可得乎
陳子曰古之君子何如則仕孟子曰所就三

所去三迎之致敬以有禮言將行其言也
則就之禮貌未衰言弗行也則去之其次
雖未行其言也迎之致敬以有禮則就之
禮貌衰則去之其下朝不食夕不食飢餓
不能出門戶君聞之曰吾大者不能行其
道又不能從其言也使飢餓於我土地吾
恥之周之亦可受也免死而已矣
孟子曰舜發於畎畝之中傅說舉於版
築之閒膠鬲舉於魚鹽之中管夷吾舉
於士孫叔敖舉於海百里奚舉於市故
天將降大任於是人也必先苦其心志勞
其筋骨餓其體膚空乏其身行拂亂其
所為所以動心忍性曾益其所不能人常
過然後能改困於心衡於慮而後作徵於
色發於聲而後喻入則無法家拂士出
則無敵國外患者國常亡然後知生於
憂患而死於安樂也
孟子曰教亦多術矣予不屑之教誨也者
是亦教誨之而已矣

孟子卷第十三

盡心章句上

孟子曰盡其心者知其性也知其性則知
天矣存其心養其性所以事天也殀壽不
貳脩身以俟之所以立命也
孟子曰莫非命也順受其正是故知命
者不立乎巖牆之下盡其道而死者正命
也桎梏死者非正命也
孟子曰求則得之舍則失之是求有益於

赵构《绍兴恤刑手诏碑》

南宋绍兴三年（1133） 浙江杭州 清拓 209.5厘米×121.0厘米 一吟堂藏

宋高宗赵构御书《绍兴恤刑手诏》，又名《绍兴三年恤刑诏》。南宋绍兴二年（1132）正月，宋高宗赵构自越州（今浙江绍兴）回临安（今浙江杭州），始于临安大兴土木。次年正月己未日（三日），命诸路宪臣兼提举常平司公事；乙丑日（九日），下此《恤刑手诏》："可布告中外，应为吾士师者，各务仁平，济以哀矜。天高听卑，福善祸淫，莫遂尔情，罚及尔身。置此座右，永以为训。仍劄付台属宪臣，常加检察。"

此《恤刑手诏》石牌初刊立在临安都堂，后亦如绍兴二年（1132）的《御制戒石铭》，以"墨本"（拓本）颁行郡县守令，命刻之庭石，置诸座右。据文献记载，《绍兴恤刑手诏》有严州刊本等数种，都中祖刊本碑阴曾有大臣题记。

当年的祖碑和各地覆刻，均未见原石存世的记录。"恤刑手诏"内容曾见王应麟《困学纪闻》卷十五《考史》、元人佚名《宋史全文》卷十八下《宋高宗六》以及清人毕沅《续资治通鉴·宋纪一百十二》等著录。

诏书全文出自高宗御笔，末署亲笔御押，并于"九"字处加钤"御书之宝"印；篆额"绍兴恤刑手诏"3行6字，出于宗室重臣赵子昼笔。此碑是除《御制戒石铭》（中段诏书）、御书《佛顶光明塔碑》之外，宋高宗赵构于建炎、绍兴初期取法黄庭坚书法的又一有力佐证。拓本淡墨精施，殊为宝贵。

（方爱龙）

紹興恤刑之詔

廷尉天下之平也高柔不以明帝喜怒
而毀法游肇不以宣武敕命而曲筆況
可觀望臣庶而容心者乎曹劌謂小大
之獄雖不能察必以情為忠之屬也可
以一戰不其然乎可布告中外應為
士師者各務仁平濟以哀矜天高聽卑
福善禍淫莫逃爾情罰及爾身置此座
右永以為訓仍刻付臺屬憲臣常加檢
察月具所平反過刑獄以聞三省歲終
鈎考當議殿最紹興二十二年正月九日

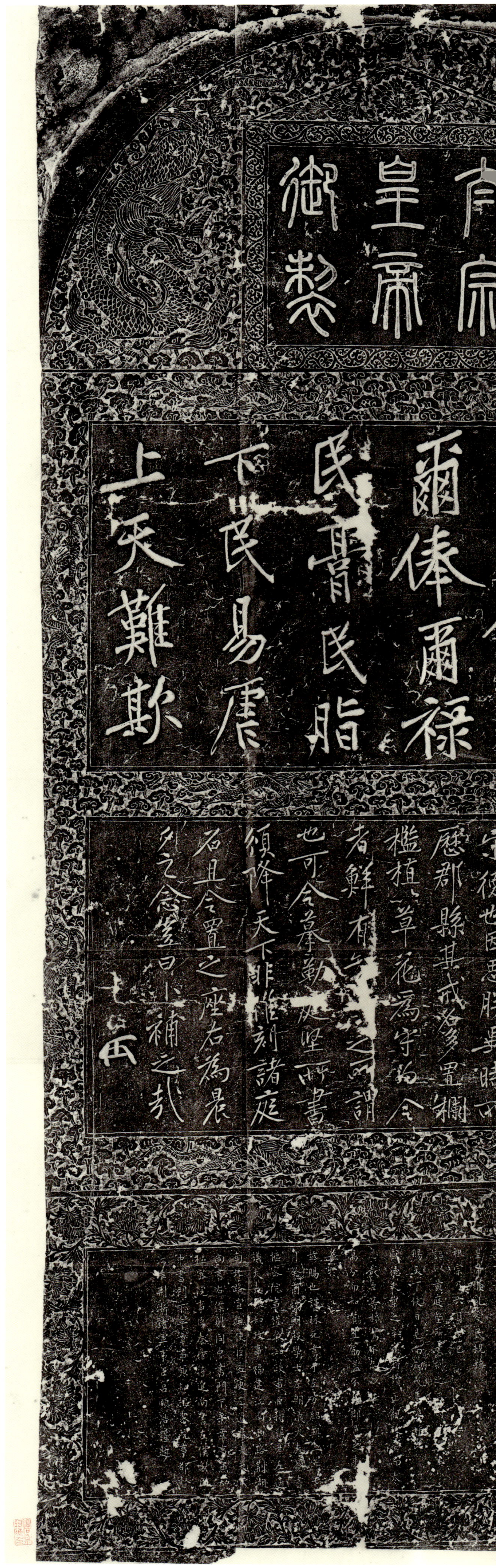

黄庭坚、赵构《御制戒石铭》

南宋绍兴二年（1132） 湖南道县 清拓 182.7 厘米 ×85.0 厘米 淳石斋藏
南宋绍兴三年（1133） 广西梧州 清拓 175.0 厘米 ×95.0 厘米 一吟堂藏

五代后蜀主孟昶曾作《令箴》廿四句，宋太宗删繁就简，摘出四句改作《戒石铭》作为警示官员的箴语。据李心传《建炎以来系年要录·绍兴二年六月》载："癸巳，颁黄庭坚所书太宗御制《戒石铭》于郡县，命长吏刻之庭石，置之座右，以为晨夕之戒。"南宋绍兴二年（1132）六月，宋高宗赵构下诏，以所得黄庭坚书《戒石铭》刻于尚书省，并以拓本颁赐诸州，命摹刻立石于府衙庭中，使官吏日见而有所戒。碑额篆书"太宗皇帝御制"，当出自朝臣之手。碑文三栏，上栏为黄庭坚书"御制戒石铭 尔俸尔禄民膏民脂下民易虐上天难欺"，中栏为御笔手诏，下段为吕颐浩等四人联名题记，全碑饰以云龙纹样。绍兴初年，赵构书法力学黄庭坚，此碑可为明证。

南宋时各州府治俱有刻石，至清代仅存湖南道州（今道县）、广西梧州两处，今宋刻原石皆已毁佚，现存各地所刻皆后人从此二种翻刻。本展集齐道州、梧州两种原石清拓本，同为晚清金石学家陆增祥旧藏，是其著《八琼室金石补正》所据之本，并有陆氏题签及跋记，颇为难得。

（田振宇）

戒石銘 道州本
御製戒

道州本

太宗皇帝御製
御製戒石銘
爾俸爾祿
民膏民脂
下民易虐
上天難欺
碑在梧州府廨粤西金石略載之同治初元陳鄉林觀察見貽

梧州本

御笔《大成之殿》榜刻

年代不详（约南宋） 浙江杭州 新拓 31.6厘米×37.5厘米 杭州市文物遗产与历史建筑保护中心藏

南宋绍兴十二年（1142）十二月，宋高宗赵构诏立太学。次年正月，以临安府前洋街岳飞旧第为太学所在；七月，太学大成殿告成。此“大成之殿”四字榜刻石匾，无书刻年月，款署“复古殿书”。原石置于临安太学孔庙大成殿，现存杭州孔庙（杭州碑林）碑石陈列廊。

古代帝王御笔多不署名款，关于此匾作者学界存在分歧。方爱龙认为即系赵构亲笔。杜正贤、钮因莉认为出自宋理宗赵昀之手。按宋理宗书法学颜真卿，用笔藏头护尾，转折注重提按，结体方正，其存世书迹以同藏杭州文庙的御笔《圣贤赞并序》石刻为代表，与南宋初年高宗、孝宗等取法“二王”及智永等晋人风格不同，两者之间存在明显差异。

（田振宇）

太成

復古殿書

赵祯《狄青神道碑额》

北宋熙宁六年（1073） 山西汾阳 新拓
121.5厘米 × 203.0厘米 一吟堂藏

北宋名将狄青（1008—1057），字汉臣。汾州西河（今山西汾阳）人。官至枢密使，一生战功卓著。嘉祐二年（1057）卒，追赠中书令，赐谥“武襄”。其墓在汾阳市峪道河镇刘村村东，墓前有狄青长子狄谘立神道碑，王珪撰，宋敏求书，宋仁宗赵祯御题篆额“旌忠元勋之碑”。原祠庙久毁，中华人民共和国成立后封土铲平，神道碑移至太符观。碑文今多漫漶，碑身高达4.6米，是山西境内第二高碑。

（田振宇）

蔡京《会食宁神院题名碑》

北宋绍圣二年（1095） 河南巩义 新拓 180.6厘米×126.5厘米 九鬲房藏

行书，7行，行11字。无撰文及书丹者姓名，据书风及碑文可知为蔡京手笔。碑文为参与安葬怀、昌二王的朝臣题名。怀王赵宗晖与昌王赵宗晟，皆宋太宗之孙、商王赵元份之子，分别卒于绍圣元年（1094）与二年（1095），陪葬于宋神宗赵顼永裕陵边的会食宁神禅院。碑石今在河南巩义宋陵。

宋太祖赵匡胤于乾德元年（963）将其父墓葬从汴京移至巩县（今河南巩义），建永安陵。自此，北宋王朝在周边营建了大规模的皇陵群，包括宋太祖赵匡胤永昌陵、宋太宗赵光义永熙陵、宋真宗赵恒永定陵、宋仁宗赵祯永昭陵、宋英宗赵曙永厚陵、宋神宗赵顼永裕陵、宋哲宗赵煦永泰陵，并建永昌、罗汉禅寺、丁香、昭孝、会食宁神禅院。

绍圣元年（1094），蔡京从成都被召回代理户部尚书，书此碑时48岁，个人书风已成，稳健洒脱，格局开张，神采奕奕。

展品为近年精拓，现藏湖上九鬲房。

（田振宇）

年六月廿一日
永裕陵會食寧神院紹聖二
監護懷昌二王西染朝
朝請郎試戶部尚書蔡元長
昭宣使勾當御藥院馮靜之
昭宣使入內押班劉後古
宣慶使入內都知劉子礼

《康显侯告碑》

北宋宣和元年（1119） 河南浚县 新拓 263.0 厘米 ×95.0 厘米 一吟堂藏

北宋政和八年（1118）大旱，尚书郎徐公在浚州体察民情，率部下至龙洞祈雨，当晚即降甘霖，于是徐公上书为龙神请封，宋徽宗欣然准奏，封大伾龙洞之神为“康显侯”。遂由吏部降颁敕牒至浚州黎阳县（今河南浚县），地方官吏于丰泽庙立碑。原碑现存河南浚县大伾山龙洞，此地为丰泽庙旧址。

碑首小篆“康显侯告”（汉字），另有元代加刻梵文、八思巴文。碑身共分六层：前五层是此碑主体，刊刻尚书省告敕谍文，以及敕牒批付所出的吏部诸臣和属官的署衔与签押，依例覆钤“尚书吏部之印”印鉴。第六层为楷书记文，署款为“宣和元年三月日，奉议郎、充浚州州学教授黄翰记并书”，右开列“奉议郎、知浚州黎阳县事王兆立石”与襄理诸官结衔署名 5 行。

按例并察书迹，前五层告敕并批付文字是典型的宋代“院体”行书，当出自吏部属吏书手之手。近年有人根据敕文批付“政和八年闰九月九日”后第一行署衔小字（位于第三层）有“太师鲁国公臣京（免书）”云，以为“敕文部分当为蔡京所书”，舛误明显。所谓“免书”，代表一种尊礼和优待，即表示他无需在告敕或奏抄上签署。前此，蔡京已授封太师、鲁国公，又以左仆射总治尚书、中书、门下三省，只要三天去一次都堂办理政事即可。因此，签署这样相对事务性的工作，于蔡京而言是有“免书”的尊礼和优待的。

此刻拓本似乎流传不广。

（方爱龙）

蔡京《面壁之塔》

北宋宣和四年（1122） 河南登封 新拓 110.5 厘米 ×107.5 厘米 一吟堂藏

原石现存河南省登封市嵩山少林寺西北五乳峰下初祖庵。初祖庵乃宋代人为纪念禅宗初祖达摩而营造的纪念建筑，故又称作“达摩面壁之庵”（蔡京胞弟蔡卞题），始建于北宋宣和四年（1122），落成于靖康元年（1126）。

“面壁之塔”现已无存，仅存蔡京榜书石质匾额，现存于寺中碑廊倚墙嵌列。榜额四大字外，左侧加题“太师、鲁国公（蔡）京书”1 行，左侧加题“宣和壬寅八月，资政殿学士、河南尹范致虚立石”“住持嗣祖、赐紫佛灯大师惠初句当”“河南雷章摹刻”3 行（此 3 行非蔡京书迹）。

（方爱龙）

面壁
太師魯國公
京書

蔡京《苏淑墓志铭》并篆盖

北宋元丰三年（1080） 河南禹州
新拓 36.5 厘米 ×38.0 厘米（盖） 66.0 厘米 ×66.5 厘米（志） 一吟堂藏

志文楷书18行，行18字，款署“通直郎、充集贤校理蔡京撰并书”，按例志盖篆书也应出自蔡京之手。墓主人苏淑（字季昱），其先洛阳人，大理寺丞苏谏之女，应天府户曹参军清源蔡君砺之原配夫人。夫人以疾卒于熙宁十年（1077）十一月十一日，元丰三年（1080）十月二十六日葬于颍昌府阳翟县（今河南禹州）大儒乡东吴村之原。

墓志原石一合，2017 年 8 月出土于河南省禹州市鸿畅乡李金寨村，现藏禹州市博物馆。因该志制作精心，保存完好，字口清晰若新，书迹风韵独特，加之镌刻精良（中书省玉册官王磻镌），堪称宋志之精品，或称“该墓志为迄今所见蔡京书法年代最早、保存最完好者”。

（方爱龙）

宋故夫人蘇氏墓誌銘

宋故蘇氏夫人墓誌銘
通直郎充集賢校理蔡京撰并書
夫人諱淑字季顯姓蘇氏其先洛陽人大理寺
丞諱諫之女建州關隸縣令諱政之孫贈尚書
駕部郎中諱昌嗣之曾孫應天府户曹參軍清
源蔡君礪之配也　夫人年二十而嫁中外族
姻稱其惠和其夫亦曰於吾能有佽助夫少以
文學氣節自負舉進士連上不中第意不自得
屏居於宛丘之南往來田畝間　夫人從之無
不足之色如是者十餘年夫始仕為西京鞏縣
主簿相與之官過京師　夫人以疾卒時熙寧
十年十一月十一日也享年甫四十嗚呼可哀
也已子男二人曰雲曰需女五人以元豐三年
十月二十六日甲申葬　夫人于潁昌府陽翟
縣大儒鄉東吴村之原銘曰
猗　夫人　有令質　淪幽泉
背昭日　金山陽　柏原鬱
從　先舅　安斯室
中書省玉冊官王磻鐫

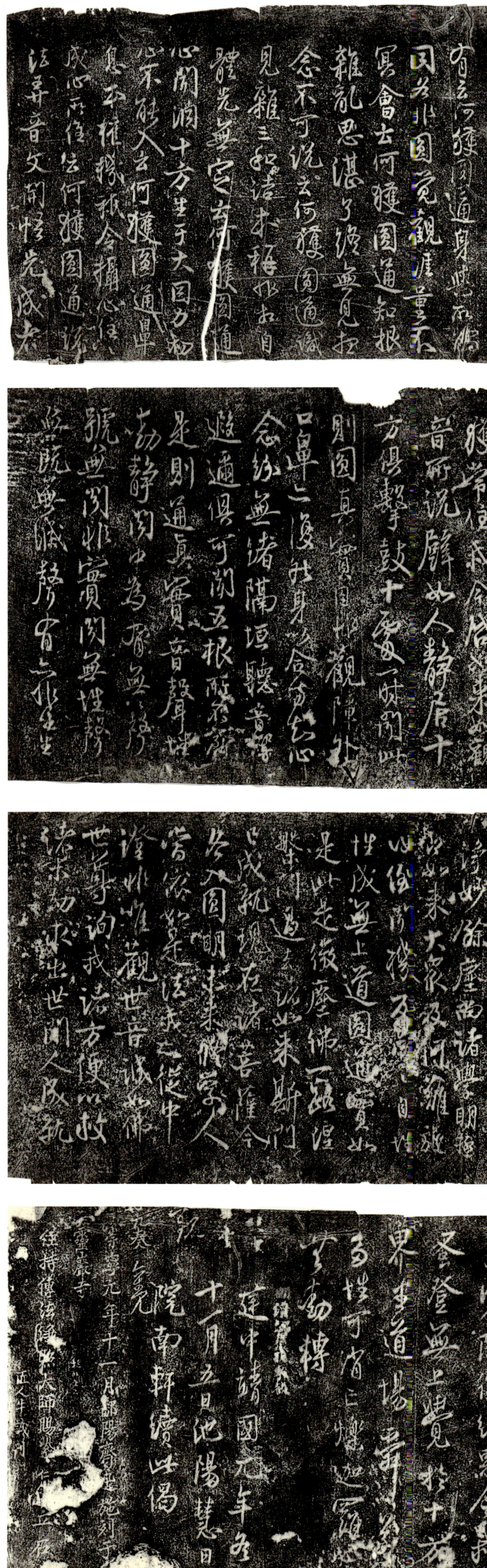

蔡卞《楞严经偈语刻石》

北宋崇宁元年（1102） 山东泰安 旧拓
39.0 厘米 ×163.0 厘米 /39.0 厘米 ×147.0 厘米 /39.0 厘米 ×158.0 厘米
39.0 厘米 ×149.0 厘米
无尘书屋藏

石刻嵌于泰山灵岩寺御书阁下门洞外左右壁，由四石组成，凡刻文 158 行，满行 10 字，行书，最末 4 行题款正书。内容为《首楞严经》中部分偈语，首段从“觉海性澄圆”始，至“真实心如是”止，录自《首楞严经义海》第十八卷，书于北宋元符二年（1099），时蔡卞官尚书左丞。第二段偈语自“妙湛总持不动尊”始，至“烁迦罗心无动转”止，录自《首楞严经义海》第十卷，书于北宋建中靖国元年（1101），时蔡卞贬少府少监分司池州。崇宁元年（1102）十一月由鄱阳齐迅施资刻于灵岩寺，住持仁钦立石，牛诚刊刻。

蔡卞（1048—1117），字元度，蔡京弟，王安石婿。兴化军仙游（今福建仙游）人。北宋熙宁三年（1070）与蔡京同登进士第，官至观文殿学士、检校少保。书法与兄齐名，宋《宣和书谱》称：“卞自少喜学书，初为颜行，笔势飘逸，圭角稍露，自成一家，亦长于大字。晚年高位，不倦书写，稍亲厚者必自书简牍。”米芾于宋诸家多微词，独尊蔡卞“得笔”。此偈名为行书，实楷、行、草相杂，字径大小变化丰富，章法自然错落有致，通篇宛转流畅，一气贯之。

（田振宇）

蔡卞《孝女曹娥碑》

北宋元祐八年（1093） 浙江绍兴 旧拓 155.0 厘米 ×100.5 厘米 淳石斋藏

《孝女曹娥碑》，全称《后汉会稽上虞孝女曹娥碑》，北宋元祐八年（1093）正月蔡卞重书。碑高 2.1 米，宽 1.0 米，碑额阳文篆书 3 行“后汉会稽孝女之碑”。碑石今存浙江省绍兴市上虞区曹娥庙。东汉元嘉元年（151），上虞县令度尚为颂扬曹娥投水寻父之孝行而立碑，其弟子邯郸淳撰文，蔡邕书。传碑阴刻有“黄绢幼妇，外孙齑臼”八字，意寓“绝妙好辞”。汉代原碑久佚。北宋元祐年间，蔡卞出任知越州军州事，以行楷重书碑文，重立碑石。蔡卞书此碑时 46 岁，笔力遒劲，流畅爽利，为其书法代表作之一。后曹娥庙几经火灾，碑仍保存完好。

据蔡絛《铁围山丛谈》记载，蔡京、蔡卞兄弟学书启蒙于蔡襄，后得苏轼指点效法唐人，终以“二王”为归宿。叶昌炽《语石》评蔡卞书：“元度行草书皆称能品，《楞严经偈》源出于孙过庭，而其流则为范文穆。重书《孝女曹娥碑》使笔如剑，剑气出。支道林养马曰：‘贫道爱其神骏耳。’如卞书，可谓神骏极矣。”

（田振宇）

後漢會稽上虞孝女曹娥碑

上虞縣令度尚字博平 弟子邯鄲淳字子禮撰

蔡邕題其碑陰云 黃絹幼婦 外孫齏臼

孝女曹娥者上虞曹盱之女也其先與周同祖末胄荒沉爰適居盱能撫歌婆娑樂神漢安二年五月時迎伍君逆濤而上為水所淹不得其屍娥時年十四號慕思盱哀吟澤畔旬有七日遂自投江死經五日抱父屍出以漢安迄于永嘉青龍辛卯莫之有表度尚設祭誄之詞曰

伊唯孝女曄曄之姿偏其反而令色孔儀窈窕淑女巧笑倩兮宜其室家在洽之陽大禮未施嗟喪慈父彼蒼伊何無父孰怙訴神告哀赴江永號視死如歸是以眇然輕絕投入沙泥翩翩孝女載沉載浮或泊洲嶼或在中流或趨湍瀨或逐波濤千夫失聲悼痛萬餘觀者填道雲集路衢泣淚掩涕驚動國都是以哀姜哭市杞崩城隅或有尅面引鏡剺耳用刀坐臺待水抱柱而燒於戲孝女德茂此儔何者大國防禮自脩豈況庶賤露屋草茅不扶自直不斲自雕越梁過宋比之有殊哀此貞厲千載不渝嗚呼哀哉銘曰

名勒金石 質之乾坤 歲數歷祀 丘廟起墳 光于后土 顯昭夫人

生賤死貴 利之義門 何悵花落 飄零早分 葩艷窈窕 永世配神

若堯二女 為湘夫人 時效髣髴 以昭後昆

宋元祐八年正月 左朝請郎充龍圖閣待制知越州軍州事蔡卞重書

曹娥墓大使河南孟津縣李[illegible]

苏辙《饶州长史彭公墓志铭》

北宋元丰三年（1080） 江西上饶 新拓 172.0 厘米 ×82.0 厘米 一吟堂藏

该墓志铭作碑形，系两宋年间南方较为常见的形制，制作精美，保存完好。近年出土，原石现藏上饶市博物馆。

志主彭素（字子真），饶州番阳（今江西鄱阳）人，年轻时曾仕郡舍，去职后得称饶州长史。北宋元丰二年（1079）三月卒，享年 61 岁，元丰三年（1080）九月葬于番阳县义犬乡花林冈，与夫人孙氏合祔。同时同地出土的还有彭素继室谷氏的墓志铭（《宋故夫人谷氏墓志铭》，彭汝砺撰，范子奇书，赵挺之篆额）。

撰文者彭汝砺（1041—1095，字器资），乃彭素侄子，宋英宗治平二年（1065）乙巳科状元。曾官监察御史、中书舍人、吏部侍郎、权吏部尚书。素有文名，颇有士望。

书丹者苏辙（1039—1112，字子由），眉州眉山（今四川眉山）人。与父亲苏洵、兄长苏轼并称“眉山三苏”，“三苏”均名列“唐宋八大家”。

志额隶书题写者马玧（粹老，生卒年不详），安徽合肥人。北宋熙宁八年（1075）官太子中允、检正孔目房公事，元丰七年（1084）出知明州，元丰八年（1085）为都官郎中。熙宁、元丰前后，合肥马氏有书名，此志隶额可为佐证。

（方爱龙）

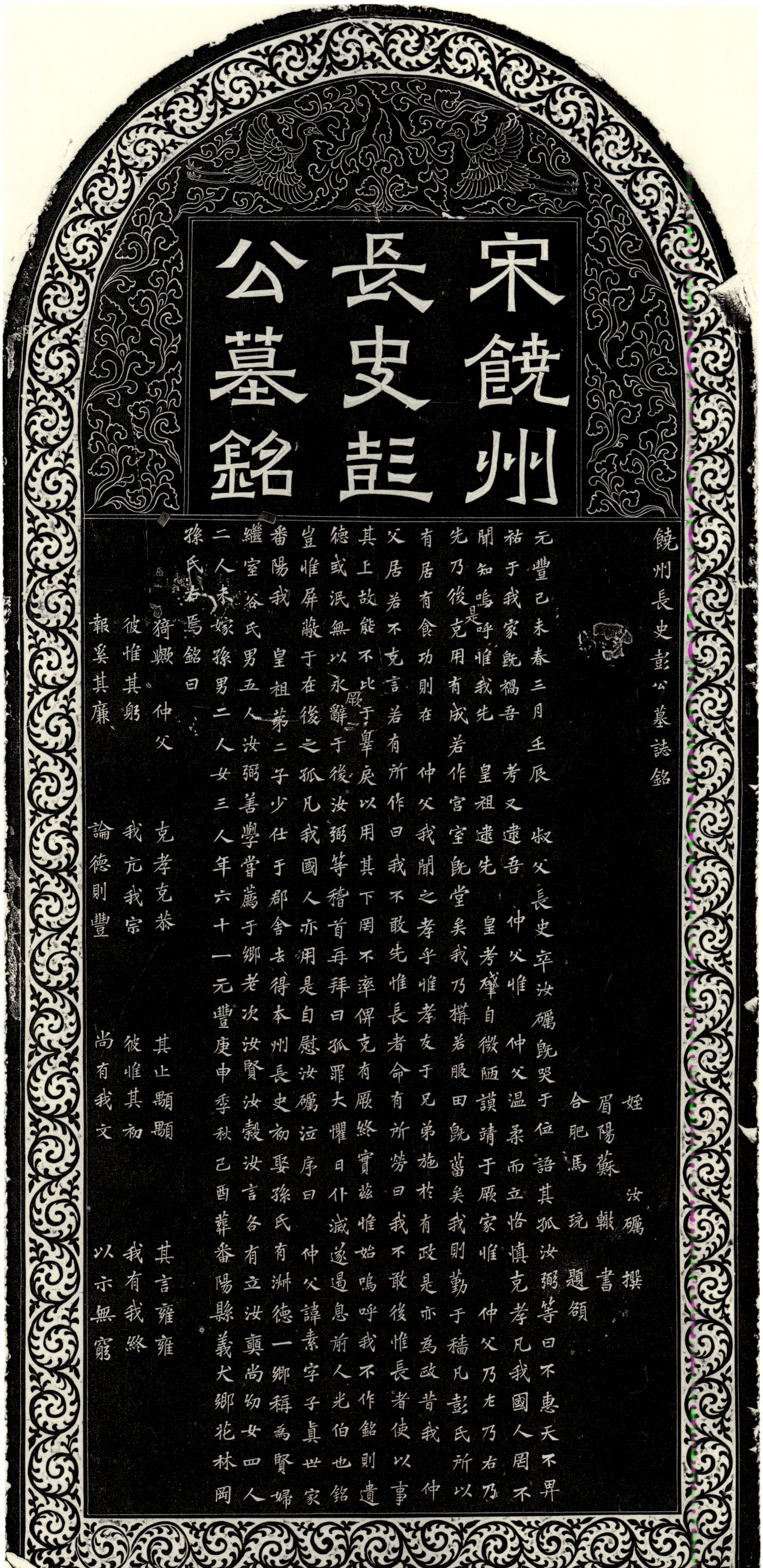

宋饒州長史彭公墓銘

饒州長史彭公墓誌銘

姪 汝礪 撰

眉陽蘇 轍 書

合肥馬 琬 題額

元豐己未春三月壬辰 叔父長史卒汝礪既哭于位語其孤汝弼等曰不惠天不畀
祐于我家既禍吾 考又逮吾 仲父唯 仲父温柔而立恪慎克孝凡我國人罔不
聞知嗚呼唯我先 皇祖逮先 皇考肇自微陋謨靖于厥家唯 仲父乃左乃右乃
先乃後是克用有成若作宮室既堂矣我乃搆若服田既菑矣我則勤于穡凡彭氏所以
有居有食功則在 仲父我聞之孝乎唯孝友于兄弟施於有政是亦為政昔我 仲
父居若不克言若有所作曰我不敢先唯長者命有所勞曰我不敢後唯長者使以事
其上故能不比于皋戾以用其下罔不率俾克有厥終實茲唯始嗚呼我不作銘則遺
德或泯無以永殹辭于後汝弼等稽首再拜曰孤罪大懼日仆滅遂遏息前人光伯也銘
豈唯屏蔽于在後之孤凡我國人亦用是自慰汝礪泣序曰 仲父諱素字子真世家
番陽我 皇祖第二子少仕于郡舍去得本州長史初娶孫氏有淑德一鄉稱為賢婦
繼室谷氏男五人汝弼善學嘗薦于鄉老次汝賢汝穀汝言各有立汝奭尚幼女四人
二人未嫁孫男二人女三人年六十一元豐庚申季秋己酉葬番陽縣義犬鄉花林岡
孫氏右焉銘曰

猗歟 仲父 克孝克恭 其止顒顒 其言雍雍
彼唯其躬 我亢我宗 彼唯其初 我有我終
報奚其廉 論德則豐 尚有我文 以示無窮

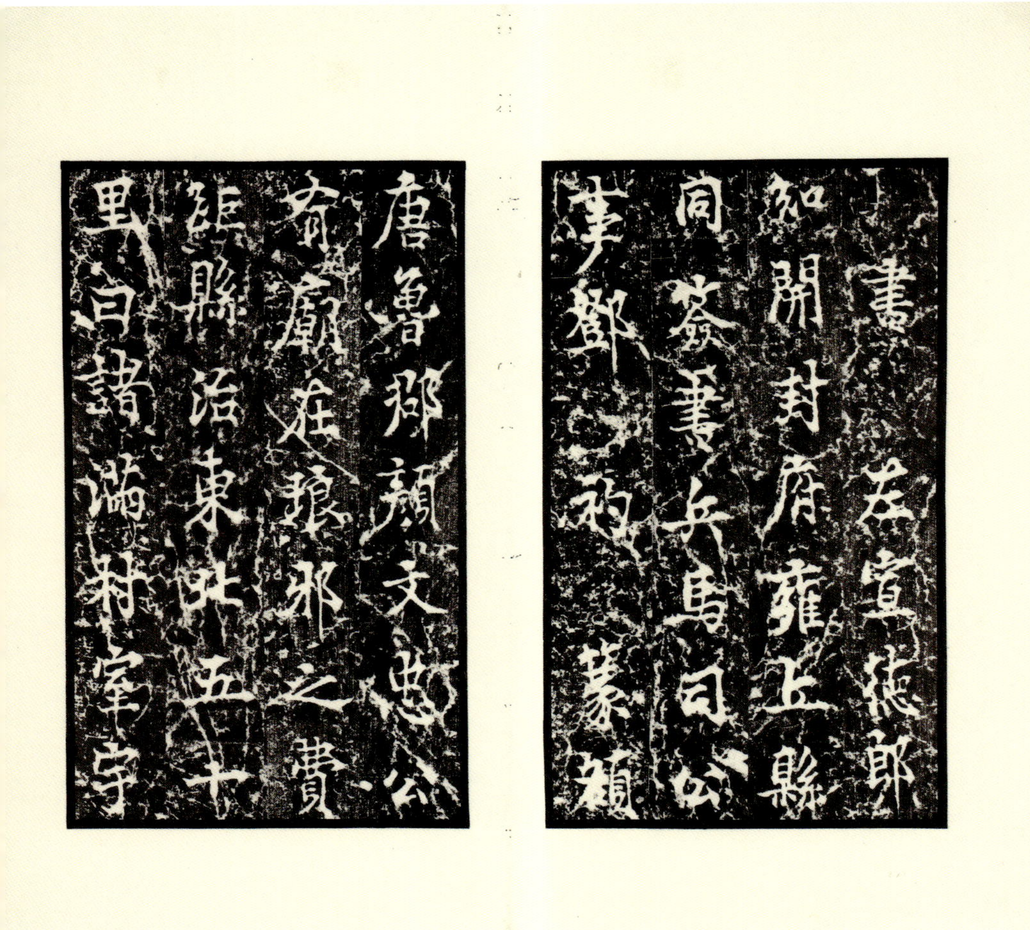
唐魯郡顏文忠公
新廟在瑯邪之費
縣治東北五十
里曰諸滿村
書 左宣德郎
知開封府雍丘縣
同簽書兵馬司公

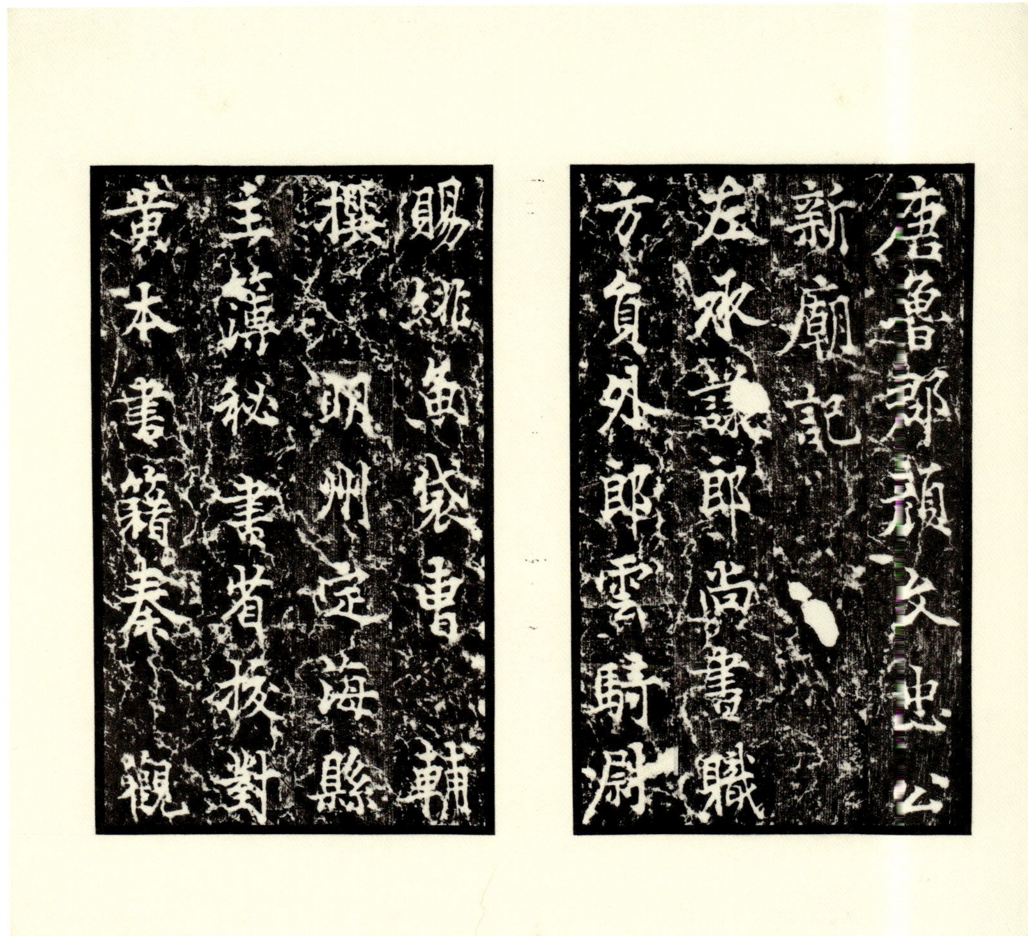
唐魯郡顏文忠公
新廟記
左丞議郎尚書職
方員外郎雲騎尉
賜緋魚袋書輔
撰明州定海縣
主簿秘書省校對
黃本書籍秦觀

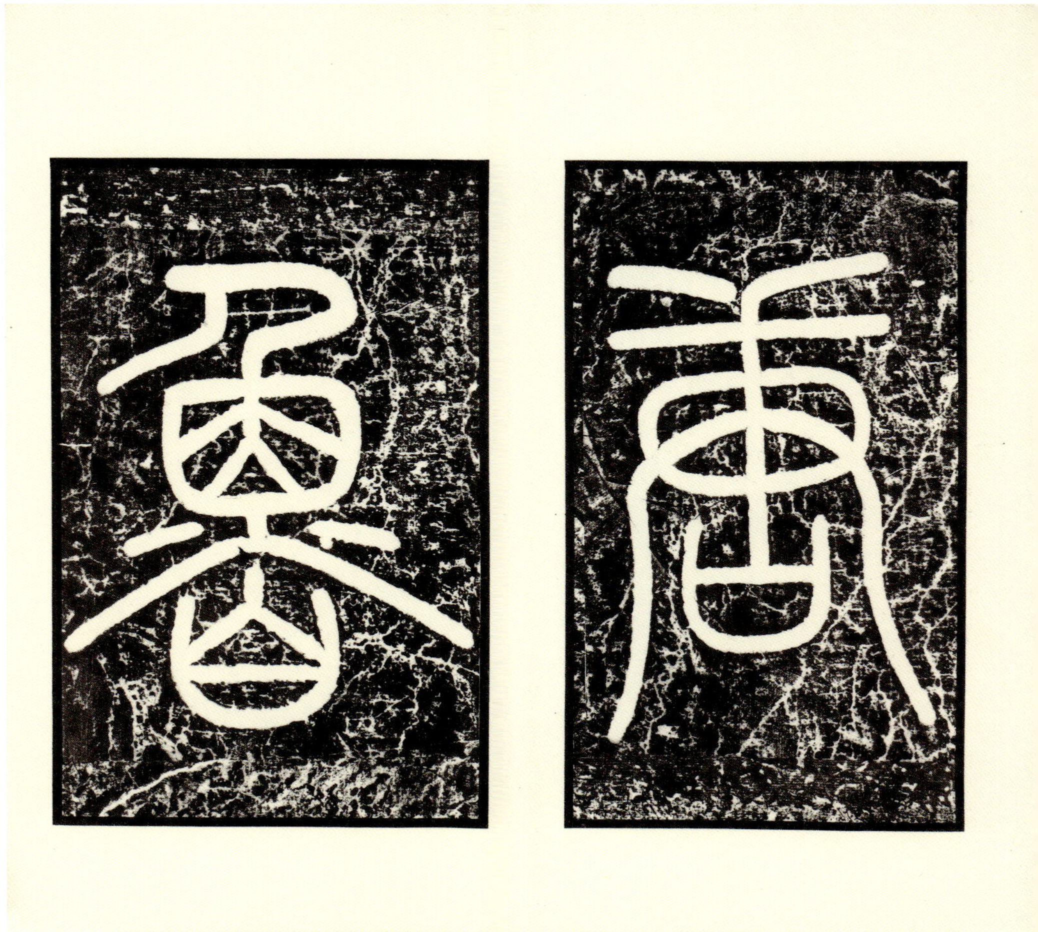

秦观《鲁公新庙记》

北宋元祐七年（1092）　山东费县　清拓　中国美术学院图书馆藏

《鲁公新庙记》，全称《唐鲁郡颜文忠公新庙记》，曹辅撰文，秦观楷书正文，邓杓篆额。正文30行，满行53字，共1045字。据《费县志》所记，碑高六尺五寸（约合2.2米），宽三尺三寸（合1.1米）。碑阴刻有米芾撰并书《鲁公仙真记》，行书18行，共461字。

颜真卿殉国后，其子孙修建颜鲁公庙以资祭祀，庙建在河南道沂州（今山东临沂）费县诸满村。北宋元祐六年（1091），费县知县杨元永经过诸满村，见颜鲁公庙低矮破旧，决议重加修葺，经朝廷批准，于当年冬月在县城东祊河畔重建颜鲁公庙，元祐七年（1092）四月二十七日立此碑以记重修之事。1969年，庙、碑俱毁。1997年，费县以原拓本为底稿重刻，建立新碑。

秦观（1049—1100），字少游，号淮海居士。与黄庭坚、晁补之、张耒合称"苏门四学士"，北宋婉约派词人。其书《鲁公新庙记》点画峭劲，深得"二王"遗风，有魏晋之气。清毕沅《山左金石志》评："淮海书，世所罕见，今玩其笔意瘦劲，深得二王遗法。"

（潘烨祺）

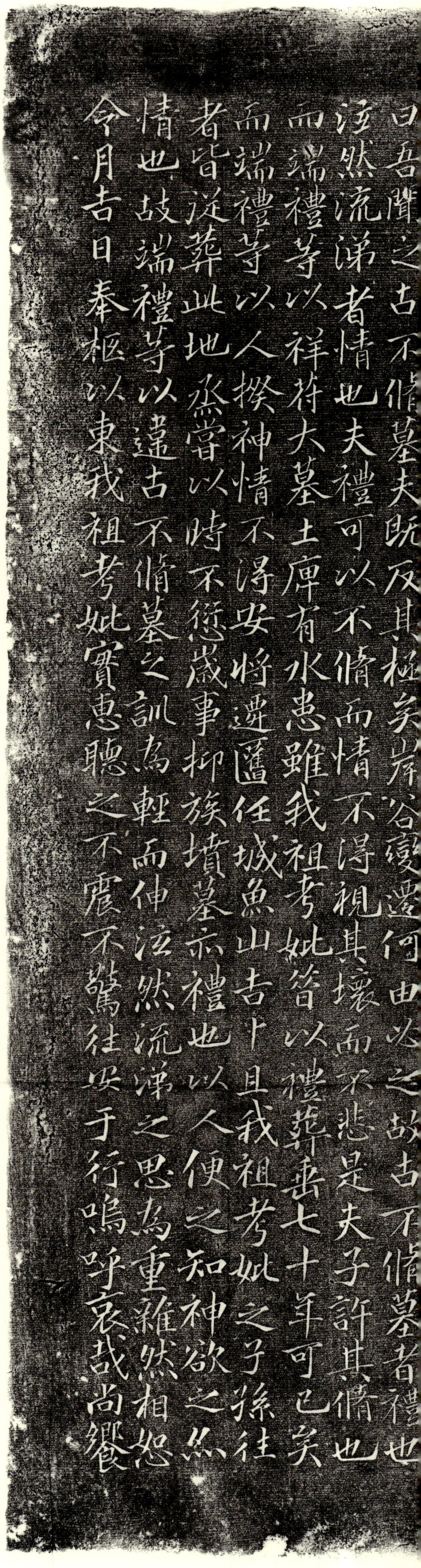
曰吾聞之古不脩墓夫既反其極矣岸谷變遷何由必之故古不脩墓者禮也
泫然流涕者情也夫禮可以不脩而情不得視其壞而不悲是夫子許其脩也
而端禮等以祥符大墓土庳有水患雖我祖考妣皆以禮葬垂七十年可已矣
而端禮等以人揆神情不得安將遷匶任城魚山吉卜且我祖考妣之子孫往
者皆從葬此地烝嘗以時不廢歲事抑族墳墓亦禮也以人便之知神欲之然
情也故端禮等以違古不脩墓之訓為輕而伸泫然流涕之思為重雖然相恕
令月吉日奉柩以東我祖考妣實惠聽之不震不驚往妥于行嗚呼哀哉尚饗

晁补之《晁公改葬记》

北宋大观四年（1110）　山东巨野　新拓　64.5 厘米 ×64.0 厘米　一吟堂藏

此志近年出土于山东巨野宋代晁氏家族墓，原石散于民间。楷书 28 行，行 30 字。志主晁宗简，北宋淳化年间进士，官都员外郎，知婺州。后又升刑部郎中，知越州。宋仁宗庆历四年（1044），卒于越州任所，赠官吏部尚书。宗简有五子，可考者仅仲偃、仲参，晁仲偃官至库部员外郎，通判凤翔府，晁补之的父亲晁端友便是晁仲偃长子。晁宗简原葬于山东祥符，宋徽宗大观四年（1110）三月改葬任城鱼山，由晁补之亲撰改葬记并书记文。

晁补之（1053—1110），字无咎，号归来子。济州钜野（今山东巨野）人。文学家，"苏门四学士"之一。曾任吏部员外郎、礼部郎中。工书画，能诗词，善属文。与张耒并称"晁张"。著有《鸡肋集》《晁氏琴趣外篇》等。

晁补之虽有善书画之名，但书迹罕传，近年出土多方晁补之书写的墓志，为世人了解其书法提供契机，此石即为其中之一。此志书于晁补之晚年，深受苏轼影响，欹侧生姿，具有豪迈不拘的鲜明个性。

（田振宇）

宋朝散大夫尚書刑部郎中知處州軍州事贈特進吏部尚書晁公改葬記
贈特進吏部尚書晁公以慶曆□年九月己酉既葬於祥符大墓矣後六十六
年實大觀四年三月壬寅改窆于任城之魚山先是祥符地卑多水患自特進
公五子伯庫部公而下雖然以爲慮而叔金紫公尤患之議遷不果至是特進
公子皆前後而金紫公之子泰寧軍節度推官前知莘縣事端禮朝散郎前通
判徐州事端智相與議必成其先志以告群從諸孫及庫部公之孫補之等曰
祥符水患諸子之責猶諸孫之責也且特進公之子庫部公而下皆葬魚山遷
魚山宜抑族墳墓以安神則從以烝嘗合食則在又宜衆曰唯於時諸孫存者
莘縣爲長莘縣迺走京師告特進公墓并舉河間縣太君劉氏之柩護奉以歸
啓窆易櫬改襚惟美凡資用皆莘縣力也初補之居蓬萊太君之喪始學地理
行視魚山崦中若虎若牛回抱踞盼勢盤礴可喜法葬山葬竅乃貴乳植松定
南北既命師袁才相地袁從其域少東幾五尺而止前卜丙穴遷庫部公與兩
夫人之柩至是以特進公劉夫人宅丙穴更議以壬甲二穴遷庫部公與補之
考朝議公匱從特進公兆爲既卽事又屬補之記本末而特進公氏諱爵里行
事之實已載端明殿學士李淑所撰誌銘矣不復書獨記改卜及刻祭告文并
納壙中若庫部諸弟子孫婿官則各具於銘誌故皆不復出云曾孫朝散大夫
管句南京鴻慶宮飛騎尉賜緋魚袋補之謹記并書
維大觀三年歲次己丑十月壬申朔十三日甲申孫前泰寧軍節度推官知大
名府莘縣事端禮等謹以清酌庶羞之奠祭告于
祖考特進吏部尚書晁公祖妣河間縣太君劉氏之墓曰聞之夫子既淂合葬

箴內勸農事武騎尉晁補之撰
市舶司雲騎尉李格非書并篆蓋
老而人寵顯其後杜陵人張湯以法律取
同祖而司馬遷不言又怪漢興以來序者
竊以謂留侯嘗得其才智漢庭無雙而輔
不居本其處心使也果有辟穀不死之說
得獨所稱然後廼知湯之枝刻雖其遠賢
今雖分裂微晦於張姓遍天下而盛矣而
始徙濟州鉅野而諱宗禱者君考也留而

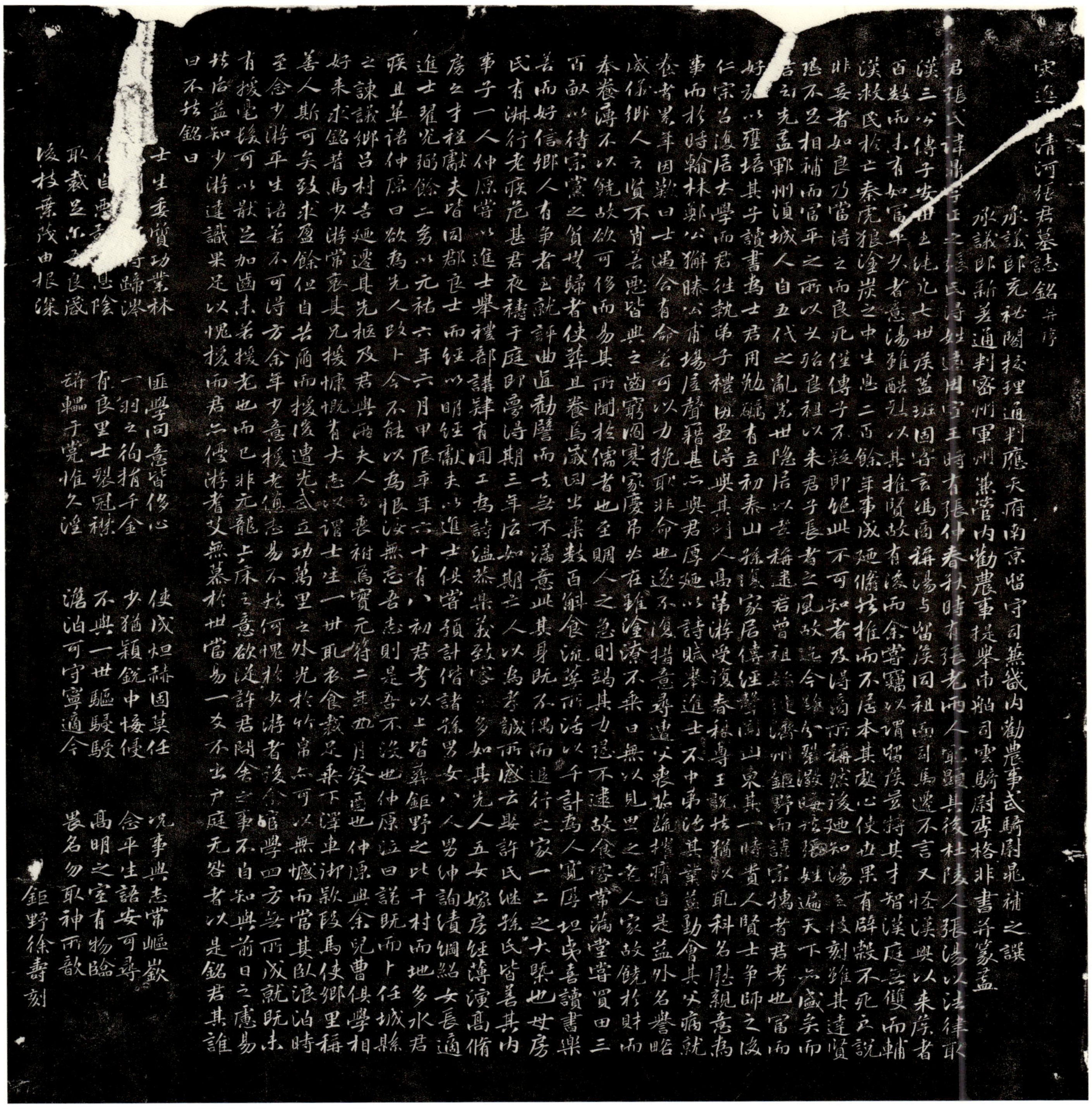

李格非《张鼎墓志》

北宋元祐六年（1091）　山东巨野　新拓　103.0 厘米 ×104.5 厘米　一吟堂藏

《张鼎墓志》，全称《宋进士清河张君墓志铭》，晁补之撰文，李格非书丹并篆额。志主张鼎，早年曾从泰山先生孙复学经，以诗赋举进士，落第后弃文从商，行善积德于乡里。其子仲原，因与晁补之的子弟同学，故得请晁补之为其父撰铭。此志近年出土于山东济宁巨野地区，散于民间。晁、李二人皆苏门弟子，书法深受苏轼影响。

李格非（1045—1105），字文叔。齐州章丘（今山东济南）人。北宋文学家，官至吏部员外郎。女词人李清照之父。此志为李格非唯一传世书迹，可补书史之阙。

（田振宇）

邵篪《游师雄墓志》

北宋绍圣四年（1097） 陕西武功 清拓 113.5 厘米 ×111.5 厘米 一吟堂藏

张舜民撰，章楶篆盖，邵篪正书，安民、安敏、姚文、安延年模刻。出土于陕西武功县，今藏陕西西安碑林博物馆。志主游师雄（1037—1097），字景叔。京兆府武功（今陕西武功）人。出于张载门下。北宋治平元年（1064）进士，进直龙图阁权知秦州、熙州，徙知陕州，在与西夏、吐蕃的战事中功绩赫赫，名列北宋名臣。《宋史》有传，评其"慷慨豪迈，有志事功，议者以用不尽其材为恨"。陕西古迹多有游氏留题，明赵崡《石墨镌华》载："表章古迹，自周秦以来及唐，无不题石，至今尚存焉。"

游师雄和妻子张氏的合葬墓在今武功县武功镇古凤村西南，而此墓志何时出土不可考，元人骆天骧的《类编长安志》有记载，当时已镶嵌于京兆路府学的成德堂壁，是入藏西安碑林最早的一方墓志。

书者邵篪（生卒年不详），字仲恭。丹阳（今属江苏）人。北宋熙宁六年（1073）进士，官至户部郎中。楷法俊秀。

（田振宇）

宋故朝奉郎直龍圖閣權知陝州軍府兼管内勸農事兼提

朝奉郎直秘閣知潭州軍州兼管内勸

朝散大夫直龍圖閣權知秦州軍州兼管内勸

端明殿學士中散大夫充涇原路經略安

公諱師雄字景叔姓游氏世居京兆之武功曾祖永貴祖裕

語已清拔年十五入京兆學益自刻勵蚤暮不休全合

一時豪俊皆慕與之交宿望舊德爭相引重治平元年鄉舉

使聞而薦之於是使者識與不識爭薦其能忠獻魏公在長

句機宜文字熙寧四年遷德順軍判官時初議從法常平渭

與主帥措議戰守之策初瑙欲自延州入安定黑水堡過綏

德曰向非公隨於虜矣趙高帥延安以公權管句機宜文字

勇以守且聚石於城上以待寇夏人聞其有備遁引兵入麟

幾握穿渠陷賊中羅兀終棄而不用丁母艱服除充鄜延路

擒甚急議者謂石岸險固力多非期以歲年不可就公往經

無礙上邊備因之以固八年王師征安南趙高爲宣撫招討

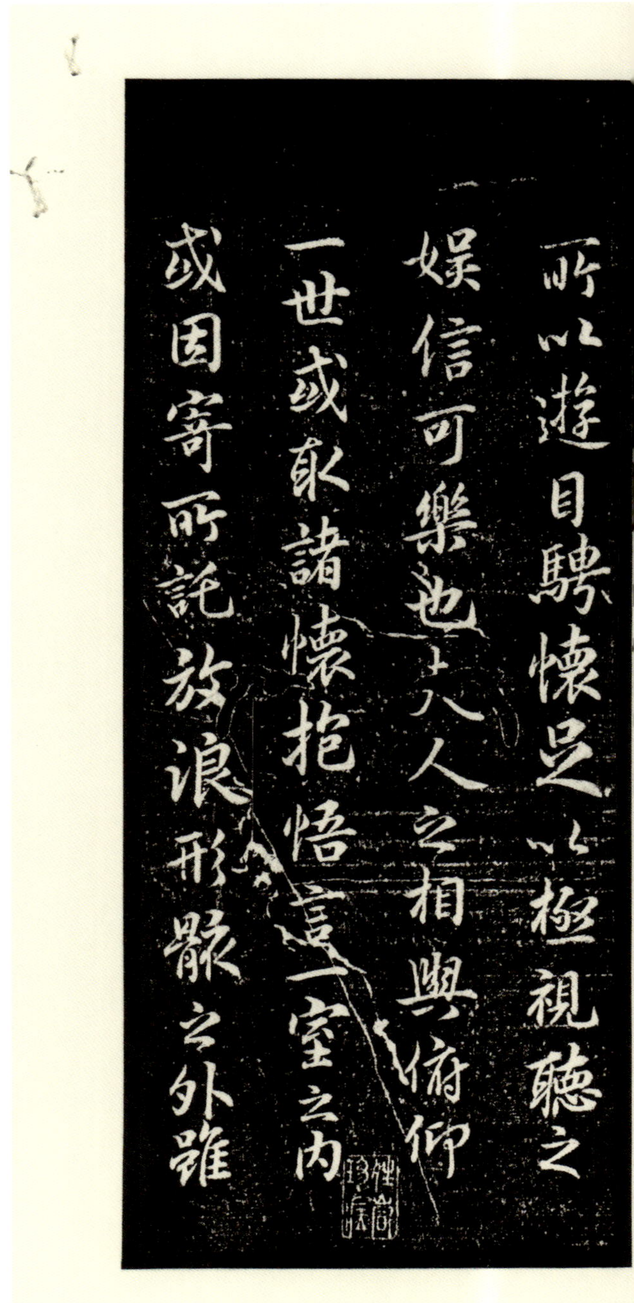

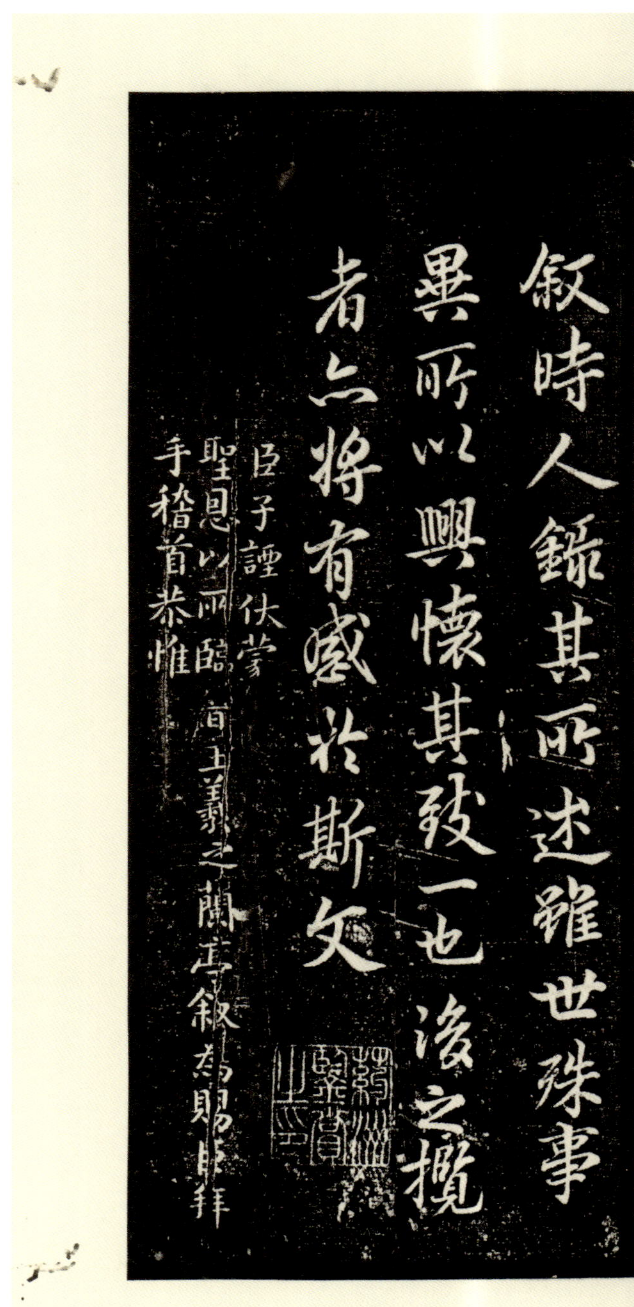

赵构临《领字从山本兰亭序》（向氏刻高庙本）

南宋绍兴七年（1137）原刻/清嘉庆年间（1796—1820）重刻
清拓　册页　31.3厘米×15.8厘米　来仪阁藏

北宋内府珍秘在靖康之乱后尽数散佚，宋高宗赵构即位后，一面极力稳定内忧外患的政局，一面从民间征集书画，重新构建皇家收藏。法书之中，王羲之的《兰亭序》极受重视，绍兴内府收藏有多种版本，并多次刊刻上石，《兰亭考》集录的御府刻本就有五种之多。宋高宗还屡将自己临写的《兰亭序》赏赐臣属。桑世昌云：“思陵在御，临赐不一，留守吕颐浩、越帅孙近、芗林向子諲、松窗钱端礼、米友仁、刘光世，皆刻于石。芗林、松窗所赐，俱是宸翰。”其中向子諲刻本被南宋末丞相游似收入其所集的百种兰亭中，编号“丙之四”，题“向氏刻高庙本”。

南宋绍兴七年（1137），宋高宗亲笔临写御府藏领字从山本兰亭序，赐予向子諲。向氏刻本有绍兴七年三月向氏小字题跋一段，详述始末。游似跋称此本临自甲集之二，盖指今藏香港中文大学文物馆的宋拓游相兰亭甲之二“御府领字从山本”。游似集宋拓兰亭百种，皆以天干编次，传至明代多为晋藩收藏，后又散出，今日尚可见四十种，分藏世界各地。清嘉庆年间，蒋光煦集十一种游相兰亭拓本，由江阴孔省吾、方可中镌刻入石，向氏刻高庙本亦在其中，而宋拓原迹今不传矣。蒋氏刻石也称止园藏石，现仅存残石数片，保存于杭州孔庙碑林壁间。据闻绍兴兰亭亦有残石一种。容庚《丛帖目》著录。

此册为清拓，原为陈昌壬、漆琪生旧藏，今在来仪阁。

（田振宇）

丙之四　向氏刻高廟本

永和九年歲在癸丑暮春之初會

于會稽山陰之蘭亭脩禊事

也羣賢畢至少長咸集此地

有峻崇嶺茂林脩竹又有清流激

湍暎帶左右引以為流觴曲水

列坐其次雖無絲竹管弦之

盛一觴一詠亦足以暢敘幽情

是日也天朗氣清惠風和暢仰

觀宇宙之大俯察品類之盛

趣舍萬殊靜躁不同當其欣

於所遇暫得於己快然自足不

知老之將至及其所之既惓情

隨事遷感慨係之矣所

欣俛仰之間以為陳迹猶不

能不以之興懷況脩短隨化終

期於盡古人云死生亦大矣豈

不[illegible]哉每攬昔人興感之由

若合一契未嘗不臨文嗟悼不

能喻之於懷固知一死生為虛

誕齊彭殤為妄作後之視今

亦由今之視昔悲夫故列

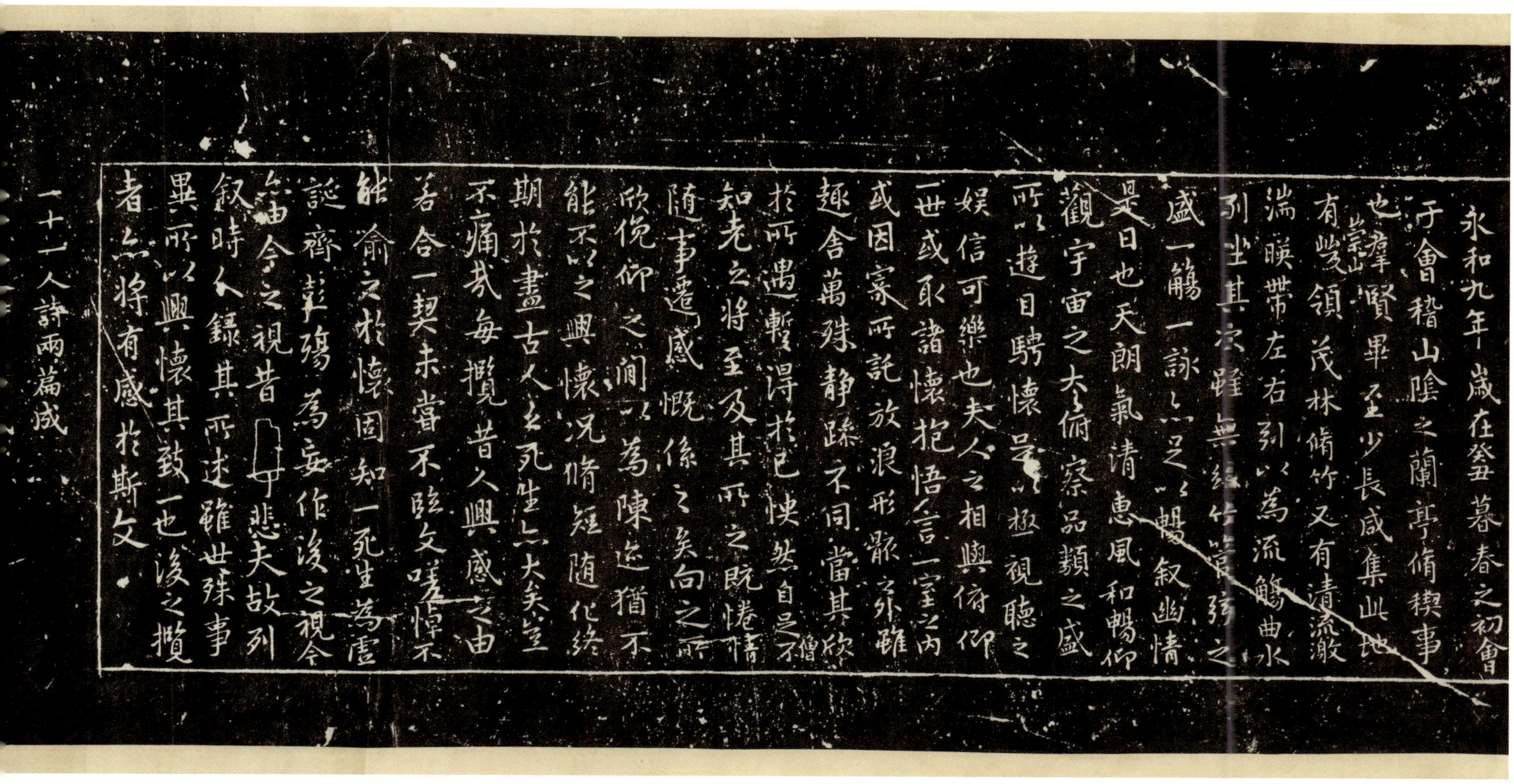

永和九年歲在癸丑暮春之初會
于會稽山陰之蘭亭脩禊事
也群賢畢至少長咸集此地
有崇山峻領茂林脩竹又有清流激
湍暎帶左右引以為流觴曲水
列坐其次雖無絲竹管弦之
盛一觴一詠亦足以暢敘幽情
是日也天朗氣清惠風和暢仰
觀宇宙之大俯察品類之盛
所以遊目騁懷足以極視聽之
娛信可樂也夫人之相與俯仰
一世或取諸懷抱悟言一室之內
或因寄所託放浪形骸之外雖
趣舍萬殊靜躁不同當其欣
於所遇暫得於己快然自足曾不
知老之將至及其所之既倦情
隨事遷感慨係之矣向之所
欣俛仰之閒以為陳迹猶不
能不以之興懷況脩短隨化終
期於盡古人云死生亦大矣豈
不痛哉每攬昔人興感之由
若合一契未嘗不臨文嗟悼不
能喻之於懷固知一死生為虛
誕齊彭殤為妄作後之視今
亦由今之視昔悲夫故列
敘時人錄其所述雖世殊事
異所以興懷其致一也後之攬
者亦將有感於斯文

一十一人詩兩篇成

重刻《凤墅画帖》本《兰亭流觞图》

年代不详（约元末明初）　浙江绍兴　明拓　手卷　33.0厘米 ×1157.0厘米　天泉山房藏

曾宏父（生卒年不详），吉州庐陵（今江西吉安）人，宋理宗淳祐年间创凤山书院，自称凤墅逸客。曾集两宋帝王、名宦等书迹刻成《凤墅帖》，开断代法帖之先河，并著有《石刻铺叙》等，为宋代帖学研究的重要人物。据曾宏父自述，《凤墅帖》包括正帖二十卷、画帖二卷、时贤凤山题咏二卷、续帖二十卷。原版久绝，今仅上海图书馆及海外藏有宋拓十余卷。《凤墅画帖》二卷中，下卷为"羲之兰亭图并序文考订"，包括王羲之兰亭序，李公麟绘兰亭流觞图，孙绰后序，柳公权、米芾题记，宋高宗御札二则及陆柬之兰亭诗、唐宋诸家有关兰亭的考订和曾宏父后记。原刻拓本无传，约元末明初重刻于绍兴右军祠，刻者不详，卷末加刻七言律诗一首。明永乐年间，周藩世子朱有燉刻《兰亭图》大小两种，即以绍兴本为母本，在其基础上增删而成。万历年间晋藩朱翊鈏重刻永乐本，流传最广，影响后世亦最多。

绍兴重刻本极为稀有，目前所知仅上海博物馆藏一卷，陶喻之曾详文考证；国家图书馆藏梁启超饮冰室旧藏残册；另国内私人藏家尚有两件，展品即为其中之一，传世本中保存最为完整。前引首由释长庆仁德题"兰亭圣迹"，绍兴旧有长庆寺，仁德或即寺僧。后有当代书家张森观款。

（田振宇）

《淳化阁帖》（浙图孤山本）

年代不详（约南宋） 浙江杭州 民国拓 浙江图书馆藏

北宋淳化三年（992），宋太宗赵炅命翰林侍书王著选内府所藏历代帝王、名臣、名家102人的书法作品420件，编纂而成《淳化阁帖》，摹刻于枣木板上，展示出自秦汉到隋唐一千多年间书法发展历程，是我国最早的书法集帖，因而被称作“法帖之祖”。《淳化阁帖》在宋代翻刻极多，拓本存世并不多见，更不用说宋刻原石，所以浙江图书馆古籍部所藏之宋刻《淳化阁帖》原石在《淳化阁帖》的流传及帖学的历史传承方面有着极为重要的意义。

此批原石，清代杭州藏书家寿松堂主人孙仰曾于乾隆四十六年（1781）、四十七年（1782）两次购入收藏。此后，帖石一直为孙氏后人所宝藏。清末庋藏于宝石山下宝石山庄，后山庄毁弃，则存于寿松堂后人孙炳奎家。刻石于1933年7月24日、11月3日分两次，由寿松堂主人孙炳奎之子孙峻（字康侯）连同寿松堂所藏其他碑帖刻石赠送浙江图书馆，即现在孤山路28号浙江图书馆孤山馆舍内“文澜石墨”碑廊所藏碑帖刻石的主体。

（陈 谊）

歷代帝王法帖第一

漢章帝書

辰宿列張[illegible][illegible]海鹹河淡
鱗羽翔龍師火帝鳥官人
皇始制文字乃服衣[illegible][illegible]
[illegible][illegible]罔談彼短靡恃己長
尺璧非寶寸[illegible]
竭力

舊章尉荅民望甚為盡
善但奢則不適於時儉則
陋而不典已當斟酌其宜令
得會中耳

東晉文孝王書

異暑復何如向見欽云卿小
苦瘧不乃以為患治之不
遣不悉司馬道子白

晉武帝書

比得誰[illegible]書有欲仙語

吾答之別紙前云宜
紙進王薈之於衆云公書
紙紙書君輒從衆以吾
觀之寧當許也想不調耳

宋明帝書

鄭脩容見先書今
付叔汝可付汝內人令
之再研使祐使範二
家內人令也[illegible][illegible]

齊高帝書

吾之至破堀在
後粗可得盡達
兄子為未得[illegible]
[illegible]如涼之也

梁武帝書

[illegible]弱御氣精勤而得為
異意趣情也二河雙
愛業後當其情故慮

時發漢源冬涸理當
有訪遥舟有及具意
緼荅

唐太宗書

不審夜來眉氣何似
想當漸散痢復斷未
[illegible]胖所患意不痊除痛
遂邀悶悶悲痛更咽
何言並胖同氣之傷
故當雖處今故遣使往

用處亦宜減納即早處分
勿遲 勑九日

唐高宗書

太子無事欲解洛城
西門伏聽更[illegible]霞

奏勑廿三日
過午將審行阿福及
倉粮帳並經三度數向
衛裏來勑廿五日
卿及文瓘處俊敬玄無前

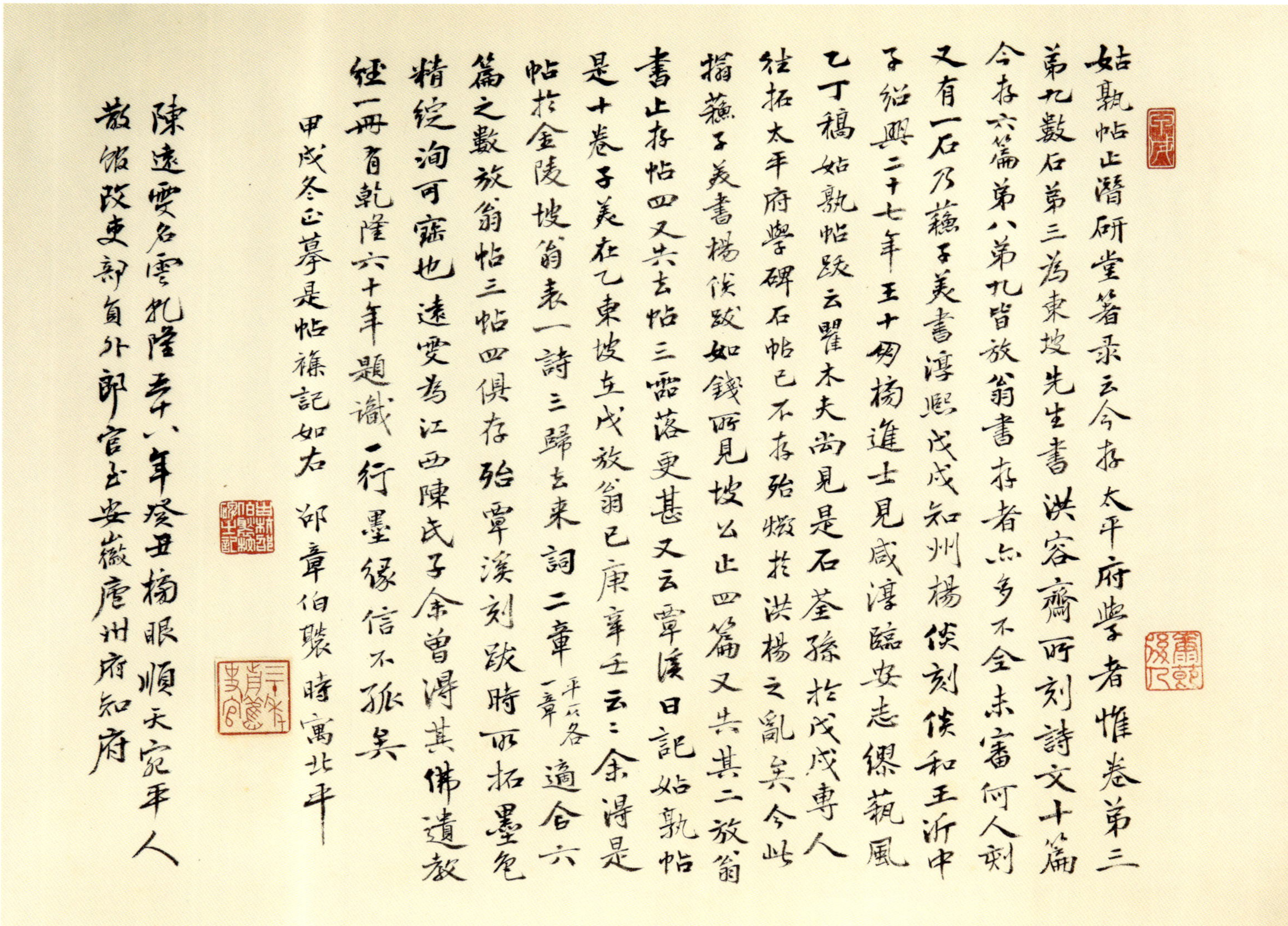

姑孰帖止潛研堂箸录云今存太平府學者惟卷第三
第九數石第三為東坡先生書洪容齋所刻詩文十篇
今存六篇第八第九皆放翁書存者亦多不全未審何人刻
又有一石乃蘇子美書淳熙戊戌知州楊倓刻倓和王沂中
子紹興二十七年王十朋榜進士見咸淳臨安志繆藝風
乙丁稿姑孰帖跋云瞿木夫尚見是石荃孫於戊戌專人
往拓太平府學碑石帖已不存殆燬於洪楊之亂矣今此
搨蘇子美書楊倓跋如錢所見坡公止四篇又共其二放翁
書止存帖四又共去帖三略落更甚又云覃溪日記姑孰帖
是十卷子美在乙東坡在戊放翁已庚辛壬云云余得是
帖於金陵坡翁表一詩三歸去來詞二章（平、六各一章）適合六
篇之數放翁帖三帖四俱存殆覃溪刻跋時所拓墨色
精绽洵可寶也遠雯為江西陳氏子余曾得其佛遺教
經一冊有乾隆六十年題識一行墨緣信不孤矣
甲戌冬正摹是帖襍記如右 邵章伯褧時寓北平
陳遠雯名雲乾隆五十八年癸丑榜眼順天宛平人
散館改吏部員外郎官至安徽廬州府知府

《姑孰帖》

南宋淳熙年间（1174—1189） 安徽当涂 清拓 手卷 小残卷斋藏

南宋淳熙年间，杨倓、洪迈等刻帖石于当涂郡斋，姑孰城为当涂府治、县治所在，故名《姑孰帖》。杨倓于淳熙五年（1178）、洪迈于淳熙十年（1183）先后知太平州，此帖当为陆续刊刻。石久散佚，卷数及所收内容均不详。至清代钱大昕《潜研堂金石跋尾》著录时，仅存第三、八、九卷残石数块，在太平府学，包括苏轼、苏舜钦、陆游书写的诗文作品。清代翁方纲曾过访并留刻题记。至晚清缪荃孙前往当涂拓碑，帖石已不存，当毁于太平天国运动。故宫博物院、首都图书馆、浙江省博物馆、浙江图书馆等均藏有拓本，皆仅存三家残石，称为宋拓、明拓，实皆清代拓本，未见有更早更完者。

此帖虽为残刻，然皆取未见于他处的真迹上石，苏轼、陆游均为重要书家，苏舜钦书迹传世罕有，赖此以传，加之摹勒俱精，故素为世人所重。

展品为清翁方纲刻跋后拓本，邵章旧藏并题跋。邵章（1872—1953），字伯䌹，号倬盦。浙江仁和（今杭州）人。近现代藏书家、版本目录学家、书法家。

（田振宇）

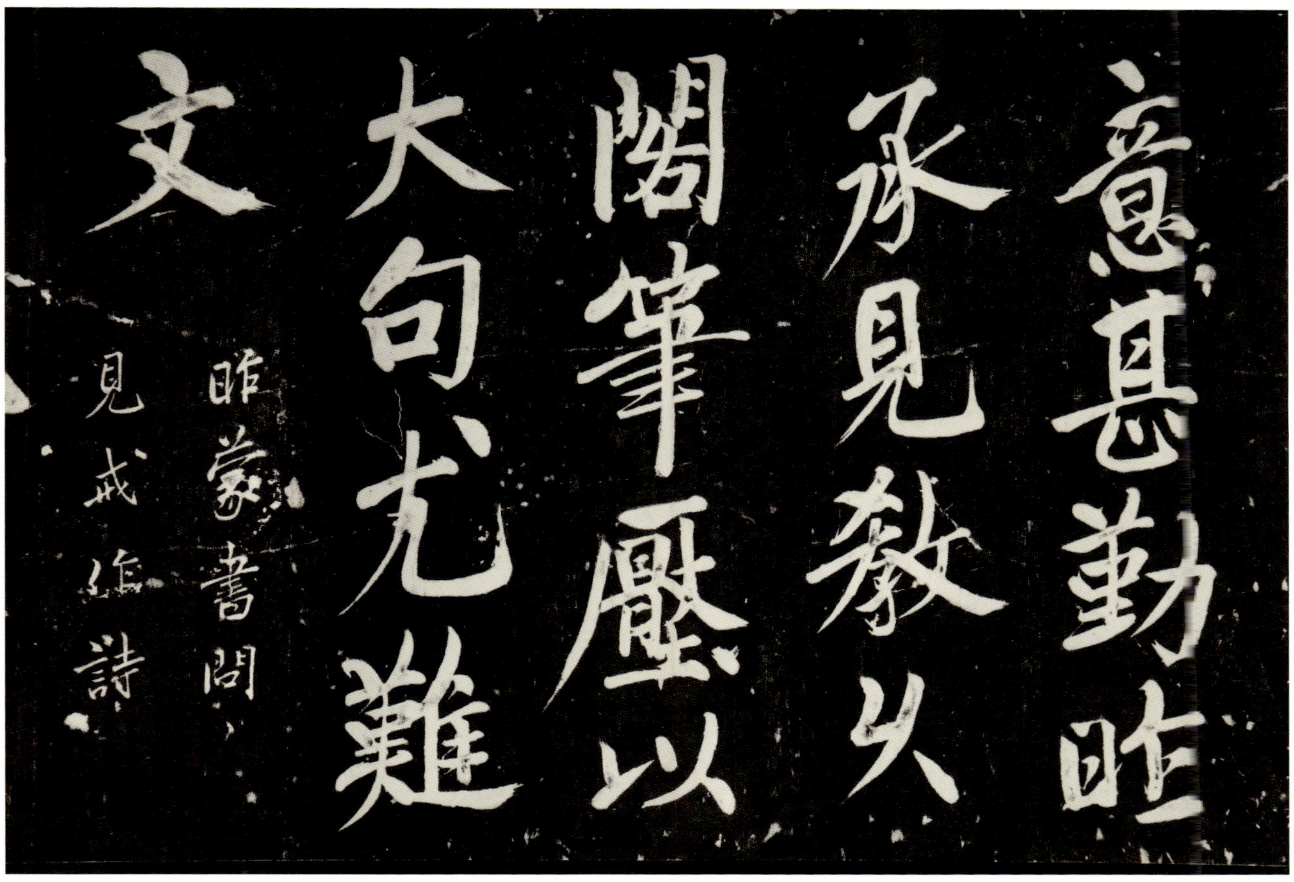
意甚勤昨
承見教久
閣筆壓以
大句尤難
文
昨蒙書問
見戒作詩

東坡先生書句
惡酒如惡人相攻劇刃箭
頹然一榻上勝之以不戰詩
翁氣雄拔禪老語清軟
我醉都不知但覺紅綠
眩醒時山月上鬢之風鬟變
惟有一龕燈二豪俱不見
與邵子玉寶覺師會金
山作此詩三十年矣
壽聖師聽我送

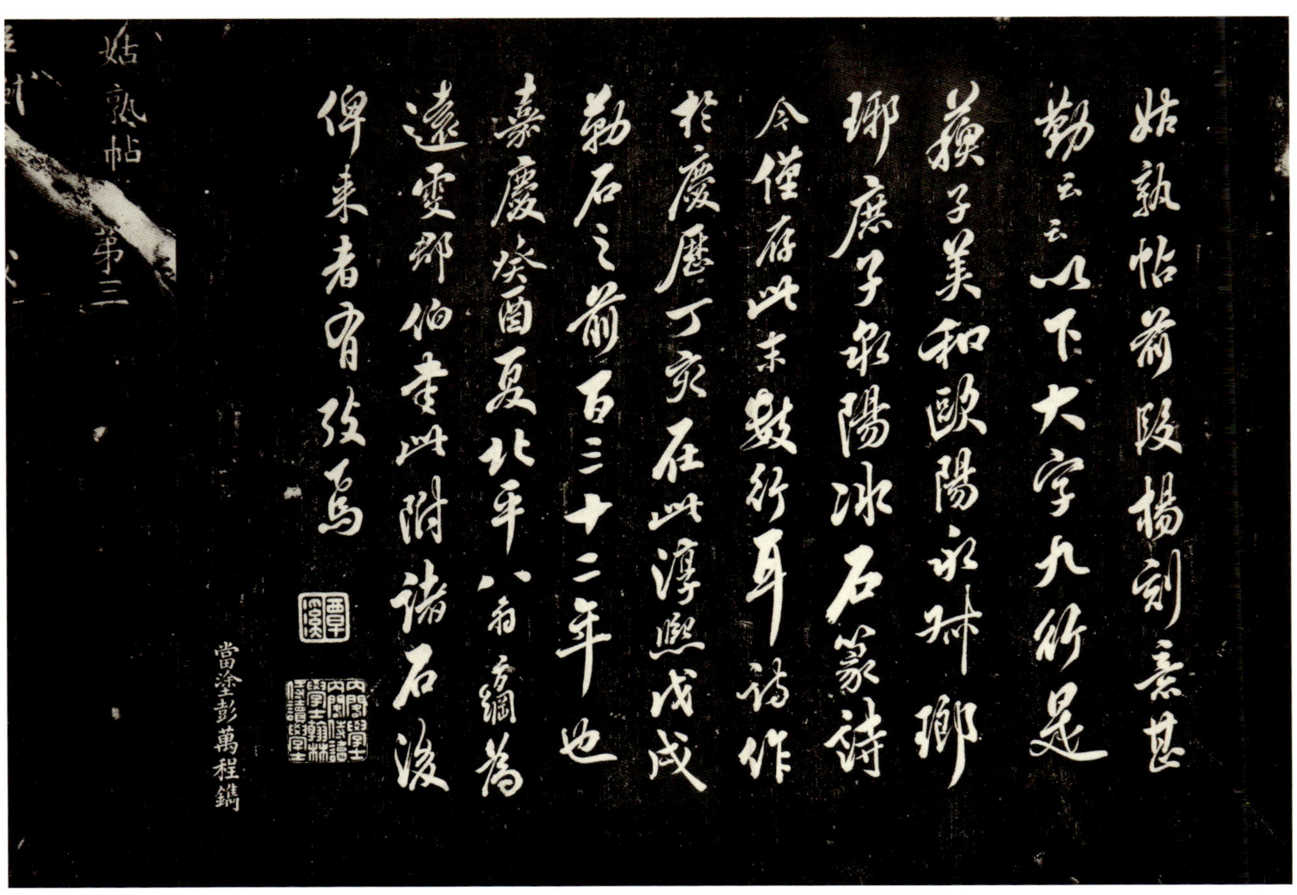
姑孰帖前跋揭刻意甚
勤云云以下大字九行是
蘇子美和歐陽永叔琅
琊庶子泉陽冰石篆詩
今僅存此末數行耳詩作
於慶歷丁亥在此淳熙戊戌
勒石之前百三十二年也
嘉慶癸酉夏北平翁方綱爲
遠雯邵伯重此附諸石後
俾來者有攷焉
姑孰帖第三
當塗彭萬程鐫

陆游《焦山题名》摩崖石刻

南宋乾道元年（1165） 江苏镇江 旧拓
101.0 厘米 ×181.0 厘米 一吟堂藏

陆游《焦山题名》又称《陆游书踏雪观〈瘗鹤铭〉题记》《焦山题记》《浮玉岩题名》等。南宋隆兴二年（1164）闰月（十一月）廿九日，陆游与同僚何佾（字德器）、挚友韩元吉（字无咎）等四人同游焦山。其时，陆游以左通直郎通判镇江府事，韩元吉适以新番阳（今江西鄱阳）守来省太夫人于润州（今江苏镇江），陆、韩二人“相与道旧故部，问朋侍，览观江山，举酒相属甚乐”（陆游《京口唱和序》）。

题名文辞未见陆游《渭南文集》，清人多有著录。味文意，陆游、韩元吉等同游焦山之日，乃是傍晚泛舟从北固山甘露寺登岸返回，所以该题名不是当日的即兴题崖之书。加之，该题名石刻的崖面较大，且是经过平面处理的，更可能是后续的书丹上石行为。陆游撰文题书的时间，可能是该摩崖后两行所记述的：“明年二月壬午，圜禅师刻之石。务观书。”即乾道元年（1165）二月三日。此时，距离“踏雪观《瘗鹤铭》”之日已过二月余。

该摩崖题刻在江苏省镇江市焦山定慧寺西侧沿江崖壁，现已建亭护之，有石阶通道可达观摩。刻石者“圜禅师”，又称“圆禅师”，乃焦山淡庵长老定圜。从书法史的立场考察，陆游《焦山题名》既有颜真卿大字摩崖《大唐中兴颂》的端严雄伟，又有南朝大字摩崖名品《瘗鹤铭》的开张气度，是颜真卿楷书在南宋得到推崇的例证之一，也与陆游晚年“学书当学颜”（《自勉》）的论书宗旨深相契合。晚清书家何绍基认为，陆游此书“雄伟厚重”近似北宋崇颜名家蔡襄（君谟）“而非君谟所能及”（《跋陆放翁瘗鹤铭后题名拓本》）。

（方爱龙）

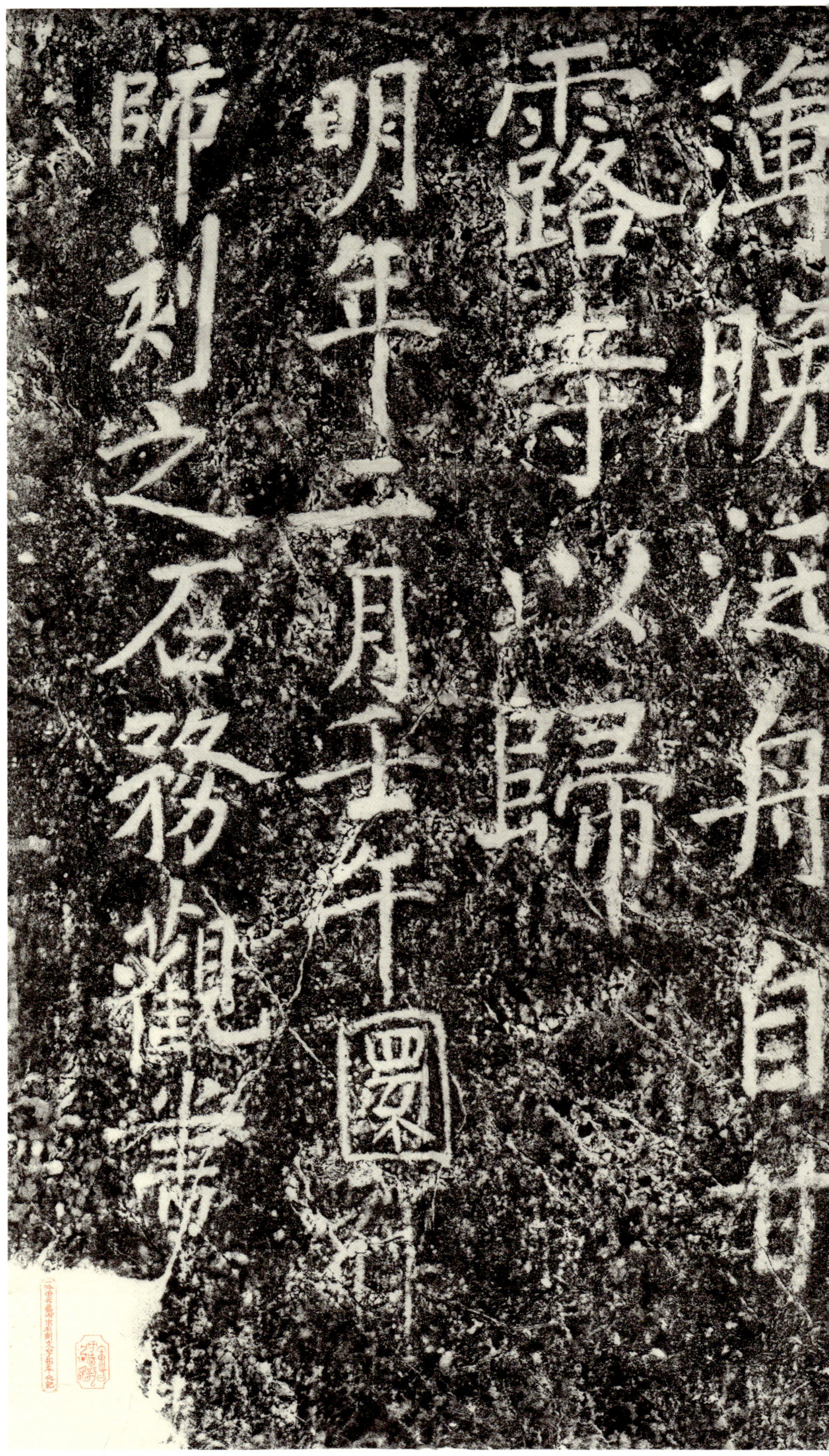

陸務觀何德器張玉仲韓無咎隆興甲申閏月廿九日踏雪觀瘞鶴銘置酒上方烽火未息望風檣戰艦在煙靄間慨然盡醉

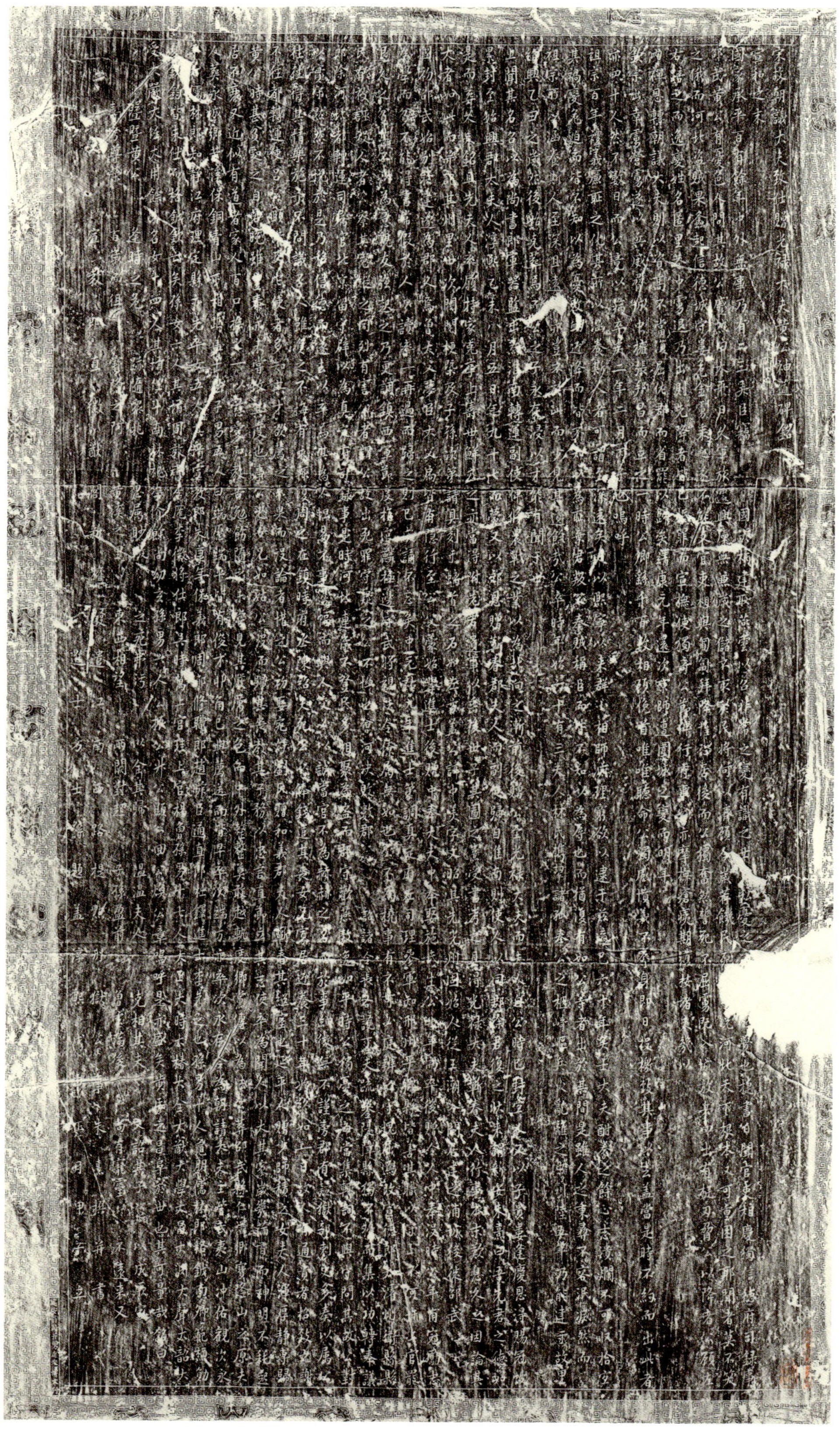

朱熹《黄公（中美）神道碑》

南宋淳熙十五年（1188） 福建邵武 旧拓 315.0厘米 ×130.0厘米 一吟堂藏

此碑端题“宋故朝议大夫致仕赠光禄大夫黄公神道碑铭”，末两行署“宣教郎、直徽猷阁、新权发遣江南西路提点刑狱公事朱熹撰并书”“进士方士繇题盖（额）”“淳熙戊申正月甲子立”。淳熙戊申即南宋淳熙十五年（1188）。据本碑记：“公葬邵武县仁泽乡宝隆山之原，夫人葬永城乡黄溪保铜青山下，相距盖十里。”碑铭主人是黄中美，夫人即本碑中大篇幅记及的蕲春夫人林氏（1078—1175）。碑文见载于朱熹《晦庵集》卷八十九。此碑存立于福建省邵武市铜青山下林氏夫人墓葬前。

黄中美（1065—1127），字文昭。邵武（今属福建）人。北宋绍圣元年（1094）进士，曾任信德府录事，知卫县，转信德军。宣和末，金人攻信德，官吏皆降，黄中美奋死以守；金人退，宣抚使奇其节，俾行军事。靖康二年（1127），张邦昌潜窃，感愤卒，年六十三。朱熹与黄中美之子黄端明为好友。

方士繇（1148—1199），字伯谟，号远庵。兴化军莆田（今福建莆田）人。南宋理学家。自幼聪慧，乾道年间从学朱熹，倾倒追随，交往甚密，问学之外兼及私事和友情。卒后，朱熹为之写祭文，陆游为之撰写墓志铭，赞其“不为进士，专以传道为后学师。六经皆通，尤长于《易》，亦颇好《老子》”。工于书法，诸体皆妙。朱熹《答蔡季通书》有云：“篆隶碑子，字画皆不满人意，未有可写之人，令伯谟篆如何？”此碑篆额应当是方士繇遵从朱熹之命而题的。

朱熹（1130—1200），字元晦，一字仲晦，号晦庵，晚号晦翁。江西婺源人，出生于南剑州尤溪（今福建尤溪），久寓建阳（今福建南平）。绍兴十八年（1148）进士，孝宗、光宗两朝一度受重用。晚年授徒讲学、著书立说。著名理学家，世称“朱文公”或“朱子”。朱熹书法素有声名，行书、楷书尤佳，名列“淳熙四家”，是书法史上“南宋四家”之一。

此碑久没，大约在清嘉道年间才重新出土，始见拓本流传。本展品较为完整地体现了碑身四周所饰精美密植的雷云纹和仿青铜器间隔图案，右下角雷云纹处有清晰可见“建安翁镇并男进文、博文刊”1行。惜乎碑额失拓。

（方爱龙）

於事後無不謹旁君有矣猶奇吏吳多秀以居

迎養三十年將終如一日故人亦通貴者拾致之謝

其經室也延平人贈少師積之女夫人渾厚靜專歸

克使卒為聞人以大其家歲幾滿百而神明不耗契

鄉黨傳以為盛葬邵武縣仁澤鄉寶隆山之原夫

孕次永存今為朝請大夫主管武夷山冲佑觀次永

孚先之也孫男十人龜朋儒林郎擢鐵南鄉範模勉

正夫時太椿共全大猷大學大昌大洲大聲大韶大

呼是亦盛矣黃氏之昌阜於世也其可量哉銘曰

克相其夫又詒其子以成厥家

曾未滿後尚有寵靈不遠來又

獄公事朱熹撰并書

熙戊申正月甲子立

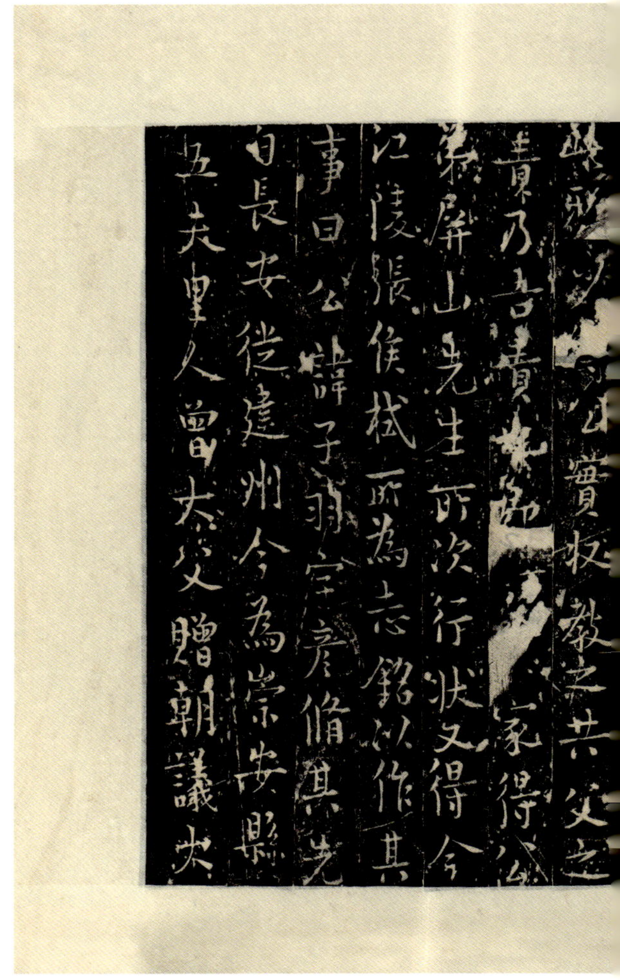

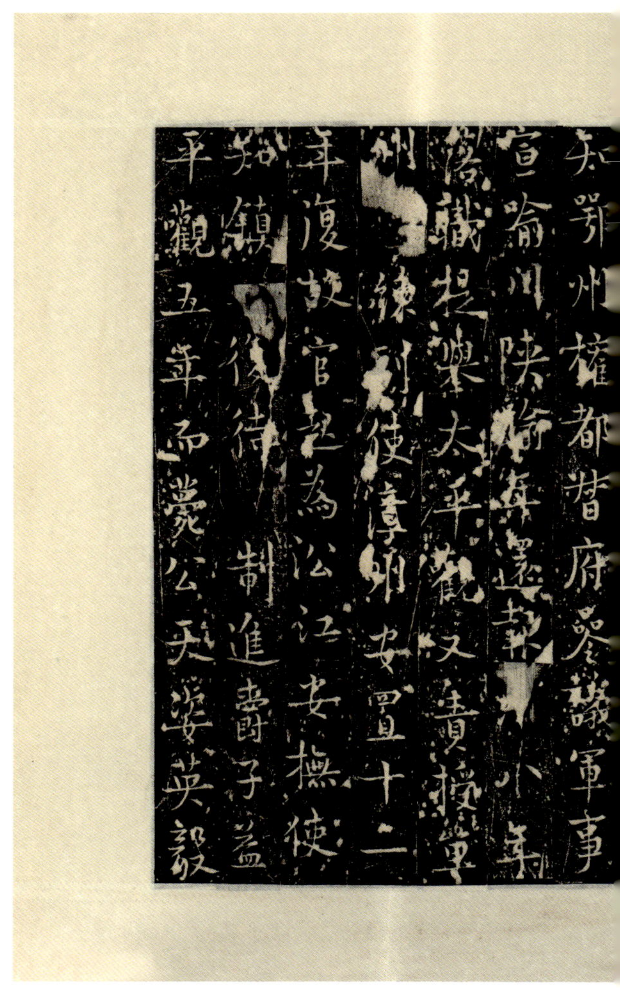

朱熹《刘公（子羽）神道碑》

南宋淳熙六年（1179） 福建南平 清拓 册装 33.0厘米 ×16.0厘米 一吟堂藏

此碑系现存朱熹撰并书的碑刻中内容最完整、字数最多者。篆额“宋故右朝议大夫充徽猷阁待制赠少傅刘公神道碑”3行21字，端题“宋故右朝议大夫充徽猷阁待制致仕彭城县刘公神道碑铭”。前署“从表侄、宣教郎、权发遣南康军事兼管内劝农事、借绯朱熹撰并书”“承事郎、充秘阁修撰、权发遣江陵军事府、主管荆湖北路安抚司公事、马步军都总管兼本路营田使、赐紫金鱼袋张栻篆额”。末署“淳熙六年冬十月乙酉建”。碑原立于福建省武夷山市五夫镇拱辰山蟹坑刘子羽墓道前，因墓葬平毁而于1981年迁至武夷宫中山堂（三清殿）前，后又迁立于武夷精舍内建亭护持。碑文见载于朱熹《晦庵集》卷八十八（四库全书本），文字稍有出入。

碑主刘子羽（1096—1146），字彦修。福建崇安五夫里（今福建省武夷山市五夫镇）人。早年曾随父驻防浙东；金兵南侵，父子死守真定（今河北正定）。南宋绍兴二年（1132），任利州路经略使兼兴元府知府，为保川陕屡立战功。后因不附和议，得罪秦桧，于绍兴八年（1138）罢归武夷。

刘子羽绍兴十六年（1146）卒于家乡，本碑刻立时其已逝世33年。淳熙五年（1178），刘子羽长子刘珙临终时将安葬其父和立碑之事托给朱熹。刘子羽不仅是南宋名臣和抗金名将，也是抚养幼年朱熹成长的崇安五夫里缙绅和父执辈名士。刘珙是朱熹少年时的伙伴兼兄长，孝宗朝兼任参知政事、资政殿学士、知荆南兼湖北路安抚使，也是主战派名臣。因此，朱熹满怀深情，撰并书成全碑3700余字。朱熹好友、湖湘学派领袖张栻不仅撰写了《刘公（子羽）墓志铭》，而且应请为本碑篆额。张栻是南宋初期名相张浚之子，张浚于建炎四年（1130）出任川陕宣抚处置使，刘子羽在其麾下开辟川陕第二战场，积极抗金，为南宋半壁江山立下功勋。

展品为清末浓墨拓，蝴蝶册装，原装旧裱，前有手绘朱子彩像。

（方爱龙）

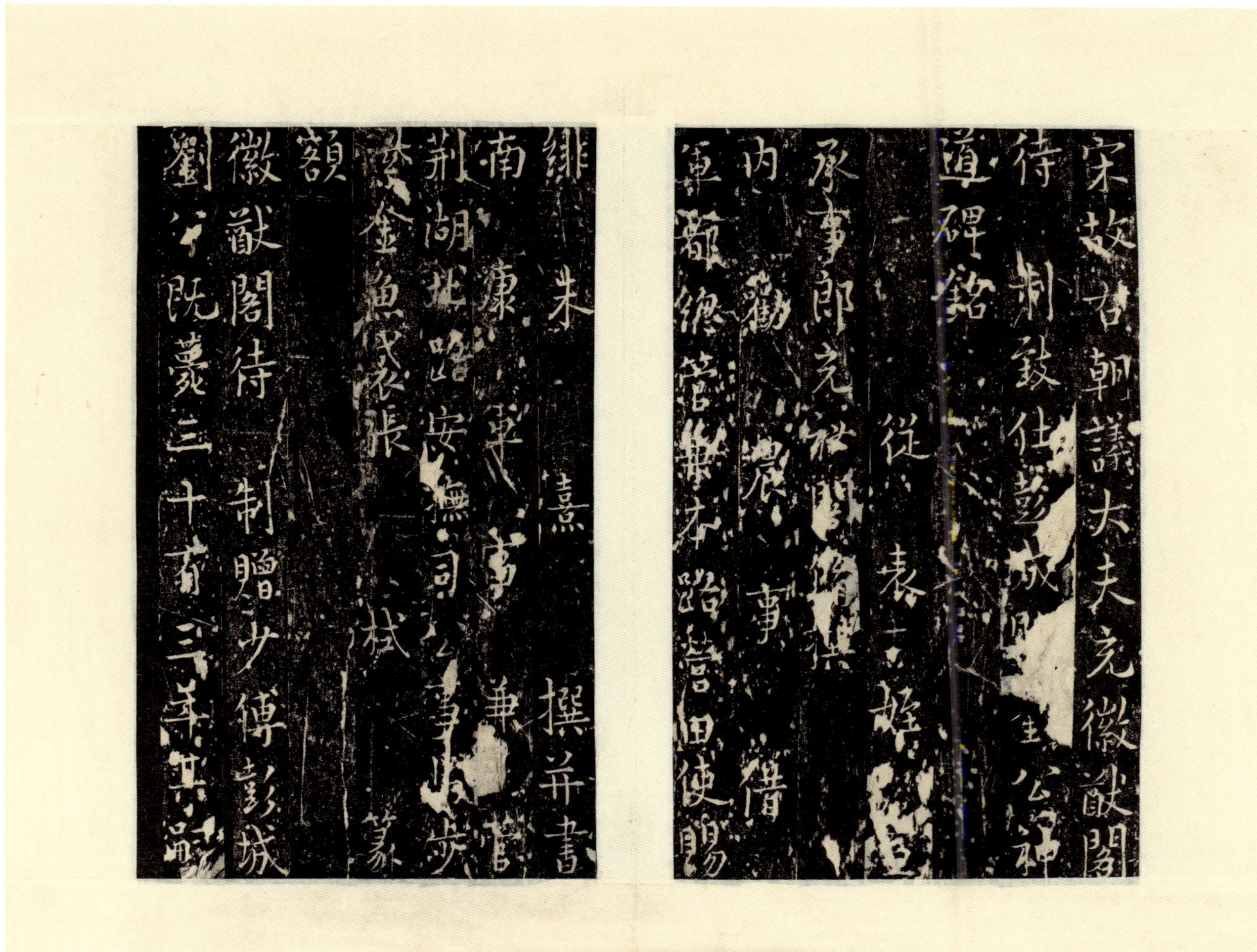
宋故右朝議大夫充徽猷閣
待制致仕彭城
道碑銘
從表姪
承事郎
內勸農事借
緋朱熹撰并書
南康軍事兼管
荊湖南路安撫司
紫金魚袋張栻篆
額
徽猷閣待制贈少傅彭城
劉公既薨三十有三年其嗣

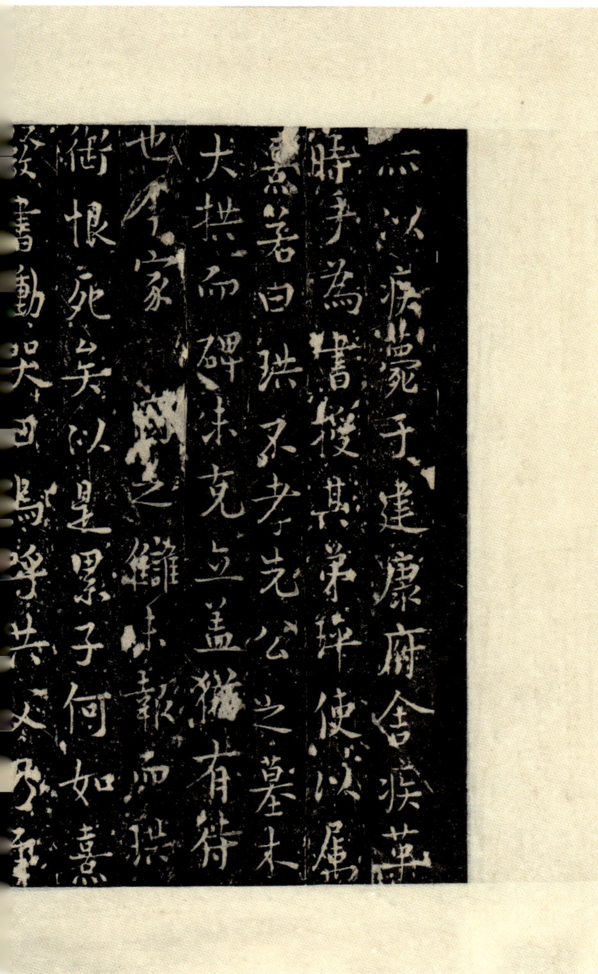
亦以疾薨于建康府舍疾革
時尹為書授其弟珪使以屬
熹若曰珙不孝先公之墓木
大拱而碑未克立蓋猶有待
也今家之讎未報而珙
銜恨死矣以是累子何如熹

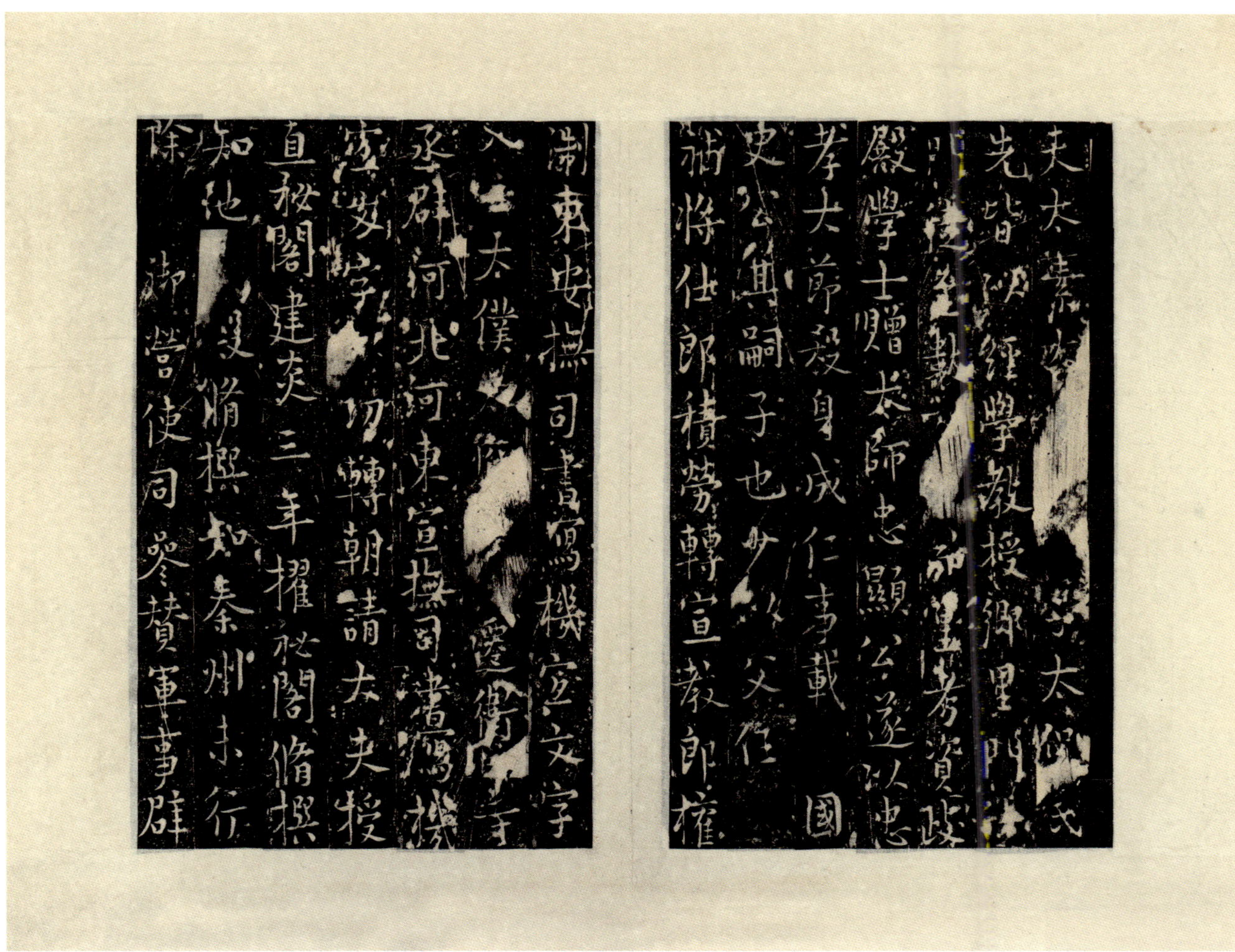
先皆以經學教授鄉里
殿學士贈太師忠顯公遂以忠
孝大節殺身成仁事載國
史公其嗣子也少以父任
補將仕郎積勞轉宣教郎權
淛東安撫司書寫機宜文字
入為太僕遷衛尉寺
丞辟河北河東宣撫司書寫機
宜文字以功轉朝請大夫授
直秘閣建炎三年擢秘閣脩撰
知秦州未行
除御營使司參贊軍事辟

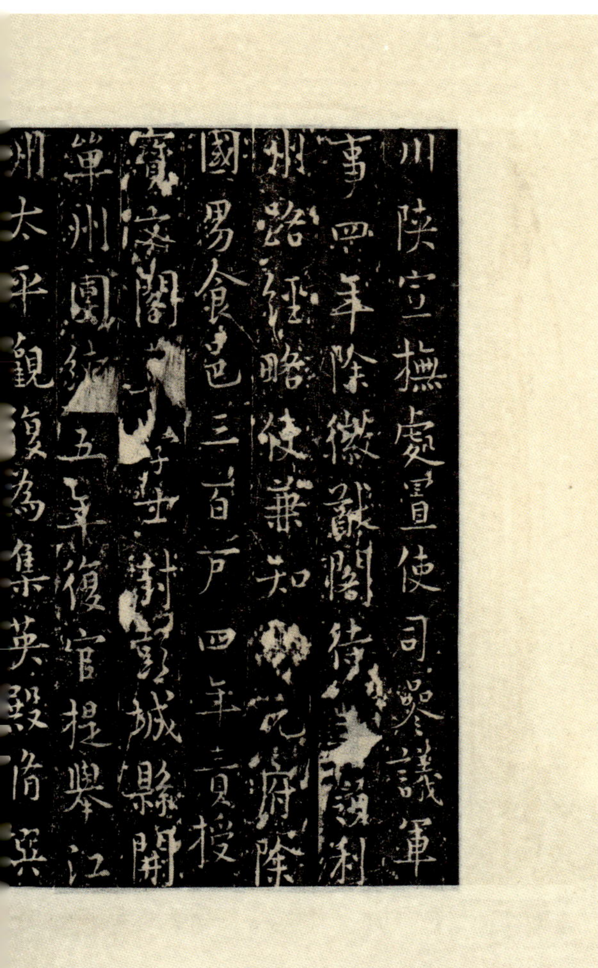
川陝宣撫處置使司參議軍
事四年除徽猷閣待制利
州路經略使兼知興元府除
國男食邑三百戶四年
封彭城縣開
五年復官提舉江
州太平觀復為集英殿脩撰

张孝祥《宋故宏智禅师妙光塔铭》

南宋绍兴二十九年（1159） 浙江宁波 旧拓 216.5厘米 ×118.0厘米 一吟堂藏

此碑篆额“宋故宏智禅师妙光塔铭”5行10字，本展品失拓。

端题“宋故宏智禅师妙光塔铭（有叙）”，题下结衔署款3行“左朝请郎、直龙图阁、知太平州军州事、提举学事兼管内劝农营田使、阳羡周葵撰”“左宣教郎、试起居舍人、兼玉牒所检讨官、兼权中书舍人、历阳张孝祥书”“左太中大夫、权吏部尚书、同修国史、兼侍读、会稽贺允中题盖（额）”，末署“绍兴二十九年七月望日，住持嗣祖法侄比丘宗珏立石”，又“四明陈奇、陈曦模刊”。原碑现存宁波市天童禅寺。

张孝祥（1132—1169），字安国，号于湖居士。原籍和州乌江（今属安徽和县），生于明州鄞县（今浙江宁波）。约绍兴十三年（1143），随父迁居安徽芜湖。绍兴二十四年（1154）廷试擢为进士第一。乾道五年（1169）三月，因病进显谟阁直学士致仕，旋提举江州太平兴国宫，六月病卒，年仅38岁。有《于湖居士文集》四十卷传世。《宋史》卷三八九有传。

张孝祥素有书名，韩淲《涧泉日记》记：“乾道、淳熙以来……书法张孝祥、范成大，道学陆子静、朱熹。”陈櫰《负暄野录》评曰：“余尝评近世众体书法……行草则有蒋宣卿、吴傅朋、王逸老、单炳文、姜尧章、张于湖、范石湖。……于湖（张孝祥）、石湖（范成大）悉习宝晋（米芾），而各自变体。”

（方爱龙）

宋故宏智禪師妙光塔銘有叙

左朝請郎直龍圖閣知太平州軍州事提舉學事兼管內勸[illegible]田[illegible]撰

左宣教郎試起居舍人兼玉牒所檢討官兼權中[illegible]舍人應[illegible]李祥書

左大中大夫權吏部尚書同脩國史兼侍讀會稽賀允中題蓋

紹興戊寅春二月　詔謚故明州天童山景德寺僧正覺宏智禪師塔曰妙光其徒相與侈
上德意刻之琬琰傳示永久且使来告求銘師塔余聞中國自東漢始有經像學焉者率以有為為功德逮[illegible]益甚達磨自竺乾西[illegible]傳佛心印佛[illegible]由是大明至唐褒崇諸祖有易
名名塔之歸其去圓寂或已百年或二百年今師亡未幾而蒙
上四宗之襃所以[illegible]光之至矣非能荷佛[illegible]得祖師命[illegible]化[illegible]紊為人天師出入生[illegible]得此感遇撫其示世之實序而銘之曰[illegible]覺隰州隰川人祖
寂父宗道世學般若母趙氏嘗夢五臺山一僧解右臂環予之已而有娠遂屏葷茹及師之[illegible]抜每甫七歲警悟絕人日[illegible]數千言[illegible]髮十八游方
十四出世得度於淨名寺本宗大師得戒於晉州慈雲寺智瓊律師得[illegible]於鄧州丹霞山德淳禪[illegible]州普照[illegible]住舒州太[illegible]江州圓通能[illegible]廬晚乃住今天童[illegible]
師過舒蘄禮祖塔夢至一山寺長松夾道有句紀之曰松徑森森窈窕[illegible]時微月正黃昏及至天童宛如昔夢故有終焉之[illegible]戊午被旨住臨安府靈隱寺未閱月丐
歸數於天童最久惟祖道自達磨五傳而離為南能北秀其後益離而為五家宗派今潙仰灋眼二宗中絕而臨際雲門曹洞三家鼎盛顧[illegible]究其師之道而各襲其跡[illegible]
相詆訶未有能一[illegible]者師嘗曰佛祖之燈[illegible]為則惟證乃知若執[illegible]區區之跡則初祖見[illegible]川有大乘氣象崎嶇數萬里而来使有方便豈[illegible]示人而少林[illegible]年似專精壁觀[illegible]
者六祖云道由心悟豈在坐也大慧亦云坐禪豈能成佛學者可使以是為初祖之過[illegible]宴坐入道淳以空劫自己示之廓然[illegible]悟其後[illegible]人尊明空劫前事惟師徹證佛
祖根源機鋒峻激非中下之流所能湊泊而晝夜不眠與衆危坐三輪俱寂六用不痕[illegible]善盡美故其持身也嚴其倡道也文其莊嚴佛事接引迷塗亦惟恐不至自初得
戒坐必跏趺食不過午所至施者相踵悉歸之常住間以與饑疾者而一缾一鉢丈室蕭然然諸行方廣而一性常如非出於矯拂也[illegible]頌古今師叙其首芙蓉楷禪師見之曰僧
中復有此耶吾宗不墜矣其退能仁受長蘆之請適游雲居圜悟勤禪師見其提倡以偈送之有一千五百老禪將之語然羅[illegible]三昧自然成文非出於思惟也其住天童前後幾三
十年寺為一新即三門為大閣廣三十楹安奉千佛又建盧舍那閣傍設五十三善知識燈鑑相臨光景互入觀者如游華藏界海所以暉耀歷世使生厭離以發起善根而僧堂[illegible]
寮卧具飲食器所以處其徒者亦皆精緻華好如寶坊化城又即濱海之隙築隄郭其鹹鹵而耕之以給僧供亦年至不發化人而齋廚豐[illegible]甲於他方學者無一衆滿得以專意[illegible]
道然師所規畫人競趍之不動聲色坐以告辦疑有鬼神陰為之助而師無作相也然則師之所在顧一見威儀聞謦欬效供養求歸依者越[illegible]里[illegible]負而至戶外之屨常踰千
數其辦道之勤得道之多獨冠一時而識曹谿之路者必能牧溈山之牛非因衆力推出不肯輕以為人當世賢士大夫亦樂與之游者內外進[illegible]丑秋九月壬申師入四明[illegible]
舟至越上偏見常所往来者若與之別冬十月己亥始還山飯客[illegible]語無異平日翌旦作遺書與佛日杲禪師且為其後事書四句偈擲筆而逝自佛日[illegible]王與師相得[illegible]嘗戲曰
脫我先去公當主後事及佛日得遺書夜至天童凡送終之禮悉主之因舉師弟子澐為繼席識者方知二尊宿各傳一宗而以道相予初無彼此之間[illegible]龕留七日顏色如生初[illegible]
茶毗以收舍利或曰師嘗[illegible]髮有[illegible]火中者輒成舍利自是遺髮人所爭取豈嫌無舍利也耶丙午乃奉全身葬山之東谷自師之化風雨晦冥至[illegible]開霽送事後雨送者踰萬人[illegible]
亘山谷無求淨慕歎仰者壽六十七僧臘五十三度弟子二百八十人嗣澐者嗣宗法智世釗道琳法潤信悟法為慧暉了默師秀行從宗榮法聰清華正光集成道圓法濟明[illegible]
巽法恭子靈師儼師全覺照法海皆於諸方坐大道場若其分化幽遂遁迹林泉則又未易悉紀也銘曰　天

師昔侍佛靈鷲山　受佛屬累来人間　慧刃慈力鑄世頑　出入生死非其難
一性常如萬行圓　化城仍作寶所先　華端三峽為波瀾　華藏界海生塵寰
攝化西海并人天　學者爭趍曹洞關　示以自己空劫前　得無所得非言傳
弟子所至闡法筵　無盡之燈耀大千　海山秀處東谷原　我作銘詩詒永年

紹興二十九年七月望日住持嗣祖澐姪比丘宗珏立石

四明陳奇陳[illegible]摸刊

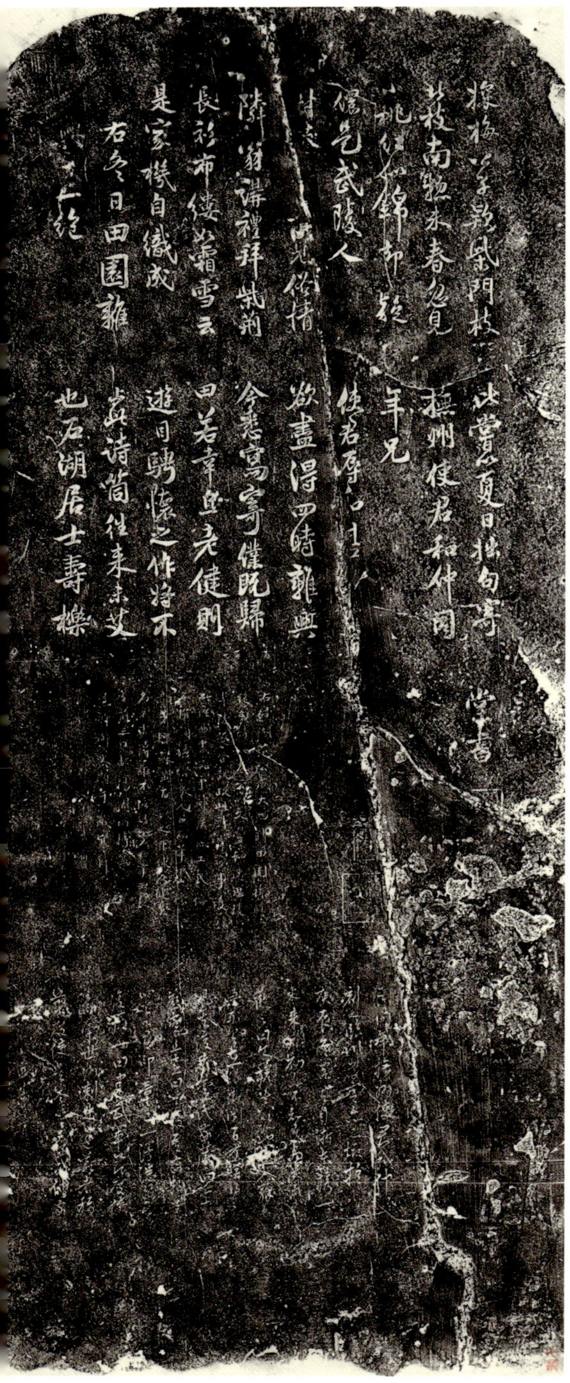

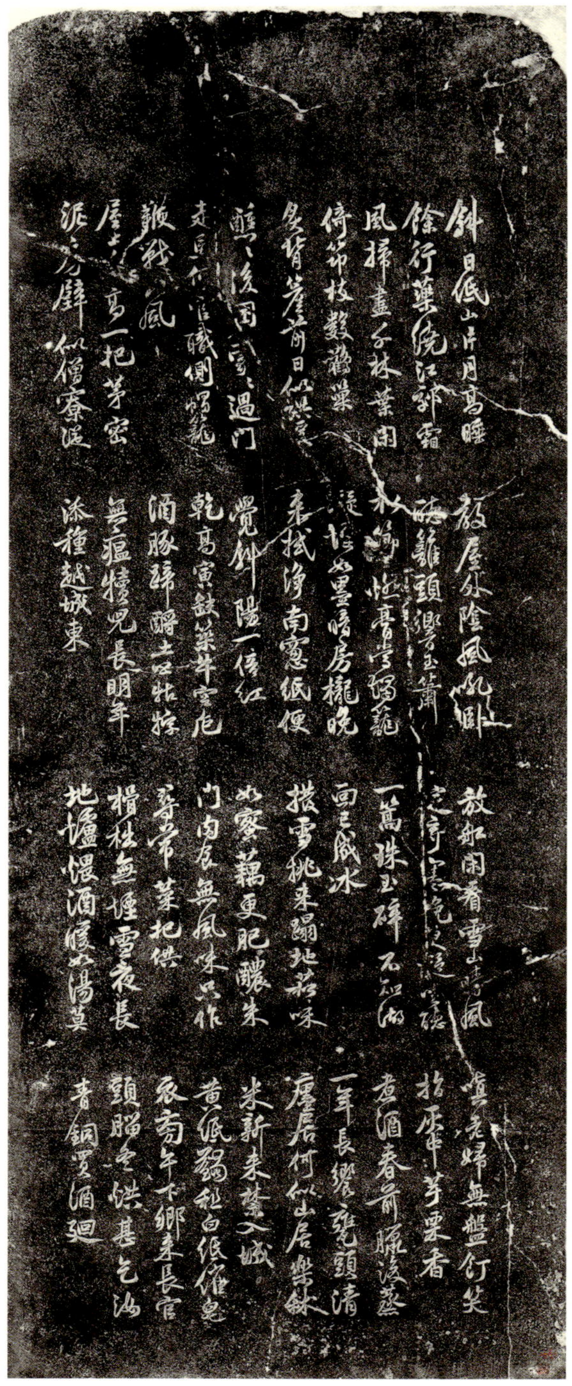

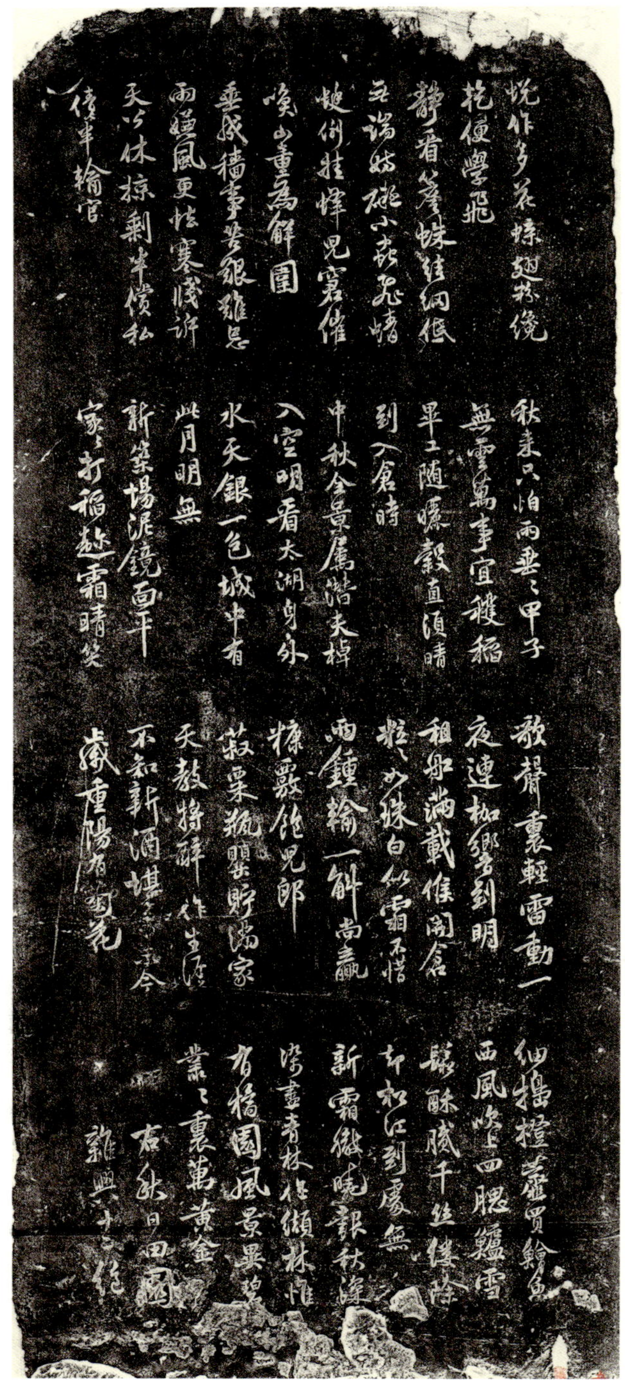

范成大《四时田园杂兴诗碑》

明正德十五年（1520） 江苏苏州 旧拓 160.0 厘米 ×70.0 厘米 ×7 无尘书屋藏

全碑共计七石，每石四列，行书，无书写纪年，第七石卷后有元至正二十一年（1361）周伯琦题跋，及明清人草书跋一段，漫漶不可尽识。全套刻石至今基本完整，嵌于苏州吴中区石湖西岸范成大祠寿栎堂壁。

范成大（1126—1193），字至能。平江府吴县（今江苏苏州）人。南宋名臣，绍兴二十四年（1154）进士，曾出使金国。淳熙五年（1178）官拜参知政事，晚年隐居石湖，自号石湖居士，谥文穆。与陆游、杨万里、尤袤并称“中兴四大诗人”。又擅书法，与陆游、朱熹、张即之并为“南宋四家”。传世书作多手札题跋，碑刻有宋拓《明州赠佛照禅师诗碑》孤本在日本。

范成大归隐石湖后所作的《四时田园杂兴六十首》是其诗歌创作成就的代表，钱钟书赞誉为集田园诗大成之作。范成大曾亲书全套组诗为长卷，也是其书法的巅峰代表。王世贞评：“书法出入眉山、豫章，间有米颠笔，圆熟遒丽，生意郁然，真是二绝。”此卷真迹今已不存，幸明正德十五年（1520）有浙人携长卷至吴门，御史卢雍购得并刊刻上石。

展品为旧拓整纸全套，殊为难得，原系上海诗人、书家周退密先生旧藏，现归无尘书屋。

（田振宇）

沈该等《宋贤四十二章经》

南宋绍兴二十九（1159） 浙江杭州 晚清民国旧拓 册装 32.5厘米×19.0厘米 一吟堂藏

南宋名臣沈该、汤思退、虞允文等42人各分写一章的《四十二章经》，南宋绍兴二十九年（1159）冬十一月刻立，嵌立于杭州六和塔壁，与同时期刻立的北宋名德耆旧贾昌朝、富弼等32人各书一份的《金刚经》同相辉映，展现了两宋名卿70多人的书迹，明人郎瑛《七修类稿》卷四十三“事物类·六和塔”条叹谓“宋名卿笔迹可半矣，亦奇物也”。

绍兴二十二年（1152），有感于国势平定，开化寺住持僧智昙受命复建六和塔，历时十多年方竣。初成之际，智昙将北宋贾昌朝、富弼等正书《金刚经》分四石刊置于六和塔底层四周壁龛，并“请于亲贵钜公，接踵前规”，共同分写《四十二章经》，亦刻置于塔内廊壁龛，时称“作江湖间旷代绝无而仅有一胜事”。

《佛说四十二章经》简称《四十二章经》，是最早的汉译佛教经典之一，与《佛遗教经》《八大人觉经》合称“佛遗教三经”。杭州六和塔所刻《四十二章经》，正文连同前后标题2行、书写者每人结衔1行，计227行，书者依次为：沈该、汤思退、陈诚之、陈康伯、王纶、贺允中、叶义问、杨椿、周麟之、洪遵、杨偰、沈介、赵令詪、孙道夫、王晞亮、黄祖舜、张孝祥、宋棐、金安节、李洪、董苹、钱端礼、张宗元、张运、杨朴、莫濛、路彬、张庭实、周操、叶谦亨、胡沂、陈俊卿、鲍彪、陈棠、杨邦弼、张洙、黄子淳、杨倓、沈枢、韩彦直、虞允文、洪迈。末尾绍兴己卯（1159）冬十一月西蜀布衣武翃的楷书跋文一则16行，并“都劝缘住持传慈恩宗教僧智昙立石”1行。全刻共计244行，分立七石，除首石34行外，其余各石均为35行，每石尺寸高约50厘米、宽约90厘米。全部七石前后接续而观，可知全篇四周采用佛教图案“五股金刚杵”连续样式加以装饰。根据书写者的题署结衔可知，其书写时间也在绍兴二十九年（1159）。

此刻拓本传世少见，其重要意义在于它完好地保存了宋刻南宋42人的书迹，此42人均为宰执大臣和文苑名家；书迹以端工小楷为主体，间有行书或行楷，集中展现了南宋全盛时期的名臣书法面貌。此册为晚清民国旧拓，未经装裱，仅为裁剪线装本，全20开（对折为40页），惜四周“五股金刚杵”图案仅存其半。

（方爱龙）

陳佛進止世尊教詔一一開悟合掌敬諾
而受尊敕
尒時為説真經四十二章敕曰
佛言辭親出家識心達本解無為法名曰
沙門常行二百五十戒進止清淨為四真
道行成阿羅漢

左正奉大夫守尚書右僕射兼中書門下平章事縉雲郡開國公湯 思退

佛言阿羅漢者能飛行變化曠劫壽
命住動天地次為阿那含阿那含者壽
終魂靈上十九天於彼證阿羅漢次為斯
陀含斯陀含者一上一還即得阿羅漢次為
須陀洹須陀洹者七死七生便證阿羅漢

惡之有人聞吾守道行大仁慈惡者來
往故致罵佛佛默不對憫之癡冥罵
止問曰子以禮從人其人不納禮歸子乎
今子罵我我亦不納子自持禍歸子
身矣猶響應聲影之追形終無免
離慎勿為惡

左朝請大夫試尚書兵部侍郎兼侍講兼直學士院楊 椿

佛言惡人害賢者猶如仰天唾唾不至天必
還從己身墮逆風颺塵塵不能污上人
賢者不可毀禍必降凶身

左朝散郎試給事中兼直學士院兼同修國史周 麟之

佛言夫人為博愛道必難會守志

杨万里《故富川居士罗子高行状》

南宋乾道七年（1171） 江西吉水 新拓 117.0厘米×60.0厘米 一吟堂藏

该刻无额题，端题“故富川居士罗子高行状”，末署“乾道七年六月，表侄、左奉议郎、新太常博士杨万里状”。志主罗子高（1096—1169），名崇，字子高。吉州吉水（今江西吉水）人。因祖寓庐陵（今江西吉安）富川，自号“富川居士”。南宋乾道五年（1169）卒于吉水县。杨万里为罗子高之“世姻”表侄，《行状》乃应罗子高次子罗谧之请而作，其撰并书在乾道七年（1171）六月，而刻石时间当在稍后的七八月间。另有李盛撰、谢谞书、郭份篆额的《宋故罗子高墓志铭》（以下简称《墓志》）圆首碑型墓志一石，亦见出土。《行状》《墓志》所记内容可相互印证，二原石现藏江西省吉水县博物馆，二石末并署“欧阳广刊”（同一人手迹）。

杨万里（1127—1206），字庭秀（一作廷秀），号诚斋。吉州吉水人。绍兴二十四年（1154）张孝祥榜进士。杨万里以“诚斋体”诗风，与陆游、尤袤、范成大并称“中兴四大诗人”。据《行状》《墓志》，杨万里的名字当作“万里”而非“萬里”。据《行状》书迹可知，杨万里曾经取法江西诗派领袖、北宋“书法四大家”之一的黄庭坚。

（方爱龙）

故富川居士羅子高行狀

本貫吉州吉水縣同水鄉歸宗里　曾祖仕倫不仕　祖處厚不仕　父知成不仕

富川之羅其本系豫章西山出也　國初有自西山來學於廬陵者樂富川之山水秀遂家焉故居士以富

川自歸云居士諱棠字子高年十四而孤從其祖德輿薄游長沙德輿少以易學名家晚喜陰陽家者流相

宅卜葬妙極象外子高從之盡得其學德輿客死子高行冰雪之中輿之以歸夜則同床同衾既至其家家

人皆賀曰阿翁[illegible][illegible]負戴下車而後大驚哭失聲蓋德輿瞑之九日而後蓋棺也德輿諱處厚是時子高年

十五於是一月[illegible][illegible]孝者達吾州矣至今鄉里長老每談子高此事聞者猶泣下歎息子高母劉其族父彬

溪先生尚書[illegible][illegible][illegible]子有外家之法既寡居子高與弟子茂皆未冠三女皆幼子高奉其母與弟妹崎嶇兵

亂剽掠強宗[illegible][illegible][illegible]間田宅蕩然盡矣子高騖耳鏁吮夜行晝伏訴之官二十年而後復其生業於是以富

甲一鄉紹興庚[illegible][illegible]　朝廷經界法既行有司縣異鄉田不壽鄉者欲嫁其田租之重者於同來子高倡衆爭

之於官得直一鄉免加賦者子高之力也子高之鄉有陂曰杭者其源出宜春行三百里陂廣一千尺深居

其二十之一釃為八十四渠溉田二千頃陂廢二十年至是吉水丞龔尹謂陂當復然役與費不貲行鄉來

觀溉然而返子高謁之塗曰棠請辦此乃傾橐指帑費皆已出誅山竄阜為木為土犯星觸熱偕功不日於

是戶口之流者止田水之止者流矣五年子高卜築泉口之山因其故居撤而新之一日蚤作巡功倚一藤

杖立而逝得年七十有四配劉氏亦尚書公族子也生二子長曰合次曰謹合補官承信郎　德壽宮主管

進奉劉夫人及長子皆先子高卒女四人長適李栖遠次適郭彌年次適李叔豹季女未嫁而卒子高居富

川時方兵亂嘗有一惡少欲殺二甿逃之急突入子高室子高匿二甿而身當惡少於戶以無人告惡少乃

去竟活二甿其好義如此其孤謹將以七年八月庚申葬子高於中鵠鄉長春洞口之原來請万里狀子高

之行將以乞銘於當世之老於文者万里於子高世姻於書為宜謹狀

乾道七年六月　表姪左奉議郎新太常博士楊万里狀

歐陽廣刊

尤袤《宋故太孺人叚氏墓志铭》

南宋绍熙三年（1192） 江西吉安 新拓 144.0厘米×85.5厘米 一吟堂藏

志题“宋故太孺人叚氏墓志铭”，撰文（杨万里）、书丹（尤袤）、题盖（谢谔）均出自名家之手，堪称“三名志”。原石或为近世新出，拓本鲜见流传，且志铭未见杨万里《诚斋集》及《全宋文》等著录。墓志中，杨万里自署结衔为“中奉大夫、直龙图阁、新知赣州军州事兼管内劝农营田使、江南西路兵马铃辖”。因此，杨万里撰成该墓志铭当在绍熙三年（1192）获特授知赣州不久，最大可能是回到家乡吉水县南溪安居的秋暮冬初。

志主太孺人姓氏，墓志书迹写作“叚”，《庐陵古碑录》等释作“段”，非也。其大父（祖父）子冲在北宋政和年间“以文行，……朝廷举遗逸及八行，州家俱以君应”，撰有诗文十卷曰《螺川集》，太守程祁、资政胡公皆为之序。因《螺川集》早佚，近世文献多认为是“段冲”或“段子冲”。据此墓志书迹可知，当以明代《嘉靖江西通志》、明写本《永乐大典》卷八〇八“诗话五十·周必大《二老堂诗话》”条所作“叚子冲”为是。约自清康熙刊本《御定佩文斋广群芳谱》卷二十四（《花谱》卷三）已讹为“段子冲”。

本展品的宝贵之处在于，撰文、书丹者是南宋“中兴四大诗人”中的两位。尤袤书名为诗文所掩，其博雅善书，好古精鉴，受到周必大、朱熹、陆九渊、王厚之等人的推许。考察《宋故太孺人叚氏墓志铭》凡19行，全篇并题纵有行而横无列，更无常见的界栏界格，行楷书与前及传世尤袤墨迹笔致相合，其据尤袤手书摹勒上石无疑。惜谢谔题额拓本未得。

据高立人《庐陵古碑录》著录：志石为青石质，原石尚在吉安县某处，“碑体（原石）上方下圆，碑阴篆盖”。据这一著录可知，此志原石形制与通常所见的碑形志作上圆下方恰好相反，可能出于刻工的失误，上石时颠倒，致使原本应刊刻于志石上端圆首处的谢谔“题盖”无法体现，只好求其次而补刻于志石背面。墓志铭末署“庐陵欧阳士宁摹刻”，所见庐陵宋代碑志多出自欧阳氏刻工之手，包括庐陵曾宏父辑集的《凤墅帖》。

（方爱龙）

宋故太孺人殷氏墓誌銘

中奉大夫直龍圖閣新知贛州軍州事兼管內勸農營田使江南西路兵馬鈐轄楊萬里撰

正議大夫給事中兼侍講兼實錄院同修撰尤袤書

煥章閣直學士朝奉大夫提舉江州太平興國宮謝諤[illegible]

太孺人殷其〻王君正臣其夫也世家吉之廬陵曾大父世臣大父子沖父貴于大父府君以文行著鄉知

聞朝廷舉遺逸及入行州家俱以君應書有詩文十卷曰螺川集太守程祁資政胡公皆為之序太孺人

生長名門動中詩禮及婦王氏淑慈宣明妯娌作則王氏家故饒正臣最喜士而乃翁南鵬所與交游皆一

世偉人歲時束脩之閒朝夕餘宴之供不匱不潰甚度甚敬賢太孺人之助云太孺人少而孤一弟纔數歲在

傳時已深以門戶為憂既歸正臣立取其弟使就學程督術業如嚴父兄既又為之擇配又為之經紀其家

太孺人六男子揚名揚厚揚祖揚魏揚庭初太孺人未有己子而揚名居長太孺人顧復勤斯過於己出正臣

蹤於生業而生業經史不踈賓至對床秉燭論文申旦諸子僅勝衣追師求友不遠千里倒廩[illegible]曾[illegible]

斬正臣既沒諸子皆未向立太孺人日夜訓迪如正臣在時而其意愈勵不懈凡與未及盟鄉而精[illegible]凡

所須已自存心了已挾聯譽滌濯必手常疏燭獨坐而夜不寐諸子誦書有儀聲隨即以詰或相與[illegible]

疊可喜亦亟稱焉以故諸子皆有文學揚祖揚魏厚之子登相繼魁鄉賦而登纔弱冠以故榮[illegible]

恩封太孺人又賜冠帔以紹熙辛亥十月二十二日辛亥享年九十有九揚名揚厚及女適進士胡[illegible]

孫男十二人登楠極楨柱枅桯木櫺楠樾槐女二十一人曾孫男三人女五人諸孫將以壬子[illegible]

葬太孺人於乾塘高真山學之一[illegible]以承議郎知隆興府分寧縣陳夢材狀來請銘銘曰

三秀一門古豐其芳今五其英遵于前聞以子以孫世蔚其文孰培其根賢哉斯人

猗嗟正臣不耋于身不倍于嬪孰曷爾黃有魚斯其軒有齡斯其椿彼答者曼姚功曰歟

乔元龙《草书题壁碑》

北宋元符三年（1100） 陕西西安 旧拓 121.5厘米×63.0厘米 一吟堂藏

乔元龙《草书题壁》与金大定十六年（1176）王镐撰《骊山灵泉观凝真大师成道记》共一石，现貌为圆首之碑，在陕西省西安市临潼区骊山北麓华清池（华清宫）。

《草书题壁碑》正文为大草，凡3行20字，文曰："少华乔元龙、赵亮功同登朝元，气象豁然，因题于壁。"内容为少华（今属陕西渭南）人乔元龙与赵亮功同登骊山朝元阁时的感怀题名。朝元阁是唐代华清宫的主体建筑，遗址在今西绣岭老君殿。当年的草书题壁书应是墨迹，惜乎未署书者姓名和年月。幸运的是，此碑左下方题于元符三年庚辰（1100）的3行楷书小字为后人提供了线索："少华党元之率乡人乔子坚、杨质夫登朝元，于壁间见元龙草圣，惜其漫灭，遂书于后。元符庚辰中秋日，质夫题。"同为少华人的杨质夫等人明确这是"（乔）元龙草圣"！此处的"草圣"一词是两宋时期的习语，是指取法唐代"颠张（旭）、醉（怀）素"狂草一类的草书之法。杨质夫等人看到并加题名的是乔元龙的草书题壁墨迹。此碑左侧靠边1行楷书小字有云"灵泉观主姚有祥、上座苏有志、直岁马思元重阳日立石，安延年刊"，则提供了存世《草书题壁碑》的刊石时间：元符三年庚辰（1100）重阳日，由当时的长安著名刻工安延年上石刊成。

此碑在历代金石著录中鲜见，故长期掩名。书手乔元龙事迹隐晦，据金人宋九嘉《集种师道赵天祐冯叔献诸作勒石序》记载，乔元龙由宋入金，曾与乡人赵亮功、左先之游汴梁太学，"当时谓之'少华三先生'"，"忽一日醉中，亮功高诵《春秋》，而元龙草圣于壁上。一舍皆惊。"观此碑书法，当可想见"元龙草圣"之情景。两宋草书碑刻并不多见，其于书史良有价值。

（方爱龙）

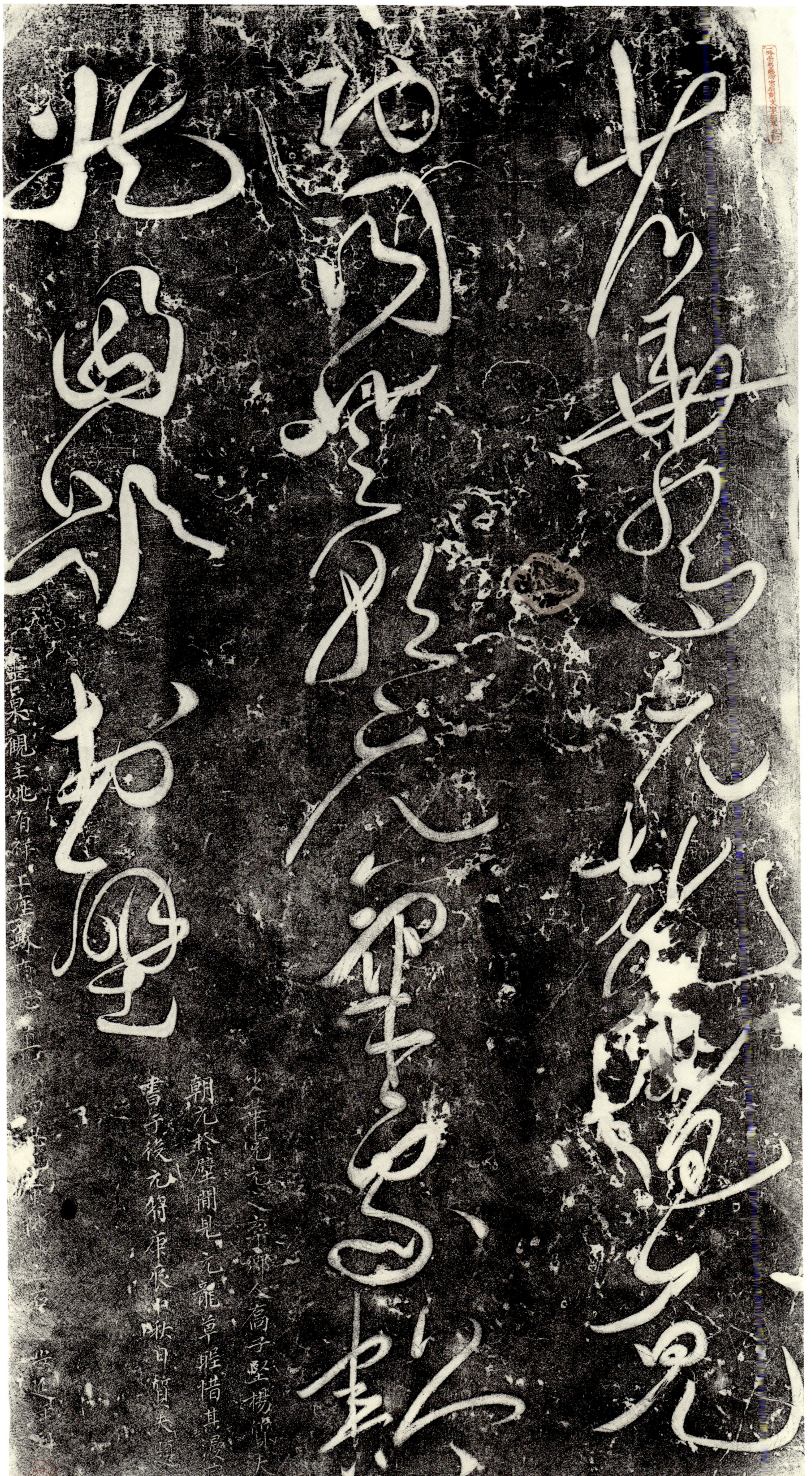

张珖《隶书“安乐泉”三大字碑》

约淳熙、绍熙年间（1174—1194） 四川剑阁 民国拓 160.0 厘米 ×69.0 厘米 一吟堂藏

此刻历代金石资料著录鲜见，且拓本流传不广。虽无纪年，但可根据题署人姓名与方志记载等资料，考订为南宋淳熙、绍熙年间的大字隶书碑版。原置立于剑州普安县（今四川省广元市剑阁县普安镇）城西龙泉涧南岸“安乐泉”井台，惜乎毁于 20 世纪 60 年代后期。

题书者张珖（生卒年不详）事迹不显。同治《剑州志》卷五《官师・宋》记：“张珖，字君玉，江源人。淳熙中知州事。祀名宦祠。”江源（一作江原），南宋时属于崇庆府，即今四川省崇州市江源街道。龚延明、祖慧编著《宋代登科总录》第 13 册载：张珖（字君玉），淳熙中登进士第，政州（龙州）平武（今属四川绵阳）人。所据为道光《龙安府》卷七《选举・进士・宋》。又，据陆游《费夫人墓志铭》记：“年十有七，归于今右宣教郎晋张君珖。三十有八年，年五十五而没。没百二十三日而葬。葬再岁而铭，铭之岁，实乾道八年，而作铭者，君之友吴陆某也。君少为进士业，有场屋声。既壮，屡屈于礼部，乃以从父任入官。又蹭蹬几二十年，故时同为进士者，今丞相叶公自大司马使西鄙，奏君为其属。”（《渭南文集》卷三十二）由此可知，张珖举进士业多年而未中式，及至壮年方凭伯父门荫而得出仕（右宣教郎）。乾道七八年间，张珖得由当年同赴进士试的叶衡举荐，担任叶衡知成都府的属官；陆游在乾道六年（1170）赴夔州通判任，至乾道八年（1172）春离任转赴四川宣抚使司干办公事入王炎幕府，推断陆游与张珖的相识也在这期间。张珖生年大约在 1115 年前后。张珖登进士第，应在乾道八年（1172）之后。参据《剑州志》等，张珖主官剑州在张渊（淳熙六年在知州事任）之后，在杨为缉（淳熙十三年在知州事任）、杨纬（淳熙年间在知州事任）之前，然后才是费少南（绍熙元年知隆庆府）。据此推断，张珖知剑州事在淳熙九年至十一年（1182—1184），且由湖北转运副使迁任，故其登进士第或在淳熙五年戊戌（1178）与淳熙八年辛丑（1181）二榜之一。

剑阁安乐泉，相传“安史之乱”时唐玄宗避蜀，途经剑阁城外，取此山泉煎茶，饮之安乐，故而赐名。同治《剑州志》卷二《山川》有条记：“安乐泉，在州城西南龙泉涧侧，泉上石刻宋刺史张珖隶书‘安乐泉’三大字，明巡抚卢雍为之铭。”明正德年间四川巡抚卢雍《安乐泉铭》序有曰：“剑州城西半里许，有泉一泓……宋张珖隶书‘安乐泉’三大字刻石泉上。”铭有言：“穹碑古隶，大书安乐。”（同治《剑州志》卷十《艺文》）修复后的古井遗址于 1988 年列为县级文保单位。张珖姓名前署一“晋”字，当明其郡望。

两宋大字摩崖数量不多，且多集中在川蜀名山，隶书（八分书）擘窠大字尤其罕见。除本拓之外，今普安镇城东鹤鸣山（东山）重阳亭岩壁所存隶书“古重阳亭”四大字，左侧末署“宋张珖笔”四小字 1 行（“宋”字云云当为后人添署）。

展品为民国年间旧本，是由两大两小四纸拼接而成的整拓，墨拓部分大小约 194 厘米 ×85 厘米，隶书大字的单字字径超过半米，殊为可贵。其结字古雅而不失端理，字形呈纵向取势，可上溯魏晋体式，但用笔丰满，点画肥重，笔力劲健，使人联想到北宋前期陈尧佐的“堆墨八分”（堆墨书），允称南宋大字隶书精品。

（方爱龙）

安樂泉
晉張珖題

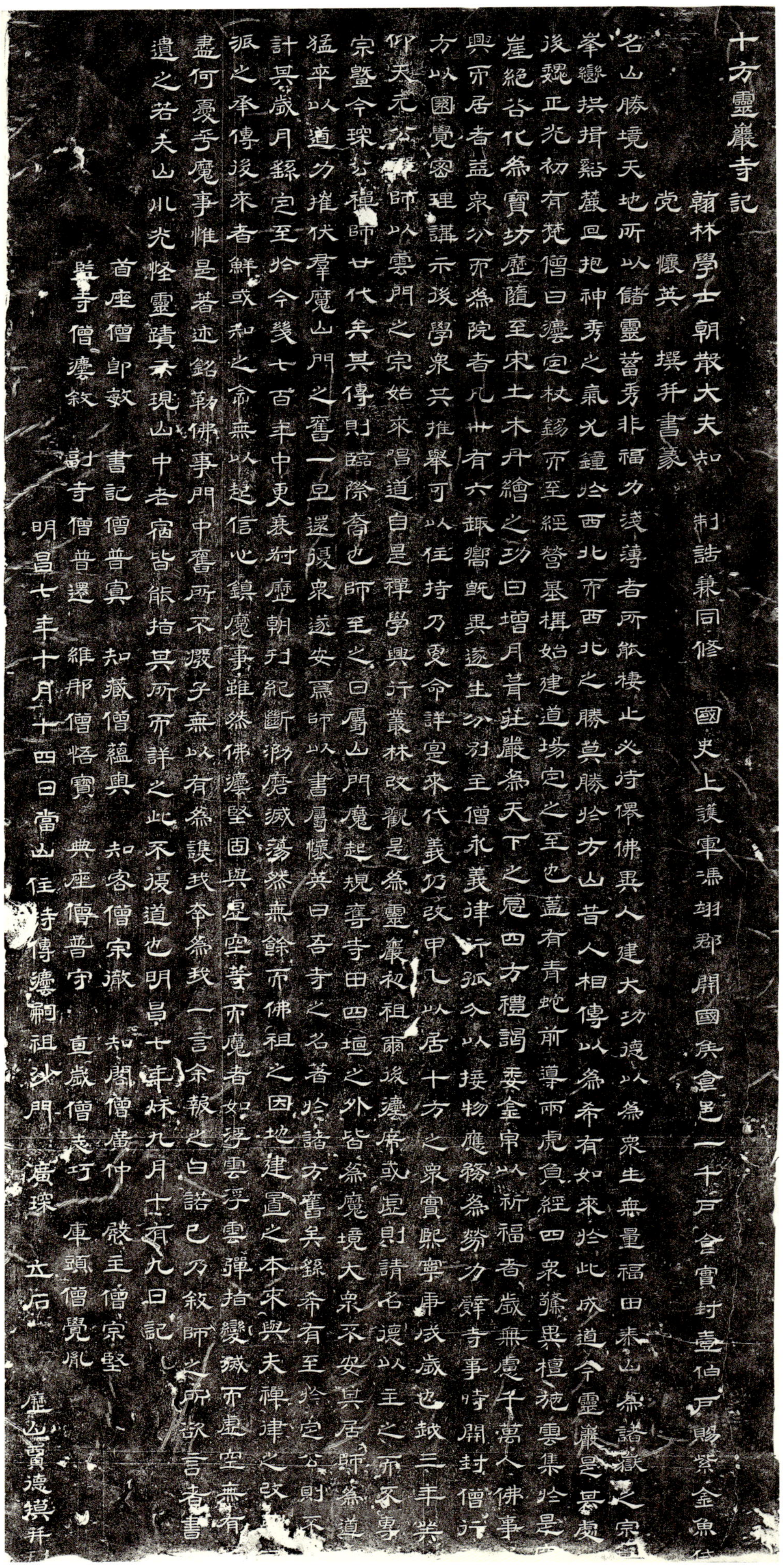

党怀英《十方灵岩寺记》

金明昌七年（1196） 山东泰山 旧拓 193.0厘米×96.5厘米 一吟堂藏

《十方灵岩寺记》，金章宗明昌七年（1196）十月十四日立，翰林学士、朝散大夫、知制诰兼同修国史、上护军、冯翊郡开国侯、食邑一千户、食实封一百户、赐紫金鱼袋党怀英撰并书篆，当山住持广琛立石，贾德模刻。碑通高247.0厘米，宽105.0厘米。碑阳隶书，19行，满行48字。额篆“十方灵岩寺记”3行6字。碑阴刻刘德渊诗，赵侯、元好问等三人以及寺僧题名。碑石原立于山东泰山灵岩寺天王殿东侧，不知何时毁，近年按原样复制，立于千佛殿前。

党怀英（1134—1211），字世杰，号竹溪。祖籍冯翊（今陕西大荔），奉符（今山东泰安）人。宋太尉党进十一代孙，金大定十年（1170）进士，官至翰林学士承旨，世称“党承旨”。领袖文坛，书法尤工篆隶。

展品为晚清原石旧拓。

（田振宇）

十方靈巖寺記

翰林學士朝散大夫知制誥兼同修

党懷英撰并書篆

名山勝境天地所以儲靈蓄秀非福力淺薄者所能峯巒拱揖谿麓回抱神秀之氣光鍾於西北而西北後魏正光初有梵僧曰灋定杖錫而至經營基構始崖絕谷化為寶坊歷隋至宋土木丹繪之功曰增月興而居者益衆分而為院者凡卌有六趣嚮既異遂方以圓覺密理講示後學衆共推舉可以住持乃更仰天元公[illegible]師以雲門之宗始來唱道自是禪學興宗暨今琛公禪師廿代矣其傳則臨際裔也師至之

王庭筠《博州重修庙学记》

金大定二十一年（1181） 山东聊城 清拓 中国美术学院图书馆藏

金国重文治，兴太学于京师，“设祭酒、司业、博士之员，以作新人材”，同时大兴府学。适逢太子司经王遵古来博州，并提举庙学事，主持重修博州庙学，金大定二十一年（1181）立碑以记此事。王庭筠行书，王去非撰文，党怀英篆额“新修庙学之记”，立于东昌（今山东聊城）。正文行书29行，每行字数不等。据清王昶《金石萃编》所记：“碑高八尺五分，广四尺二寸。”碑阴题记，王遵古撰文，亦王庭筠书，李谷大篆题额“庙学碑阴之记”，王世永摹刊。正文行书14行，行32至35字。

明彭大翼《山堂肆考》评此碑：“王去非撰记，党怀英篆额，王庭筠书丹，时号‘三绝’。”故又称“三绝碑”。清钱大昕称此碑“结束殊有力，其可与米颠《芜湖县学记》抗衡”。明李日华《六研斋笔记》评：“沉顿雄快，与南宋诸老各行南北。”清孙承泽《庚子销夏记》谓：“此碑风骨磊落，有襄阳之劲秀而无其倾欹。”

王庭筠（1151—1202），字子端，号黄华老人。辽东人。父即王遵古，外公为太师南阳郡王张浩。金代文学家、书画家。自明解缙起，传王庭筠为米芾外甥，实误。书画承家学渊源，书法深得米元章妙处，极有风致。传世书作除此碑外，尚有《涿州重修蜀先主庙碑》等。

（潘烨祺）

博州重修廟學記
夫有國家者欲成長
久遠之業建不拔之基
莫大乎厚風俗厚風
俗之道莫大乎興學
校蓋學校者教化所
由出也孟子曰夏曰
校殷曰序周曰庠皆

百萬皆學之名導
羈也原公之意以為
如是徒有修學之名
耳自非知教化之原
推在於學者其誰能
之昔漢之文翁為蜀
有材者親自飭厲無
令縣益從學官諸生

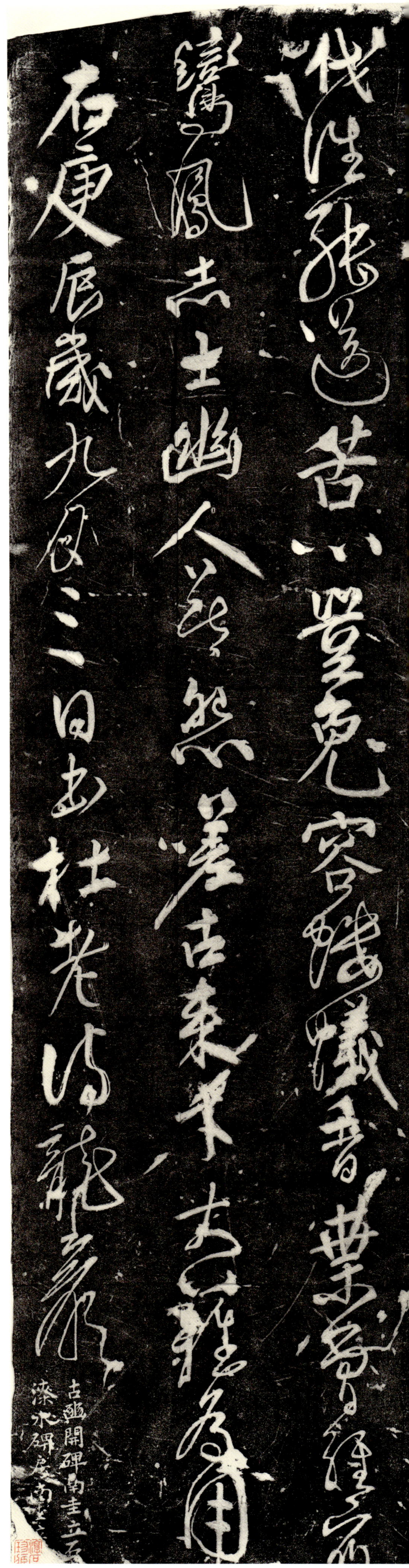

任询《古柏行》

金正隆五年（1160） 陕西西安 民国拓 120.0厘米×63.0厘米×2 淳石斋藏

《古柏行》石刻，两面刻，碑阳、碑阴各6行，行14至18字，行书。诗为唐代诗人杜甫所作。据落款“庚辰岁九月三日书老杜诗，龙岩”，小字款“古豳开碑南圭立石，漆水碑房南圭立石”可知，石刻书于金海陵王正隆五年（1160，南宋绍兴三十年）。石在西安，1949年前由陕西历史博物馆移交西安碑林并保存至今。《寰宇访碑录》等著录。

明以来多不知“龙岩”为何人，因书法似颜真卿，帖贾常割去“龙岩”款托名颜书。明安世凤《墨林快事》指为金人书，清吴式芬考“龙岩”即金代书家任询之别号。任询（1133—1204），字君谋，号龙岩、南麓先生。易州（今河北易县）军市人，生于江西虔州（今江西赣州）。正隆二年（1157）进士，历省掾、大名总幕、益都都勾判官、北京盐使等。诗文书画兼擅，家藏法书名画数百轴。《增补中州集》载：“为人多才艺，其画高于书，书高于诗，诗高于文，书入能品，画入神品。”其书宗颜真卿、苏轼，《金史》本传评“书为当时第一”。传世作品除《古柏行》外，还有《吕徵墓表》《表海亭诗残碑》《行书韩愈秋怀诗》《大金蓟州玉田县永济务大天宫寺记》《完颜希尹神道碑》等。此《古柏行》为任询代表作，深受颜真卿稿行影响，间杂之草书又近于怀素，雄健奔放，奇趣叠生，与所书杜诗之慷慨沉郁相得益彰。

（田振宇）

古柏行

孔明庙前有古柏柯如青铜根如石霜皮溜雨

四十围黛色参天二千尺君臣已与时际会树木

犹为人爱惜云来气接巫峡长月出

寒通雪山白忆昨路绕锦亭东先主武侯同

閟宫崔嵬枝干郊原古窈窕丹青户牖

落落盘踞虽得地冥冥孤高多烈风扶持自是

神明力正直元因造化功大厦如倾要梁栋

万牛回首丘山重不露文章世已惊未辞翦伐

任询《大金蓟州玉田县永济务大天宫寺记》

金大定十二年（1172） 河北唐山 清拓 251.3 厘米 ×110.1 厘米 淳石斋藏

天宫寺旧址位于河北省唐山市丰润区西南 1.5 千米处。始建于辽清宁元年（1055），系盐监张成购地而建，最初以“南塔院”称之。清宁八年（1062），张成之子于寺西北角高台之上建塔。寿昌三年（1097），辽道宗皇帝赐“极乐”匾额，始称“极乐院”。乾统五年（1105）改为“天宫寺”。金太宗天会五年（1127）八月敕加“大”字，称为“大天宫寺”。

此碑金大定十二年（1172）十二月十五日立，赵摅撰，任询书，吕溥题额。楷书，20 行，行 51 字。石旧在天宫寺，今寺已废，仅存天宫寺塔，此碑亦不知存佚。《寰宇访碑录》《授堂金石文续跋》等著录。碑文收入《全金文》。

任询所书此碑亦以颜体为宗，并参以柳书风格，字字骨力遒劲，结体工整稳健，清劲刚健。任询这类楷书在金代备受推重，成为主流书风的代表。

（田振宇）

大金薊州玉田縣永濟務大天宮寺記　朝列大夫充德州防禦判官同知天水縣開國男食邑三百戶賜紫金魚袋趙攄撰

尚書省令史承奉郎王[illegible]書　朝奉大夫[illegible]尚書[illegible]司[illegible]騎都尉[illegible]縣開國男食邑三百戶賜紫金魚袋黨懷英題額

國朝故事凡寺名皆請於有司給授　敕額其繕息者特加大字以顯之所以別餘寺也雖京師名刹相望而得賜是額者[illegible]亦無幾

然則永濟大天宮寺其名載錄錄者蓋初務之西南不逾二里俗謂南臺頭有隆隆然泉注其下縈紆環擁右斜而去泉之間[illegible]

蒙幽勝甲於其境舊遺清寧之元有鹽監張公日成[illegible]愛異其地以為可起梵宇為鄉邦依歸之境迺出金倡之經始其[illegible]中[illegible]

三楹塑彌陀像置大經藏殿南北則堂各五楹繪大[illegible]四智菩薩西序則僧堂三十楹[illegible]則鐘樓及內外三門次為環[illegible]周廊百楹

所指有寺至於鐘魚齋鼓物物完具一皆獨辦不資眾化而就春滿鞍山[illegible]者以名德聞於[illegible]嘗被召對講[illegible]

教大師乃請為之宗主功始告成而東道公逝矣[illegible]而其嗣[illegible]宜[illegible]慶清寧八年乘於寺乾隅[illegible]圖十三級奉安舍利[illegible]

一楹繪先賢容像菜庵二區延致諸方道人在寺及永濟務[illegible]庫一又施野地二千四百畝南野地二千五百畝俱給齋廚之[illegible]

佛演教師稱度徒眾以立常住鄉人初以南塔院目之壽昌三年賜[illegible]樂院額[illegible]統五年改為天宮寺及本朝命元[illegible]諸師[illegible]

今安進方物行[illegible]宣此寺者數年由此天會五年八月　敕加大天宮寺[illegible]酬[illegible]自示[illegible]旌[illegible]也達王[illegible]開二野之地[illegible]

人受本寺有[illegible]勅牌[illegible]記在焉一日寺僧相與謀刻諸石迺狀其事請文於[illegible]曰物之興替隱有緣數非偶而然者豈時[illegible]也[illegible]

[illegible]孫[illegible]為[illegible]歲月[illegible]一旦[illegible]者[illegible]于基之[illegible]則館宮華闕[illegible]湖音化為選佛道場與[illegible]嚴殊勝之因[illegible]也[illegible]

務居[illegible]者[illegible]一[illegible]則[illegible]慶[illegible]矣[illegible]之餘佛廟[illegible]所[illegible]為國相大臣擁旄[illegible]自[illegible]至今幾[illegible]百餘歲[illegible]

[illegible]持[illegible]之力之因緣也[illegible]已間有僧居僅能以說自[illegible]已是獨[illegible]名勤　朝廷得錫大寺之號與京師一二名刹爭衡此[illegible]

之因緣也即是因緣以觀之則從來大士者德主持法門之風為[illegible]負矣[illegible]士之謀道者或構[illegible]心於山谷間自非天龍送[illegible]

衲衣體[illegible]之計[illegible]無[illegible]援也與夫居不謀而安食不求而給[illegible]於從道也[illegible]且優與[illegible]後之居者[illegible]切時中常住是念[illegible]

[illegible]精進不墜家風且歲時香火以無忘檀施之功則[illegible]之斯文[illegible]焉　大定二十二年十二月十五日立

中靖大夫北京留守判官上騎都尉[illegible]陵縣開國子食邑五伯戶賜紫金魚袋崔[illegible]仁建

奉國上將軍永濟鹽使護軍天水郡開國侯食邑一千戶食實封壹伯戶趙敬昌同建

陈襄等《焦山题名》摩崖石刻

北宋熙宁元年（1068） 江苏镇江 清拓 92.0 厘米 ×42.0 厘米 步黟堂藏

北宋熙宁元年（1068）三月九日，陈襄、陈朴、章道卿、葛蕴四人同游焦山，在雷轰石处石壁上留下题名。正书 6 行 25 字，书者不详，以题名惯例，或为陈襄，或为葛蕴。

陈襄（1017—1080），字述古。侯官（今福建福州）人。因居古灵，故号古灵先生。北宋理学家，仁宗、神宗时期名臣。与郑穆、陈烈、周希孟并称“古灵四先生”。历官枢密院直学士，知通进银台司，提举进奏院，后又兼侍读，提举司天监，兼尚书都省事等。其人公正廉明，识人善荐。著有《古灵集》二十五卷传世。

陈朴，字文叔，生平未详。

章道卿，字子充，或为司农少卿章东之长子，居浦城。仕宋大理寺丞。

葛蕴，字叔忱，葛良嗣次子。曾任邓州穰县主簿，与兄蘩均长于诗文，尤善书法，为米芾挚交，时以淡墨旧纸假借古人之名戏成墨迹，传示于人。《书史会要》有载。

此题名未见著录，拓本罕见，有清宣统三年（1911）六月梁鼎芬两段题跋、1930 年潘飞声题跋（为吴仲坰跋于翦淞阁，廉泉家有此阁）及 1948 年王福庵篆题。据梁跋，刻石始发现于当年（宣统三年），拓亦在同时。拓本原藏于吴巽沂、仲坰父子处。吴巽沂，江苏扬州人，精究文字训诂，壮岁游幕广州，与粤中名士多有往来。其子吴仲坰（1897—1971），别署仲珺、仲军，字载和，亦曰在和，斋名有餐霞阁、师李斋、山楼等。近现代篆刻家、书画家。

（田振宇）

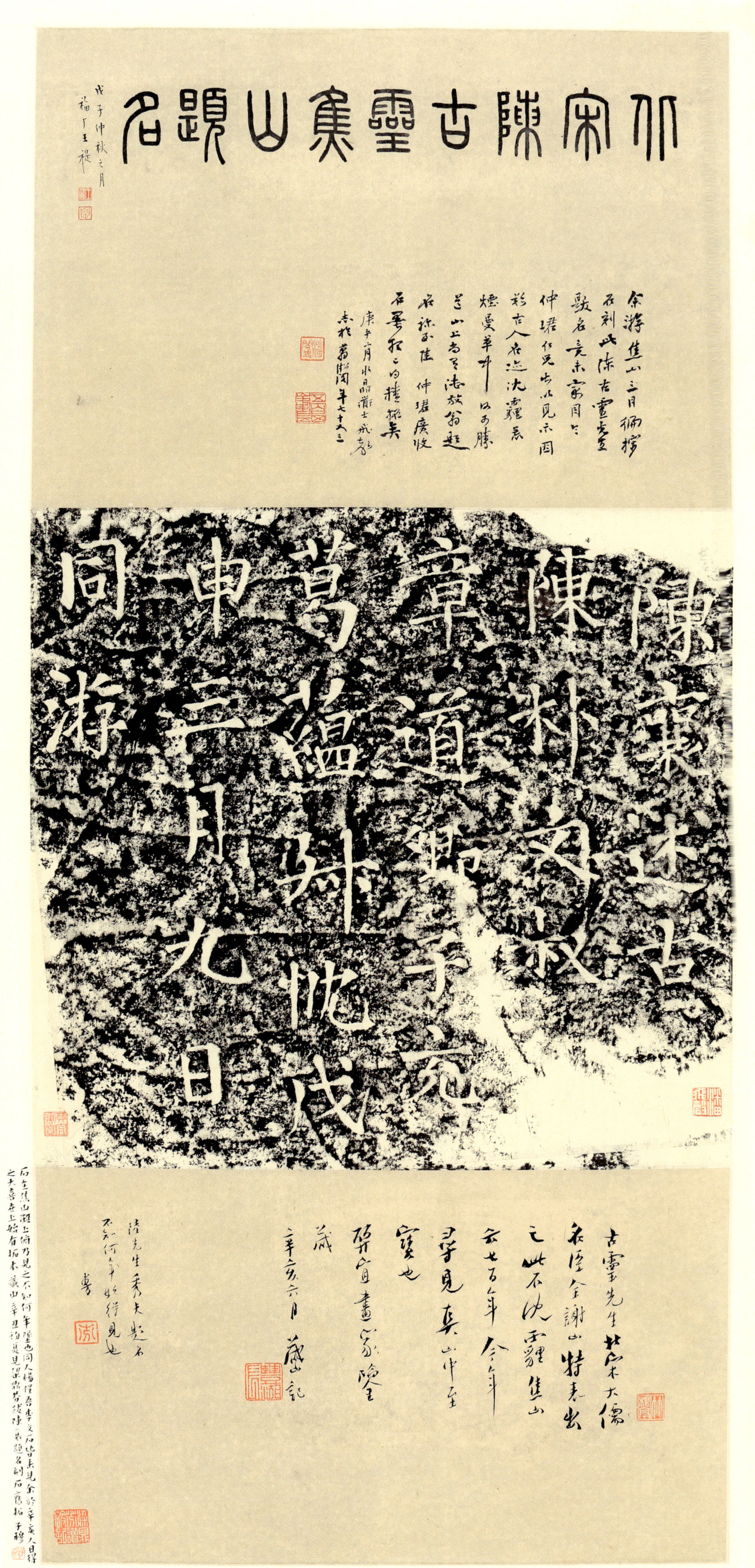
北宋陳古靈集山題名

湖山志

——以西湖为中心的宋代摩崖

回溯龙文鸟迹，岩石早已成为中国传统文化精神的载体，彰显着古人取诸物象的智慧。所谓摩崖石刻，狭义的专指石刻文字，广义的则包括石刻文字、造像以及壁画。苏东坡认为：“杭州之有西湖，如人之有眉目。”西湖湖光山色，风雅宜人，吸引着文人墨客慕名游览，而南北两山更是高人雅士向往之地。作为南宋故都，两宋摩崖石刻遍及环西湖区域，遗存数量庞大，内容丰富，题刻精美，皆为江南文化遗珍。寻访西湖摩崖，是亲近西湖、望见更久远西湖最直接的方式之一。

本单元甄选的17品两宋摩崖不仅具有重要的历史和文物价值，而且具有珍贵的艺术和科学价值。西湖之美，不独在风光，更在于自然与文化高度融汇和谐的精神内涵。走进湖山志，饱览摩崖拓片，可号天地自然中镌刻的金石文脉，直抵心中的人文山水。

光

司马光《家人卦》

时代：南宋
地点：凤凰山管理处，南屏山小有天园

石刻高 2.71 米，宽 2.21 米。隶书，12 行，每行 17 字，总计 204 字，字径约 0.27 米。《家人卦》或为司马光赴杭探亲时所书，后于宋高宗时期刊刻。内容为易学传统，肯定了家庭和谐的重要性以及主妇柔和谦顺的美德，主张家风端正、宽严并济，天下方能安定，从中可以窥见当时文人士大夫对理想家庭秩序和伦理道德的追求。通观全篇，隶书兼带楷意，有别于唐隶，风致不怒而威，端庄雄浑，金石气浓郁。黄庭坚在《论书》中曾评司马光书法："温公正书不甚善，而隶法极端劲，似其为人，所谓左准绳，右规矩，声为律、身为度者，观其书可想见其风采。"《咸淳临安志·二十三卷》载："怪石耸秀，中穿一洞，上有石壁若屏障然，刻司马温公所书《家人卦》、《乐记》'礼乐不可斯须去身'、《中庸》'道不远人'各一章。"此刻 1963 年列为浙江省文物保护单位。

（李依依）

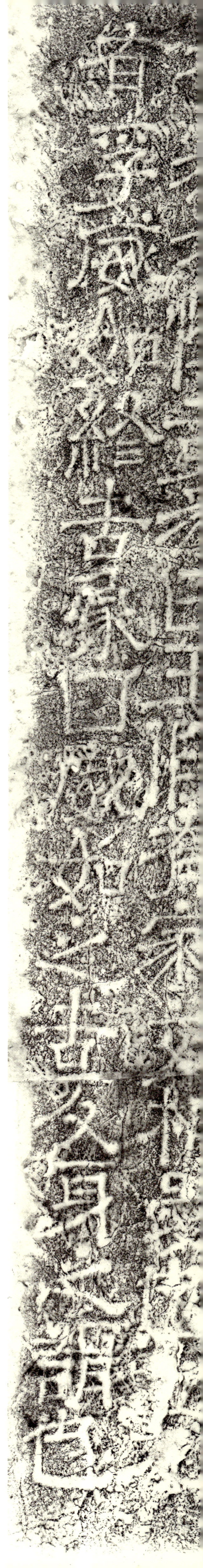

三三家人利女貞彖曰家人女正位乎內男
正位乎外男女正天地之大義也家人有嚴
君焉父母之謂也父父子子兄兄弟弟夫夫
婦婦而家道正正家而天下定矣象曰風自
火出家人君子以言有物而行有恒初九閑
有家悔亡象曰閑有家志未變也六二无攸
遂在中饋貞吉象曰六二之吉順以巽也九
三家人嗃嗃悔厲吉婦子嘻嘻終吝象曰家
人嗃嗃未失也婦子嘻嘻失家節也六四富
家大吉象曰富家大吉順在位也九五王

米芾《第一山》

时代：明万历年间（1573—1620）翻刻
地点：凤凰山管理处，吴山宝成寺

我国多处名山都有北宋米芾题“第一山”大字石刻，其祖本源于米芾题于盱眙的“第一山”。北宋绍圣四年（1097），米芾登临盱眙南山，题“第一山”并作诗，南山从此易名。盱眙“第一山”题刻字径六至七寸，旁题绝句一首，为米芾榜书的代表作，数百年来屡遭翻刻。据顾工总结，各地翻刻的共同点是：第一，“第一山”三字明显放大；第二，删去题诗，仅保留米芾名款；第三，集中出现在晚明。

明陈继儒《妮古录》载：“紫阳山下，有米南宫大书第一山三字于石壁。”清倪涛《六艺之一录》载：“第一山三大字，在紫阳山。第一山，行书，字径三尺。”清梁诗正《西湖志纂》载：“吴山最高处名紫阳山，亦名瑞石山。上有宋米芾书第一山石刻存焉。”此石刻为明万历年间姜召所刻。

（李依依）

蔡襄（疑）《光影中天》

时代：北宋治平年间（1064—1067）
地点：凤凰山管理处，月岩

此题刻大字楷书，字径37厘米，传为北宋书法家蔡襄所书。其书法浑厚端庄，淳淡婉美，自成一体。《宋史》称："襄工于书，为当时第一，仁宗尤爱之。"苏轼称："君谟（蔡襄字）书天资既高，积学深至，心手相应，变态无穷，遂为本朝第一。"由于四字署款风化，可隐约见"古濠蔡□"，清代黄易《武林访碑录》识为"古濠蔡寅"。对于此刻是否为蔡襄所书，尚有争论。

（李依依）

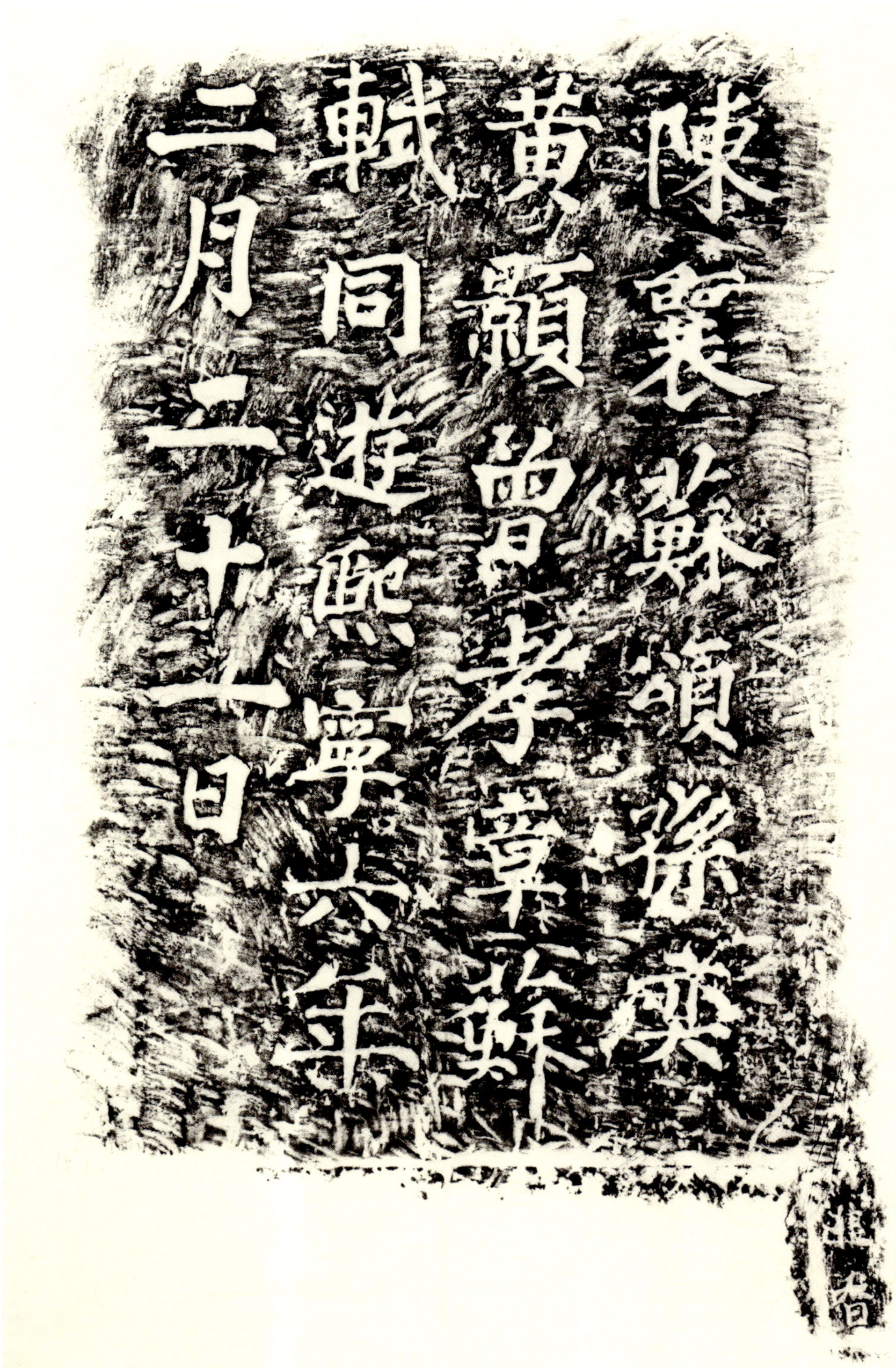

苏轼、陈襄等《石屋洞题名》

时代：北宋
地点：钱江管理处，石屋洞景区

此题名为苏轼第一次来杭任杭州通判时与知州陈襄等人的合题之作。原迹已毁，现重刻石面高 67.0 厘米，宽 42.0 厘米。据《重修石屋洞碑记》推断，当刻于 1996 年，底本为 1935 年《东南日报》所刊登之杭州高氏（高野侯）梅花阁旧藏拓本。现重刻处以东崖面上尚存原刻残迹。

苏轼在西湖周边留下的题名另有三处，分别为《龙华寺题名》《大麦岭题名》和《韬光寺题名》，题刻记述的时间为同一天，即北宋元祐五年（1090）三月二日。《龙华寺题名》，“苏轼、王瑜、杨杰、张璹同游龙华。元祐五年岁次庚午三月二日题。”《大麦岭题名》：“苏轼、王瑜、杨杰、张璹同游天竺，过麦岭。”《韬光寺题名》：“苏轼、张璹、杨杰、王瑜，元祐五年三月二日同游韬光。”《龙华寺题名》虽已不存，但仍可作为东坡一日三题西湖的见证。

（李依依）

《佛牙赞》

时代：北宋
地点：凤凰山管理处，慈云岭

《新建镇国资延禅院石像之记碑》，又称《佛牙赞碑》。南宋潜说友撰《咸淳临安志》记载：“上石龙永寿寺，在慈云岭下，天福七年（942）吴越王建，旧名‘资贤’，大中祥符元年（1008）改今额。寺与石龙相接，山石突出宛如龙首，故名。石崖上刻仁宗皇帝御制‘佛牙赞’，咸淳元年改为尼寺。”由此可知，上石龙永寿寺由吴越国王钱弘佐创立于后晋天福七年（942），现存慈云岭南坡东侧的一铺七尊佛造像即为当时所雕，造像题记碑为南侧的《新建镇国资延禅院石像之记》。至北宋，碑额以下部分被改刻为“佛牙赞”，原碑文信息丢失。到南宋末年，《咸淳临安志》编撰之时，或许由于读音相似，“资延”被误记为“资贤”。

清代丁敬《武林金石记·卷七·宋仁宗佛牙赞》录有“新建镇国□延遐龄石像之记”。阮元则在《两浙金石志·卷七·宋佛牙赞》中记有“新建镇国资延遐龄石像之记”。关于此碑刻的识读，杭州访石团体至微堂提出“遐龄”二字为历代误识，实应为“禅院”二字。由于碑额中部斜槽，而“遐龄”二字与“资延”意思相近，加之历史上确有与“遐龄”相关的文献记载，导致历代金石学家误识。

（李依依）

寅

赵构《忠实》

时代：南宋

地点：凤凰山管理处，圣果寺遗址

该题刻楷书平列，高 92.0 厘米，宽 182.0 厘米，字径 85.0 厘米，为宋高宗赵构绍兴十七年（1147）所书。宋高宗精于书法，善真、行、草书，笔法洒脱婉丽，自然流畅，颇得晋人神韵。该题刻属宋代御书的精品，其书法高古敦厚，典雅圆融，线条雍容含蓄，具有极高的历史、文化以及艺术价值。此处曾建有一座忠实亭（已毁），“忠实”二字至今清晰可见。

（李依依）

《赐刘能真御制诗》

时代：南宋

地点：凤凰山管理处，紫阳小学

杭州紫阳小学内有一座被半亭式仿江南民居建筑保护的通玄观造像。南宋时期，通玄观与太庙相隔不到百米，又与皇家道观三茅宁寿观有着密切关系，列入当朝御前宫观名录。这与受宋高宗宠信的宦官刘敖有关。据《两浙金石志》，明姜南撰、清吴陈琰增订的《通玄观志》，明《西湖游览志》，明万历《杭州府志》等文献记载，刘敖崇道，虽锦衣玉食，然"于御前恳乞解职出家，从其请"，并命其典领三茅宁寿观事，"手赐法名能真"。南宋绍兴二十九年（1159）腊月初二日，刘敖"梦三茅君驾白鹤至瑞峰之阳，且见白鹤飞翔梦所，乃卜其地"，遂于次年开始在七宝山东麓结庵筑坛，"高宗御书'通玄'二字榜之"，并御书《赐刘能真御制诗》。南宋亡后，通玄观日渐衰败，只有观内岩壁上的造像与石刻留存至今。

（徐新雅）

《尚书省牒牌》

时代：南宋
地点：凤凰山管理处，吴山三茅观

传宋高宗当年南渡时江上风雨大作，慌乱中的他祈祷于三茅真君后风势转和。由于离凤凰山皇宫不远的吴山上本就有一座唐代遗留的道观供奉三茅真君，于是宋高宗沿用汴梁道观的旧名，重建此道观，赐额曰“宁寿观”，全称“三茅宁寿观”。此观在当时极为显赫，诏书镌石（即《宋三茅宁寿观尚书省牒碑》），以垂永久。此刻元代荒于战火，后于明万历年间重刻。2008年，杭州市人民政府修复三茅观。

（徐新雅）

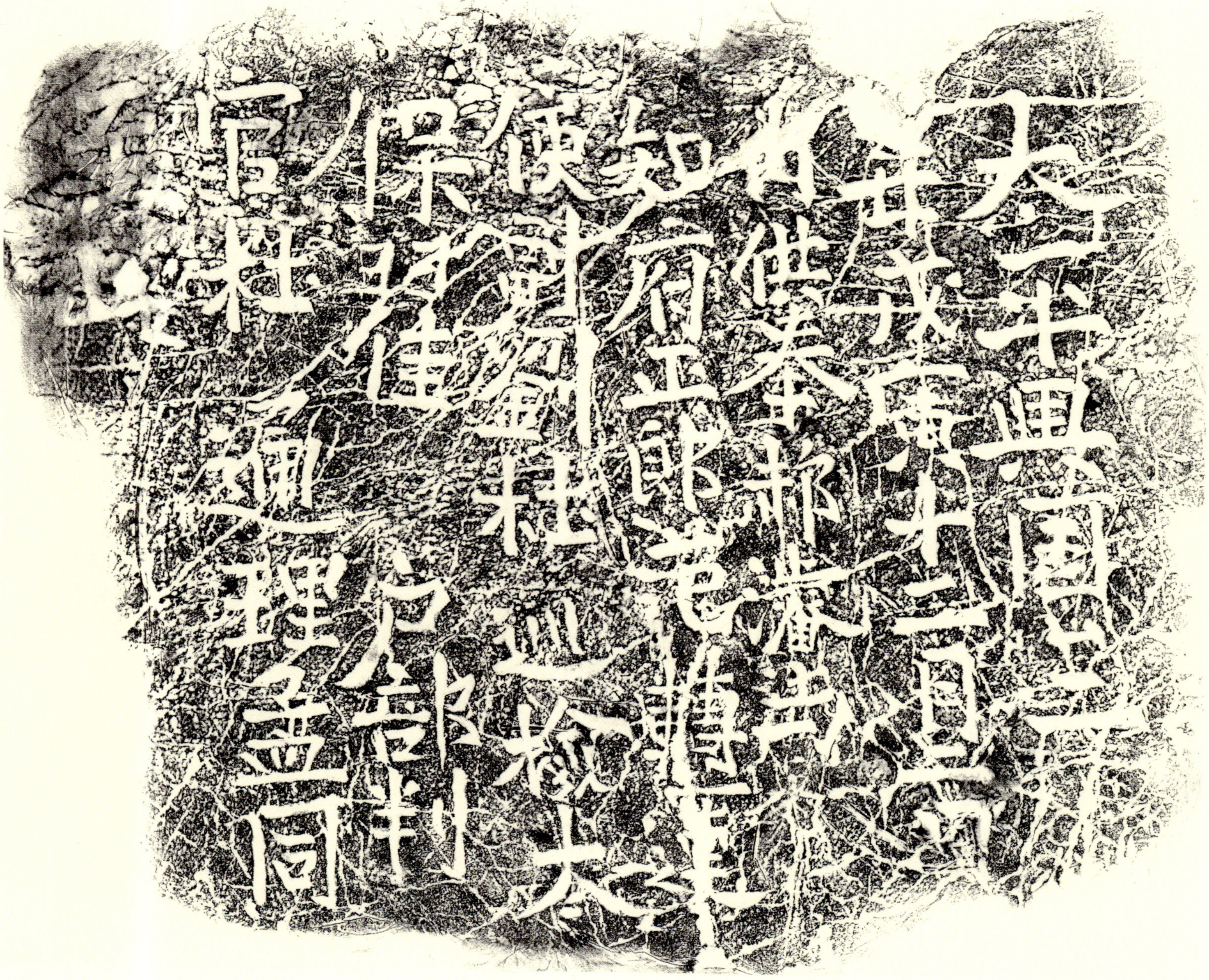

郝濬等《飞来峰题名》

时代：北宋
地点：灵隐管理处，飞来峰青林洞

此题名可视为西湖两宋摩崖的开篇之作。北宋太平兴国三年（978）五月，吴越国最后一任国王钱弘俶纳土归宋，标志着吴越国历史的正式结束。北宋接收官员在该年陆续抵杭。此题名中的“知府正郎范”，即北宋杭州第一任知州范旻；“巡检太保翟”当为翟守素，数年后也为杭州知州；“通理孟”当为孟贻孙，时任通理一职。

（徐新雅）

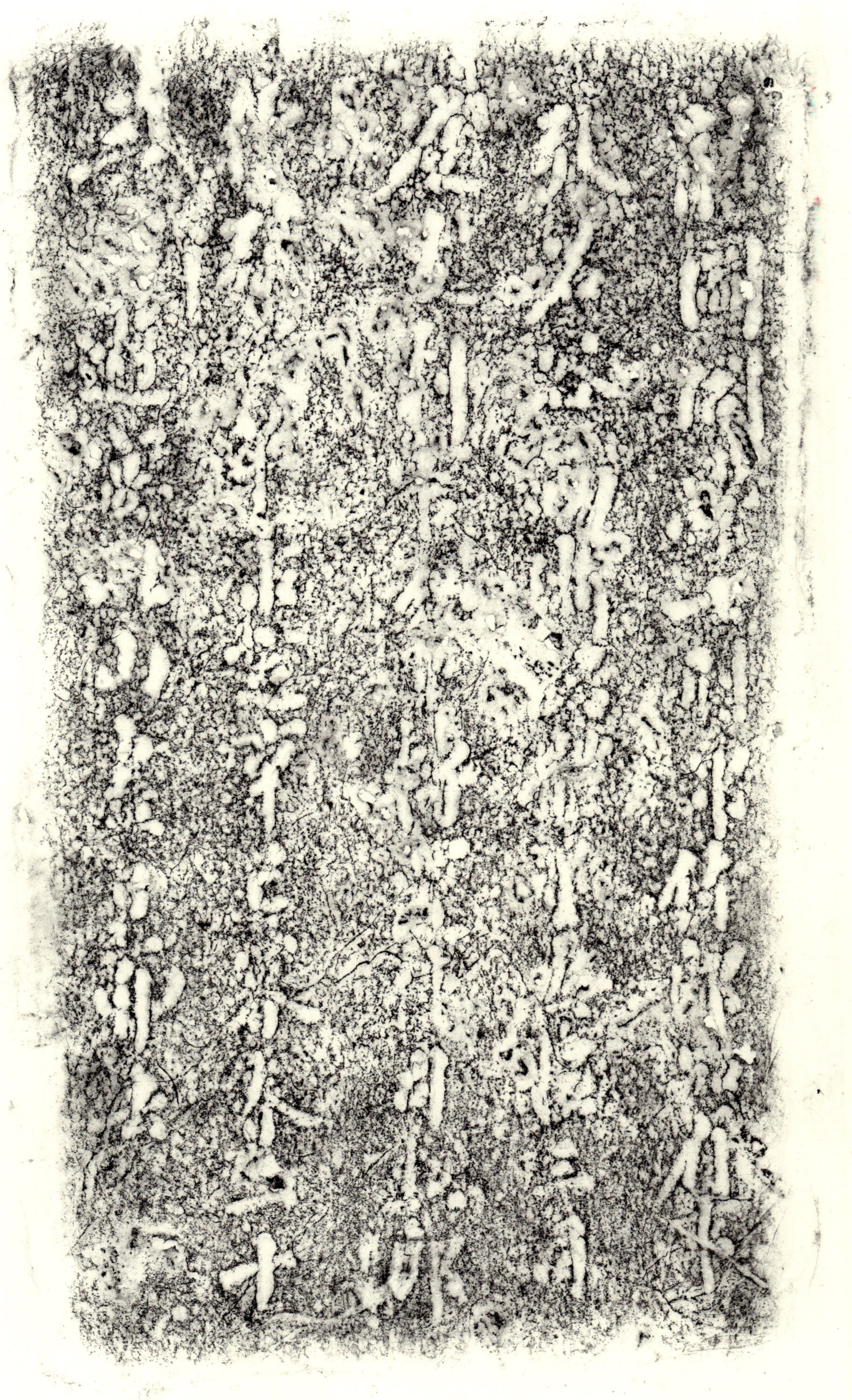

张若谷等《南屏山题名》

时代：北宋
地点：凤凰山管理处，南屏山

北宋时，南屏山上建有兴教寺，该寺为北宋名刹，崖壁上留有诸多宋人游记题刻。张若谷，北宋名臣，首倡发行官方纸币“交子”，曾任杭州知州。兴教寺荒废于元末，在明代为壑庵，至清代归属汪之萼，汪之萼孙汪守湜将其打理修整成一处私家园林。乾隆南巡时路经汪氏壑庵，停留游赏后十分喜欢，赐名“小有天园”，为西湖湖南赏景绝佳之处。现园址已芜。

（徐新雅）

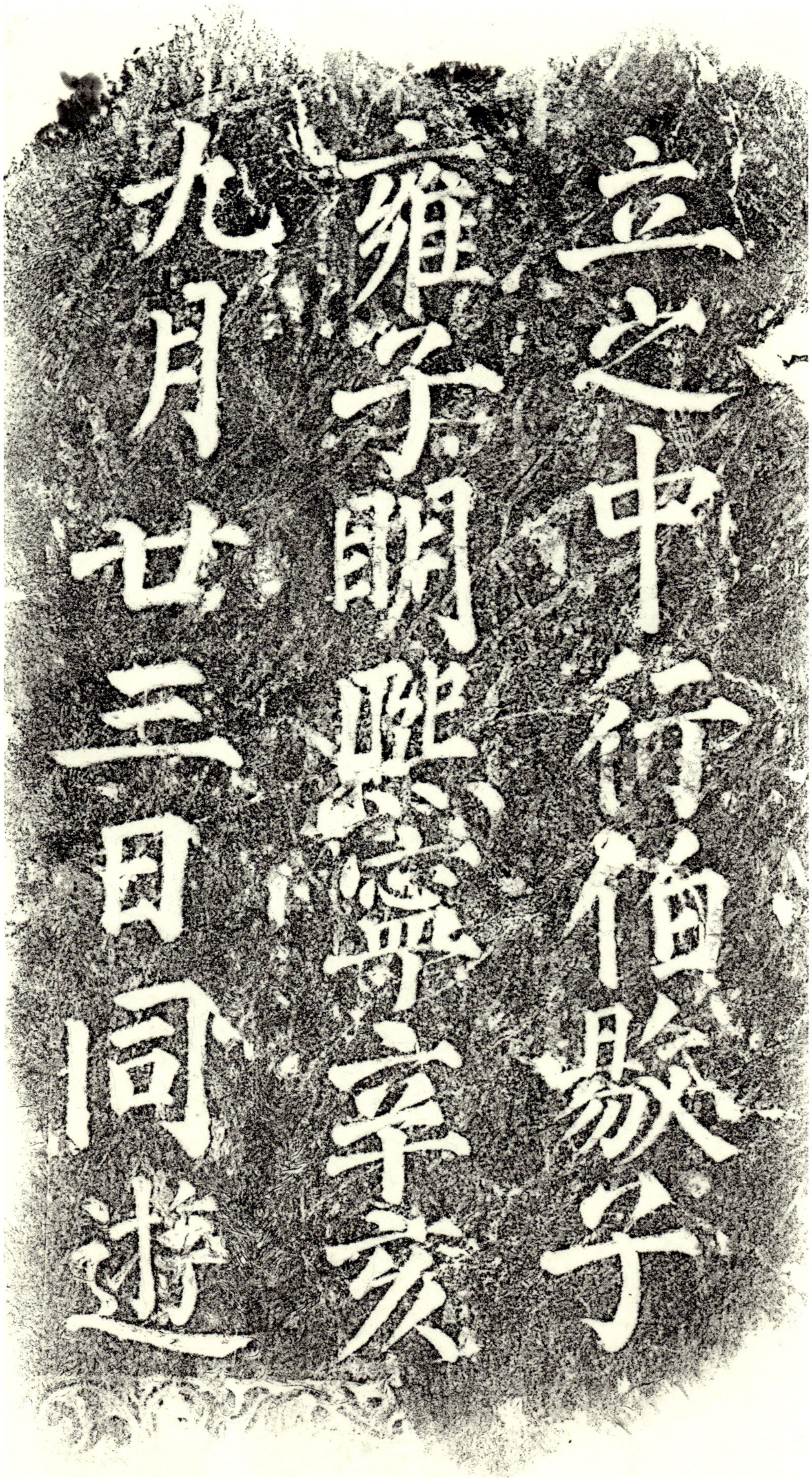

沈立等《飞来峰题名》

时代：北宋
地点：灵隐管理处，飞来峰青林洞

沈立（1007—1078），字立之。历阳（今安徽和县）人。北宋水利学家、藏书家。历官两浙转运使，后知越州（今浙江绍兴）。北宋熙宁四年（1071），沈立为杭州知州。阮元《两浙金石志》卷六对此题名有考释："是年，苏文忠通判杭州，立之为守。《集》中有倡和诗，立之即于是年罢去。"依阮元考释，苏轼首次到杭任通判时，当时的知州即为沈立，苏轼与沈立有唱和之作。

（徐新雅）

苏颂等《龙泓洞题名》（丁巳）

时代：北宋
地点：灵隐管理处，龙泓洞

此题名为楷书，共5行，字径约3.0厘米。苏颂（1020—1101），字子容，北宋宰相，天文学家、天文机械制造家和药物学家。北宋熙宁丁巳（1077），苏颂为杭州知府，即将赴开封任职，故与好友同游西湖灵隐。据史料可知，熙宁丁巳（1077）正是苏颂离杭赴京，奉诏修仁宗、英宗实录之时，此题刻应为表留别之意。阮元《两浙金石志》卷六著录："石在飞来峰。摩崖正书五行，字径一寸。按《咸淳临安志》，子容以召修仁宗实录，赵抃自越州代之，五月去任。此题名将赴京时也。"

（李雨酥）

苏轼等《大麦岭题名》

时代：北宋
地点：花港管理处，大麦岭峰

大麦岭是赤山埠与茅家埠之间的一条小岭，因岭上种植大麦而得名。此石刻是目前学界较为公认的苏轼原刻，作于北宋元祐五年（1090）苏东坡第二次来杭任杭州知州时。清阮元《两浙金石志》称此处为“大麦岭题名”，并考证此题名中的三位同游者（王瑜、杨杰、张璹）与《龙华寺题名》《韬光寺题名》中所述一致，后两处题名同刻于元祐五年（1090）三月二日，因此《大麦岭题名》也可推定为系同一日所刻。东坡与好友一日三题西湖，实属罕见。

（徐新雅）

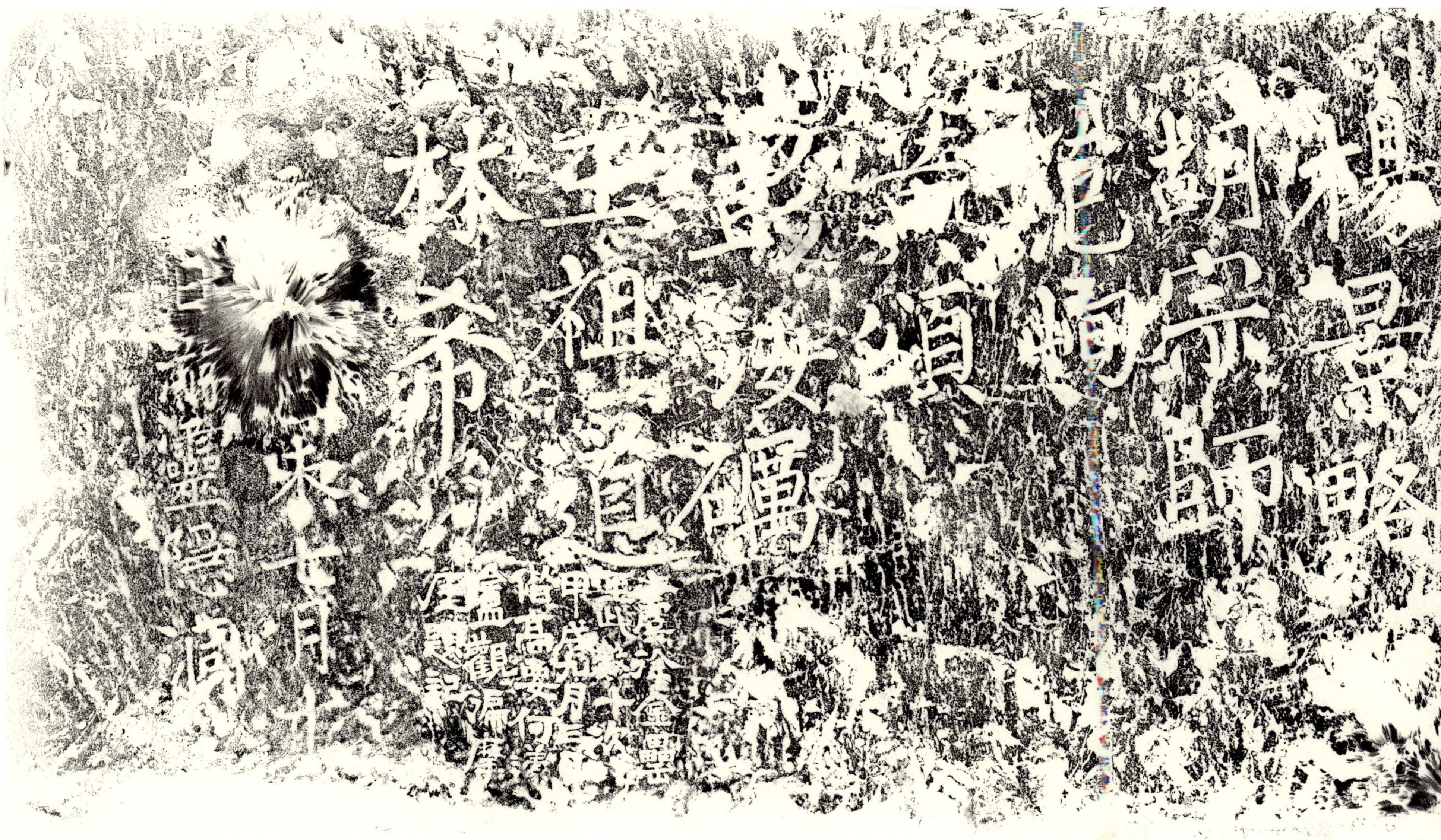

杨景略等《龙泓洞题名》

时代：北宋
地点：灵隐管理处，龙泓洞

此题名为林希所书，位于杭州灵隐飞来峰龙泓洞洞口唐宝历二年（826）的题刻之下。以楷书书写，正文7行，落款2行，字径约11厘米，风格清雅秀丽。林希（1035—1101），字子中。福建福清人。与苏轼同为嘉祐二年（1057）进士。林希家藏颇丰，眼力超凡，与米芾等书家交游甚多，为米芾《蜀素帖》的首位收藏者。据《乾道志》载："元祐六年二月癸巳，以朝奉大夫、天章阁待制、知润州林希知杭州。七年十月丁丑，除礼部侍郎。"林希于1091年继苏轼任杭州知府，题"苏公堤"三字，苏堤由此得名。

（李雨酥）

路允迪等《香林洞题名》

时代：北宋
地点：灵隐管理处，香林洞

此题名为篆书，丁敬《武林金石记》卷八，倪涛《武林石刻记》卷四和《六艺之一录》卷一百十，孙星衍、邢澍《寰宇访碑录》卷八，阮元《两浙金石志》卷七，黄易《武林访碑录》，释达受《宝素室金石书画编年录》，沈鑅彪《续修云林寺志》卷七，管庭芬《天竺山志》卷六，民国《杭州府志》卷九十六等均有记载。

路允迪，字公弼。南京应天府（今河南商丘）人。北宋官员、使节，曾奉旨多次出访高丽，官至兵部尚书、签书枢密院事。北宋靖康元年（1126），出使金国求和，入太原宣谕劝降，为守将王禀严拒，后落职奉祠。南宋绍兴九年（1139），宋金和议，起为南京留守。绍兴十年（1140），金人毁约南侵，路允迪举城降于葛王完颜褎（即后来的金世宗完颜雍）。翁彦国（？—1127），字端朝。建州崇安（今福建武夷山）人。宋哲宗绍圣四年（1097）进士，累官御史中丞。"靖康之变"前后曾知杭州。傅墨卿，字国华。山阴（今浙江绍兴）人。初补太斋郎。宣和年间以礼部尚书持节册立高丽王楷，还赐同进士出身。凡三使高丽，所至辄宣扬威德。高丽人庙祀之。建炎年间，以正奉大夫致仕。徐兢（1091—1153），字明叔，号自信居士。和州历阳（今安徽和县）人。北宋政和四年（1114）补为将仕郎，出使高丽进呈《宣和奉使高丽图经》后，被徽宗赐同进士出身，官至刑部员外郎，卒赠朝散大夫。其余三人待考。

据姜建清考释，北宋宣和四年（1122），宋徽宗下诏遣使出访高丽，以路允迪为正使，傅墨卿为副使。由于当时北方的辽、金两大政权和北宋政权处于对峙阶段，因此，出使高丽需走水路。一行人经过杭州时，由时任杭州知州翁彦国陪同览游灵隐天竺诸胜，留下了此题名。徐兢擅书画，尤长于篆书，他在出使高丽的行程中广泛收集资料，回国后以图文并茂的形式记录了出访的所见所闻，汇总为一部四十卷的《宣和奉使高丽图经》，为后世研究当时高丽的社会形态和民风民俗提供了第一手资料。

阮元《两浙金石志》卷七指出"宋路公弼等天竺题名"石刻为徐兢（注：书中作"徐競"，因"兢"与"競"字形相似所误）所书，此判断主要基于两点：其一，一般书者在题名时习惯将自己排在最后一位；其二，徐兢的篆书在当时已很出名。飞来峰的北宋题名甚多，然而篆书却很罕见，尤为珍贵。

（李雨酥）

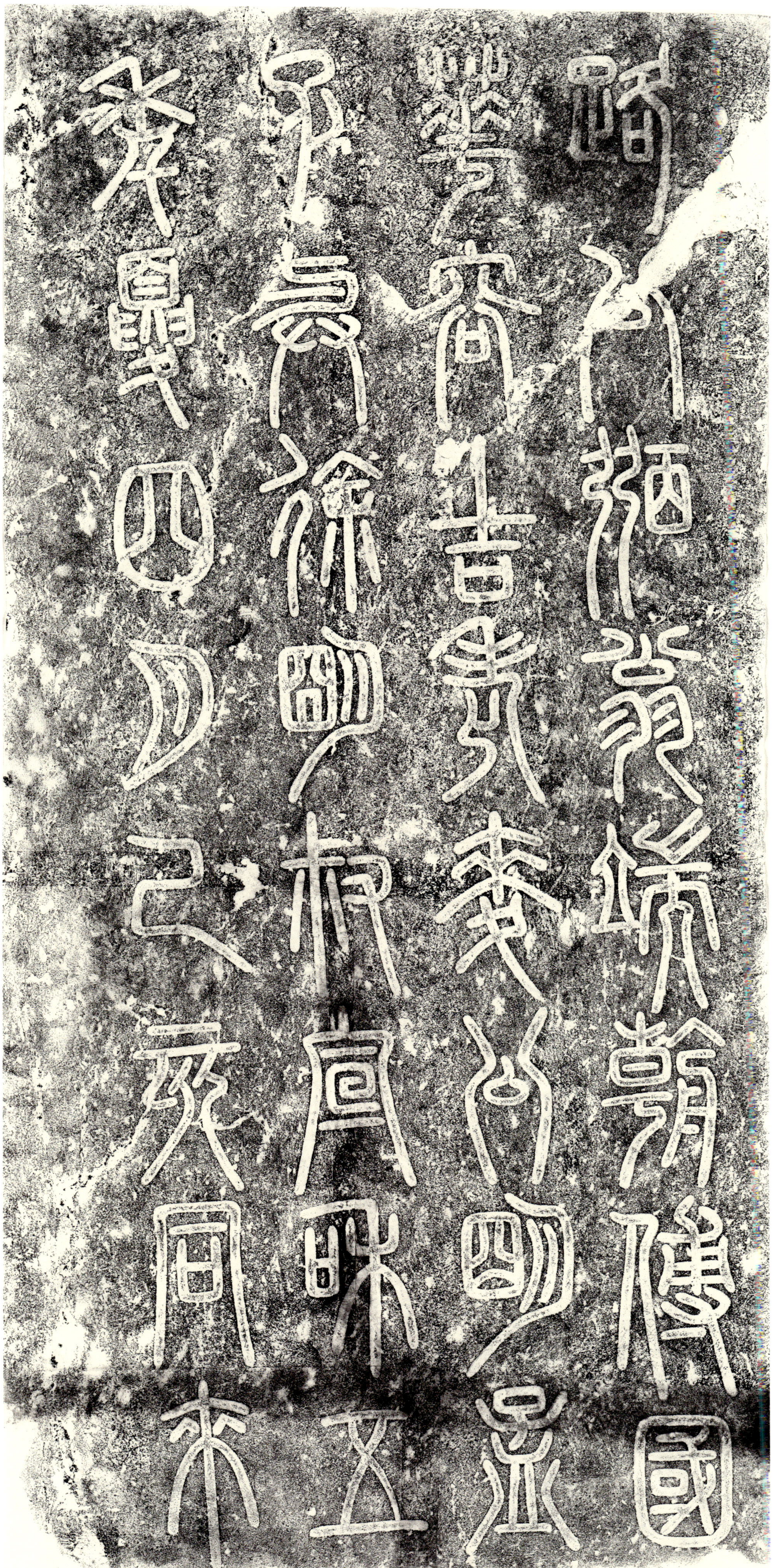

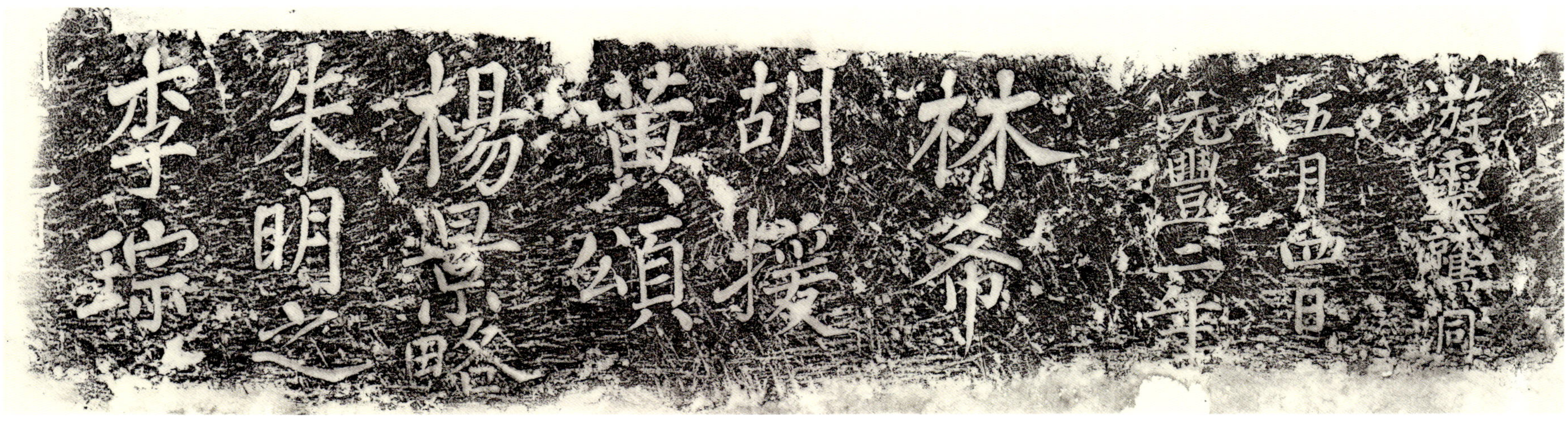

李琮等《青林洞题名》

时代：北宋
地点：灵隐管理处，飞来峰青林洞

此题名为北宋名臣林希所书，楷书，字径7厘米左右，用笔沉着有力，结字中宫紧凑，字势开张，是宋代文人书法的佳作。

李琮，字献甫。江宁（今江苏南京）人。宋神宗元丰二年（1079）以发遣户部判官使江、浙。后迁淮南转运副使，徙梓州路。宋哲宗元祐元年（1086）黜知吉州，历相、洪、潞三州。绍圣年间入为太府卿。据《乾道志》载："绍圣四年（1097）七月戊辰，以刑部侍郎李琮为宝文阁待制，知杭州。元符元年（1098）八月丙子，徙知永兴军。"

（李雨酥）

卢舍那佛会浮雕

时代：北宋
地点：灵隐管理处，飞来峰青林洞

该浮雕刻于北宋乾兴元年（1022），位于杭州灵隐飞来峰青林洞南口东侧的悬崖上。在一个门式花头龛内，有卢舍那佛、文殊菩萨、普贤菩萨各一尊，天王四尊，供养菩萨四尊，牵狮、象侍者两尊，侏儒两尊，龛楣上端还有飞天两尊，共计17尊造像。除卢舍那佛和普贤菩萨头部有些许残损外，其余造像基本保存完整。

本尊卢舍那佛高约57厘米，头戴宝冠，赤足端坐于束腰莲座上，上身着圆领通肩袈裟，下身系长裙，十指微曲，上举至两肩侧，作说法状。文殊菩萨和普贤菩萨身披薄纱，胸挂璎珞，分别骑青狮、白象立于卢舍那佛的左前方和右前方。在其身后的四位天王身材魁梧，神态威严，着武士服。天王身后的四尊供养菩萨对称站立在卢舍那佛的两侧。龛楣上方的飞天向着卢舍那佛飞舞而来，给说法的场面增添了几分活跃的气息。

此浮雕结构完整，主次分明，线条生动，刻画细致，富有装饰性，显示出细腻、文雅、清新的特点，堪称宋代造像的佳作。

（李雨酥）

何伯駿子
熙寧辛亥
三日同遊

弟子胡承德伏為四恩三有命石工鐫
盧舍那佛會一十七身所期來往觀瞻
同生淨土時大宋乾道四月日記

予容濟俞叔聖潛夫潛文元卿平叔守道熙寧丙辰

后　记

传统金石学家，一直是以拓片作为研究的基础材料或第一手材料。虽然像顾炎武这样的金石学家、褚峻这样的传拓高手也曾“探深壑，履荒榛”，于名山、祠庙实地探访金石遗物，但真正成为学者研究对象的，还是辗转进入其书斋、山房的各类拓片。传统学者正是在累积与比对拓片的过程中形成了自己的学术判断，这是金石学和现代考古学的一个重要区别。

这次金石特展，策展人的一个重要思路就是对金石学材料的性质展开新思考。古菲抛出了三个概念：实物、文献、图像。拓片，其对应的主要是图像。碑刻及钟鼎拓片，原石与原物的文字拓片，以及各类复刻、翻印的文本都属这一范畴。我们知道，清代中叶之后，或者说阮元之后，金石学的鉴赏倾向越来越明显，金石拓片经常以卷轴、册页的样式进行装裱，纸面上有图形，有考据文字，有精美的书法题跋，其信息异常丰富，令人玩味不尽。本次展出的拓片，大部分是原刻善拓或罕见珍本，如徽宗、高宗及“宋四家”书迹拓片，还有一小部分是现场采集之物，是直接从西湖周边的凤凰山、玉皇山、吴山、灵隐飞来峰等处的岩壁、碑刻上椎拓而来的，这是向传统金石学致敬的一种方式。但策展团队的思考并不局限于此。拓片终究是复制品，以纸墨材质保留了古物的形影，是用特殊手法制作的图像。以文字、文本研究而论，拓片比实物更清晰易读。不过，由于是原物的纸蜕，碑刻古物的形制、背景、空间环境都付诸阙如。《空山堂金石图》《金石索》《百汉碑砚拓》就是在补救此类偏弊，希望能从整体上对古碑或摩崖的样貌进行还原，缩刻的技术于此得到充分应用，但这已不是拓片，而是纯粹意义上的图像了。

一旦涉及复制品、图像这类话题，拓片也就进入了美术史或艺术鉴赏的视野，并对美术史研究者习以为常的风格、真伪、品质高下等问题提出了新的挑战，其复杂的制作技术和浑厚的历史气息也让传拓图像成了艺术史研究者感兴趣的一个领域。

本次展出的实物主要是宋代仿古青铜器、南宋官窑仿古瓷器、官私印章、碑帖及碑刻原石。这些实物和展场出现的“文献”形成了呼应关系。《宣和博古图》中的古器物图形是宋人制作礼器的重要范型。宋人做器，一改前代据礼书、礼图制作礼器的风习，这是中国文化史上的一件盛事。在展厅中，我们看到了图谱与仿古实物的真切关联。宋刻宋拓十二卷《历代钟鼎彝器款识法帖》、阮元积古斋影刻本《钟鼎款识》和此次展出的官私印章也有着隐秘关联，让我们对古文字研究与篆刻艺术的发展有了新的思考……以上种种，展示的又是实物、文献与图像交相辉映，甚至是难以界分的状态——其实，整个中国艺术史，或艺术史研究又何尝不是如此呢？中国艺术正是在历史与现实、艺术与学术的互动中形成了自身的独特样貌。

此次展览由西泠印社与中国美术学院两家合作，其构思与主要执行人为古菲，中国美术学院艺术人文学院文博方向的同学承担了展览的策划、文字著录及布展工作，尤其是田振宇和李霏，在紧张准备博士毕业答辩的同时，投入大量精力进行展品的组织和提要撰写。博士研究生胥瑾、邵子恬；硕士研究生朱梦溪、杨璐遥、卞中旭、王薇、朱旎、王子玄妙、董元源、李采恩、李依依、徐新雅、李雨酥、陈卫青；本科生高兴、潘烨祺等积极加入展览策划、著录和布展团队。艺术人文学院的六楼是他们的工作场所——明湖之上，风雨兴焉！

杭州师范大学方爱龙教授是本次展览的学术顾问，浙江美术馆对展览场地提供了大力支持，国内众多公私收藏机构与藏家们慨然提供展品，保证了一次高品质学术展览的成功亮相，在此一并致谢！

孔令伟